经济类专业
研究生教材

高级宏观经济学
动态分析基础

Methods of Dynamic Analysis
in Advanced Macroeconomics

◇ 崔殿超 编著

中国财政经济出版社

图书在版编目（CIP）数据

高级宏观经济学动态分析基础/崔殿超编著．—北京：中国财政经济出版社，2008.5

经济类专业研究生教材

ISBN 978-7-5095-0621-9

Ⅰ．高… Ⅱ．崔… Ⅲ．宏观经济学-动态分析（经济学）-研究生-教材 Ⅳ．F015

中国版本图书馆 CIP 数据核字（2008）第 051515 号

中国财政经济出版社 出版
URL：http://www.cfeph.cn
E-mail：cfeph@cfeph.cn
（版权所有　翻印必究）
社址：北京市海淀区阜成路甲 28 号　邮政编码：100036
发行处电话：88190406　财经书店电话：64033436
北京财经印刷厂印刷　各地新华书店经销
787×960 毫米　16 开　22.75 印张　380 000 字
2008 年 7 月第 1 版　2008 年 7 月北京第 1 次印刷
印数：1—3 000　定价：45.00 元
ISBN 978-7-5095-0621-9/F·0507
（图书出现印装问题，本社负责调换）

前　言

众所周知，进入现代经济学殿堂遇到的第一道门槛就是数学，不掌握数学知识，只能学到经济学最初级的层次，连基本的数理模型结构都不了解。这样就多少有一种被排除在经济学最高层次之外的感觉，心头始终被经济学的深奥和神秘所笼罩。

本书正是为解决这个问题而作。**本书的定位是为本科生、硕士生、博士生以及经济学家学习高级宏观经济学提供动态分析方面的数学知识**。与本科层次的宏观经济学（可视为初级的！）相比，高级宏观经济学有两个突出的特点：一是高级宏观经济学有完整的数理结构，它建立在较高深和专业的数学基础上；二是高级宏观经济学反映了宏观经济理论的最新发展阶段（囊括了内生增长理论、新古典宏观经济学、新凯恩斯主义），后者因其普遍强调最优化的微观行为基础而强化了前述的第一个特点。因此，高级宏观经济学数理色彩非常浓厚。

最初是想把高级宏观经济学所用的全部数学汇总在一起出一本书，侧重点在一个"全"字，书名为《高级宏观经济学数学基础》，其内容涉及数学的十一门课：微积分、线性代数、测度论、概率论（含初等与高等）、随机过程、时间序列分析、复变函数与积分变换、微分方程（组）、差分方程（组）、**最优控制论**（含变分法、极大值原理、动态规划）、**最优估计与预测理论**（含卡尔曼滤波）。写作完成后发现书稿太厚，于是，将其一分为二，第一本名为《高级经济学数学基础》，由黑龙江大学出版社出版。第二本就是本书**《高级宏观经济学动态分析基础》**。

高级宏观经济学主要使用动态分析理论。动态分析理论包括两部分内容，其一是动态系统理论，其二是动态最优化理论。

动态系统理论包括微分方程、微分方程组、差分方程、差分方程组，它们是用来描述连续的和离散的动态系统及其变化的。此外，还有这些理论的扩展。如第一章微分方程介绍了对数线性化与非线性微分方程的线性化；第二章线性微分方程组对鞍点均衡及动态稳定性、非线性微分方程组的相位图分析和线性化作了介绍；第三章差分方程引入了流行的滞后算子解法、随机线性差分方程、线性条件期望差分方程。

  动态最优化理论包括变分法、最优控制论、动态规划、线性二次型问题、最优估计理论、随机线性二次型问题。最优状态估计理论包括线性最小方差估计、投影理论、在变量自身的滞后值上的投影、卡尔曼（Kalman）滤波与卡尔曼预测、含确定性控制的卡尔曼滤波和卡尔曼预测、稳态卡尔曼滤波和卡尔曼预测等内容。第七章的动态规划理论引入了布朗运动、伊藤积分、伊藤随机微分方程、伊藤引理等随机分析的内容，这是为了求解连续系统的随机动态规划。

  本书是在我近几年来为研究生授课的讲义基础上增补修改而成的。作为一本教材，本书在内容选择、结构安排、繁简程度、重点等方面都考虑了学习高级宏观经济学的需要和读者对象。高级宏观经济学使用的数学非常广泛，学生们只学完数学专业本科内容都难以满足这样高的知识要求，而经济学各专业的硕士研究生、博士研究生又大多来自非数学专业，两者反差巨大。本书的任务就是要消除课程要求与读者对象之间的反差，可谓任务艰巨，为此，作者在写作本书时突出了如下几个特色：

  第一，内容全面。内容全是原书确立的特色，现在原书截成两本，作为其中的一本，本书虽不能提供高级宏观经济学所用的全部数学知识，但是，在本书所确定的范围——动态分析方面，本书的内容是全面的。

  第二，相关知识交代的清楚。本书的一个原则是，凡是新出现的概念都做一个交代。如果某个概念需要的基础知识过多，也讲清楚该概念是否可以忽略。如果突然冒出像"线性状态调节器"这样的概念，又不给予任何解释，实在让学生摸不着头脑。这样的概念并不深奥，但没有解释就是一个困扰。

  第三，讲解透彻。高级宏观经济学及其经济数学在模型推演中忽略的细节甚多，以至于这些教材比专业的数学教材还难读，由此产生的问题是学生学习时对某些推导步骤可能出现理解上的偏差。本书在可能产生理解困难和容易产生误解的问题上都进行了清楚的讲解，因此，**本书是一本适合于自学的研究生教材**。讲解透彻的目的也是借应用的机会多向学生传授一些数学基础知识，以弥补经济学专业的研究生掌握的数学知识实在太少的缺憾。所以，在本书中加入了很多细节性的推导。

第四，本书对随机模型所用的数学给予了特别的关注。近年来，高级宏观经济学中的随机模型越来越多，本书（包括附录）提供了这些随机模型所用的动态分析方面的数学知识，包括随机差分方程、线性期望差分方程、随机微分方程、最优估计、卡尔曼滤波和卡尔曼预测、随机动态规划、随机线性状态调节器、数学期望及性质、条件期望及性质等等。在这方面唯一的遗憾是用测度论表达的概率论没有包括进来，但是这在被截成的另一本书《高级经济学数学基础》中可以找到。

第五，本书增加了大量的附录。这些附录里的知识都是推导中使用的，它们的完整表述在《高级经济学数学基础》中。有了这些附录，本书在一定程度上形成了一个相对完整的体系。

本书的内容主要来自书后所列的参考文献，本书只是将其中对高级宏观经济学有用的知识重新组织编排并表述出来，以供学生学习之用。书中很多地方对引用的具体文献都作了明确的记载，如果还有疏漏之处，敬请相关作者谅解。书中还有作者自己对问题和知识的理解，如有不当之处，敬请读者批评指正。

崔殿超

2008 年 3 月 24 日

目　录

第一篇　动态系统理论

第一章　微分方程 …………………………………………（ 3 ）
第一节　一阶线性微分方程及其解法 ………………………（ 3 ）
一、关于微分方程的一些基本知识 …………………………（ 3 ）
二、一阶线性微分方程 ………………………………………（ 5 ）
三、求解非齐次微分方程特解的一般方法 …………………（ 10 ）
四、微分方程的几种解法 ……………………………………（ 11 ）
五、一阶微分方程的相位图及动态稳定性 …………………（ 14 ）
第二节　二阶线性微分方程 …………………………………（ 16 ）
一、高阶线性微分方程求解的理论基础 ……………………（ 16 ）
二、二阶非齐次线性微分方程的形式及特殊积分 …………（ 18 ）
三、二阶非齐次线性微分方程的余函数 ……………………（ 19 ）
四、二阶非齐次线性微分方程的通解 ………………………（ 21 ）
五、动态稳定性分析 …………………………………………（ 22 ）
六、具有可变项的二阶线性微分方程 ………………………（ 24 ）
第三节　微分方程的简化处理 ………………………………（ 26 ）
一、二阶微分方程化为一阶微分方程组 ……………………（ 26 ）
二、非线性微分方程的线性近似 ……………………………（ 27 ）
三、对数线性化（对数线性近似） …………………………（ 27 ）
附录：将余函数的指数形式转化为三角函数形式 …………（ 30 ）

第二章　微分方程组 …………………………………………（ 33 ）

第一节 一阶线性微分方程组	（33）
一、线性微分方程组求解的基础理论	（33）
二、一阶线性微分方程组	（35）
三、一般一阶线性微分方程组	（45）
第二节 线性微分方程组的动态稳定性	（48）
一、动态稳定性分析的一些基础概念	（48）
二、均衡的分类	（50）
三、均衡动态稳定性的条件	（53）
四、鞍点均衡及其动态稳定性	（55）
五、一般线性微分方程组的动态稳定性	（58）
第三节 一阶非线性微分方程组	（59）
一、非线性微分方程组的相位图分析	（59）
二、非线性微分方程组线性化及局部稳定性	（61）

第三章 差分方程 （65）

第一节 一阶线性差分方程	（65）
一、差分方程及相关概念	（65）
二、一阶常系数常数项线性差分方程	（66）
三、一阶常系数可变项线性差分方程	（69）
四、一阶线性差分方程的前向解、后向解	（70）
五、一阶线性差分方程的动态稳定性	（72）
六、一阶非线性差分方程	（75）
第二节 二阶线性差分方程	（76）
一、高阶线性差分方程求解的理论基础	（76）
二、二阶线性差分方程及其特殊积分	（78）
三、二阶线性差分方程的余函数与通解	（79）
四、二阶线性差分方程的动态稳定性	（80）
五、具有可变项的二阶线性差分方程	（81）
第三节 线性差分方程与滞后算子	（82）
一、时间序列算子与滞后算子	（82）
二、一阶线性差分方程的滞后算子解法	（84）
三、二阶线性差分方程的滞后算子解法	（86）

　　四、n 阶线性差分方程的滞后算子解法……………………（90）
第四节　线性随机差分方程……………………………………（92）
　　一、线性随机差分方程…………………………………………（93）
　　二、协方差生成函数与谱密度函数的计算公式………………（95）
　　三、一阶线性随机差分方程……………………………………（98）
　　四、二阶线性随机差分方程……………………………………（100）
第五节　线性条件期望差分方程………………………………（102）
　　一、线性条件期望差分方程概述………………………………（102）
　　二、一阶线性条件期望差分方程………………………………（103）
　　三、二阶线性条件期望差分方程………………………………（105）
附录一：随机过程简介……………………………………………（108）
　　一、随机过程……………………………………………………（108）
　　二、随机过程的数字特征………………………………………（110）
　　三、马尔可夫链与马尔可夫过程………………………………（112）
附录二：鞅理论……………………………………………………（113）
　　一、鞅的含义……………………………………………………（113）
　　二、鞅差序列……………………………………………………（115）
附录三：时间序列分析与白噪声过程……………………………（116）
　　一、时间序列分析………………………………………………（116）
　　二、白噪声过程…………………………………………………（116）
　　三、平稳时间序列的线性模型…………………………………（117）
　　四、单位根过程与随机游走过程………………………………（119）
附录四：协方差生成函数和谱密度函数…………………………（120）
　　一、平稳随机过程的自协方差生成函数………………………（120）
　　二、平稳随机过程的谱密度函数………………………………（122）
　　三、互协方差生成函数和互谱密度函数………………………（125）
附录五：傅立叶变换………………………………………………（128）
　　一、序列傅立叶变换……………………………………………（129）
　　二、Z 变换………………………………………………………（130）

第四章　差分方程组……………………………………………（132）
第一节　一阶线性差分方程组……………………………………（132）

  一、一阶线性差分方程组……………………………………………（133）
  二、一般一阶线性差分方程组………………………………………（138）
 第二节 差分方程组的动态稳定性……………………………………（140）
  一、线性差分方程组的动态稳定性…………………………………（140）
  二、非线性差分方程组………………………………………………（143）

第二篇 动态最优化理论

第五章 变分法………………………………………………………（149）
 第一节 动态最优化与变分法…………………………………………（149）
  一、动态最优化与泛函………………………………………………（149）
  二、泛函的变分………………………………………………………（152）
  三、泛函的极值与变分法……………………………………………（153）
  四、欧拉方程：泛函极值的必要条件………………………………（154）
  五、泛函极值的充分条件……………………………………………（157）
 第二节 不同情形下的泛函极值………………………………………（158）
  一、欧拉方程的不同形式……………………………………………（158）
  二、多变量下的欧拉方程……………………………………………（159）
  三、可变端点下的泛函极值…………………………………………（160）
  四、泛函极值的角点问题……………………………………………（163）
  五、无限期界的泛函极值……………………………………………（164）
  六、有约束的泛函极值………………………………………………（166）
 附录一：用求导方法推导欧拉方程………………………………………（167）
 附录二：矩阵的主子式与顺序主子式……………………………………（168）
 附录三：海赛矩阵与海赛行列式…………………………………………（170）

第六章 最优控制论……………………………………………………（172）
 第一节 最优控制问题及其解法………………………………………（172）
  一、最优控制问题：变分法与极大值原理…………………………（172）
  二、经济学中的最优控制论…………………………………………（177）
  三、最优控制论必要条件的推导……………………………………（181）

四、变分法与最优控制论最优性条件的等价性……………(183)
　第二节　最优控制论的扩展………………………………………(184)
　　一、不同边界条件的最优控制问题…………………………(185)
　　二、目标泛函含终值项的最优控制问题……………………(189)
　第三节　最优控制问题的经济学情形……………………………(190)
　　一、含贴现的最优控制问题…………………………………(190)
　　二、无限期界的最优控制问题………………………………(192)
　第四节　有约束的最优控制问题…………………………………(195)
　　一、最优控制问题中约束条件的类型………………………(195)
　　二、一般泛函的不等式约束…………………………………(196)
　　三、积分泛函的等式约束……………………………………(197)
　第五节　离散时间的最优控制问题………………………………(199)
　　一、离散时间的最优控制问题………………………………(199)
　　二、含贴现的离散时间最优控制问题………………………(202)
　附录：含参变量积分及其求导……………………………………(204)

第七章　动态规划……………………………………………………(207)

　第一节　确定性下的动态规划……………………………………(207)
　　一、动态规划原理与贝尔曼方程……………………………(207)
　　二、离散系统有限期界的动态规划…………………………(210)
　　三、离散系统动态规划的经济学情形………………………(214)
　　四、连续系统有限期界的动态规划…………………………(217)
　　五、连续系统动态规划的经济学情形………………………(219)
　第二节　随机动态规划……………………………………………(221)
　　一、离散系统随机动态规划的经济学情形…………………(221)
　　二、布朗运动…………………………………………………(225)
　　三、随机积分…………………………………………………(228)
　　四、伊藤积分…………………………………………………(231)
　　五、伊藤随机微分方程与伊藤引理…………………………(232)
　　六、连续系统有限期界的随机动态规划……………………(236)
　　七、连续系统随机动态规划的经济学情形…………………(239)
　附录一：斯蒂尔切斯积分简介……………………………………(242)

附录二：随机变量的数学期望及性质……………………………………(242)
附录三：随机变量的条件期望及其性质…………………………………(244)
附录四：随机变量函数的期望和条件期望………………………………(245)

第八章 线性二次型动态最优化……………………………………………(247)

第一节 线性二次型问题……………………………………………………(247)
一、线性二次型问题及其优势……………………………………………(248)
二、线性二次型问题的三种情形…………………………………………(251)
三、经济学对线性二次型问题的应用……………………………………(252)

第二节 线性二次型动态最优化……………………………………………(254)
一、连续定常系统的线性状态调节器问题………………………………(254)
二、离散定常系统的线性状态调节器问题………………………………(261)
三、离散系统贴现的线性状态调节器问题………………………………(264)
四、闭环系统的稳定性……………………………………………………(267)

第三节 黎卡提方程的部分解法……………………………………………(269)
一、迭代法：逆向迭代……………………………………………………(269)
二、迭代法：正向迭代……………………………………………………(270)
三、用拉格朗日函数求解矩阵 P ………………………………………(271)

附录一：分块矩阵的逆矩阵………………………………………………(277)
附录二：矩阵和向量的求导………………………………………………(278)
附录三：矩阵的迹函数求导………………………………………………(280)

第九章 卡尔曼滤波与随机线性二次型问题………………………………(282)

第一节 状态信息完全的随机线性状态调节器……………………………(283)
一、随机线性状态调节器的极大化问题…………………………………(283)
二、用动态规划解随机线性状态调节器…………………………………(284)
三、确定性等价原理………………………………………………………(286)

第二节 线性最小方差估计与投影理论……………………………………(287)
一、随机向量的正交、不相关和相互独立………………………………(287)
二、最优估计与最小方差估计……………………………………………(290)
三、线性最小方差估计……………………………………………………(291)
四、线性最小方差估计的性质……………………………………………(294)

　　五、线性最小方差估计的经济学应用……………………………(295)
　　六、投影理论………………………………………………………(298)
　　七、在变量自身的滞后值上的正交投影…………………………(304)
第三节　卡尔曼滤波与卡尔曼预测……………………………………(306)
　　一、卡尔曼滤波的基本方程………………………………………(306)
　　二、卡尔曼滤波基本方程的推导…………………………………(308)
　　三、卡尔曼预测：最优估计的经济学应用………………………(313)
第四节　含确定性控制的卡尔曼估计…………………………………(316)
　　一、含确定性控制的卡尔曼滤波…………………………………(316)
　　二、含确定性控制的卡尔曼预测…………………………………(321)
　　三、含确定性控制噪声无关的卡尔曼估计………………………(321)
　　四、稳态卡尔曼估计………………………………………………(324)
第五节　状态信息不完全的随机线性状态调节器……………………(326)
　　一、随机线性状态调节器模型的基本假定………………………(326)
　　二、用动态规划解随机线性状态调节器…………………………(329)
　　三、随机线性状态调节器的分离定理……………………………(333)
　　四、线性状态调节器的经济学应用：线性二次逼近……………(334)
　附录：正态分布的随机向量（多元正态分布）……………………(338)

参考文献……………………………………………………………………(344)

第一篇 动态系统理论

第一章

微 分 方 程

对于连续时间系统一般都使用微分方程来描述，因此，微分方程在动态分析中有很重要的地位。本章主要介绍经济学常用的线性微分方程，一般情况下，这是可以得到解析解的。第一节是一阶线性微分方程，包括一些特殊一阶线性微分方程的解法、非齐次线性微分方程常用的尝试法或待定系数法。第二节是二阶线性微分方程，根据特征根的不同情况区分几种不同的解的形式。第三节是非线性方程的线性化和降阶处理，同时介绍了高级宏观经济学使用的对数线性化方法。

第一节
一阶线性微分方程及其解法

一、关于微分方程的一些基本知识

（一）微分方程及相关概念

微分方程：如果一个方程含有未知函数的导数或微分，则该方程称为微分方程。它用来表示未知函数与它的一阶或高阶导数之间明确或隐含的关系。解微分方程就是求未知函数。在经济学中，未知函数大多是某一变量关于时间 t

的函数，它是用来表示该变量随时间 t 的动态变化。如，$\dot{y} = 8y - 2y^2$（$\dot{y}$ 表示 y 对时间 t 的导数，它是 $\frac{dy}{dt}$ 的简写）、$\frac{dy}{dt} + vy = u$。由于 y 是时间 t 的函数，所以，$\frac{dy}{dt} + vy = u$ 也可以表示为 $\frac{dy(t)}{dt} + vy(t) = u$。

理解经济学中的微分方程要注意两点：第一，时间是连续变化的，变量也随时间连续变化，以此表示的模型被称为**连续时间模型**；第二，它是用来进行动态分析的，其动态性表现为变量随时间（连续）变化。

常微分方程：未知函数为一元函数的微分方程称为常微分方程。

偏微分方程：未知函数为多元函数从而含有偏导数的微分方程称为偏微分方程。

微分方程的阶：微分方程中出现的各阶导数的最高阶数，称为微分方程的阶。

线性微分方程：未知函数包括它的各阶导数都是一次的微分方程称为线性微分方程，否则是非线性的。

自控（或自治）微分方程：微分方程中不显含时间 t，就是自控微分方程，也叫自治微分方程，如，$\dot{x} = f(x)$，而 $\dot{x} = f(t, x)$ 不是自控微分方程。自控微分方程表示的系统称为**自控系统**。经济学涉及的基本上都是自控系统。

至于**齐次方程**与**非齐次方程**的含义与一般方程相同。

（二）微分方程的解

微分方程的解或积分：根据微分方程得到的不再含有导数和微分的表示未知函数的方程，称为微分方程的解。它被定义在一定的区间内，当自变量取这个区间内的任意值，它均满足微分方程。由于微分方程的求解与一定的积分运算有关，所以，微分方程的解也叫微分方程的积分。

初值条件：指微分方程的解中自变量 t 取某一确定的值而得到的因变量及因变量导数的值。如 $x(t_0) = x_0$，$dx(t_0)/dt$。微分方程的解表示的是一个变量的（整个）变化过程，所以，必须给定起点的值，才能得到这个变化过程。

经济学使用的微分方程解的一般结构：一般而言，经济学使用的微分方程的解可以分为两部分，如果用 $y(t)$ 表示微分方程的解，则 $y(t) = y_p + y_c$，其中 y_p 被称为**特殊积分**，为 $y(t)$ 的均衡水平，它是微分方程的一个特解，y_c 被称为**余函数**，表示对均衡的偏离。

从数学的角度看，一阶和高阶线性微分方程（包括常系数、常数项和变系数、可变项的）的解都具有 $y(t) = y_p + y_c$ 结构，即使是变系数、不含未知函数（及其各阶导数）的项是可变项的 n 阶线性微分方程，其解也具有这种 $y(t) = y_p + y_c$ 结构，其它情形（常系数可变项、变系数常数项、常系数常数项）的线性微分方程更具有 $y(t) = y_p + y_c$ 结构，也就是说，**只要是非齐次的线性微分方程，其通解都具有 $y(t) = y_p + y_c$ 结构**，但是，由于变系数的线性微分方程至今还没有找到求解的一般方法，而常系数线性微分方程找到了求解的一般方法，所以，数学与经济学一般都只处理常系数的线性微分方程，而将变系数线性微分方程排除，但一阶变系数线性微分方程是个例外。即使某些变系数线性齐次微分方程可解，也必须将变系数化为常系数或者将高阶微分方程降阶。

排除变系数线性微分方程后，剩下的常系数线性微分方程又分为两种，一种是有常系数、常数项的线性微分方程，另一种是有常系数、可变项的线性微分方程。

如果是常系数、可变项的线性微分方程，即使是一阶的，其特殊积分 y_p 也是可变的，即含有 t。含有 t 的特殊积分被称为**移动均衡**或**暂态均衡**，但幸运的是，余函数不因常数项变成可变项而改变，余函数只与相应的齐次方程有关。

常系数、常数项的线性微分方程也要分几种情况讨论。微分方程中只要未知函数项（即 $y(t)$ 项而不是它的各阶导数）的系数为零，其通解中的特殊积分就是含有 t 的**移动均衡**。如果微分方程中未知函数项（即 $y(t)$ 项）的系数不为零，其通解中的特殊积分就不含有 t，从而是个常数。

各类齐次微分方程的解缺少表示均衡水平的特殊积分，可以将其看成是零。

微分方程解的这种结构有利于进行动态稳定性分析。随着时间趋于无穷大，余函数 y_c 的极限为零，则 $y(t)$ 收敛于均衡 y_p。动态稳定性分析在经济学中非常重要。

微分方程的通解、特解、定解：微分方程的含有任意常数的解称为该方程的通解。一般而言，n 阶微分方程最多可以含有 n 个任意常数。不含有任意常数或任意常数被具体值替代时的解称为该方程的特解。定解是满足初始条件的解，它使任意常数确定化，所以叫定解。

二、一阶线性微分方程

(一) 一阶线性微分方程及其通解

一阶线性微分方程的基本形式可以设定为

$$\frac{dy}{dt} + vy = u \qquad (1-1)$$

其中 $y = y(t)$。如果 v 为常数,则方程(1-1)就是**常系数一阶线性微分方程**。如果 v(包括 u)不为常数,一般情况下,它是 t 的函数,即 $v = v(t)$,则(1-1)就不是常系数微分方程。t 可以是时间,也可以表示其它变量。

一阶线性微分方程(1-1)的通解为

$$y(t) = y_p + y_c = e^{-\int vdt}\int ue^{\int vdt}dt + Ae^{-\int vdt} \qquad (1-2)$$

其中 $y_p = e^{-\int vdt}\int ue^{\int vdt}dt$ 称为特殊积分,等于 $y(t)$ 的均衡,$y_c = Ae^{-\int vdt}$ 为余函数,代表均衡的偏差。

(二)一阶线性微分方程通解的推导

假设 v 与 u 都是 t 的函数,即 $v = p(t)$,$u = q(t)$,则(1-1)变为

$$\frac{dy}{dt} + p(t)y = q(t) \qquad (1-1a)$$

该方程的通解推导如下。

1. 求(1-1a)对应的齐次微分方程的解

(1-1a)对应的齐次方程为

$$\frac{dy}{dt} + p(t)y = 0, \quad y > 0 \qquad (1-3)$$

(1-3)可以变为

$$\frac{dy}{y} = -p(t)dt$$

上式两边积分,得

$$\log y = -\int p(t)dt + \log A$$

$$\log y - \log A = -\int p(t)dt$$

$$\log \frac{y}{A} = -\int p(t)dt$$

注意,这里的自然对数符号 log 等同于 ln。

上式两边取指数形式,得

$$\frac{y}{A} = e^{-\int p(t)dt}$$

$$y = Ae^{-\int p(t)dt}$$

此通解包括特解 $y=0$，它对应于 $A=0$。

2. 一阶线性非齐次微分方程的解

将方程（1-1a）改写为
$$dy + p(t)y\,dt = q(t)\,dt$$

它不是恰当微分方程，但两边同乘以积分因子 $\mu(t) = e^{\int p(t)dt}$ ($\mu(t) \neq 0$)，得到方程：
$$e^{\int p(t)dt}dy + e^{\int p(t)dt}p(t)y\,dt = e^{\int p(t)dt}q(t)\,dt$$

其中等式左端为 $(e^{\int p(t)dt}y)$ 对 y,t 的全微分，即
$$dm(y,t) = d(e^{\int p(t)dt}y) = e^{\int p(t)dt}dy + e^{\int p(t)dt}p(t)y\,dt$$

上式可写为
$$d(e^{\int p(t)dt}y) = q(t)e^{\int p(t)dt}dt$$

此式为恰当方程，两边直接积分，得：
$$e^{\int p(t)dt}y = \int q(t)e^{\int p(t)dt}dt + A$$

其中 A 为任意常数，整理得微分方程 $\dfrac{dy}{dt} + p(t)y = q(t)$ 的通解：
$$y = y_p + y_c = e^{-\int p(t)dt}\left(\int q(t)e^{\int p(t)dt}dt + A\right) \qquad (1-4)$$

其实（1-2）也可以直接表示为
$$y(t) = y_p + y_c = e^{-\int v(t)dt}\int u(t)e^{\int v(t)dt}dt + Ae^{-\int v(t)dt}$$

其中 $v = v(t)$，$u = u(t)$。

（三）一阶线性微分方程通解的确定化

通常把通解（1-2）中的不定积分表示成**变积分上限的定积分**
$$y(t) = e^{-\int_{t_0}^{t}v(\tau)d\tau}\int_{t_0}^{t}u(s)e^{\int_{t_0}^{s}v(\tau)d\tau}ds + Ae^{-\int_{t_0}^{t}v(\tau)d\tau} \qquad (1-2a)$$

或
$$y(t) = \int_{t_0}^{t}u(s)e^{-\int_{s}^{t}v(\tau)d\tau}ds + Ae^{-\int_{t_0}^{t}v(\tau)d\tau} \qquad (1-2b)$$

表示成变积分上限的定积分的原理在于：（1-2a）对 t 求导后就是微分方程 $\dfrac{dy}{dt} + vy = u$。对定积分的上限求导就等于被积函数取定积分上限时的值。

将 $e^{-\int_{t_0}^{t} v(\tau)d\tau}$ 看成常数移入 $\int_{t_0}^{t} u(s) e^{\int_{t_0}^{s} v(\tau)d\tau} ds$ 中，则(1-2a)变为(1-2b)。

将初值条件 $t = t_0$，$y = y_0$ 代入（1-2b），得

$$y_0 = \int_{t_0}^{t_0} u(s) e^{-\int_s^{t_0} v(\tau)d\tau} ds + A e^{-\int_{t_0}^{t_0} v(\tau)d\tau} = A$$

即

$$A = y_0$$

于是初值问题的解为

$$y(t) = \int_{t_0}^{t} u(s) e^{-\int_s^{t} v(\tau)d\tau} ds + y_0 e^{-\int_{t_0}^{t} v(\tau)d\tau} \qquad (1-2c)$$

（四）u，v 为常数的情形

前面给出的是一般的情形，u、v 可以是 t 的函数，也可以是常数，但这里只考虑 u、v 是常数，u、v 为常数又分两种情况。

1. $v \neq 0$ 时的通解

当 u，v 为常数时，通解（1-2）中的 $\int v dt = vt$，$\int u e^{vt} dt = \dfrac{u e^{vt}}{v}$，$e^{-\int v dt} \cdot \int u \cdot e^{\int v dt} dt = \dfrac{u}{v}$，则通解（1-2）变为

$$y(t) = y_p + y_c = A e^{-vt} + \dfrac{u}{v}$$

其实，此时 $y(t)$ 的均衡解可以通过一个简单的方法得到，令（1-1）中的 $\dfrac{dy}{dt} = 0$，解（1-1）得 $y(t) = \dfrac{u}{v}$。

2. $v = 0$ 时的通解

当 $v = 0$ 时，方程（1-1）变为

$$\dfrac{dy}{dt} = u$$

该式两端直接积分，得

$$y(t) = ut + A$$

该解也可以视为具有 $y(t) = y_p + y_c$ 结构，其中余函数在 $v = 0$ 时变成如下形式

$$y_c = A e^{-vt} = A e^0 = A$$

至于特殊积分，在 $v = 0$ 时常数解 $y = k$ 不成立，即代入 $\dfrac{dy}{dt} = u$ 不能使等

式两端相等，因此尝试 $y = kt$，将其代入 $\dfrac{dy}{dt} = u$，得

$$k = u$$

再将 $k = u$ 代回到试探解 $y = kt$，得

$$y_p = ut$$

所以，$y(t) = y_p + y_c = ut + A$

（五）两种微分方程通解之间的关系

一阶线性非齐次微分方程的通解中的余函数等于对应的齐次微分方程的通解。一阶线性非齐次微分方程的通解中的余函数为 $y_c = Ae^{-\int v(t)dt}$，一阶线性齐次微分方程的通解为 $y = Ae^{-\int v(t)dt}$，两者相等。一阶线性非齐次微分方程的通解等于它的一个特解（被称为特殊积分）与对应的齐次方程的通解之和。

齐次微分方程的通解为 $\quad y = Ae^{-\int v(t)dt}$

非齐次微分方程的通解为 $\quad y = e^{-\int v(t)dt}\int u(t)e^{\int v(t)dt}dt + Ae^{-\int v(t)dt}$

（六）通解中 $e^{-\int vdt}$，$e^{\int vdt}$ 的含义

首先存在公式 $e = \lim\limits_{x\to\infty}\left(1 + \dfrac{1}{x}\right)^x$，$e = 2.71828$。令 $x = \dfrac{1}{v}$，这样

$$e^{vt} = \left(\lim_{\frac{1}{v}\to\infty}\left(1 + \dfrac{1}{1/v}\right)^{\frac{1}{v}}\right)^{vt} = \lim_{\frac{1}{v}\to\infty}\left(1 + \dfrac{1}{1/v}\right)^{\frac{1}{v}\cdot vt} = \lim_{\frac{1}{v}\to\infty}(1 + v)^t \quad (1-5)$$

因此，上式可以理解为一个近似等式

$$e^{vt} \approx (1 + v)^t \tag{1-6}$$

其中的 v 可以看成是某一变量的增长率，这样，e^{vt} 或 $(1+v)^t$ 就可以理解为**增值因子**。

注意，高级宏观经济学经常用 e^{vt} 代替 $(1+v)^t$，其实，这一替代应具备一个重要前提：v 必须非常小，它对应于（1-5）中的 $\dfrac{1}{v}\to\infty$，但经济学在使用时每每忽略这一重要前提。

同理，$e^{-vt} = \lim\limits_{\frac{1}{v}\to\infty}\dfrac{1}{(1+v)^t} \approx \dfrac{1}{(1+v)^t}$，如果其中的 v 看成是某一变量的贴现率，则 e^{-vt} 与 $\dfrac{1}{(1+v)^t}$ 都可以看成是**贴现因子**，而且是**离散时间下的贴现因子**，但 e^{-vt} 也可以表示连续时间的贴现率，当贴现率 v 不随时间变化时，**连续时间的贴现因子** $e^{-\int_0^t v(s)ds}$ 就变成了 e^{-vt}。当时间连续变化且各个时点上的贴现

率不同时，贴现率为 $e^{-\int_0^t v(s)ds}$。

在微分方程中，e^{-vt}，$\frac{1}{(1+v)^t}$ 则可以看成是**收敛因子**。vt 与 $\int vdt$ 可以看成同义的，因为，当 v 为常数时，$\int vdt = vt$，所以，即使 v 不为常数，vt 与 $\int vdt$ 也可以看成具有相同性质，它们分别是 v 为常数和不为常数时的情形，这令 e^{vt}，$e^{\int vdt}$ 也具有相同的性质——都属于增值因子。

另一种情形是积分为定积分，如 $\int_0^t \rho dv$。此时 $\int_0^t \rho dv$ 与 ρt 也具有相同的性质。$\int_0^t \rho dv$ 是连续时间的情形，而 ρt 是离散时间或 ρ 为常数时的情形，即当 ρ 为常数时，$\int_0^t \rho dv = \rho t$。因此，$e^{\rho t}$ 与 $e^{\int \rho dt}$，$e^{\int_0^t \rho dv}$ 都具有相同的性质，都表示**增值因子**。

（七）定解：由初始条件决定的特解

由于 $y(t) = Ae^{-vt} + \frac{u}{v}$ 是通解，A 是任意常数，当 A 被任意具体值代替时，该通解变为特解。令 $t = 0$，代入通解，得：

$$y(0) = A + \frac{u}{v}$$

上式整理为 $A = y(0) - \frac{u}{v}$，这是由初始条件决定的"任意常数" A 的值。将该式代入通解 $y(t) = Ae^{-vt} + \frac{u}{v}$ 中，得到特解 $y(t) = \left[y(0) - \frac{u}{v}\right]e^{-vt} + \frac{u}{v}$，如果 $t = 0$ 是初始时刻，$y(0)$ 为初始条件。$y(t) = \left[y(0) - \frac{u}{v}\right]e^{-vt} + \frac{u}{v}$ 为由初始条件决定的特解。

三、求解非齐次微分方程特解的一般方法

非齐次微分方程的特解（也称特殊积分）一般都要采取尝试或猜测的方法求解，尤其是高阶的非齐次微分方程。**尝试法**要求求解者有猜测解的形式的能力，幸运的话，会得到一个特解。这种方法重要的是猜测微分方程特解的具体形式，但这并非是无章可循的。

非齐次线性微分方程的特解的形式一般来说取决于像（1-1）等式右端的

u 的形式，首先 u 是常数还是 t 的函数 $u(t)$，如果是 t 的函数，$u(t)$ 的具体函数形式是什么。一般而言，**尝试的特解应与 u 的具体形式相同**，这分几种情况。

1. 如果 u 是常数（此时的方程一般应是常系数、常数项的线性微分方程），求解时试探用的特解一般从常数解开始。

2. 如果常数解 $y = k$ 不成立（即不能使微分方程等式成立），就将试探用的常数解乘以 t 作为新的试探解 $y = kt$，如果还不成立，就再乘以一个 t 作为新的试探解 $y = kt^2$，直至特解成立为止。

3. 如果 u 是 t 的函数 $u(t)$，则尝试的特解也应是 t 的函数，且尝试的特解的形式与 $u(t)$ 的形式相同（其中的系数是待定的常数），如 $u(t)$ 是指数函数，则尝试的特解也应是指数函数。特别地，如果 $u(t)$ 中含有常数，则设定的特解中也要含有常数，将这个假定的特解代入方程左端（因它是微分方程的一个特解，代入后应使微分方程成立），整理后一般都具有与等式右端相同的结构，比较等式两端 t 的相应项的系数，就可以求出待定系数，将这些求出的待定系数代入假定的特解，就得到了特解。这就是**待定系数法**。当然，也有一些情形不适用待定系数法。

四、微分方程的几种解法

下面的这几种方法称为**初等积分法**，即把微分方程的解通过初等函数或他们的积分来表达。能用初等积分法解的微分方程都属特殊方程，大多数微分方程不能用初等积分法求解。所谓**初等函数**是指由幂函数、指数函数、对数函数、三角函数、反三角函数等基本初等函数经过有限次四则运算所产生的函数。这部分内容主要取自 E.T. 道林（2001）。

（一）变量分离

形如

$$f(x)dx = g(y)dy \qquad (1-7)$$

就是变量已分离的微分方程，该式两边积分得

$$\int f(x)dx + c_1 = \int g(y)dy + c_2$$

$$\int f(x)dx = \int g(y)dy + c_2 - c_1$$

令 $c = c_2 - c_1$，则上式变为

$$\int f(x)\,dx = \int g(y)\,dy + c \qquad (1-8)$$

（1-8）以隐函数的形式确定了 y 与 x 之间的函数关系，它满足（1-7），因而是（1-7）的通解。

（二）恰当微分方程（或正合微分方程）

恰当微分方程：给定二元函数 $F(y,t)$ 的全微分 $dF(y,t) = \dfrac{\partial F}{\partial y}dy + \dfrac{\partial F}{\partial t}dt$，令 $M(y,t) \equiv \dfrac{\partial F}{\partial y}, N(y,t) \equiv \dfrac{\partial F}{\partial t}$，且全微分等于零，得到恰当微分方程如下

$$M(y,t)\,dy + N(y,t)\,dt = 0 \qquad (1-9)$$

方程（1-9）的通解为

$$F(y,t) = c \qquad (1-10)$$

这里 c 是任意常数。（1-10）是未知函数 $y(t)$ 通解的一个隐式。

关于（1-9）是否是恰当微分方程存在一个判别定理。在使用该方法求解的时候，应先判断方程是否是恰当微分方程。

方程（1-9）是恰当微分方程的充要条件是

$$\frac{\partial M}{\partial t} \equiv \frac{\partial N}{\partial y}$$

解恰当微分方程的过程：下面通过一个例子说明这个过程

给定微分方程

$$(6yt + 9y^2)\,dy + (3y^2 + 8t)\,dt = 0$$

求解该微分方程的步骤如下：

1. 验证其是否是恰当微分方程：令 $M = 6yt + 9y^2, N = 3y^2 + 8t$，所以，$\dfrac{\partial M}{\partial t} = 6y, \dfrac{\partial N}{\partial t} = 6y$，若 $\dfrac{\partial M}{\partial t} \neq \dfrac{\partial N}{\partial y}$，它就不是恰当微分方程。

2. 由于 $M = \dfrac{\partial F}{\partial y}$ 是偏导数，对 M 关于 y 进行部分积分（对一个自变量连续积分，其余自变量不变），此时把 t 看成常数，仅含有 t 和常数的项会消失，因此加上一个新函数 $Z(t)$，以补充原函数对 y 求导时略去的仅含有 t 和常数的项。

$$F(y,t) = \int (6yt + 9y^2)\,dy + Z(t) = 3y^2 t + 3y^3 + Z(t)$$

3. 上式对 t 求导

$$\frac{\partial F}{\partial t} = 3y^2 + Z'(t)$$

因为 $\frac{\partial F}{\partial t} = N$,$N = 3y^2 + 8t$,代入上式得

$$3y^2 + 8t = 3y^2 + Z'(t)$$
$$Z'(t) = 8t$$

4. 对 $Z'(t)$ 关于 t 积分,求得丢失的函数项

$$Z(t) = \int Z'(t)dt = \int 8tdt = 4t^2$$

5. 将 $Z(t) = 4t^2$ 代入下式

$$F(y,t) = \int (6yt + 9y^2)dy + Z(t) = 3y^2t + 3y^3 + Z(t)$$

再加上积分常数项,得

$$F(y,t) = 3y^2t + 3y^3 + 4t^2 + c$$

(三) 积分因子法

并不是所有的微分方程都是恰当微分方程,但是,有些可以利用积分因子变成恰当的,这个积分因子是个乘式,它使方程能够进行积分求解。

如 $5ytdy + (5y^2 + 8t)dt = 0$,这个方程不是恰当的,$M = 5yt$,$N = 5y^2 + 8t$,$\frac{\partial M}{\partial t} = 5y$,$\frac{\partial N}{\partial y} = 10y$,$\frac{\partial M}{\partial t} \neq \frac{\partial N}{\partial y}$,然而,原方程乘以一个积分因子 t,成为恰当的微分方程(注意:乘以积分因子 t 后,微分方程仍成立)

$$5yt^2dy + (5y^2t + 8t^2)dt = 0$$

此时,$\frac{\partial M}{\partial t} = \frac{\partial N}{\partial y} = 10yt$,这就可以通过上面的方法求解。

积分因子法则:对于一个非线性一阶微分方程,如果积分因子存在的话,下面两个法则有助于找到积分因子

1. 如果 $\frac{1}{N}\left(\frac{\partial M}{\partial t} - \frac{\partial N}{\partial y}\right) = f(y)$,则 $e^{\int f(y)dy}$ 就是一个积分因子;

2. 如果 $\frac{1}{M}\left(\frac{\partial M}{\partial t} - \frac{\partial N}{\partial y}\right) = g(t)$,则 $e^{\int g(t)dt}$ 就是积分因子。

(四) 伯努里方程

形如 $\frac{dy}{dt} + p(t)y = q(t)y^n$ 为**伯努里方程**,其中 n 为常数,$n \neq 0, n \neq 1$。

伯努里方程两边都乘以 $\frac{(1-n)}{y^n}$,得

$$(1-n)y^{-n}\frac{dy}{dt} + (1-n)y^{1-n}p(t) = (1-n)q(t)$$

令 $z = y^{1-n}$,$\frac{dz}{dy} = (1-n)y^{-n}$,$dz = (1-n)y^{-n} \cdot dy$,代入,得

$$\frac{dz}{dt} + (1-n)p(t)z = (1-n)q(t)$$

该方程为关于未知函数 z 的一阶线性方程,这比原方程容易处理。

五、一阶微分方程的相位图及动态稳定性

一阶微分方程的动态稳定性可以分两种情况讨论,一种是线性微分方程,而且往往是常系数的,另一种是非线性微分方程。许多非线性微分方程不能得到解析解,然而,可以利用相位图进行稳定性分析,看方程或未知函数是否收敛于均衡点。即使像一阶线性微分方程那样可以得到解析解,经济学往往也进行动态稳定性分析。

在进行具体分析之前,首先交代一些动态稳定性分析的基础知识。

(一) 单变量微分方程的相位图、相位线

相位图:一阶自控微分方程 $\dot{y}=f(y)$ 在自变量 y 与因变量 $\dot{y}$ 组成的平面上的几何图形叫相位图,它是指整个图。表示 $f(y)$ 的曲线叫**相位线**。

如非线性微分方程 $\dot{y}=ay-by^2$,其相位如图 1-1 所示。

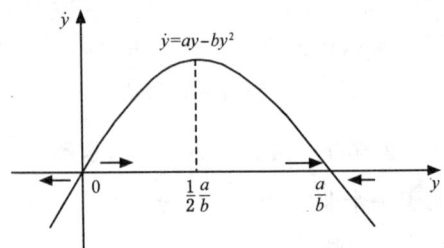

图 1-1 一阶微分方程的相位图

(二) 均衡点

均衡点:也叫平衡点,对于 $\dot{y}=f(y)$,$\dot{y}=0$ 或 $f(y)=0$ 时,y 的值 y^* 就是微分方程的一个均衡点。因为,$\dot{y}=0$ 意味着 y 不变,即函数不再变化,所以是均衡点。

在图 1-1 中,$y=0$ 或 $y=\frac{a}{b}$ 都是均衡点,它们都满足 $\dot{y}=0$。$f(y)$ 的最高点处 $y=\frac{1}{2}\frac{a}{b}$,利用 $ay-by^2$ 最大化的一阶条件得到。

注意,微分方程的均衡点还有如下情形:

a. 可能没有均衡点;

b. 可能有多个均衡点；

c. 可能有一个均衡点；

d. 并非所有均衡点都是稳定的。

（三）均衡稳定的定义

均衡动态稳定：微分方程的解（代表动态系统的状态）在考察的时间内收敛到均衡或一直在均衡点附近，则该均衡是动态稳定的均衡。一般来说，这类稳定都是渐进稳定的，所以，有些文献不谈"稳定"的概念，直接定义"渐进稳定"。而渐进稳定又分为局部渐进稳定和整体渐进稳定。

局部渐近稳定：如果初始时在均衡点 y^* 附近的每一个解都满足 $\lim_{t \to \infty} y(t) = y^*$，则 y^* 是局部渐近稳定的。或者对所有充分接近 y^* 的 y_0，$\lim_{t \to \infty} y(t, y_0) = y^*$，则均衡点 y^* 是局部渐近稳定的。

整体渐近稳定：如果微分方程的所有解（与是否接近 y^* 无关）都满足 $\lim_{t \to \infty} y(t) = y^*$，则均衡点是整体渐近稳定的。整体稳定的一定是局部稳定的，反之不成立。

均衡动态不稳定：微分方程的解随时间逐渐偏离均衡，则该均衡是动态不稳定的均衡。

以上这些概念对高阶微分方程也适用。

（四）一阶线性微分方程稳定性的条件

均衡动态稳定的条件：对于方程（1-1）来说，当 $\frac{d\dot{y}}{dy} < 0$ 时，均衡是动态稳定的。这在 u, v 为常数时，看得最清楚。$\frac{d\dot{y}}{dy} < 0$ 意味着通解中的 $v > 0$，因此，均衡动态稳定的条件也可以等价地表述为 $v > 0$。

$$y(t) = y_p + y_c = \frac{u}{v} + Ae^{-vt}$$

此时余函数 $y_c = Ae^{-vt}$ 在 $t \to \infty$ 时的极限为 0，此时 $y(t)$ 收敛于均衡 $y_p = \frac{u}{v}$。注意，由于齐次微分方程的通解就是相应的非齐次微分方程的余函数，所以，均衡动态稳定的齐次微分方程收敛于零解，因为它的 y_p 等于零。

均衡动态不稳定的条件：对于方程（1-1）来说，当 $\frac{d\dot{y}}{dy} > 0$，均衡是动态不稳定的。$\frac{d\dot{y}}{dy} > 0$ 意味着 $v < 0$，则 $y_c = Ae^{-vt}$ 在 $t \to \infty$ 时发散，导致 $y(t)$ 越来越偏离均衡 $y_p = \frac{u}{v}$。均衡不稳定的条件也可以等价地表述为 $v < 0$。

因常系数线性微分方程的相位图比较简单,所以略去。

(五) 一阶非线性微分方程稳定性的条件

非线性微分方程的相位线 $f(y)$ 经过均衡点时的斜率决定了均衡的动态稳定性。

当 $\dfrac{d\dot{y}}{dy}<0$ 时,均衡是动态稳定的;当 $\dfrac{d\dot{y}}{dy}>0$ 时,均衡是动态不稳定的。在图 1-1 中,$y=0$ 是动态不稳定的均衡点,从图可以看出,此处相位线的斜率 $\dfrac{d\dot{y}}{dy}>0$;$y=\dfrac{a}{b}$ 都是动态稳定的均衡点,此处相位线的斜率 $\dfrac{d\dot{y}}{dy}<0$。

此外,一阶非线性微分方程的动态稳定性还可以通过线性化来分析,见本章第三节。

第二节
二阶线性微分方程

一、高阶线性微分方程求解的理论基础

本节把研究的微分方程限定在**线性的**和**常系数的**,这是最容易处理的微分方程,大多数是能够求出解析解的。

n 阶常系数线性微分方程的一般形式为

$$a_n y^{(n)}(t)+a_{n-1}y^{(n-1)}(t)+\cdots+a_1\dot{y}(t)+a_0 y(t)=b(t)$$

n 阶常系数常数项线性微分方程的一般形式为

$$a_n y^{(n)}(t)+a_{n-1}y^{(n-1)}(t)+\cdots+a_1\dot{y}(t)+a_0 y(t)=b$$

上述两个方程对应的齐次方程为

$$a_n y^{(n)}(t)+a_{n-1}y^{(n-1)}(t)+\cdots+a_1\dot{y}(t)+a_0 y(t)=0$$

这些方程在具体求解时一般要整理成 n 阶导数项前面的系数为 1,即

$$y^{(n)}(t)+\dfrac{a_{n-1}}{a_n}y^{(n-1)}(t)+\cdots+\dfrac{a_1}{a_n}\dot{y}(t)+\dfrac{a_0}{a_n}y(t)=0$$

或

$$y^{(n)}(t) + c_1 y^{(n-1)}(t) + \cdots + c_{n-1}\dot{y}(t) + c_n y(t) = 0$$

其中 $c_1 = \dfrac{a_{n-1}}{a_n}, c_2 = \dfrac{a_{n-2}}{a_n}, \cdots, c_{n-1} = \dfrac{a_1}{a_n}, c_n = \dfrac{a_0}{a_n}$。接下来的结论都是针对这几个方程而言的。

下面的几个结论和概念对求解微分方程来说是十分重要的：

1. 非齐次线性微分方程的通解等于对应的齐次线性微分方程的通解与一个特解之和，这就是前面给出的通解结构 $y(t) = y_p + y_c$。

2. 如果 $y_i(t)$ 是上述齐次线性微分方程的解，那么，$Cy_i(t)$（C 为常数）也是该方程的一个解。

3. **函数线性相关和线性无关**：如果存在不全为零的常数 $C_1, C_2, \cdots, C_n$，使得 n 个函数 $y_1(t), y_2(t), \cdots, y_n(t)$ 满足

$$C_1 y_1(t) + C_2 y_2(t) + \cdots + C_n y_n(t) = 0$$

则称这些函数是线性相关的；如果上式只在 $C_1, C_2, \cdots, C_n$ 全为零时成立，则这些函数是线性无关的。这些函数可以看成是**未知函数**，即**微分方程的解**。从上式中可以推导出 $y_i(t)$（假定 $C_i \ne 0$）是其余函数的线性函数

$$y_i(t) = -\frac{C_1}{C_i} y_1(t) - \cdots - \frac{C_{i-1}}{C_i} y_{i-1}(t) - \frac{C_{i+1}}{C_i} y_{i+1}(t) - \cdots - \frac{C_n}{C_i} y_n(t)$$

该式可以写成

$$y_i(t) = B_1 y_1(t) + \cdots + B_{i-1} y_{i-1}(t) + B_{i+1} y_{i+1}(t) + \cdots + B_n y_n(t)$$

其中 $B_1 = -\dfrac{C_1}{C_i}, \cdots, B_{i-1} = -\dfrac{C_{i-1}}{C_i}, B_{i+1} = -\dfrac{C_{i+1}}{C_i}, \cdots, B_n = -\dfrac{C_n}{C_i}$，这样，得到**函数线性相关的另一个定义**：$y_1(t), y_2(t), \cdots, y_n(t)$ 中某个函数是其余函数的线性函数，则这 n 个函数就是函数线性相关的。

4. **叠加原理**：如果 $y_1(t), y_2(t), \cdots, y_n(t)$ 是齐次线性微分方程的 n 个解，则它们的线性组合

$$C_1 y_1(t) + C_2 y_2(t) + \cdots + C_n y_n(t)$$

也是该齐次方程的解。其中，$C_1, C_2, \cdots, C_n$ 都是任意常数。或者说，齐次方程的 n 个线性无关的解的线性组合也是该方程的解。

5. 如上的 n 阶齐次线性微分方程一定存在 n 个线性无关的解。

6. 齐次线性微分方程的 n 个线性无关的解称为该方程的一个**基本解组**，或称**基础解集**。基本解组不是唯一的。

7. **n 阶齐次线性微分方程的通解结构定理**：如果 $y_1(t)$, $y_2(t)$, $\cdots$, $y_n(t)$ 是

如上的 n 阶齐次线性微分方程的 n 个线性无关解，则该方程的通解为
$$y(t) = C_1 y_1(t) + C_2 y_2(t) + \cdots + C_n y_n(t)$$

该定理给出了**求 n 阶齐次线性微分方程的通解的一般方法**：求 n 阶齐次线性微分方程的通解就是要找到它的 n 个线性无关的解，然后进行线性组合，就得到了该方程的通解；据此，求二阶齐次线性微分方程的通解就是要找到它的两个线性无关的解，然后进行线性组合。

8. $y_1(t), y_2(t), \cdots, y_n(t)$ 是齐次线性微分方程的 n 个解，当且仅当**朗斯基（Wronskian）行列式**

$$W(t) = \begin{vmatrix} y_1(t) & y_2(t) & \cdots & y_n(t) \\ \dot{y}_1(t) & \dot{y}_2(t) & \cdots & \dot{y}_n(t) \\ \vdots & \vdots & \cdots & \vdots \\ y_1^{(n-1)}(t) & y_2^{(n-1)}(t) & \cdots & y_n^{(n-1)}(t) \end{vmatrix}$$

对所有的 t 都不等于零，这 n 个解才是线性无关的。

二、二阶非齐次线性微分方程的形式及特殊积分

（一）二阶常系数常数项线性微分方程的基本形式

二阶常系数常数项线性微分方程的一般形式如下

$$\ddot{y}(t) + b_1 \dot{y}(t) + b_2 y(t) = a \tag{1-11}$$

其中 b_1, b_2, a 都是常数。

解（1-11）这种二阶常系数常数项线性微分方程可以使用两种方法，其一是将（1-11）化为与之等价的一阶常系数线性微分方程组，由于一阶线性微分方程组下一章才能讲到，所以暂不使用该方法；其二是利用这类微分方程通解的一般结构 $y(t) = y_p + y_c$ 分别求 y_p, y_c，再合成通解。这里采用后者求解。

（二）二阶常系数常数项线性微分方程解的特殊积分 y_p

特殊积分 y_p 在专业的微分方程教科书中被称为二阶非齐次微分方程的一个"特解"，它与对应的齐次方程的通解之和构成前者的通解。

这里求特殊积分 y_p 的方法（包括附录）主要采用蒋中一（1984）。y_p 有三种情形。

第一种情形：令 y 为常数，则 $\dot{y}(t) = \ddot{y}(t) = 0$，这样，（1-11）变为 $b_2 y(t) = a$，解得 $y(t) = \dfrac{a}{b_2}$。由于该解是在 $\dot{y}(t) = 0$ 情形下得到的，所以可以

把该解看成是均衡解，即

$$y_p = \frac{a}{b_2}, \text{ 其中 } b_2 \neq 0 \quad (1-12)$$

也可以把它解释为稳态解（如霍伊等 2001，第 681 页），y 不变或为常数，被看成是稳态。

这里"令 y 为常数"可以称为解微分方程所使用的尝试法，这种方法是根据经验或观察猜测方程的解，然后代入方程看是否满足方程。高阶微分方程的解一般难以直接从方程导出，所以，较多地使用这种方法。

第二种情形：在讨论了 $b_2 \neq 0$ 情形后，再看 $b_2 = 0$。此时常数解不成立，因此要尝试非常数解，一个简单的形式是 $y(t) = kt$。由 $b_2 = 0$，$y(t) = kt$，(1-11) 变为 $b_1 k = a$，其中 $\dot{y}(t) = k, \ddot{y}(t) = 0$，所以，$k = \frac{a}{b_1}$，将该式代入 $y(t) = kt$，得

$$y_p = \frac{a}{b_1} t, \text{ 其中 } b_2 = 0, b_1 \neq 0 \quad (1-13)$$

由于 (1-13) 中含有 t，而 t 在动态模型中是变化的，所以，可以将 (1-13) 称为"移动均衡"。

第三种情形：如果 $b_1 = 0$，那么 $y(t) = kt$ 或 (1-13) 作为解也不成立，因此尝试 $y(t) = kt^2$。由 $y(t) = kt^2$，$b_1 = b_2 = 0$，(1-11) 变为 $2k = a$，则 $k = \frac{a}{2}$。将该式代入 $y(t) = kt^2$，得

$$y_p = \frac{a}{2} t^2, \text{ 其中 } b_1 = b_2 = 0 \quad (1-14)$$

由于 (1-14) 中含有 t，而 t 在动态模型中是变化的，所以，也可以将 (1-14) 称为"移动均衡"。

三、二阶非齐次线性微分方程的余函数

根据微分方程理论，非齐次微分方程解的余函数实际上就是 (1-11) 对应的齐次微分方程的通解。该齐次方程为

$$\ddot{y}(t) + b_1 \dot{y}(t) + b_2 y(t) = 0 \quad (1-15)$$

根据前面**齐次线性微分方程的通解结构定理**，求二阶齐次线性微分方程的通解首先要找到它的两个线性无关解，然后再线性组合。

根据经验，使用试探解 $y(t)=Ae^{rt}$，则 y 的导数 $\dot{y}=rAe^{rt}$，$\ddot{y}=r^2Ae^{rt}$，将这些代入（1-15），得

$$r^2Ae^{rt}+b_1 rAe^{rt}+b_2 Ae^{rt}=0$$

$$Ae^{rt}(r^2+b_1 r+b_2)=0$$

由于 $e^{rt}\neq 0$，A 由初始条件确定，也不能随意假定为 0，所以必有

$$r^2+b_1 r+b_2=0 \qquad (1-16)$$

（1-16）被称为**齐次方程**（1-15）的**特征方程**，r 的两个解是两个**特征根**

$$r_i=\frac{-b_1\pm\sqrt{b_1^2-4b_2}}{2},\ i=1,2 \qquad (1-16a)$$

其中 $b_1^2\neq 4b_2$。

特征根分几种情况，下面分别讨论这几种情况下齐次微分方程的通解。

（一）不同实根

如果 $b_1^2-4b_2>0$，则 r_1,r_2 是不等的实根，即

$$r_1=\frac{-b_1+\sqrt{b_1^2-4b_2}}{2},\quad r_2=\frac{-b_1-\sqrt{b_1^2-4b_2}}{2} \qquad (1-16b)$$

将两个特征根代入 $y(t)=Ae^{rt}$，得到齐次方程（1-15）的解

$$y_1=A_1 e^{r_1 t} \quad y_2=A_2 e^{r_2 t}$$

其中 A_1,A_2 为任意常数。

如果 $y_1=A_1 e^{r_1 t}$，$y_2=A_2 e^{r_2 t}$ 是齐次方程（1-15）的两个解，且 y_1/y_2 不等于常数，即 y_1,y_2 是线性无关的，则两个解的线性组合

$$y(t)=c_1 y_1+c_2 y_2=c_1 A_1 e^{r_1 t}+c_2 A_2 e^{r_2 t}$$

是（1-15）的通解，其中 c_1,c_2,A_1,A_2 都是任意常数，其中两个的乘积还是任意常数，所以，仍然用 A_1,A_2 表示这两对任意常数的乘积，则上式为

$$y(t)=A_1 e^{r_1 t}+A_2 e^{r_2 t} \qquad (1-17a)$$

这就是齐次方程（1-15）的通解。将它写成非齐次方程的余函数

$$y_c=A_1 e^{r_1 t}+A_2 e^{r_2 t} \qquad (1-17b)$$

（二）相同实根

如果 $b_1^2-4b_2=0$，则 r_1,r_2 是相同的实根，即

$$r_1=r_2=r=\frac{-b_1}{2} \qquad (1-16c)$$

此时，$y_1 = A_1 e^{rt}, y_2 = A_2 e^{rt}$ 尽管都是方程的解（代入齐次方程都能使方程成立），但两者线性相关，两者的线性组合不是齐次方程（1-15）的通解，必须将 $y_2 = A_2 e^{rt}$ 修正为 $y_2 = tA_2 e^{rt}$，这样，$y_1 = A_1 e^{rt}, y_2 = tA_2 e^{rt}$ 才是线性无关的，它们的线性组合才是齐次方程的通解，即

$$y(t) = y_1 + y_2 = A_1 e^{rt} + tA_2 e^{rt} \tag{1-17c}$$

其中 A_1, A_2 为任意常数。将它写成非齐次方程的余函数

$$y_c = A_1 e^{rt} + tA_2 e^{rt} \tag{1-17d}$$

（三）复根

如果 $b_1^2 - 4b_2 < 0$，则 r_1, r_2 是复根，即

$$r_1 = \frac{-b_1 + \sqrt{-1}\sqrt{4b_2 - b_1^2}}{2} = \frac{-b_1 + i\sqrt{4b_2 - b_1^2}}{2}$$

$$r_2 = \frac{-b_1 - \sqrt{-1}\sqrt{4b_2 - b_1^2}}{2} = \frac{-b_1 - i\sqrt{4b_2 - b_1^2}}{2} \tag{1-16d}$$

设 $u = -\frac{1}{2} b_1, v = \frac{1}{2}\sqrt{4b_2 - b_1^2}$，则

$$y(t) = A_1 e^{(u+vi)t} + A_2 e^{(u-vi)t} = e^{ut}(A_1 e^{vit} + A_2 e^{-vit})$$

其中，A_1, A_2 是共轭复数，如 $A_1 = m + in, A_2 = m - in, m, n$ 是两个实数。

上式经推导可得（见本章附录）

$$y(t) = e^{ut}(B_1 \cos tv + B_2 \sin tv) \tag{1-17e}$$

其中 $B_1 = A_1 + A_2, B_2 = (A_1 - A_2)i$，注意，$B_1, B_2$ 都已变成实数。将上式写成非齐次方程的余函数

$$y_c = e^{ut}(B_1 \cos tv + B_2 \sin tv) \tag{1-17f}$$

四、二阶非齐次线性微分方程的通解

（一）二阶线性微分方程的通解

有了特殊积分和余函数，就可以将两者合成微分方程的通解：

1. 与（1-12）对应的通解为

$$y(t) = y_p + y_c = \frac{a}{b_2} + A_1 e^{r_1 t} + A_2 e^{r_2 t}, b_2 \neq 0 \tag{1-18a}$$

2. 与（1-13）对应的通解为

$$y(t) = y_p + y_c = \frac{a}{b_1} t + A_1 e^{r_1 t} + A_2 e^{r_2 t}, b_2 = 0, b_1 \neq 0 \tag{1-18b}$$

3. 与（1-14）对应的通解为

$$y(t) = y_p + y_c = \frac{a}{2}t^2 + A_1 e^{r_1 t} + A_2 e^{r_2 t}, \quad b_1 = b_2 = 0 \qquad (1-18c)$$

这里的余函数采用的是不同实根的情形，其他类型请读者自己相加。

（二）任意常数的确定

上述通解中都含有任意常数，如果给定初始条件，就可以确定任意常数。确定二阶线性微分方程解中的任意常数需要两个条件，即初始时刻（一般取 $t=0$）的 $y(t), \dot{y}(t)$ 的值，所以，往往都是给出 $y(t), \dot{y}(t)$ 的初始值 $y(0), \dot{y}(0)$。确定几个任意常数，就需要几个附加条件，这些附加条件一般都是**初始条件**，如果再加上其他的非初始条件，则这些条件就是**边界条件**。

对于（1-18a）来说，任意常数的求法如下：将初始时刻 $t=0$ 代入（1-18a）和（1-18a）对时间 t 的导数

$$y(0) = \frac{a}{b_2} + A_1 e^{r_1 \times 0} + A_2 e^{r_2 \times 0} = \frac{a}{b_2} + A_1 + A_2$$

$$\dot{y}(0) = r_1 A_1 e^{r_1 \times 0} + r_2 A_2 e^{r_2 \times 0} = r_1 A_1 + r_2 A_2$$

解这个方程组就可以求出两个任意常数 A_1, A_2 的值。其中，$y(0), \dot{y}(0), r_1, r_2, a, b_2$ 都是给定的或已求出的常数，这样，就可以求出 A_1, A_2 的具体值。

最后，将求出的 A_1, A_2 的具体值代入（1-18a）。

（1-18b）、（1-18c）及其他通解中的任意常数都可以使用这种方法。

五、动态稳定性分析

（一）特征根的三种情形

根据特征根公式（1-16a）

1. 若 $b_1^2 > 4b_2$，r_1, r_2 为不同实根，其公式为（1-16b）。

2. 若 $b_1^2 = 4b_2$，r_1, r_2 为相同实根，则

$$r_1 = r_2 = -\frac{1}{2}b_1$$

3. 若 $b_1^2 < 4b_2$，r_1, r_2 为共轭复根，则

$$r_1 = \frac{-b_1 + \sqrt{-1}\sqrt{4b_2 - b_1^2}}{2} = \frac{-b_1 + i\sqrt{4b_2 - b_1^2}}{2}$$

$$r_2 = \frac{-b_1 - \sqrt{-1}\sqrt{4b_2 - b_1^2}}{2} = \frac{-b_1 - i\sqrt{4b_2 - b_1^2}}{2}$$

令 $u = -\frac{1}{2}b_1$，$v = \frac{1}{2}\sqrt{4b_2 - b_1^2}$，则 $r_1 = u + vi$，$r_2 = u - vi$，两者被称为**共轭复数**，因为它们总是成对出现。

(二) 动态稳定的条件

1. 如果 $r_1 < 0$，$r_2 < 0$，均衡点是动态稳定的，即表示偏离均衡的余函数 $y_c = A_1 e^{r_1 t} + A_2 e^{r_2 t}$ 随着时间趋于无穷大其极限为零，则 $y(t)$ 收敛于 y_p。

2. 如果 r_1, r_2 一正一负或都为正，均衡点是不稳定的，即 r_1, r_2 只要有一个为正，表示偏离均衡的余函数 $y_c = A_1 e^{r_1 t} + A_2 e^{r_2 t}$ 就会随时间变为无穷大，导致 $y(t)$ 不断远离均衡。

3. 上述共轭复根情形的余函数通过一些推导可以转化为三角函数形式(推导过程见本章附录)

$$y_c = e^{ut}(B_1 \cos tv + B_2 \sin tv)$$

其中 $B_1 = A_1 + A_2$，$B_2 = (A_1 - A_2)i$。

共轭复根情形的动态稳定性分析要对表示偏离均衡的余函数 $y_c = e^{ut}(B_1 \cos tv + B_2 \sin tv)$ 逐项分析。

第一项 $B_1 \cos tv$ 是 t 的余弦函数，余弦函数 $\cos t$ 本身以 2π 为周期、以 1 为振幅周期性波动，但 $\cos t$ 变成 $B_1 \cos tv$ 后，它以 $\frac{2\pi}{v}$ 为周期、以 B_1 为振幅进行周期性振荡。

第二项 $B_2 \sin tv$ 是 t 的正弦函数。正弦函数 $\sin t$ 本身以 2π 为周期、以 1 为振幅周期性波动。$\sin t$ 变成 $B_2 \sin tv$ 后，它以 $\frac{2\pi}{v}$ 为周期、以 B_2 为振幅进行周期性振荡。

第三项是 e^{ut}。由于前两项持续波动，所以，表示偏离均衡的余函数 $y_c = e^{ut}(B_1 \cos tv + B_2 \sin tv)$ 是否趋近于零主要取决于 e^{ut}：

如果 $u > 0$，e^{ut} 随 t 不断增大，振幅增大导致 y_c 发散。

如果 $u = 0$，$e^{ut} = 1$，y_c 有不变的形式，振幅不增大也不变小，但不断周期性震荡。

如果 $u < 0$，e^{ut} 随 t 不断趋近于零，振幅减小导致 y_c 趋近于零，函数收敛。

关于余函数还有一点需要说明。作为正弦函数的波动幅度 B_2 中不应含有虚数，如果确定了 A_1, A_2 后 B_2 中仍含有虚数 i，那是没有实际意义的。幸运的是 B_2 中不含有虚数，A_1, A_2 为共轭复数，如 $A_1 = p + qi$，$A_2 = p - qi$，这就保证了 B_1, B_2 都是实数，$B_1 = 2p$，$B_2 = -2q$。

六、具有可变项的二阶线性微分方程

如果（1-11）中的 a 不是常数而是 t 的函数 $a(t)$，则（1-11）就是可变项二阶线性微分方程

$$\ddot{y}(t) + b_1 \dot{y}(t) + b_2 y(t) = a(t) \qquad (1-11\text{a})$$

由于是常系数线性微分方程，所以，它的解具有 $y(t) = y_p + y_c$ 的结构。同一阶的情形类似（如在（1-2）中所看到的那样），二阶的有可变项的线性微分方程的特殊积分 y_p 一般不是不变的，也就是说它不具有微分方程（1-11）那样的特殊积分，因此，必须修正特殊积分。但是，这种方程的余函数 y_c 同微分方程（1-11）的解的余函数是相同的，因为余函数只取决于与（1-11）对应的齐次方程，与等式右端的可变项无关。

解可变项的二阶微分方程比较常用的方法是待定系数法。**待定系数法**就是假设一个含有 t 的特殊积分，其中的系数和常数都是待定的，将这个假定的特殊积分代入（1-11a）左端（因特殊积分是微分方程的一个特解，代入后应使微分方程成立），整理后一般都具有与等式右端相同的结构，比较等式两端 t 的相应项的系数，就可以求出待定系数，将这些求出的待定系数代入假定的特殊积分，就得到了（1-11a）的特殊积分。

（1-11）是常数项二阶线性微分方程（即等式右端为常数），所以，试探解就从常数开始，（1-11a）等式右端是含有 t 的函数，所以，试探解就是含有 t 的函数。

具体地，设 $a(t) = a_1 t^n + a_2 t^{n-1} + \cdots + a_n t + a_{n+1}$，则假定的特殊积分应设为

$$y_p = A_1 t^n + A_2 t^{n-1} + \cdots + A_n t + A_{n+1}$$

其中 $A_1, A_2, \cdots, A_n, A_{n+1}$ 是待定系数或常数。

将上式代入（1-11a），左端可以整理成与等式右端相同的 t 的 n 次多项式，比较等式两端 t 的相应项的系数，就可以求出待定系数，如等式右端 t^n 项的系数是 a_1，等式左端的 t^n 项的系数是 $b_1 A_1$，则可以得到

$$b_1 A_1 = a_1$$

其中 b_1 是已知的，A_1 是待定的。

等式右端 t^{n-1} 项的系数是 a_2，等式左端的 t^{n-1} 项的系数是 $b_2 A_1 + b_3 A_2$，则可以得到

$$b_2 A_1 + b_3 A_2 = a_2$$

依次类推,可以得到一个以 $A_1, A_2, \cdots, A_n, A_{n+1}$ 为变量的线性方程组,解这个方程组,就求出了 $A_1, A_2, \cdots, A_n, A_{n+1}$ 的具体值。将它们代入

$$y_p = A_1 t^n + A_2 t^{n-1} + \cdots + A_n t + A_{n+1}$$

得到的就是(1-11a)的一个特解,被称为特殊积分。

其实,$a(t)$ 作为 t 的函数具体形式有几种,这导致可变项二阶微分方程分为以下几种情形:

第一种情形:$a(t) = a_1 t^n + a_2 t^{n-1} + \cdots + a_n t + a_{n+1}$

这就是上面讨论过的情形,整个微分方程为

$$\ddot{y}(t) + b_1 \dot{y}(t) + b_2 y(t) = a_1 t^n + a_2 t^{n-1} + \cdots + a_n t + a_{n+1} \quad (1-11b)$$

对此假设的特殊积分为

$$y_p = A_1 t^n + A_2 t^{n-1} + \cdots + A_n t + A_{n+1}$$

其中 $A_1, A_2, \cdots, A_n, A_{n+1}$ 是待定系数或常数。

第二种情形:$a(t) = k e^{\alpha t}$,其中 k, α 为已知常数

此时的微分方程为

$$\ddot{y}(t) + b_1 \dot{y}(t) + b_2 y(t) = k e^{\alpha t} \quad (1-11c)$$

对此假定的特殊积分为

$$y_p = A e^{\alpha t}$$

其中 A 为待定系数。

第三种情形:$a(t) = e^{\alpha t}(a_1 t^n + a_2 t^{n-1} + \cdots + a_n t + a_{n+1})$

此时的微分方程为

$$\ddot{y}(t) + b_1 \dot{y}(t) + b_2 y(t) = e^{\alpha t}(a_1 t^n + a_2 t^{n-1} + \cdots + a_n t + a_{n+1}) \quad (1-11d)$$

对此假定的特殊积分为

$$y_p = e^{\alpha t}(A_1 t^n + A_2 t^{n-1} + \cdots + A_n t + A_{n+1})$$

其中 $A_1, A_2, \cdots, A_n, A_{n+1}$ 是待定系数。

第四种情形:$a(t) = k_1 \sin nt + k_2 \cos nt$

或

$$a(t) = k_1 \sin nt, \quad k_2 = 0$$

$$a(t) = k_2 \cos nt, \quad k_1 = 0$$

其中 k_1, k_2, n 都是已知常数。

此时对应的微分方程为

$$\ddot{y}(t) + b_1\dot{y}(t) + b_2 y(t) = k_1\sin nt + k_2\cos nt \qquad (1-11\text{e})$$

$$\ddot{y}(t) + b_1\dot{y}(t) + b_2 y(t) = k_1\sin nt \qquad (1-11\text{f})$$

$$\ddot{y}(t) + b_1\dot{y}(t) + b_2 y(t) = k_2\cos nt \qquad (1-11\text{g})$$

对此假设的特殊积分为

$$y_p = A_1\sin nt + A_2\cos nt$$

其中 A_1, A_2 是待定系数。

注意：

(1) $a(t) = k_1\sin nt$，$a(t) = k_2\cos nt$ 两种情形下假设的特殊积分也应是 $y_p = A_1\sin nt + A_2\cos nt$，因为，即使假设的特殊积分是 $y_p = A_1\sin nt$，$y_p = A_2\cos nt$，代入 (1-11f) 或 (1-11g) 后，经两次微分得到的导数也都含有正弦和余弦。

(2) 在比较系数时，应把 (1-11f) 的右端看成 $k_1\sin nt + 0 \times \cos nt$，即 $\cos nt$ 前面的系数为 0；应把 (1-11g) 的右端看成 $0 \times \sin nt + k_2\cos nt$，即 $\sin nt$ 前面的系数为 0。

第五种情形： 假设的特殊积分中的项（不包括常数）与余函数中的项相同

此时要对假设的特殊积分修正：在最初假设的特殊积分上乘以 t 作为新的特殊积分，如果特殊积分 y_p 与余函数 y_c 中还有共同项，则再次在特殊积分上乘以 t，直到使特殊积分 y_p 与余函数 y_c 中没有共同项为止。这可能导致最初假设的特殊积分乘以 t^m，则 m 就是使特殊积分 y_p 与余函数 y_c 中没有共同项的最小正整数。此外，当微分方程没有 $y(t)$ 项，即

$$\ddot{y}(t) + b_1\dot{y}(t) = a(t)$$

也可以使用这种修正方法。

最后要强调的是，以上这五种情形使用的都是待定系数法。

第三节
微分方程的简化处理

一、二阶微分方程化为一阶微分方程组

给定形如

$$\dot{y} = f[t, y(t), \dot{y}(t)]$$

的抽象的二阶微分方程。

令 $x = \dot{y}$，则上式变为 $\dot{x} = f[t, y(t), x(t)]$，这样可以得到下列一阶微分方程组：

$$\dot{x} = f[t, y(t), x(t)]$$
$$\dot{y} = x \qquad (1-19)$$

注意：如果是 n 阶微分方程，以此类推，就可以化为由 n 个一阶微分方程组成的方程组。

二、非线性微分方程的线性近似

（一）非线性微分方程的线性近似

给定非线性微分方程 $\dot{x} = f(x)$，$f(x)$ 是非线性且连续可微的，一般不能得到确切的解，即使能得到均衡点，也不止一个均衡点，所以需要将 $f(x)$ 作线性近似处理。

如果 $f(x)$ 在一个包括 x^* 的开区间内是连续可微的，则可以将其进行泰勒展开

$$f(x) = f(x^*) + f'(x^*)(x - x^*) + o(x - x^*)$$

此式可近似为

$$f(x) \cong f(x^*) + f'(x^*)(x - x^*) \qquad (1-20)$$

（1-20）表示 $f(x)$ 为 x 的线性函数，因为式子中的 $f(x^*)$，$f'(x^*)$ 尽管含有 x，但 x 已取一个确定的值 x^*，所以 $f(x^*)$，$f'(x^*)$ 都是"常数"。

（二）李雅普诺夫（Liapunov）定理

如果 $\dot{x} = f(x)$ 是非线性的且在均衡点 x^* 有一个线性近似：$f(x) = f(x^*) + f'(x^*)(x - x^*)$，$x^*$ 对线性近似是局部渐进稳定的，则 x^* 对原来的非线性方程就是局部渐进稳定的。

这里"局部"的含义是指某一均衡点的邻域内，所以，这种动态稳定性分析也称**局部动态稳定性分析**。如果均衡点是多个，则要做多个局部动态稳定性分析。

三、对数线性化（对数线性近似）

在高级宏观经济学尤其是经济增长理论中，处理完微分方程或微分方程组

后，有时需要进行对数线性化，而且涉及动态增长率的方程实际上就是**以自然对数为变量的微分方程**，此时的对数线性化相当于以自然对数为变量的微分方程的线性化，因此，将对数线性化放在微分方程这一章。

(一) 对数线性化

对数线性化：将函数方程表示为原来变量的自然对数的函数，然后将函数方程在均衡点（或稳定状态点）附近泰勒展开，该函数方程就成为这个变量的对数线性形式。

或者定义为：将函数 $f(x)$ 表示为 $F(\log x)$，在 $\log x^*$ 附近进行泰勒展开变成关于 $\log x$ 的线性函数，就是对数线性化。如 x 可以表示为 $e^{\log x}$，即 $x = e^{\log x}$，这样在不改变函数方程变量间实质关系的情况下，函数 $f(x)$ 变成为 $F(\log x)$，即 $f(x) = F(\log x)$。特别提醒，在经济学中，自然对数 $\ln x$ 习惯于写成 $\log x$。

(二) 例子：动态增长率方程的对数线性化

经济增长理论中索洛模型的每单位有效劳动平均资本存量的动态增长率方程为

$$\gamma_{\hat{k}} = sA(\hat{k})^{-(1-\alpha)} - (x + n + \delta) \tag{1-21}$$

其中 $\hat{k}$ 为每单位有效劳动平均资本存量，$\gamma_{\hat{k}}$ 为 $\hat{k}$ 的动态增长率，$\gamma_{\hat{k}} = \dot{\hat{k}}/\hat{k} = d(\log \hat{k})/dt$。

变量 $y(t)$ 的**动态增长率的一般定义**为

$$g_y = \frac{dy(t)/dt}{y(t)} = \frac{\dot{y}(t)}{y(t)}$$

将 (1-21) 两端都写成对数形式，该方程便成为关于 $\log \hat{k}$ 的方程——即以 $\log \hat{k}$ 而不是以 $\hat{k}$ 为自变量的方程：

$$\gamma_{\hat{k}} = d[\log \hat{k}]/dt = sAe^{-(1-\alpha)\log \hat{k}} - (x + n + \delta) \tag{1-22}$$

在 $\log \hat{k}^*$ 附近取 (1-22) 关于 $\log \hat{k}$ 的一阶泰勒展开式

$$\gamma_{\hat{k}} = d[\log \hat{k}]/dt \approx [sAe^{-(1-\alpha)\log \hat{k}^*} - (x + n + \delta)]$$

$$+ [-(1-\alpha)sAe^{-(1-\alpha)\log \hat{k}^*}(\log \hat{k} - \log \hat{k}^*)] \tag{1-23}$$

当 $\log \hat{k}$ 取 $\log \hat{k}^*$ 的时候，相当于 $\hat{k}$ 取稳态值 $\hat{k}^*$，此时 $\hat{k}$ 的动态增长率 $\gamma_{\hat{k}}$ 得稳态值，即 $\gamma_{\hat{k}} = 0$，即 $[sAe^{-(1-\alpha)\log \hat{k}^*} - (x + n + \delta)] = 0$，该项相当于 $f(x) = f(x^*) + f'(x^*)(x - x^*)$ 中的 $f(x^*)$。

$[-(1-\alpha)sAe^{-(1-\alpha)\log \hat{k}^*}]$ 相当于 $f(x) = f(x^*) + f'(x^*)(x - x^*)$ 中的

$f'(x^*)$。

由 $sAe^{-(1-\alpha)\log \hat{k}^*} - (x+n+\delta) = 0$ 得

$$sAe^{-(1-\alpha)\log \hat{k}^*} = x+n+\delta$$

将上述两个结果代入（1-23），得

$$\gamma_k = d[\log \hat{k}]/dt \approx -(1-\alpha)(x+n+\delta)\log\frac{\hat{k}}{\hat{k}^*} = -\beta\log\frac{\hat{k}}{\hat{k}^*}$$

其中 $\beta = (1-\alpha)(x+n+\delta)$。注意，$d[\log\hat{k}]/dt \approx -\beta\log\frac{\hat{k}}{\hat{k}^*}$ 仍然是 $\log\hat{k}$ 的线性函数。

（三）另一种类型的对数线性化

高级宏观经济学使用的另一种对数线性化是将原来的变量变为该变量的自然对数与均衡解的自然对数之差，新变量与其他同类变量之间是线性关系。如在 $Y_t = K_t^\alpha(A_tL_t)^{1-\alpha}$ 中，Y_t 与 K_t, L_t, A_t 之间是非线性关系，对数线性化后，$\tilde{Y}_t = a_1\tilde{K}_t + a_2\tilde{A}_t + a_3\tilde{L}_t$，$\tilde{Y}_t$ 与 $\tilde{K}_t, \tilde{A}_t, \tilde{L}_t$ 之间就是线性关系。其中 $\tilde{Y}_t = \log Y_t - \log Y_t^*$，$\tilde{K}_t, \tilde{A}_t, \tilde{L}_t$ 的含义与 $\tilde{Y}_t$ 相同。

由于 $\tilde{Y}_t = \log Y_t - \log Y_t^*$ 表示受到冲击时 Y_t 的对数值 $\log Y_t$ 对其平衡增长路径的对数值 $\log Y_t^*$ 的偏离，$\tilde{Y}_t = a_1\tilde{K}_t + a_2\tilde{A}_t + a_3\tilde{L}_t$ 则表示 K_t, L_t, A_t 等几个方面的冲击 $\tilde{K}_t, \tilde{A}_t, \tilde{L}_t$ 对 Y_t 的偏离 $\tilde{Y}_t$ 的影响。

在罗默的《高级宏观经济学》（第二版）第150页中，有公式

$$K_{t+1} = (1-\delta)K_t + Y_t - C_t - G_t \tag{1-24}$$

其中 $Y_t = K_t^\alpha(A_tL_t)^{1-\alpha}$。（1-24）被对数线性化为（该书第163页）

$$\tilde{K}_{t+1} = b_{KK}\tilde{K}_t + b_{KA}\tilde{A}_t + b_{KG}\tilde{G}_t$$

介绍一下这个推导。

将 $Y_t = K_t^\alpha(A_tL_t)^{1-\alpha}$ 代入（1-24），并将所有的变量都改写为原变量的对数形式

$$e^{\ln K_{t+1}} = (1-\delta)e^{\ln K_t} + e^{\alpha\ln K_t}e^{(1-\alpha)\ln L_t}e^{(1-\alpha)\ln A_t} - e^{\ln C_t} - e^{\ln G_t}$$

令等式右端为函数 $F(\ln K_t, \ln L_t, \ln A_t, \ln C_t, \ln G_t)$，两端都进行一阶泰勒展开：

$$e^{\ln K_{t+1}^*} + \frac{de^{\ln K_{t+1}^*}}{d\ln K_{t+1}^*}(\ln K_{t+1} - \ln K_{t+1}^*)$$

$$= (1-\delta)e^{\ln K_t^*} + e^{\alpha\ln K_t^*}e^{(1-\alpha)\ln L_t^*}e^{(1-\alpha)\ln A_t^*} - e^{\ln C_t^*} - e^{\ln G_t^*}$$

$$+ \frac{\partial F}{\partial \ln K_t}(\ln K_t - \ln K_t^*) + \frac{\partial F}{\partial \ln L_t}(\ln L_t - \ln L_t^*)$$

$$+ \frac{\partial F}{\partial \ln A_t}(\ln A_t - \ln A_t^*) - \frac{de^{\ln C_t^*}}{d \ln C_t}(\ln C_t - \ln C_t^*)$$

$$- \frac{de^{\ln G_t^*}}{d \ln G_t}(\ln G_t - \ln G_t^*)$$

上式中

$$e^{\ln K_{t+1}^*} = (1-\delta)e^{\ln K_t^*} + e^{\alpha \ln K_t^*} e^{(1-\alpha)\ln L_t^*} e^{(1-\alpha)\ln A_t^*} - e^{\ln C_t^*} - e^{\ln G_t^*}$$

上式两边分别减去该式两边，令 $(\ln K_{t+1} - \ln K_{t+1}^*) = \tilde{K}_{t+1}$，$\tilde{K}_t, \tilde{L}_t, \tilde{C}_t, \tilde{G}_t$ 与之类似，得

$$e^{\ln K_{t+1}^*}\tilde{K}_{t+1} = [(1-\delta)e^{\ln K_t^*} + \alpha e^{\alpha \ln K_t^*} e^{(1-\alpha)\ln L_t^*} e^{(1-\alpha)\ln A_t^*}]\tilde{K}_t$$
$$+ (1-\alpha)e^{\alpha \ln K_t^*} e^{(1-\alpha)\ln L_t^*} e^{(1-\alpha)\ln A_t^*}\tilde{L}_t$$
$$+ (1-\alpha)e^{\alpha \ln K_t^*} e^{(1-\alpha)\ln L_t^*} e^{(1-\alpha)\ln A_t^*}\tilde{A}_t$$
$$- e^{\ln C_t^*}\tilde{C}_t - e^{\ln G_t^*}\tilde{G}_t \qquad (1-25)$$

将已知的

$$\tilde{C}_t \cong a_{CK}\tilde{K}_t + a_{CA}\tilde{A}_t + a_{CG}\tilde{G}_t$$
$$\tilde{L}_t \cong a_{LK}\tilde{K}_t + a_{LA}\tilde{A}_t + a_{LG}\tilde{G}_t$$

代入（1-25），并整理得

$$\tilde{K}_{t+1} = b_{KK}\tilde{K}_t + b_{KA}\tilde{A}_t + b_{KG}\tilde{G}_t$$

附录：将余函数的指数形式转化为三角函数形式

（一）共轭复根下的余函数

如前所述，若二阶线性微分方程的常系数存在 $b_1^2 < 4b_2$，r_1, r_2 就是共轭复根

$$r_1 = \frac{-b_1 + i\sqrt{4b_2 - b_1^2}}{2} \qquad r_2 = \frac{-b_1 - i\sqrt{4b_2 - b_1^2}}{2}$$

令 $u = -\frac{1}{2}b_1$，$v = \frac{1}{2}\sqrt{4b_2 - b_1^2}$，则 r_1, r_2 可以表达为

$$r_1 = u + vi, \quad r_2 = u - vi$$

两者被称为共轭复数，因为它们总是成对出现。

将 $r_1 = u + vi$，$r_2 = u - vi$ 代入二阶线性微分方程的余函数，得

$$y_c = A_1 e^{(u+vi)t} + A_2 e^{(u-vi)t} = e^{ut}(A_1 e^{vit} + A_2 e^{-vit}) \quad (1)$$

(二) 将余函数的指数形式转化为三角函数形式

从数学上看，也存在这种可能性。

利用复数的几何表示和三角表示及图 1-2 可以看出存在下列关系：

$$\sin\theta = \frac{v}{k} \qquad \cos\theta = \frac{u}{k}$$

$$\tan\theta = \frac{v}{u} \qquad \cot\theta = \frac{u}{v}$$

$$\sec\theta = \frac{k}{u} \qquad \csc\theta = \frac{k}{v}$$

利用上述关系可以得到

$$u = k\cos\theta \qquad v = k\sin\theta \quad k > 0$$

因此，共轭复根为

$$u \pm iv = k(\cos\theta \pm i\sin\theta) \quad (2)$$

(三) 欧拉公式与棣莫弗（De Moivre）定理

下面对欧拉公式和棣莫弗公式进行推导。分别对 $\sin\theta$，$\cos\theta$，$e^{\pm i\theta}$ 进行马克劳林（Maclaurin）展开（马克劳林展开实际上就是在变量等于零处的泰勒展开），得：

$\sin\theta$ 的马克劳林展开

$$\sin\theta = \theta - \frac{\theta^3}{3!} + \frac{\theta^5}{5!} - \frac{\theta^7}{7!} + \cdots \quad (3)$$

$\cos\theta$ 的马克劳林展开为

$$\cos\theta = 1 - \frac{\theta^2}{2!} + \frac{\theta^4}{4!} - \frac{\theta^6}{6!} + \cdots \quad (4)$$

$e^{i\theta}$ 的马克劳林展开为

$$\begin{aligned} e^{i\theta} &= 1 + i\theta + \frac{(i\theta)^2}{2!} + \frac{(i\theta)^3}{3!} + \frac{(i\theta)^4}{4!} + \cdots\cdots \\ &= 1 + i\theta - \frac{\theta^2}{2!} - \frac{i\theta^3}{3!} + \frac{\theta^4}{4!} + \frac{i\theta^5}{5!} - \frac{\theta^6}{6!} - \frac{i\theta^7}{7!} + \cdots\cdots \\ &= \left(1 - \frac{\theta^2}{2!} + \frac{\theta^4}{4!} - \frac{\theta^6}{6!} + \cdots\right) + i\left(\theta - \frac{\theta^3}{3!} + \frac{\theta^5}{5!} - \frac{\theta^7}{7!} + \cdots\right) \end{aligned} \quad (5)$$

$e^{-i\theta}$ 也可以表示成无穷级数

$$e^{-i\theta} = \left(1 - \frac{\theta^2}{2!} + \frac{\theta^4}{4!} - \frac{\theta^6}{6!} + \cdots\right) - i\left(\theta - \frac{\theta^3}{3!} + \frac{\theta^5}{5!} - \frac{\theta^7}{7!} + \cdots\right) \quad (6)$$

将（3）、（4）分别代入（5）、（6），得**欧拉公式**

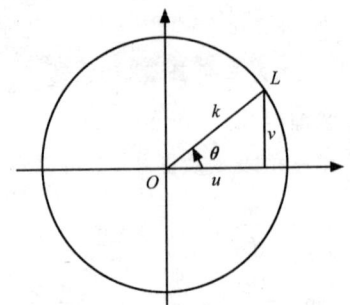

图 1-2 三角函数与复数的关系

$$e^{i\theta} = \cos\theta + i\sin\theta \tag{7}$$

$$e^{-i\theta} = \cos\theta - i\sin\theta \tag{8}$$

棣莫弗（De Moivre）定理的推导

将(7)、(8)代入(2) $u \pm iv = k(\cos\theta \pm i\sin\theta)$，得

$$u \pm iv = ke^{\pm i\theta}$$

该式两边都取 n 次幂

$$(u \pm iv)^n = (ke^{\pm i\theta})^n$$

$$(u \pm iv)^n = k^n e^{\pm in\theta}$$

将(7)、(8)代入该式，得**棣莫弗（De Moivre）定理**

$$(u \pm iv)^n = k^n(\cos n\theta \pm i\sin n\theta) \tag{9}$$

（四）利用欧拉公式将共轭复根转化为三角函数

将(7)、(8)代入(1)，并进行整理得(1-19)

$$\begin{aligned} y_c &= e^{ut}(A_1 e^{vit} + A_2 e^{-vit}) \\ &= e^{ut}[A_1(\cos tv + i\sin tv) + A_2(\cos tv - i\sin tv)] \quad （原式中的 \theta 变为 tv） \\ &= e^{ut}[(A_1 + A_2)\cos tv + (A_1 - A_2)i\sin tv] \\ &= e^{ut}(B_1 \cos tv + B_2 \sin tv) \end{aligned}$$

这里 $B_1 = A_1 + A_2$，$B_2 = (A_1 - A_2)i$。

第二章

微 分 方 程 组

由两个以上的微分方程组成的方程组就是微分方程组。与第一章的微分方程一样，本章的微分方程组也是描述动态系统的。第一节介绍一阶线性微分方程组，包括它的解的不同情况，同时还介绍了更具一般性的一阶线性微分方程组。第二节专门分析线性微分方程组的动态稳定性，意在强调动态稳定性的重要性。第三节是非线性微分方程组的定性分析。

第一节
一阶线性微分方程组

一、线性微分方程组求解的基础理论

本节研究的微分方程组限定在**线性一阶常系数常数项范围内**，这是最容易处理的微分方程，大多数是能够求出解析解的，但这里提供的基础理论适用的范围比较宽，或者说要求的条件不太严格，只要是线性一阶微分方程组就可以，当然，对线性一阶常系数常数项的微分方程组也适用。

设线性微分方程组为

$$y' = A(t)y + B(t)$$

其中

$$y' = \begin{bmatrix} y'_1(t) \\ y'_2(t) \\ \vdots \\ y'_n(t) \end{bmatrix}, \quad A(t) = \begin{bmatrix} a_{11}(t) & a_{12}(t) & \cdots & a_{1n}(t) \\ a_{21}(t) & a_{22}(t) & \cdots & a_{2n}(t) \\ \vdots & \vdots & \cdots & \vdots \\ a_{n1}(t) & a_{n2}(t) & \cdots & a_{nn}(t) \end{bmatrix}$$

$$y = \begin{bmatrix} y_1(t) \\ y_2(t) \\ \vdots \\ y_n(t) \end{bmatrix}, \quad B(t) = \begin{bmatrix} b_1(t) \\ b_2(t) \\ \vdots \\ b_n(t) \end{bmatrix}$$

它们是**函数向量**和**函数矩阵**。这两者的元素都是函数。

上述方程组对应的线性齐次微分方程组为

$$y' = A(t)y$$

对求解线性微分方程组来说，以下几个结论是重要的：

1. **叠加原理**：设 $y^1(t), y^2(t), \cdots, y^k(t)$ 是上述齐次方程组的 k 个解，则它们的线性组合也是该方程组的解。其中，$y^1(t), y^2(t), \cdots, y^k(t)$ 都是 n 维函数向量。

2. **函数向量线性相关和线性无关**：如果存在不全为零的常数 $C_1, C_2, \cdots, C_n$（注意：它们不是向量！），使得 n 个函数向量 $y^1(t), y^2(t), \cdots, y^n(t)$ 满足

$$C_1 y^1(t) + C_2 y^2(t) + \cdots + C_n y^n(t) = 0$$

则称这些函数向量是线性相关的；如果上式只在 $C_1, C_2, \cdots, C_n$ 全为零时成立，则这些函数向量是线性无关的。这些函数向量可以看成是**未知函数向量**，即微分方程组的解。

函数向量线性相关的另一个定义：$y^1(t), y^2(t), \cdots, y^n(t)$ 中某个函数向量是其余函数向量的线性函数，则这 n 个函数向量就是函数向量线性相关的。

3. 如上的齐次线性微分方程组一定存在 n 个线性无关的解。

4. 如上的齐次线性微分方程组的解组 $y^1(t), y^2(t), \cdots, y^n(t)$ 在这些函数的定义域上线性无关的充要条件是在该定义域内的某一点 t_0 上，朗斯基（Wronskian）行列式不等于零。

由 n 个函数向量 $y^1(t), y^2(t), \cdots, y^n(t)$ 构成的朗斯基行列式为

$$W(t) = \begin{bmatrix} y_{11}(t) & y_{12}(t) & \cdots & y_{1n}(t) \\ y_{21}(t) & y_{22}(t) & \cdots & y_{2n}(t) \\ \vdots & \vdots & \cdots & \vdots \\ y_{n1}(t) & y_{n2}(t) & \cdots & y_{nn}(t) \end{bmatrix}$$

5. 齐次线性微分方程组的 n 个线性无关的解称为该方程的一个**基本解组**。基本解组不是唯一的。

6. **齐次线性微分方程组的通解结构定理**：设 $y^1(t), y^2(t), \cdots, y^n(t)$ 是上述齐次方程组的 n 个线性无关的解，则它们的线性组合

$$y(t) = C_1 y^1(t) + C_2 y^2(t) + \cdots + C_n y^n(t)$$

是方程组的通解，反过来，该方程组的任一解均可表为 n 个线性无关的解的线性组合。其中，$C_1, C_2, \cdots, C_n$ 都是任意常数。

该定理给出了**求 n 个方程构成的一阶齐次线性微分方程组的通解的一般方法**：求 n 个方程构成的齐次线性微分方程组的通解就是要找到它的 n 个线性无关的解，然后进行线性组合，就得到了该方程组的通解；据此，求两个方程构成的齐次线性微分方程组的通解就是要找到它的两个线性无关的解，然后进行线性组合。

7. 非齐次线性微分方程组的通解等于对应的齐次线性微分方程组的通解与一个特解之和，即 $y(t) = y_p + y_c$。

8. 常系数线性齐次微分方程组的不同特征根为 $r_1, r_2, \cdots, r_n$，其对应的特征向量为 $C_1, C_2, \cdots, C_n$，则方程组的通解为

$$y(t) = k_1 C_1 e^{r_1 t} + k_2 C_2 e^{r_2 t} + \cdots + k_n C_n e^{r_n t}$$

二、一阶线性微分方程组

（一）一阶线性微分方程组的基本形式及其解的结构

宏观经济学经常使用的是两个微分方程组成的方程组，因此，我们主要考察这种情形。

$$\begin{aligned} \dot{y}_1 &= a_{11} y_1 + a_{12} y_2 + b_1 \\ \dot{y}_2 &= a_{21} y_1 + a_{22} y_2 + b_2 \end{aligned} \quad (2-1\text{a})$$

$$\begin{bmatrix} \dot{y}_1 \\ \dot{y}_2 \end{bmatrix} = \begin{bmatrix} a_{11} & a_{12} \\ a_{21} & a_{22} \end{bmatrix} \begin{bmatrix} y_1 \\ y_2 \end{bmatrix} + \begin{bmatrix} b_1 \\ b_2 \end{bmatrix} \quad (2-1\text{b})$$

$$\dot{y} = Ay + b \tag{2-1c}$$

其中，$a_{11}, a_{12}, a_{21}, a_{22}, b_1, b_2$ 都是常数，$y_1, y_2, \dot{y}_1, \dot{y}_2$ 都是 t 的函数，应写成 $y_1(t), y_2(t), \dot{y}_1(t), \dot{y}_2(t)$，**但这里采用的是简写**；(2-1a)、(2-1b)、(2-1c) 是这个方程组三种不同的表示方式。(2-1c) 中有如下关系

$$\dot{y} = \begin{bmatrix} \dot{y}_1 \\ \dot{y}_2 \end{bmatrix}, \quad A = \begin{bmatrix} a_{11} & a_{12} \\ a_{21} & a_{22} \end{bmatrix}, \quad y = \begin{bmatrix} y_1 \\ y_2 \end{bmatrix}, \quad b = \begin{bmatrix} b_1 \\ b_2 \end{bmatrix}$$

由于是线性微分方程组，其中每个微分方程都是线性的，所以，它的解也具有 $y(t) = y_c + y_p$ 或 $\begin{bmatrix} y_1 \\ y_2 \end{bmatrix} = \begin{bmatrix} y_{1c} \\ y_{2c} \end{bmatrix} + \begin{bmatrix} y_{1p} \\ y_{2p} \end{bmatrix}$ 的结构，其中 $y_c = \begin{bmatrix} y_{1c} \\ y_{2c} \end{bmatrix}$ 为方程组的余函数，包含了 y_1, y_2 两个解的余函数，$y_p = \begin{bmatrix} y_{1p} \\ y_{2p} \end{bmatrix}$ 为方程组的特殊积分，包含了 y_1, y_2 两个解的特殊积分。下面分别求余函数和特殊积分。

(二) 非齐次方程组的余函数：不同实根

非齐次微分方程组的余函数就是对应的齐次方程的通解，因此，首先解 (2-1) 对应的齐次方程组

$$\dot{y}_1 = a_{11} y_1 + a_{12} y_2$$
$$\dot{y}_2 = a_{21} y_1 + a_{22} y_2 \tag{2-2}$$

尝试将 $y_1 = C_1 e^{rt}, y_2 = C_2 e^{rt}$（$C_1, C_2$ 都是非零的常数）作为方程组的解代入 (2-2)

$$C_1 r e^{rt} = a_{11} C_1 e^{rt} + a_{12} C_2 e^{rt}$$
$$C_2 r e^{rt} = a_{21} C_1 e^{rt} + a_{22} C_2 e^{rt}$$

由上式得

$$e^{rt}[(r - a_{11}) C_1 - a_{12} C_2] = 0$$
$$e^{rt}[-a_{21} C_1 - (a_{22} - r) C_2] = 0$$

进一步地

$$(a_{11} - r) C_1 + a_{12} C_2 = 0$$
$$a_{21} C_1 + (a_{22} - r) C_2 = 0 \tag{2-3a}$$

或

$$(A - rI)D = \begin{bmatrix} a_{11} - r & a_{12} \\ a_{21} & a_{22} - r \end{bmatrix} \begin{bmatrix} C_1 \\ C_2 \end{bmatrix} = \begin{bmatrix} 0 \\ 0 \end{bmatrix} \tag{2-3b}$$

注意：先假设 $y_1 = C_1 e^{rt}, y_2 = C_2 e^{rt}$ 是方程组的解，将其代入方程组，从中

推导出（2-3），这意味着只有（2-3）成立，假设的 $y_1 = C_1 e^{rt}, y_2 = C_2 e^{rt}$ 才是方程组的解，不仅如此，（2-3）成立还是"$y_1 = C_1 e^{rt}, y_2 = C_2 e^{rt}$ 是方程组的解"的充要条件。下面就是求满足（2-3）的 r。

方程组（2-3）有零解 $C_1 = 0, C_2 = 0$，而它有非零解的充分必要条件是方程组的系数矩阵的行列式的值为零，即

$$|A - rI| = \begin{vmatrix} a_{11} - r & a_{12} \\ a_{21} & a_{22} - r \end{vmatrix} = 0 \quad (2-4a)$$

（2-4a）展开为

$$r^2 - (a_{11} + a_{22})r + (a_{11}a_{22} - a_{12}a_{21}) = 0 \quad (2-4b)$$

实际上，这是为了避免方程组（2-3）只有零解，设定矩阵 $(A - rI)$ 为奇异矩阵，也就是设定 $|A - rI| = 0$。

解（2-4），得

$$r_i = \frac{(a_{11} + a_{22}) \pm \sqrt{(a_{11} + a_{22})^2 - 4(a_{11}a_{22} - a_{12}a_{21})}}{2}, \quad i = 1, 2$$

(2-5a)

$$r_i = \frac{\operatorname{tr}(A) \pm \sqrt{[\operatorname{tr}(A)]^2 - 4|A|}}{2} \quad (2-5b)$$

其中，$\operatorname{tr}(A) = a_{11} + a_{22}$ 为方程组系数矩阵的迹，$|A| = \begin{vmatrix} a_{11} & a_{12} \\ a_{21} & a_{22} \end{vmatrix}$ 为方程组的系数矩阵的行列式。

特征根 r_1 与 r_2 存在如下关系：

$$r_1 + r_2 = \operatorname{tr}(A)$$

$$r_1 r_2 = |A| = a_{11}a_{22} - a_{12}a_{21}$$

顺便说说特征方程、特征根与系数矩阵的关系：特征方程是系数矩阵的特征方程，或者说是与系数矩阵相对应的特征方程，而系数矩阵是区别不同线性微分方程组的主要标志，其实同一类型的不同线性微分方程组的差别就在于系数矩阵，因此，可以说**特征方程是表明微分方程组特征的方程，是将一个微分方程组区别于另一个方程组的方程**。特征根是特征方程的解，而特征根又决定了微分方程的解，所以，最终是系数矩阵（或称所有系数）决定了微分方程的解。不同的齐次线性微分方程组所以有不同的解是因为它们的系数矩阵不同。

假定 r_1, r_2 为不等实根，将 r_1, r_2 分别代入方程组（2-3b），得

$$(A - r_i I) D_i = \begin{bmatrix} a_{11} - r_i & a_{12} \\ a_{21} & a_{22} - r_i \end{bmatrix} \begin{bmatrix} C_{1i} \\ C_{2i} \end{bmatrix} = \begin{bmatrix} 0 \\ 0 \end{bmatrix}, \quad i = 1, 2 \quad (2-3c)$$

由该方程组第一个方程可以推导出

$$(a_{11} - r_i) C_{1i} + a_{12} C_{2i} = 0$$

$$C_{2i} = \frac{r_i - a_{11}}{a_{12}} C_{1i} \quad (2-6a)$$

由该方程组第二个方程可以推导出

$$a_{21} C_{1i} + (a_{22} - r_i) C_{2i} = 0$$

$$C_{2i} = \frac{a_{21}}{r_i - a_{22}} C_{1i} \quad (2-6b)$$

由（2-4a）可以推导出

$$\frac{a_{21}}{r_i - a_{22}} = \frac{r_i - a_{11}}{a_{12}} \quad (2-7)$$

据（2-4）可知，方程组（2-3）的系数矩阵$(A - rI)$是奇异矩阵，根据线性代数理论，方程组（2-3）有无穷多个解。实际上方程组（2-3）的矩阵是由方程组（2-3）得到的雅可比矩阵，当雅可比行列式等于零时，方程之间是线性相关的。线性相关的方程组没有唯一解，即有无穷多个解。这样可以先对其中一个C_{1i}或C_{2i}随意选取一个值，再根据两者关系确定另一个值。要求它们的具体值，似乎也只能这样。这就是求与r_i对应的特征向量$D_i = \begin{bmatrix} C_{1i} \\ C_{2i} \end{bmatrix}$的方法。

将求出的特征根以及对应的特征向量都代入前面设定的尝试解$y_1 = C_1 e^{rt}$，$y_2 = C_2 e^{rt}$中。当特征根为r_1时，$y_1 = C_1 e^{rt}$中的C_1为C_{11}，$y_2 = C_2 e^{rt}$中的C_2为C_{21}，或者说，(C_{11}, C_{21})是特征根为r_1时方程组（2-3）的解；当特征根为r_2时，$y_1 = C_1 e^{rt}$中的C_1为C_{12}，$y_2 = C_2 e^{rt}$中的C_2为C_{22}，或者说，(C_{12}, C_{22})是特征根为r_2时方程组（2-3）的解。

这意味着$y_1 = C_{11} e^{r_1 t}$，$y_2 = C_{21} e^{r_1 t}$是方程组（2-2）的一个解，$y_1 = C_{12} e^{r_2 t}$，$y_2 = C_{22} e^{r_2 t}$是方程组（2-2）的另一个解。根据微分方程组解的理论，y_1的这两个解可以组成y_1的通解，y_2的这两个解可以组成y_2的通解，或者说，方程组（2-2）的两个解可以组成该方程组的通解，即

$$y_1 = k_1 C_{11} e^{r_1 t} + k_2 C_{12} e^{r_2 t}$$

$$y_2 = k_1 C_{21} e^{r_1 t} + k_2 C_{22} e^{r_2 t}$$

由于这个通解就是对应的非齐次方程的解的余函数,所以,将上式改写为

$$y_{1c} = k_1 C_{11} e^{r_1 t} + k_2 C_{12} e^{r_2 t}$$

$$y_{2c} = k_1 C_{21} e^{r_1 t} + k_2 C_{22} e^{r_2 t} \qquad (2-8\text{a})$$

或写成

$$y_c = \begin{bmatrix} y_{1c} \\ y_{2c} \end{bmatrix} = k_1 \begin{bmatrix} C_{11} \\ C_{21} \end{bmatrix} e^{r_1 t} + k_2 \begin{bmatrix} C_{12} \\ C_{22} \end{bmatrix} e^{r_2 t} \qquad (2-8\text{b})$$

其中,k_1, k_2 是任意常数,$D_1 = \begin{bmatrix} C_{11} \\ C_{21} \end{bmatrix}$ 是与特征根 r_1 对应的特征向量,$D_2 = \begin{bmatrix} C_{12} \\ C_{22} \end{bmatrix}$ 是与特征根 r_2 对应的特征向量。

(2-8)是求得的齐次微分方程组的通解。这个通解是依据线性微分方程组的一些基本理论得到的,如 n 元线性齐次微分方程组一定存在 n 个线性无关的解;线性齐次微分方程组的 n 个线性无关解的线性组合是该方程组的通解等等。

(三)余函数的多种等价表述方式

余函数可以有多种表述方式:

第一种表述方式为(2-8a):

$$y_{1c} = k_1 C_{11} e^{r_1 t} + k_2 C_{12} e^{r_2 t}$$

$$y_{2c} = k_1 C_{21} e^{r_1 t} + k_2 C_{22} e^{r_2 t}$$

这是余函数的基本表述方式,在这种方式中,任意常数 k_1, k_2、特征向量 $\begin{bmatrix} C_{11} \\ C_{21} \end{bmatrix}, \begin{bmatrix} C_{12} \\ C_{22} \end{bmatrix}$、特征根 r_1, r_2 都完整地存在,这也是表述最完整的余函数。

第二种表述方式为

$$y_{1c} = k_1 e^{r_1 t} + k_2 e^{r_2 t}$$

$$y_{2c} = k_1 \frac{r_1 - a_{11}}{a_{12}} e^{r_1 t} + k_2 \frac{r_2 - a_{11}}{a_{12}} e^{r_2 t} \qquad (2-8\text{c})$$

如前所述,C_{1i}, C_{2i} 之间存在比例关系,这样可以先对其中一个随意选取一个值,如令 $C_{1i} = 1$,则 $C_{2i} = \dfrac{r_i - a_{11}}{a_{12}}$,将 $i = 1, 2$ 代入,则可得到

$$C_{11} = 1, \quad C_{21} = \frac{r_1 - a_{11}}{a_{12}};$$

$$C_{12}=1, \quad C_{22}=\frac{r_2-a_{11}}{a_{12}} \tag{2-9}$$

将（2-9）代入（2-8a）就是（2-8c）。

显然，如果不对 C_{1i}, C_{2i} 中的任何一个作具体假定，只使用（2-6a），则（2-8c）变为

$$y_{1c}=k_1 C_{11}e^{r_1 t}+k_2 C_{12}e^{r_2 t}$$

$$y_{2c}=k_1\frac{r_1-a_{11}}{a_{12}}C_{11}e^{r_1 t}+k_2\frac{r_2-a_{11}}{a_{12}}C_{12}e^{r_2 t} \tag{2-8d}$$

第三种表述方式为

$$y_{1c}=k_1 e^{r_1 t}+k_2 e^{r_2 t}$$

$$y_{2c}=k_3 e^{r_1 t}+k_4 e^{r_2 t} \tag{2-8e}$$

这是利用（2-8c），令 $k_1\dfrac{r_1-a_{11}}{a_{12}}=k_3, k_2\dfrac{r_2-a_{11}}{a_{12}}=k_4$ 而得。

与（2-8e）类似的还有

$$y_{1c}=k_1 e^{r_1 t}+k_2 e^{r_2 t}$$

$$y_{2c}=\alpha_1 k_1 e^{r_1 t}+\alpha_2 k_2 e^{r_2 t} \tag{2-8f}$$

最后强调的是，这几种表述方式都是等价的，将它们代入（2-2）都可以令其等式成立，从而证明这些都是齐次方程组（2-2）的通解，是（2-1）的解的余函数。

（四）特征根为其他情形的余函数

（2-8）为特征根是不等实根情形下的齐次方程组（2-2）的通解，此时，（2-5）中的 $[\mathrm{tr}(A)]^2-4|A|>0$。$[\mathrm{tr}(A)]^2-4|A|$ 还有其他情形，这将导致与此不同的特征根，具体地有两种可能：

第一种情形：特征根为相同的实根

此时 $[\mathrm{tr}(A)]^2-4|A|=0$，将其代入（2-5），得

$$r_i=\frac{\mathrm{tr}(A)\pm\sqrt{[\mathrm{tr}(A)]^2-4|A|}}{2}=\frac{\mathrm{tr}(A)}{2}, \quad i=1,2$$

$$r_1=r_2=r=\frac{\mathrm{tr}(A)}{2} \tag{2-5c}$$

如果将两个相同特征根分别代入前面设定的尝试解 $y_1=C_1 e^{rt}, y_2=C_2 e^{rt}$ 中，即使系数不同，y_1 的这两个解 $C_{11}e^{rt}, C_{12}e^{rt}$ 也是线性相关的，它们的线性组合无法作为齐次方程组（2-2）的通解。要构造齐次方程组的通解就必须将两个解中的一个修改一下，将第二个解乘以 t，即 $C_{12}te^{rt}$，由此可得

$$y_1 = y_{1c} = B_{11}e^{rt} + B_{12}te^{rt}$$
$$y_2 = y_{2c} = B_{21}e^{rt} + B_{22}te^{rt} \qquad (2-8g)$$

注意,(2-8g)中的 B_{11},B_{12} 可以看成是任意常数 k_1,k_2 分别乘以特征向量的分量 C_{11},C_{12},类似(2-8a)中的 k_1C_{11},k_2C_{12}。其实,根据微分方程组理论,只要 $C_{i1}e^{rt},C_{i2}te^{rt}$ 代入齐次方程组(2-2)使之成立,它们的线性组合(2-8g)就是齐次方程组在相同实根下的通解,只不过其中的 B_{11},B_{12} 及 B_{21},B_{22} 之间还存在一定的关系可以进一步弄清。

对(2-8g)求导
$$\dot{y}_1 = B_{11}re^{rt} + B_{12}rte^{rt} + B_{12}e^{rt} \qquad (2-8h)$$

将(2-8g)、(2-8h)代入齐次方程组(2-2)的第一个方程
$$B_{11}re^{rt} + B_{12}rte^{rt} + B_{12}e^{rt} = a_{11}(B_{11}e^{rt} + B_{12}te^{rt}) + a_{12}y_2$$

从中整理出 y_2
$$y_2 = y_{2c} = \frac{[(r-a_{11})(B_{11}+B_{12}t) + B_{12}]e^{rt}}{a_{12}} \qquad (2-8i1)$$
$$= \frac{(r-a_{11})B_{11} + B_{12}}{a_{12}}e^{rt} + \frac{(r-a_{11})B_{12}}{a_{12}}te^{rt} \qquad (2-8i2)$$
$$= \frac{(r-a_{11})B_{11} + B_{12}}{a_{12}}e^{rt} + \frac{a_{21}B_{12}}{r-a_{22}}te^{rt} \qquad (2-8i3)$$

根据(2-8g)的第二个方程与(2-8i3)可知
$$B_{21} = \frac{(r-a_{11})B_{11} + B_{12}}{a_{12}}, \quad B_{22} = \frac{a_{21}B_{12}}{r-a_{22}}$$

第二种情形:特征根为不同复根

此时 $[\mathrm{tr}(A)]^2 - 4|A| < 0$,将其代入(2-5),得
$$r_i = \frac{\mathrm{tr}(A) \pm i\sqrt{4|A| - [\mathrm{tr}(A)]^2}}{2} = u \pm iv, \quad i=1,2$$

其中 $u = \frac{\mathrm{tr}(A)}{2}, v = \frac{\sqrt{4|A| - [\mathrm{tr}(A)]^2}}{2}$。
$$r_1 = u+iv, r_2 = u-iv \qquad (2-5d)$$

(2-5d)是不同复根,参照不同实根时的通解(2-8d),可得
$$y_1 = A_1 e^{(u+iv)t} + A_2 e^{(u-iv)t} \qquad (2-8j1)$$
$$y_2 = A_1\frac{(u+iv)-a_{11}}{a_{12}}e^{(u+iv)t} + A_2\frac{(u-iv)-a_{11}}{a_{12}}e^{(u-iv)t} \qquad (2-8k1)$$

其中 A_1,A_2 是共轭复数,如 $A_1 = m+in, A_2 = m-in, m,n$ 是两个实数。

参照第一章附录中的复数与三角函数转换方法,可以将上述通解推导成(直接写成非齐次方程的余函数)

$$y_{1c} = e^{ut}(B_1 \cos tv + B_2 \sin tv) \qquad (2-8j2)$$

$$y_{2c} = e^{ut}\left[\frac{(u-a_{11})A_1 + vA_2}{a_{12}}\cos vt + \frac{(u-a_{11})A_2 - vA_1}{a_{12}}\sin vt\right] \qquad (2-8k2)$$

(五)非齐次线性微分方程组的解的特殊积分

在第一章已经看到,求特殊积分实际上就是求微分方程的一个特解,对于微分方程组来说也是这样。

由于每个方程都有常数项,而不是可变项,使用待定系数法尝试的特解可以假设为常数,设

$$y_p = \begin{bmatrix} y_{1p} \\ y_{2p} \end{bmatrix} = \begin{bmatrix} y_1^* \\ y_2^* \end{bmatrix}$$

其中 y_1^*, y_2^* 分别代表 y_1, y_2 的特解,都是待定的常数。

根据定义,y_1^*, y_2^* 代入 (2-1) 后应使等式成立,即

$$0 = a_{11}y_1^* + a_{12}y_2^* + b_1$$
$$0 = a_{21}y_1^* + a_{22}y_2^* + b_2 \qquad (2-9a)$$

(2-9a) 整理为

$$a_{11}y_1^* + a_{12}y_2^* = -b_1$$
$$a_{21}y_1^* + a_{22}y_2^* = -b_2 \qquad (2-9b)$$

或

$$\begin{bmatrix} a_{11} & a_{12} \\ a_{21} & a_{22} \end{bmatrix} \begin{bmatrix} y_1^* \\ y_2^* \end{bmatrix} = -\begin{bmatrix} b_1 \\ b_2 \end{bmatrix} \qquad (2-9c)$$

或

$$Ay^* = -b \qquad (2-9d)$$

解 (2-9),得

$$y_1^* = \frac{b_2 a_{12} - b_1 a_{22}}{a_{11}a_{22} - a_{12}a_{21}}, \quad y_2^* = \frac{b_1 a_{21} - b_2 a_{11}}{a_{11}a_{22} - a_{12}a_{21}} \qquad (2-10a)$$

其中 $a_{11}a_{22} - a_{12}a_{21} \neq 0$。

(2-10a) 也可以用矩阵表示为

$$y^* = -A^{-1}b \qquad (2-10b)$$

其中 A^{-1} 是矩阵 $A = \begin{bmatrix} a_{11} & a_{12} \\ a_{21} & a_{22} \end{bmatrix}$ 的逆矩阵，$b = \begin{bmatrix} b_1 \\ b_2 \end{bmatrix}$，求出逆矩阵就可以得到 y^* 的解。

（2-10）就是非齐次线性微分方程组（2-1）的解的特殊积分。从（2-9）解出（2-10）使用的是克莱姆法则、求逆矩阵等方法。这些方法可以在线性代数理论中找到。

（六）非齐次线性微分方程组的通解

前面已经求出了方程组的特殊积分和余函数，将（2-8c）与 y_1^*, y_2^* 加在一起就是非齐次线性微分方程组的通解

$$y_1(t) = y_{1c} + y_{1p} = k_1 e^{r_1 t} + k_2 e^{r_2 t} + y_1^*$$

$$y_2(t) = y_{2c} + y_{2p} = \frac{r_1 - a_{11}}{a_{12}} k_1 e^{r_1 t} + \frac{r_2 - a_{11}}{a_{12}} k_2 e^{r_2 t} + y_2^* \qquad (2-11)$$

必须强调，这是特征根属于不等实根情形下方程组的通解，特征根的其他类型则有其他形式的通解，此处略去。

（七）任意常数的确定

第一章第一节、第二节已初步涉及了任意常数的确定，这里是线性微分方程组的解的任意常数的确定，但思路大体相同。

假定 $y_1(t), y_2(t)$ 的初始值 $y_1(0), y_2(0)$ 给定，将 $t = 0$ 代入（2-11），得方程组

$$y_1(0) = k_1 + k_2 + y_1^*$$

$$y_2(0) = \frac{r_1 - a_{11}}{a_{12}} k_1 + \frac{r_2 - a_{11}}{a_{12}} k_2 + y_2^*$$

解方程组得

$$k_1 = \frac{r_2 - a_{11}}{r_2 - r_1} [y_1(0) - y_1^*] - \frac{a_{12}}{r_2 - r_1} [y_2(0) - y_2^*]$$

$$k_2 = \frac{a_{12}}{r_2 - r_1} [y_2(0) - y_2^*] - \frac{r_1 - a_{11}}{r_2 - r_1} [y_1(0) - y_1^*] \qquad (2-12)$$

将（2-12）代回到（2-11），得到的就是微分方程组的定解。

（八）解非齐次线性微分方程组的一般步骤

1. 求特征根 r_i

用特征方程 $|A - rI| = 0$ 或 r_i 的公式（2-5a）。

2. 用 $(A - r_i I) D_i = 0$ 求特征向量 D_i

注意，如果求显性解，则必须求 $D_i = \begin{bmatrix} C_{1i} \\ C_{2i} \end{bmatrix}$ 中的 C_{1i}，C_{2i} 的具体值，如果不求显性解，而是判断动态稳定性、求动态收敛路径，只要求出 C_{1i}，C_{2i} 两者之间的关系就可以了。

方程组 $(A - r_i I) D_i = 0$ 可以具体化为

$$(A - r_i I) D_i = \begin{bmatrix} a_{11} - r_i & a_{12} \\ a_{21} & a_{22} - r_i \end{bmatrix} \begin{bmatrix} C_{1i} \\ C_{2i} \end{bmatrix} = \begin{bmatrix} 0 \\ 0 \end{bmatrix}, \qquad (2-13a)$$

或

$$\begin{aligned} (a_{11} - r_i) C_{1i} + a_{12} C_{2i} &= 0 \\ a_{21} C_{1i} + (a_{22} - r_i) C_{2i} &= 0 \end{aligned} \qquad (2-13b)$$

3. 求出了特征根 r_i 和特征向量 $D_i = \begin{bmatrix} C_{1i} \\ C_{2i} \end{bmatrix}$ 后，用 y_c 的公式求 y_c

$$y_c = k_1 C_1 e^{r_1 t} + k_2 C_2 e^{r_2 t}$$

或

$$\begin{bmatrix} y_{1c} \\ y_{2c} \end{bmatrix} = k_1 \begin{bmatrix} C_{11} \\ C_{21} \end{bmatrix} e^{r_1 t} + k_2 \begin{bmatrix} C_{12} \\ C_{22} \end{bmatrix} e^{r_2 t}$$

或

$$\begin{aligned} y_{1c} &= k_1 C_{11} e^{r_1 t} + k_2 C_{12} e^{r_2 t} \\ y_{2c} &= k_1 \frac{r_1 - a_{11}}{a_{12}} C_{11} e^{r_1 t} + k_2 \frac{r_2 - a_{11}}{a_{12}} C_{12} e^{r_2 t} \end{aligned}$$

4. 求 y_p

$$y_p = \begin{bmatrix} y_{1p} \\ y_{2p} \end{bmatrix} = \begin{bmatrix} y_1^* \\ y_2^* \end{bmatrix}$$

$$y_1^* = \frac{b_2 a_{12} - b_1 a_{22}}{a_{11} a_{22} - a_{12} a_{21}}$$

$$y_2^* = \frac{b_1 a_{21} - b_2 a_{11}}{a_{11} a_{22} - a_{12} a_{21}}$$

其中 $a_{11} a_{22} - a_{12} a_{21} \neq 0$。

5. 求通解 $y(t) = y_c + y_p$

$$y_1(t) = y_{1c} + y_{1p} = k_1 e^{r_1 t} + k_2 e^{r_2 t} + y_1^*$$

$$y_2(t) = y_{2c} + y_{2p} = \frac{r_1 - a_{11}}{a_{12}} k_1 e^{r_1 t} + \frac{r_2 - a_{11}}{a_{12}} k_2 e^{r_2 t} + y_2^*$$

6. 确定任意常数,求定解

$$k_1 = \frac{r_2 - a_{11}}{r_2 - r_1}[y_1(0) - y_1^*] - \frac{a_{12}}{r_2 - r_1}[y_2(0) - y_2^*]$$

$$k_2 = \frac{a_{12}}{r_2 - r_1}[y_2(0) - y_2^*] - \frac{r_1 - a_{11}}{r_2 - r_1}[y_1(0) - y_1^*]$$

本小节归纳的解非齐次线性微分方程组的步骤是很有用的,一方面,它是对前面所作分析的总结,另一方面是解非齐次线性微分方程组的简洁方法,初学者可以直接使用本方法。即使不理解,也可以直接套用公式。这是一个权宜之计。

三、一般一阶线性微分方程组

前面的一阶线性微分方程组 (2-1) 每个方程只有一个未知函数的导数,但这种形式并不具有一般性,实际上,每个方程可能有两个未知函数的导数,相对于后者而言,前者只是一个特例,因此,后者称为一般一阶线性微分方程组。

(一) 一般一阶线性微分方程组的形式及解的结构

一般一阶线性微分方程组的基本形式如下

$$a_{11}\dot{y}_1 + a_{12}\dot{y}_2 = a_{13}y_1 + a_{14}y_2 + b_1$$
$$a_{21}\dot{y}_1 + a_{22}\dot{y}_2 = a_{23}y_1 + a_{24}y_2 + b_2 \qquad (2-14a)$$

或

$$\begin{bmatrix} a_{11} & a_{12} \\ a_{21} & a_{22} \end{bmatrix} \begin{bmatrix} \dot{y}_1 \\ \dot{y}_2 \end{bmatrix} = \begin{bmatrix} a_{13} & a_{14} \\ a_{23} & a_{24} \end{bmatrix} \begin{bmatrix} y_1 \\ y_2 \end{bmatrix} + \begin{bmatrix} b_1 \\ b_2 \end{bmatrix} \qquad (2-14b)$$

或

$$A_1 \dot{y} = A_2 y + b \qquad (2-14c)$$

其中 $A_1 = \begin{bmatrix} a_{11} & a_{12} \\ a_{21} & a_{22} \end{bmatrix}$, $A_2 = \begin{bmatrix} a_{13} & a_{14} \\ a_{23} & a_{24} \end{bmatrix}$, $b = \begin{bmatrix} b_1 \\ b_2 \end{bmatrix}$ 都是常数矩阵; $\dot{y} = \begin{bmatrix} \dot{y}_1 \\ \dot{y}_2 \end{bmatrix}$, $y = \begin{bmatrix} y_1 \\ y_2 \end{bmatrix}$; $y_1, y_2, \dot{y}_1, \dot{y}_2$ 都是 t 的函数,应写成 $y_1(t), y_2(t), \dot{y}_1(t), \dot{y}_2(t)$,但这里采用的是简写。当 $A_1 = \begin{bmatrix} 1 & 0 \\ 0 & 1 \end{bmatrix} = I$ 时,(2-14) 就变成了 (2-1),(2-14) 比 (2-1) 更加一般化。

尽管与（2-1）有所不同，但（2-14）仍是一阶线性微分方程组，所以，它的解仍具有 $y(t) = y_c + y_p$ 的结构。其中 $y_c = \begin{bmatrix} y_{1c} \\ y_{2c} \end{bmatrix}$ 为方程组的余函数，包含了 y_1, y_2 两个解的余函数，$y_p = \begin{bmatrix} y_{1p} \\ y_{2p} \end{bmatrix}$ 为方程组的特殊积分，包含了 y_1, y_2 两个解的特殊积分。下面分别求余函数和特殊积分。

（二）一般一阶线性微分方程组的余函数

一般一阶线性微分方程组的余函数是对应的齐次线性微分方程组的通解，所以，下面求齐次线性微分方程组的通解。

（2-14a）对应的齐次线性微分方程组为

$$a_{11}\dot{y}_1 + a_{12}\dot{y}_2 = a_{13}y_1 + a_{14}y_2$$
$$a_{21}\dot{y}_1 + a_{22}\dot{y}_2 = a_{23}y_1 + a_{24}y_2 \qquad (2-15)$$

尝试将 $y_1 = C_1 e^{rt}, y_2 = C_2 e^{rt}$（$C_1、C_2$ 都是非零的常数）作为方程组的解代入（2-15）

$$a_{11}C_1 re^{rt} + a_{12}C_2 re^{rt} = a_{13}C_1 e^{rt} + a_{14}C_2 e^{rt}$$
$$a_{21}C_1 re^{rt} + a_{22}C_2 re^{rt} = a_{23}C_1 e^{rt} + a_{24}C_2 e^{rt}$$

由上式得

$$a_{11}C_1 r + a_{12}C_2 r = a_{13}C_1 + a_{14}C_2$$
$$a_{21}C_1 r + a_{22}C_2 r = a_{23}C_1 + a_{24}C_2$$

整理成矩阵形式

$$\begin{bmatrix} a_{11}r - a_{13} & a_{12}r - a_{14} \\ a_{21}r - a_{23} & a_{22}r - a_{24} \end{bmatrix} \begin{bmatrix} C_1 \\ C_2 \end{bmatrix} = 0 \qquad (2-16a)$$

或

$$(A_1 r - A_2)D = 0 \qquad (2-16b)$$

当且仅当（2-16）的系数矩阵的行列式为零，方程组（2-16）才有非零解，即

$$\begin{vmatrix} a_{11}r - a_{13} & a_{12}r - a_{14} \\ a_{21}r - a_{23} & a_{22}r - a_{24} \end{vmatrix} = 0 \qquad (2-17a)$$

或

$$|A_1 r - A_2| = 0 \qquad (2-17b)$$

（2-17）为方程组（2-16）的特征方程，解特征方程可以得到特征根 r_1，

r_2，将其代入 $(A_1 r - A_2)D = 0$，利用

$$(A_1 r_i - A_2)D_i = 0, \quad i = 1, 2$$

可以求出与 r_1, r_2 对应的特征向量

$$D_1 = \begin{bmatrix} C_{11} \\ C_{21} \end{bmatrix}, \quad D_2 = \begin{bmatrix} C_{12} \\ C_{22} \end{bmatrix}$$

同前面的情形一样，（2-16）的系数矩阵是奇异矩阵，方程组有无穷多个解，这样，只能先对 C_{1i}, C_{2i} 中的一个随意假定一个数值，再根据两者比例得到另一个的值。类似前面的情形，**假定求出的特征根为不等实根**，用求出的特征根和特征向量构造出（2-15）的通解或称（2-14）的余函数

$$y_{1c} = k_1 C_{11} e^{r_1 t} + k_2 C_{12} e^{r_2 t}$$
$$y_{2c} = k_1 C_{21} e^{r_1 t} + k_2 C_{22} e^{r_2 t}$$

从这个公式中似乎看不出（2-14）的余函数与（2-1）的余函数有何不同，但其中的特征根和对应的特征向量是有差别的。

（三）一般一阶线性微分方程组的特殊积分

（2-14）是常数项而不是可变项的线性微分方程组，所以，使用待定系数法尝试的特解可以假设为常数，设

$$y_p = \begin{bmatrix} y_{1p} \\ y_{2p} \end{bmatrix} = \begin{bmatrix} y_1^* \\ y_2^* \end{bmatrix}$$

其中，y_1^*, y_2^* 分别代表 y_1, y_2 的特解，都是待定的常数。

根据定义，y_1^*, y_2^* 代入（2-14）后应使等式成立，即

$$0 = a_{13} y_1^* + a_{14} y_2^* + b_1$$
$$0 = a_{23} y_1^* + a_{24} y_2^* + b_2$$

上式整理为

$$a_{13} y_1^* + a_{14} y_2^* = -b_1$$
$$a_{23} y_1^* + a_{24} y_2^* = -b_2$$

或

$$\begin{bmatrix} a_{13} & a_{14} \\ a_{23} & a_{24} \end{bmatrix} \begin{bmatrix} y_1^* \\ y_2^* \end{bmatrix} = -\begin{bmatrix} b_1 \\ b_2 \end{bmatrix}$$

或

$$A_2 y_p = -b$$

解上式，得

$$y_1^* = \frac{b_2 a_{14} - b_1 a_{24}}{a_{13} a_{24} - a_{14} a_{23}}, \quad y_2^* = \frac{b_1 a_{23} - b_2 a_{13}}{a_{13} a_{24} - a_{14} a_{23}} \quad (2-18a)$$

其中 $a_{13} a_{24} - a_{14} a_{23} \neq 0$。

（2-18a）也可以用矩阵表示为

$$y_p = -A_2^{-1} b \quad (2-18b)$$

（四）一般一阶非齐次线性微分方程组的通解

$$y_1(t) = y_{1c} + y_{1p} = k_1 C_{11} e^{r_1 t} + k_2 C_{12} e^{r_2 t} + y_1^*$$

$$y_2(t) = y_{2c} + y_{2p} = k_1 C_{21} e^{r_1 t} + k_2 C_{22} e^{r_2 t} + y_2^*$$

此外，也可以采用前面的方法确定通解中的任意常数 k_1、k_2。

第二节
线性微分方程组的动态稳定性

一、动态稳定性分析的一些基础概念

本节关注的主要内容仍是常系数线性微分方程组（2-1a）

$$\dot{y}_1 = a_{11} y_1 + a_{12} y_2 + b_1$$

$$\dot{y}_2 = a_{21} y_1 + a_{22} y_2 + b_2$$

在此基础上，我们给出如下动态稳定性分析的概念。

相平面：微分方程组（2-1a）的变量 y_1、y_2 构成的平面称为相平面。当然，这是线性微分方程组所使用的相平面，见图 2-1。对于系统中的每一个状态（即 y_1, y_2 的一对具体值），相平面中有一个点与之对应。

均衡点：如果 (y_1^*, y_2^*) 满足 $\dot{y}_1|_{(y_1^*, y_2^*)} = 0$，$\dot{y}_2|_{(y_1^*, y_2^*)} = 0$，则 (y_1^*, y_2^*) 就是动态系统（2-1a）的均衡点。它是由 $\dot{y}_1 = 0, \dot{y}_2 = 0$ 得到的。$\dot{y}_1 = 0, \dot{y}_2 = 0$ 意味着代表动态系统状态的 $[y_1(t), y_2(t)]$ 不再变化，所以，被称为均衡。

均衡局部渐近稳定：(y_1^*, y_2^*) 是动态系统（2-1a）的均衡点，如果从 (y_1^*, y_2^*) 的邻域内任意一点出发，系统的解 $[y_1(t), y_2(t)]$ 满足

$$\lim_{t \to \infty} [y_1(t), y_2(t)] = (y_1^*, y_2^*)$$

则均衡点(y_1^*, y_2^*)是局部渐近稳定的。

均衡整体渐近稳定：(y_1^*, y_2^*)是动态系统（2-1a）的均衡点，如果从任意的初始点$[y_1(0), y_2(0)]$出发，系统的解$[y_1(t), y_2(t)]$满足

$$\lim_{t \to \infty} [y_1(t), y_2(t)] = (y_1^*, y_2^*)$$

则均衡点(y_1^*, y_2^*)是整体渐近稳定的。

分界曲线：$\dot{y}_1 = 0, \dot{y}_2 = 0$是相平面上的两条分界线。在它们两侧$\dot{y}_1, \dot{y}_2$的值不同，一侧大于零，意味着这一区域$y_1, y_2$是增长的，另一侧小于零，意味着这一区域$y_1, y_2$是下降的。在分界曲线$\dot{y}_1 = 0$的哪一侧是$\dot{y}_1 > 0$，取决于微分方程组特征根的情况。图2-1描述的是两个特征根都小于零，因此，在分界曲线$\dot{y}_1 = 0$的左侧，$\dot{y}_1 > 0$，在分界曲线$\dot{y}_1 = 0$的右侧，$\dot{y}_1 < 0$；在分界曲线$\dot{y}_2 = 0$的上方，$\dot{y}_2 < 0$，在分界曲线$\dot{y}_2 = 0$的下方，$\dot{y}_2 > 0$。两条分界曲线的交点就是前面定义的均衡点，见图2-2、图2-3、图2-4、图2-5。至于均衡的稳定性则要给出具体模型才能判断。

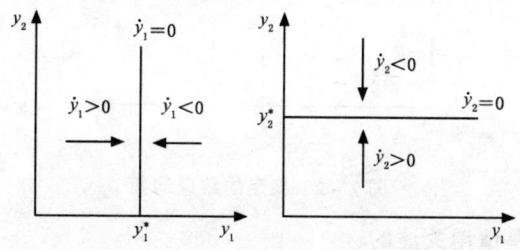

图2-1 线性微分方程组的相平面

图中给出的分界曲线都是水平线和垂线，但它们可以是有倾斜的曲线，有些情况下，如对于非线性微分方程组，分界曲线甚至可能是非线性的。分界曲线是水平线和垂线是在特殊情况下得到的，如图2-1中$\dot{y}_1 = 0$为垂线、$\dot{y}_2 = 0$为水平线，这意味着（2-1a）中$a_{12} = 0$，$a_{21} = 0$，即

$$\dot{y}_1 = a_{11} y_1 + b_1$$
$$\dot{y}_2 = a_{22} y_2 + b_2$$

如果$\dot{y}_1 = 0$为水平线，$\dot{y}_2 = 0$为垂线，则意味着（2-1a）中$a_{11} = 0, a_{22} = 0$，即

$$\dot{y}_1 = a_{12} y_2 + b_1$$
$$\dot{y}_2 = a_{21} y_1 + b_2$$

如果微分方程组（2-1a）的系数$a_{11}, a_{12}, b_1, a_{21}, a_{22}, b_2$都给定，求出$\dot{y}_1$

$=0, \dot{y}_2 = 0$ 时 y_1, y_2 的值 y_1^*, y_2^*，在 y_1^* 的右侧任取一个 y_1 的值代入（2-1a），就可以知道此时的 $\dot{y}_1$ 是大于零，还是小于零。这意味着 y_1^* 的右侧 $\dot{y}_1$ 是大于零还是小于零。同样也可以分析 $\dot{y}_2$ 的情况。

轨线：也叫**相路径**，是由微分方程组（2-1a）的解 $y_1 = y_1(t)$，$y_2 = y_2(t)$ 推导出的函数 $y_1 = y_1(y_2)$ 或 $y_2 = y_2(y_1)$ 在相平面上的轨迹，表示系统从任意可接受的起始点的动态运动。

相位图：相平面上的轨线分布图称为相位图。

注意：线性微分方程组动态稳定性分析的这些概念与单个微分方程动态稳定性分析的概念有很大差异，读者可以把这里的内容与第一章第一节的内容进行比较。

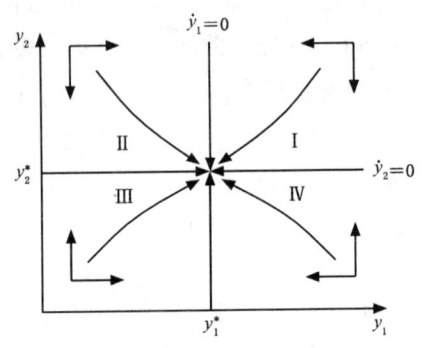

图 2-2　稳定的结点均衡

以下几点也是值得关注的：

（1）相平面上的轨线有无数条，相平面上的每一点必定位于某一轨线上。这也意味着相平面上所有的点都可能成为初始点。

（2）所有轨线的方向都是由分界曲线 $\dot{y}_1 = 0, \dot{y}_2 = 0$ 所划成的区域中的 y_1 变化方向与 y_2 的变化方向所合成的方向。图 2-2 中 $\dot{y}_1 = 0$ 和 $\dot{y}_2 = 0$ 分成的四个区域的变化方向是由图 2-1 的两个图组合而成的。

（3）轨线可能跨越区域。

下面就是结合均衡的分类对系统均衡的动态稳定性作进一步的相平面分析。

二、均衡的分类

微分方程组的均衡可以分为以下几类。

(一) 结点均衡

结点均衡：是一种所有的轨线都与均衡点相连的均衡，其条件是线性微分方程组的特征根是同号的实根。结点均衡又分两种：

1. 稳定的结点均衡：所有轨线的方向都指向均衡点，这种均衡称为稳定的结点均衡，其条件是微分方程组的特征根都是负的实根。此时，代表动态系统的 (y_1, y_2) 落在相平面中的任何一点，包括落在 $\dot{y}_1 = 0$ 和 $\dot{y}_2 = 0$ 这两条分界曲线上，最后都会移动到均衡点 (y_1^*, y_2^*)。如图 2-2 所示。

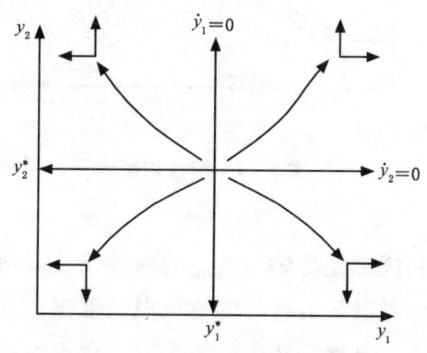

图 2-3 非稳定的结点均衡

2. 非稳定的结点均衡：所有的轨线的方向都背离均衡点，这种均衡称为非稳定的结点均衡，其条件是微分方程组的特征根都是正的实根。此时，代表动态系统的 (y_1, y_2) 落在相平面中的任何一点，包括落在 $\dot{y}_1 = 0$ 和 $\dot{y}_2 = 0$ 这两条分界曲线上，最后都会远离均衡点 (y_1^*, y_2^*)。见图 2-3。

注意：在结点均衡中，有一种特殊情况，即特征根为等根，此时的结点是**星形结点**或**退化结点**，由于这两种情形在判断稳定性时，与一般的结点均衡并无不同，也可以包含在一般的结点均衡中，所以，对这两种结点均衡不作深入介绍。

(二) 鞍点均衡

鞍点均衡：相平面中的轨线只有两条直线，其余都是鞍形曲线的均衡称为鞍点均衡，其条件是特征根为符号相反的实根，即特征根一正一负。

鞍点均衡的特点是**相平面中只有一条稳定路径**，它被称为**稳定分枝**，或**稳定鞍臂**，其余的路径都是非稳定的。稳定分枝是两条直线型轨线中的一条，另一条直线型轨线是**非稳定分枝**。两条直线型轨线被说成是其余所有轨线的渐近线。见图 2-4，图中只画出了几条有代表性的轨线。

鞍点均衡在数学上被认为是不稳定的均衡，但经济学却将其视为稳定的均衡，当然必须是在稳定分枝上。

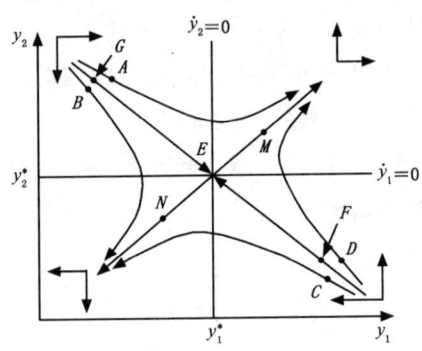

图 2-4　鞍点均衡

（三）焦点均衡

焦点均衡：所有轨线都是环绕均衡点的螺旋线且以均衡点为极限点的均衡称为焦点均衡，其条件是微分方程组的特征根是复根，且实部不为零。焦点均衡也叫**螺旋极点**，因为它是螺旋线的一个端点。焦点均衡具体分两种。

1. 稳定的焦点均衡：环绕均衡点的螺旋线的方向是向均衡点运动的，这样的焦点均衡称为稳定的焦点均衡，其条件是复特征根的实部为负。见图 2-5。

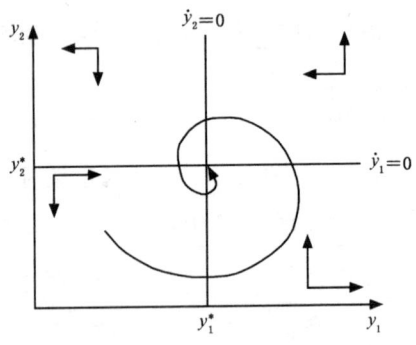

图 2-5　稳定的焦点均衡

2. 不稳定的焦点均衡：环绕均衡点的螺旋线的方向从均衡点向外运动，即代表动态系统的点以螺旋的方式越来越偏离均衡点，这样的焦点均衡称为不稳定的焦点均衡，其条件是复特征根的实部为正。

(四) 中心点均衡

中心点均衡：所有轨线都是环绕均衡点的封闭曲线，这种均衡称为中心点均衡。封闭的轨线是椭圆或同心圆。在中心点均衡下，微分方程组的复特征根的实部为零，或者说是纯虚根。见图 2-6。除非动态系统直接落在均衡点 E 上，否则落在其他点上都无法达到均衡。因此，这种均衡被认为是不稳定的均衡。

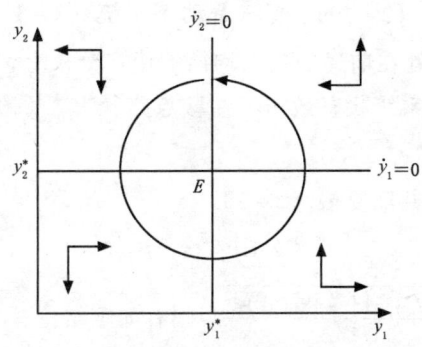

图 2-6 中心点均衡

三、均衡动态稳定性的条件

(一) 均衡动态稳定性的条件

实际上，上一个问题"均衡的分类"已经给出各种均衡动态稳定性的条件，这里再进行一个归纳式的陈述，以方便记忆。动态系统均衡的稳定性主要是根据代表动态系统的微分方程组的特征根进行判断。

1. 如果 $r_1 < 0$，$r_2 < 0$，则线性微分方程组（2-1a）的均衡点 (y_1^*, y_2^*) 是动态稳定的，且是稳定的结点均衡。

2. 如果 $r_1 > 0$，$r_2 > 0$，则线性微分方程组（2-1a）的均衡点 (y_1^*, y_2^*) 是动态不稳定的，且是不稳定的结点均衡。

注意：以上两种情况包含了 $r_1 = r_2$ 这种特殊情形。

3. 如果 r_1, r_2 一正一负，则线性微分方程组（2-1a）的均衡点 (y_1^*, y_2^*) 是鞍点均衡，鞍点均衡一般是动态不稳定的，但是，如果系统状态的初始值 $y_1(0), y_2(0)$ 满足条件

$$y_2(t) = \left(\frac{r_1 - a_{11}}{a_{12}} \right) [y_1(t) - y_1^*] + y_2^* \qquad (2-19a)$$

其中 $r_1 < 0$，即

$$y_2(0) = \left(\frac{r_1 - a_{11}}{a_{12}}\right)[y_1(0) - y_1^*] + y_2^* \qquad (2-19b)$$

则系统是鞍点稳定的，$y_1(t), y_2(t)$ 将收敛于鞍点均衡 (y_1^*, y_2^*)，其中 (2-19a) 是**鞍点路径**，且整个相平面只有这一条稳定路径，其余的路径都是不稳定的。

$y_1(0), y_2(0)$ 满足 (2-19a) 意味着动态系统 (2-1a) 最初的状态就处在鞍点路径上，也就是处在前述的鞍点均衡的稳定分枝上，因此，最终会收敛到均衡 (y_1^*, y_2^*)。如果系统状态最初不在鞍点路径上，系统状态 $y_1(t), y_2(t)$ 最终会越来越偏离均衡 (y_1^*, y_2^*)。

4. 如果特征根为共轭复根 (2-5d)

$$r_1 = u + iv, r_2 = u - iv$$

其中 $u = \frac{\text{tr}(A)}{2}$，$v = \frac{\sqrt{4|A| - [\text{tr}(A)]^2}}{2}$，则有如下结论：

(1) 如果 $u > 0$，则均衡是不稳定的，即是不稳定的焦点均衡；

(2) 如果 $u < 0$，则均衡是稳定的，即是稳定的焦点均衡。

5. 如果特征根为纯虚根，即 (2-5d) 中的 $u = 0$，均衡是中心点均衡，其轨线是圆或椭圆。此均衡被认为是不稳定的均衡。

(二) 实例：结点均衡的动态稳定性

介绍一个动态稳定性分析的实例是有益的，它可以帮助读者加深对问题的理解，也可以澄清一些模糊的知识点。

假设是稳定的结点均衡，因此有 $r_1 < 0, r_2 < 0$，为使分析准确，进一步限定 $r_1 \neq r_2$。

第一步：借用图 2-2，首先确定分界曲线 $\dot{y}_1 = 0$ 和 $\dot{y}_2 = 0$，两条线的交点就是均衡点 (y_1^*, y_2^*)，且两线将相平面分为四个区域："Ⅰ"、"Ⅱ"、"Ⅲ"、"Ⅳ"。

第二步：分析 $\dot{y}_1$ 和 $\dot{y}_2$ 在四个区域内的状态，即是大于零还是小于零。

1. 区域 Ⅰ 内的点满足 $y_1 > y_1^*$，$y_2 > y_2^*$，将此时 y_1, y_2 的值代入 (2-1a)，得 $\dot{y}_2 < 0$，$\dot{y}_1 < 0$，可知 $y_1(t), y_2(t)$ 都将变小，即该点向 $\dot{y}_1 = 0$，$\dot{y}_2 = 0$ 的交点 (y_1^*, y_2^*) 移动，即向均衡移动。

2. 区域 Ⅱ 内的点 $y_1 < y_1^*$，$y_2 > y_2^*$，将此时 y_1, y_2 的值代入 (2-1a)，得 $\dot{y}_2 < 0$，$\dot{y}_1 > 0$，可知 y_1 将变大，y_2 将变小，即该点向 $\dot{y}_1 = 0$，$\dot{y}_2 = 0$ 的交点

(y_1^*, y_2^*)移动，即向均衡移动。

3. 区域Ⅲ内的点 $y_1 < y_1^*$，$y_2 < y_2^*$，将此时 y_1，y_2 的值代入（2－1a），得 $\dot{y}_2 > 0$，$\dot{y}_1 > 0$，可知 $y_1(t)$，$y_2(t)$ 将变大，即该点向 $\dot{y}_1 = 0$，$\dot{y}_2 = 0$ 的交点 (y_1^*, y_2^*) 移动，即向均衡移动。

4. 区域Ⅳ内的点 $y_1 > y_1^*$，$y_2 < y_2^*$，将此时 y_1，y_2 的值代入（2－1a），得 $\dot{y}_2 > 0$，$\dot{y}_1 < 0$，可知 y_1 将变小、y_2 将变大，即该点向 $\dot{y}_1 = 0$，$\dot{y}_2 = 0$ 的交点 (y_1^*, y_2^*) 移动，即向均衡移动。

第三步：综上所述，初始点无论在哪一点，最后都会向均衡点移动，所以，该均衡是动态稳定的，且是稳定的结点均衡。

四、鞍点均衡及其动态稳定性

鞍点稳定在宏观经济学中有广泛的应用，内生增长理论的模型基本都是鞍点稳定的，所以，我们单独做一个分析，同时，它提供了一些新的分析技巧。

鞍点稳定意味着特征根 r_1，r_2 一正一负，设 $r_1 < 0$，$r_2 > 0$。见图 2－4，分界曲线 $\dot{y}_1 = 0$ 和 $\dot{y}_2 = 0$ 的交点就是均衡点 (y_1^*, y_2^*)，且两线将相平面分为四个区域："Ⅰ"、"Ⅱ"、"Ⅲ"、"Ⅳ"，这四个区域的设定与图 2－2 相同，右上角的为第一区域，但图中没有明确标示。

（一）确定四个区域内的点的移动方向

1. 区域Ⅰ内的点满足 $y_1 > y_1^*$，$y_2 > y_2^*$，将此时 y_1，y_2 的值代入（2－1a），得 $\dot{y}_2 > 0$，$\dot{y}_1 > 0$，可知 y_1，y_2 都将变大，即该点将不断偏离 $\dot{y}_1 = 0$，$\dot{y}_2 = 0$ 的交点 (y_1^*, y_2^*)，向远离均衡方向移动。

2. 区域Ⅲ内的点满足 $y_1 < y_1^*$，$y_2 < y_2^*$，将此时 y_1，y_2 的值代入（2－1a），得 $\dot{y}_2 < 0$，$\dot{y}_1 < 0$，可知 y_1，y_2 都将变小，即该点将不断偏离 $\dot{y}_1 = 0$，$\dot{y}_2 = 0$ 的交点 (y_1^*, y_2^*)，向远离均衡方向移动。

3. 区域Ⅱ内的点满足 $y_1 < y_1^*$，$y_2 > y_2^*$，将此时 y_1，y_2 的值代入（2－1a），得 $\dot{y}_2 < 0$，$\dot{y}_1 > 0$，可知 y_1 将变大，y_2 将变小，但这一区域的点是否趋向均衡不能一概而论，要具体分析。

4. 区域Ⅳ内的点满足 $y_1 > y_1^*$，$y_2 < y_2^*$，将此时 y_1，y_2 的值代入（2－1a），得 $\dot{y}_2 > 0$，$\dot{y}_1 < 0$，可知 y_1 将变小、y_2 将变大，但这一区域的点是否趋向均衡不能一概而论，要具体分析。

（二）轨线及其方向的确定

1. 区域Ⅱ内的点 A 处，$\dot{y}_1 > 0$，$\dot{y}_2 < 0$，y_1 增加，y_2 下降，该点向右下方移动，但由于 y_1 的变化率 $\dot{y}_1$ 比 y_2 的变化率 $\dot{y}_2$ 大很多（向右拉的力量较大），所以该点的移动路径向右倾斜，没有到达 E 点，而是在 E 点上方与 $\dot{y}_2 = 0$ 线相交，之后进入区域Ⅰ，区域Ⅰ内 $\dot{y}_2 > 0$，$\dot{y}_1 > 0$，该线向右上方移动，逐渐远离均衡点。A 点附近及上方的轨线与过 A 点的轨线具有相同的特征。

2. 区域Ⅱ内的点 B 处，$\dot{y}_1 > 0$，$\dot{y}_2 < 0$，y_1 增加，y_2 下降，该点向右下方移动，但由于 y_1 的变化率 $\dot{y}_1$ 比 y_2 的变化率 $\dot{y}_2$ 小很多（向下拉的力量较大），所以该点的移动路径向下倾斜，没有到达 E 点，而是在 E 点左侧与 $\dot{y}_1 = 0$ 线相交，之后进入区域Ⅲ，区域Ⅲ内 $\dot{y}_2 < 0$，$\dot{y}_1 < 0$，该线向左下方移动，逐渐远离均衡点。B 点附近及左侧的轨线与过 B 点的轨线具有相同的特征。

C 点、D 点的路径分析与此类似。

3. 在 G 点或 F 点，y_1 的变化率 $\dot{y}_1$ 与 y_2 的变化率 $\dot{y}_2$ 的组合正好使该点沿着中间的稳定分枝分别到达均衡点 E。这条线就是所谓的鞍点路径。这个相平面中只有一条达到稳定状态的路径。

4. 与鞍点路径或稳定分枝相对应，还有两条过均衡点的不稳定路径，或非稳定分枝，它们分别过 M，N 点。

（三）鞍点路径（即鞍点均衡的稳定分枝）的推导

情形一：$r_1 < 0, r_2 > 0$ 时的鞍点路径

线性微分方程组（2-1a）通解中的余函数取（2-8d），则该通解为

$$y_1 = k_1 C_{11} e^{r_1 t} + k_2 C_{12} e^{r_2 t} + y_1^*$$

$$y_2 = \frac{r_1 - a_{11}}{a_{12}} k_1 C_{11} e^{r_1 t} + \frac{r_2 - a_{11}}{a_{12}} k_2 C_{12} e^{r_2 t} + y_2^*$$

如果给定鞍点稳定，则通解中的 k_2 必为零（在 $r_1 < 0, r_2 > 0$ 条件下），否则均衡不稳定，而 $k_2 = 0$，方程组的通解为：

$$y_1 = k_1 C_{11} e^{r_1 t} + y_1^*$$

$$y_2 = \frac{r_1 - a_{11}}{a_{12}} k_1 C_{11} e^{r_1 t} + y_2^*$$

由上述第一个方程可得

$$k_1 C_{11} e^{r_1 t} = y_1 - y_1^*$$

将其代入第二个方程 $y_2 = \dfrac{r_1 - a_{11}}{a_{12}} k_1 C_{11} e^{r_1 t} + y_2^*$，则得鞍点路径（鞍点均衡的

稳定分枝）

$$y_2 = \left(\frac{r_1 - a_{11}}{a_{12}}\right)(y_1 - y_1^*) + y_2^*$$

这就是（2-19a）。

情形二： $r_1 > 0, r_2 < 0$ 时的鞍点路径

微分方程组的通解为：

$$y_1 = k_1 C_{11} e^{r_1 t} + k_2 C_{12} e^{r_2 t} + y_1^*$$

$$y_2 = \frac{r_1 - a_{11}}{a_{12}} k_1 C_{11} e^{r_1 t} + \frac{r_2 - a_{11}}{a_{12}} k_2 C_{12} e^{r_2 t} + y_2^*$$

用同样的方法可得鞍点路径：

$$y_2 = \left(\frac{r_2 - a_{11}}{a_{12}}\right)(y_1 - y_1^*) + y_2^* \tag{2-19c}$$

（四）鞍点均衡的非稳定分枝

线性微分方程组（2-1a）通解取如下形式

$$y_1 = k_1 C_{11} e^{r_1 t} + k_2 C_{12} e^{r_2 t} + y_1^*$$
$$y_2 = k_1 C_{21} e^{r_1 t} + k_2 C_{22} e^{r_2 t} + y_2^* \tag{2-20}$$

由上述通解可以得到

$$\frac{y_1 - y_1^*}{y_2 - y_2^*} = \frac{k_1 C_{11} e^{r_1 t} + k_2 C_{12} e^{r_2 t}}{k_1 C_{21} e^{r_1 t} + k_2 C_{22} e^{r_2 t}} \tag{2-21a}$$

$$y_1 - y_1^* = \frac{k_1 C_{11} e^{r_1 t} + k_2 C_{12} e^{r_2 t}}{k_1 C_{21} e^{r_1 t} + k_2 C_{22} e^{r_2 t}}(y_2 - y_2^*) \tag{2-21b}$$

（2-21）是相平面中所有轨线的代数式。

求下面的极限

$$\lim_{t \to \infty}\left[\frac{k_1 C_{11} e^{r_1 t} + k_2 C_{12} e^{r_2 t}}{k_1 C_{21} e^{r_1 t} + k_2 C_{22} e^{r_2 t}}(y_2 - y_2^*) - \frac{C_{12}}{C_{22}}(y_2 - y_2^*)\right]$$

$$= \lim_{t \to \infty}\left[\frac{k_2 C_{12} e^{r_2 t}}{k_2 C_{22} e^{r_2 t}}\right] \cdot \lim_{t \to \infty}(y_2 - y_2^*) - \frac{C_{12}}{C_{22}} \cdot \lim_{t \to \infty}(y_2 - y_2^*)$$

$$= \frac{C_{12}}{C_{22}} \cdot \lim_{t \to \infty}(y_2 - y_2^*) - \frac{C_{12}}{C_{22}} \cdot \lim_{t \to \infty}(y_2 - y_2^*)$$

$$= 0 \tag{2-22}$$

其中第一个等式使用了 $r_1 < 0, r_2 > 0$，所以

$$\lim_{t \to \infty} k_1 C_{11} e^{r_1 t} = 0, \quad \lim_{t \to \infty} k_1 C_{21} e^{r_1 t} = 0$$

由于 $r_2 > 0$，由微分方程组的通解（2-20）可知，y_1, y_2 趋于无穷大，因

此，结合（2-22），根据渐近线的定义，下式

$$y_1 - y_1^* = \frac{C_{12}}{C_{22}}(y_2 - y_2^*) \tag{2-23a}$$

是 $k_2 = 0$ 以外的所有轨线（2-21）的渐近线（$k_2 = 0$ 时，该轨线为鞍点稳定路径），所以，被称为鞍点均衡的非稳定分枝。

（2-23a）也可以写成

$$y_2 = \frac{C_{22}}{C_{12}}(y_1 - y_1^*) + y_2^* \tag{2-23b}$$

若方程组是齐次线性微分方程组（2-2），则它的非稳定分枝为

$$y_2 = \frac{C_{22}}{C_{12}} y_1 \tag{2-24}$$

此时 $y_1^* = 0, y_2^* = 0$，即原点是方程组的均衡点（鞍点均衡）。

若特征根为 $r_1 > 0, r_2 < 0$，则非稳定分枝为

$$y_1 - y_1^* = \frac{C_{11}}{C_{21}}(y_2 - y_2^*) \tag{2-25a}$$

或

$$y_2 = \frac{C_{21}}{C_{11}}(y_1 - y_1^*) + y_2^* \tag{2-25b}$$

五、一般线性微分方程组的动态稳定性

对于一般的线性微分方程组（2-14）的动态稳定性，有如下结论：

1. 如果 $r_1 < 0, r_2 < 0$，则线性微分方程组（2-14）的均衡点 (y_1^*, y_2^*) 是动态稳定的；

2. 如果 $r_1 > 0, r_2 > 0$，则线性微分方程组（2-14）的均衡点 (y_1^*, y_2^*) 是动态不稳定的；

注意：以上两种情况包含了 $r_1 = r_2$ 这种特殊情形。

3. 如果 r_1, r_2 一正一负，则线性微分方程组（2-14）的均衡点 (y_1^*, y_2^*) 是鞍点均衡，鞍点均衡一般是动态不稳定的，但是，如果系统状态的初始值 $y_1(0), y_2(0)$ 满足条件

$$y_2(t) = \left(\frac{r_1 - a_{11}}{a_{12}}\right)[y_1(t) - y_1^*] + y_2^*$$

其中 $r_1 < 0$，则系统是鞍点稳定的，$y_1(t), y_2(t)$ 将收敛于鞍点均衡 (y_1^*, y_2^*)。

4. 如果特征根为**共轭复根**

$$r_1 = u + iv, r_2 = u - iv$$

则有如下结论：

（1）如果 $u > 0$，则均衡是不稳定的；

（2）如果 $u < 0$，则均衡是稳定的；

5. 如果特征根为**纯虚根**，即 $u = 0$，均衡是中心点均衡，其轨线是圆或椭圆。此均衡被认为是不稳定的均衡。

第三节
一阶非线性微分方程组

经济学对非线性微分方程组的定性分析一般采取两种方法，其一是相位图分析，二是将非线性微分方程组线性化，并作局部稳定性分析。非线性微分方程组能求出解析解的很少。

一、非线性微分方程组的相位图分析

本章第二节已经给出了线性微分方程组相位图分析的一些相关概念，如相平面、分界曲线、轨线、均衡点等，这些概念的含义对非线性微分方程组也适用。有了这些基础性概念，就可以进行非线性微分方程组的相位图分析。这里只给出方法，不进行具体操作。

两个方程的非线性微分方程组的一般形式为

$$\dot{y}_1 = f(y_1, y_2)$$
$$\dot{y}_2 = g(y_1, y_2) \quad (2-26)$$

由于是非线性方程组，不能求出解析解，因此，做相位图进行定性分析。

第一步，建立一个相平面，其中横轴可以定为 y_1，纵轴定为 y_2。相平面是相位图分析的基础。

第二步，根据 $\dot{y}_1 = 0, \dot{y}_2 = 0$ 得到

$$f(y_1, y_2) = 0 \quad (2-27a)$$

$$g(y_1, y_2) = 0 \qquad (2-27b)$$

将（2-27a）推导成 y_2 是 y_1 的函数 $y_2(y_1)$ 或者 y_1 是 y_2 的函数 $y_1(y_2)$，将其画在相平面中，这就是分界曲线 $\dot{y}_1 = 0$。同理，可以将（2-27b）推导成 y_2 是 y_1 的函数 $y_2(y_1)$，将其画在相平面中，这就是分界曲线 $\dot{y}_2 = 0$。两条分界曲线 $\dot{y}_1 = 0, \dot{y}_2 = 0$ 将相平面分成四个区域。

第三步，确定分界曲线两侧 $\dot{y}_1, \dot{y}_2$ 的状况，是大于零还是小于零。分界曲线 $\dot{y}_1 = 0$ 两侧的状况由导数

$$\frac{d\dot{y}_1}{dy_1} = \frac{df(y_1, y_2)}{dy_1}$$

决定，如果

$$\frac{d\dot{y}_1}{dy_1} = \frac{df(y_1, y_2)}{dy_1} > 0$$

则在 $\dot{y}_1 = 0$ 的左侧（意味着此处的 y_1 相对于 $\dot{y}_1 = 0$ 上的 y_1 减少了）有

$$\dot{y}_1 < 0 \qquad (2-28a)$$

在 $\dot{y}_1 = 0$ 的右侧（意味着此处的 y_1 相对于 $\dot{y}_1 = 0$ 上的 y_1 增加了）有

$$\dot{y}_1 > 0 \qquad (2-28b)$$

而左侧 $\dot{y}_1 < 0$ 又表明这一区域 y_1 的变化方向是减少，右侧 $\dot{y}_1 > 0$ 表明这一区域 y_1 的变化方向是增加。见图 2-7。

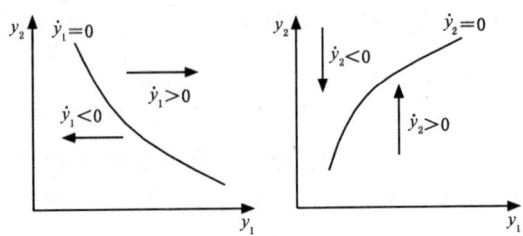

图 2-7 变量的变化方向

同样，如果假设

$$\frac{d\dot{y}_2}{dy_2} = \frac{dg(y_1, y_2)}{dy_2} < 0$$

则在 $\dot{y}_2 = 0$ 的上方（意味着此处的 y_2 相对于 $\dot{y}_2 = 0$ 上的 y_2 增加了）有

$$\dot{y}_2 < 0 \qquad (2-29a)$$

在 $\dot{y}_2 = 0$ 的下方（意味着此处的 y_2 相对于 $\dot{y}_2 = 0$ 上的 y_2 减少了）有

$$\dot{y}_2 > 0 \qquad (2-29b)$$

上方 $\dot{y}_2 < 0$ 表明这一区域 y_2 的变化方向是减少，下方 $\dot{y}_2 > 0$ 表明这一区域 y_2 的变化方向是增加。

第四步，确定四个区域轨线的变化方向，并画出各区域有代表性的轨线。

由（2-28a）、（2-28b）、（2-29a）、（2-29b）可以确定由分界曲线分成的四个区域轨线的变化方向，它是每个区域内 y_1 的变化方向与 y_2 的变化方向的组合方向。见图 2-8。

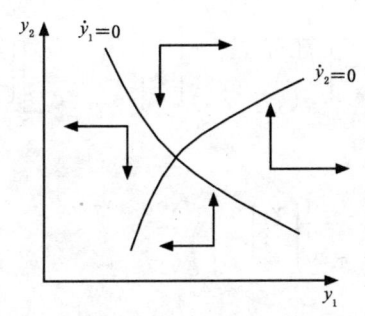

图 2-8　相位图

根据这些方向可以画出各区域有代表性的轨线。比较复杂的是鞍点均衡，其中的两个区域每个区域都有三个方向的轨线，其中一个是鞍点路径，它两侧的轨线分别指向两个发散的方向。

非线性微分方程组相位图分析的局限性：它只能得到有限的信息，如 $\dot{x} = 0, \dot{y} = 0$ 所划成的四个区域和每个区域中由 x 变化方向与 y 的变化方向所合成的方向，但无法得到系统轨线的完整描述。

二、非线性微分方程组线性化及局部稳定性

（一）非线性微分方程组线性化

给定一个非线性微分方程组（2-26）

$$\dot{y}_1 = f(y_1, y_2)$$

$$\dot{y}_2 = g(y_1, y_2)$$

其矩阵形式为

$$\dot{y} = F(y)$$

其中 $\dot{y} = \begin{bmatrix} \dot{y}_1 \\ \dot{y}_2 \end{bmatrix}, y = \begin{bmatrix} y_1 \\ y_2 \end{bmatrix}, F(y) = \begin{bmatrix} f(y_1, y_2) \\ g(y_1, y_2) \end{bmatrix}$。将方程组在均衡点 (y_1^*, y_2^*) 附近进行泰勒展开

$$f(y_1, y_2) = f(y_1^*, y_2^*) + f_{y_1} \cdot (y_1 - y_1^*) + f_{y_2} \cdot (y_2 - y_2^*)$$

$$g(y_1, y_2) = g(y_1^*, y_2^*) + g_{y_1} \cdot (y_1 - y_1^*) + g_{y_2} \cdot (y_2 - y_2^*) \quad (2-30a)$$

上式可以表示为矩阵形式

$$\begin{bmatrix} f(y_1, y_2) \\ g(y_1, y_2) \end{bmatrix} = \begin{bmatrix} f(y_1^*, y_2^*) \\ g(y_1^*, y_2^*) \end{bmatrix} + \begin{bmatrix} f_{y_1} & f_{y_2} \\ g_{y_1} & g_{y_2} \end{bmatrix} \begin{bmatrix} (y_1 - y_1^*) \\ (y_2 - y_2^*) \end{bmatrix} \quad (2-30b)$$

(2-30b) 整理为

$$\begin{bmatrix} \dot{y}_1 \\ \dot{y}_2 \end{bmatrix} = \begin{bmatrix} f_{y_1} & f_{y_2} \\ g_{y_1} & g_{y_2} \end{bmatrix} \begin{bmatrix} y_1 \\ y_2 \end{bmatrix} + \begin{bmatrix} f(y_1^*, y_2^*) - f_{y_1} y_1^* - f_{y_2} y_2^* \\ g(y_1^*, y_2^*) - g_{y_1} y_1^* - g_{y_2} y_2^* \end{bmatrix} \quad (2-31a)$$

或

$$\dot{y} = F'(y^*) \cdot y + b \quad (2-31b)$$

其中 $F'(y^*) = \begin{bmatrix} f_{y_1} & f_{y_2} \\ g_{y_1} & g_{y_2} \end{bmatrix}, b = \begin{bmatrix} f(y_1^*, y_2^*) - f_{y_1} y_1^* - f_{y_2} y_2^* \\ g(y_1^*, y_2^*) - g_{y_1} y_1^* - g_{y_2} y_2^* \end{bmatrix}$,

$\dot{y} = \begin{bmatrix} \dot{y}_1 \\ \dot{y}_2 \end{bmatrix}, y = \begin{bmatrix} y_1 \\ y_2 \end{bmatrix}, y^* = [y_1^* \quad y_2^*]$。

(2-31b) 系数矩阵 $F'(y^*)$ 的迹为

$$\mathrm{tr}[F'(y^*)] = f_{y_1}(y_1^*, y_2^*) + g_{y_2}(y_1^*, y_2^*)$$

系数行列式为

$$|F'(y^*)| = \begin{vmatrix} f_{y_1} & f_{y_2} \\ g_{y_1} & g_{y_2} \end{vmatrix} = f_{y_1} g_{y_2} - f_{y_2} g_{y_1}$$

则特征根为

$$r_i = \frac{\mathrm{tr}[F'(y^*)] \pm \sqrt{[\mathrm{tr}(F'(y^*))]^2 - 4|F'(y^*)|}}{2}, \quad i = 1, 2$$

(二) 非线性系统与其线性近似系统的拓扑等价性

下面运用动力系统理论证明：作为一阶泰勒展开的线性化动态系统（即微分方程组）在均衡点附近与原来的非线性动态系统具有相同的动态稳定性。这样就可以通过线性化动态系统的稳定性判断非线性系统的动态稳定性。

首先看拓扑等价的概念。

拓扑等价：给定两个方程组

$$\dot{y} = F_1(y) \text{ 和 } \dot{y} = F_2(y)$$

其中 $F_1, F_2: \mathbb{R}^m \supseteq Y \to \mathbb{R}^m$，若存在一个同胚 H 将 $\dot{y} = F_1(y)$ 的轨道映射到 $\dot{y} = F_2(y)$ 的轨道，且对时间 t 保持轨线的指向不变，但不必是相同的时间，则称两个微分方程组 $\dot{y} = F_1(y)$ 和 $\dot{y} = F_2(y)$ 是拓扑等价的。其中的同胚可以看作是连续（可微）的坐标变换，至于同胚本身的定义比这个含义要复杂。

拓扑等价的含义：两个系统 $\dot{y} = F_1(y)$ 和 $\dot{y} = F_2(y)$ 有相似的轨线结构，或两个系统的解的轨线经过连续的坐标变换后是相同的。

双曲均衡：令 y^* 是非线性系统 $\dot{y} = F(y)$ 的均衡点，若 F 在 y^* 处的导数 $F'(y^*)$（即雅可比矩阵）没有实部为 0 的特征根，则 y^* 称为双曲型均衡。其中 F 是一次可微的。

拓扑等价考察的是均衡点的附近，这意味着均衡点处有轨线经过，因此，它要求均衡是双曲的，即 F 在 y^* 处的导数（即雅可比矩阵）没有实部为 0 的特征根。例如从本章第二节可知，如果特征根的实部为零（二维情形下的纯虚根），则是中心点均衡，它的轨线是圆或椭圆，不经过均衡点，因此，拓扑等价把分析限定在双曲均衡上。

哈特曼－高伯曼（Hartman－Grobman）**定理**：令 y^* 是非线性系统 $\dot{y} = F(y)$ 的双曲型均衡点，并且在 y^* 处的雅可比矩阵是可逆的，F 是一次可微的，则存在一个 y^* 的邻域 U，使得非线性系统 $\dot{y} = F(y)$ 拓扑等价于它的线性近似系统

$$\dot{y} = F(y^*) + F'(y^*)(y - y^*)$$

其中 $F'(y^*)$ 为线性化微分方程组的系数矩阵，亦即雅可比矩阵。

(三) 非线性系统 $\dot{y} = F(y)$ 的局部稳定性

1. 如果 $F'(y^*)$ 的所有特征根实部都小于 0，类似 (2-30) 或 (2-31) 那样的线性近似系统在均衡点 y^* 是渐近稳定的，则原来的非线性系统 $\dot{y} = F(y)$ 在均衡点 y^* 也是渐近稳定的。

这至少包括两种情形，一种是所有的特征根都是实根，且这些实根都小于 0（稳定的结点均衡），另一种是所有特征根都是复根，但这些复根的实部都小于 0（稳定的焦点均衡）。这两种情形与二维线性系统下对应的两种情形是完全一样的，参见本章第二节第三部分。

2. 如果 $F'(y^*)$ 的特征根中至少有一个特征根的实部大于 0，线性近似系

统在均衡点 y^* 是不稳定的，则非线性系统 $\dot{y} = F(y)$ 在均衡点 y^* 是局部不稳定的，鞍点均衡除外。特征根的这种情形包括了鞍点均衡、不稳定结点均衡、不稳定的焦点均衡，但鞍点均衡可以排除在外，尽管数学上认定鞍点均衡是动态不稳定的，但经济学却视之为稳定的均衡，且在宏观经济学中有广泛的应用。

3. 如果 $F'(y^*)$ 的特征根都是实根，其中有一部分特征根大于 0，另一部分特征根小于 0，线性近似系统在均衡点 y^* 是鞍点稳定的，则非线性系统 $\dot{y} = F(y)$ 在均衡点 y^* 也是鞍点稳定的。当然系统必须处在稳定的鞍点路径上。

4. 如果 $F'(y^*)$ 的所有特征根中至少有一个特征根的实部为 0，这种情形比较复杂，需要更多的条件才能做动态稳定性的判断，如其余的特征根的情况、动态系统的维数等等。

对这种情形来说，很重要的一点是任何映射都**不能保证非线性系统与其线性近似系统有相同的均衡类型和稳定性**，或者说，不能保证非线性系统与其线性近似系统是拓扑等价的。显然，上面的哈特曼 – 高伯曼定理适用于双曲均衡，一个特征根的实部为 0 就不属于双曲均衡，因此，这种情形是哈特曼 – 高伯曼定理明确排除的。

第三章

差 分 方 程

第一章讨论了微分方程,它用来描述变量连续变化的动态系统,当表示系统状态的变量离散变化时,就要用差分方程来分析。本章介绍分析离散系统的差分方程。第一节、第二节讨论确定性差分方程,第三节引入滞后算子解差分方程,第四节、第五节分别介绍随机差分方程和线性条件期望差分方程,此外,多个附录提供了概率、随机过程与傅立叶变换等方面的基础知识。

第一节
一阶线性差分方程

一、差分方程及相关概念

差分:t 从 t 变化到 $t+1$ 引起 y 的变化 $y_{t+1} - y_t$,称为 y 的差分或一阶差分,表示为

$$\Delta y_t = y_{t+1} - y_t$$

y 的二阶差分为

$$\Delta^2 y_t = \Delta(\Delta y_t) = \Delta y_{t+1} - \Delta y_t$$
$$= (y_{t+2} - y_{t+1}) - (y_{t+1} - y_t)$$

$$= y_{t+2} - 2y_{t+1} + y_t$$

y 的三阶差分为

$$\Delta^3 y_t = \Delta(\Delta^2 y_t) = \Delta^2 y_{t+1} - \Delta^2 y_t$$
$$= (y_{t+3} - 2y_{t+2} + y_{t+1}) - (y_{t+2} - 2y_{t+1} + y_t)$$
$$= y_{t+3} - 3y_{t+2} + 3y_{t+1} - y_t$$

更高阶的依此类推。

差分方程：含有未知函数差分或表示未知函数几个时期值之间关系的方程，称为差分方程。如下方程为三阶差分方程

$$y_{t+3} - 3y_{t+2} + 3y_{t+1} - y_t = 8$$

差分方程的阶数为附标的最大值与最小值之间的差。

线性差分方程：未知函数包括表示它的其他各期值的变量都是一次的，这样的差分方程称为线性差分方程，否则是非线性的。

差分方程的解：是从差分方程中求出的、不再含有差分且能满足差分方程的未知函数。

线性差分方程的解也具有 $y_t = y_p + y_c$ 结构，其中 y_p 被称为**特殊积分**，为 y_t 的均衡水平，它是差分方程的一个特解。称其为特殊积分是沿用微分方程的叫法。y_c 被称为**余函数**，表示对均衡的偏离。

差分方程的通解、特解、定解：差分方程的含有任意常数的解称为该方程的通解。不含有任意常数或任意常数被具体值替代时的解称为该方程的特解。定解是满足初始条件的解，它使任意常数确定化，所以叫定解。

此外，要特别强调的是**解微分方程中使用的尝试法或待定系数法对差分方程来说也适用**。

二、一阶常系数常数项线性差分方程

（一）一阶线性差分方程的形式与特殊积分

一阶常系数常数项线性差分方程的一般形式

$$y_t = ay_{t-1} + b \tag{3-1}$$

其中 a,b 为常数。它的通解也拥有如下结构

$$y_t = y_p + y_c$$

下面首先求特殊积分。

微分方程的特殊积分是微分方程的均衡解，其条件为 $\dot{y}=0$，即在 $\dot{y}=0$ 时 y 的值为均衡解。差分方程的特殊积分也具有类似的含义。满足 $\Delta y_t = y_t - y_{t-1} = 0$ 的 y_t 的值就是差分方程的均衡解，此时 $y_t = y_{t-1}$，这实际上是从 $t-1$ 期开始出现均衡，即从 $t-1$ 期开始 y 的值不再变化。差分方程的 $\Delta y_t = y_t - y_{t-1} = 0$ 相当于微分方程的 $\dot{y}=0$。当 $\Delta y_t = 0$ 时 y_t 不再变化。

由于方程是常系数常数项，所以，先对其尝试常数解，假设 $y_t = p$，p 为常数，则 $y_t = y_{t-1} = p$，将该解代入（3-1），得

$$p = ap + b$$

整理并直接写成特殊积分

$$y_p = p = \frac{b}{1-a}, \text{ 其中 } a \neq 1 \qquad (3-2)$$

若 $a=1$，此时常数解 $y_t = p$ 不能使（3-1）成立，所以，要在原尝试解上乘以 t 作为新的尝试解，即 $y_t = pt$，则 $y_{t-1} = p(t-1)$，将这两者代入（3-1）

$$pt = ap(t-1) + b$$

将 $a=1$ 代入上式并求 p

$$p = b$$

将其代回 $y_t = pt$ 并直接写成特殊积分

$$y_p = bt, \text{ 其中 } a = 1 \qquad (3-3)$$

（二）一阶线性差分方程的余函数与通解

（3-1）对应的齐次方程为

$$y_t - ay_{t-1} = 0 \qquad (3-1a)$$

尝试解设为 $y_t = Ap^t$，A 为任意常数，p 为待定常数，则 $y_{t-1} = Ap^{t-1}$，将这两者代入齐次方程（3-1a）

$$Ap^t - aAp^{t-1} = 0$$

整理得

$$p = a$$

将其代回尝试解 $y_t = Ap^t$ 并直接写成余函数

$$y_c = Aa^t$$

将余函数分别与特殊积分（3-2）、（3-3）相加，得到两种情况下的通解

$$y_t = Aa^t + \frac{b}{1-a}, \text{其中 } a \neq 1 \tag{3-4}$$

$$y_t = A + bt, \text{其中 } a = 1 \tag{3-5}$$

(三) 确定任意常数与定解

令 $t=0$ 为初始时刻，将其代入（3-4）、（3-5），可以以此求出两种情况下的任意常数

$$A = y_0 - \frac{b}{1-a}, \text{其中 } a \neq 1$$

$$A = y_0, \text{其中 } a = 1$$

将这两者代回（3-4）、（3-5），即得定解

$$y_t = \left(y_0 - \frac{b}{1-a}\right)a^t + \frac{b}{1-a}, \text{其中 } a \neq 1 \tag{3-4a}$$

$$y_t = y_0 + bt, \text{其中 } a = 1 \tag{3-5a}$$

(四) 迭代解法也可以得到定解

上述定解（3-4a）、（3-5a）也可以用迭代的方法得到。

当 $a \neq 1$ 时，将 $y_t = ay_{t-1} + b$ 具体化并迭代

$$y_1 = ay_0 + b$$

$$y_2 = ay_1 + b = a^2 y_0 + ab + b$$

$$y_3 = ay_2 + b = a^3 y_0 + ba^2 + ba + b$$

$$\cdots\cdots\cdots\cdots\cdots\cdots$$

$$y_t = ay_{t-1} + b = a^t y_0 + b(a^{t-1} + a^{t-2} + \cdots\cdots + a + 1)$$

$$y_t = ay_{t-1} + b = a^t y_0 + b\left[\frac{a^{t-1}(1-a)}{1-a} + \frac{a^{t-2}(1-a)}{1-a} + \cdots + \frac{1-a}{1-a}\right]$$

$$y_t = a^t y_0 + b\left(\frac{-a^t + 1}{1-a}\right)$$

$$y_t = \frac{b}{1-a} + \left(y_0 - \frac{b}{1-a}\right)a^t$$

这便是 $a \neq 1$ 时（3-1）的定解。

当 $a=1$ 时，将 $a=1$ 代入 $y_t = ay_{t-1} + b$，得

$$y_t = y_{t-1} + b$$

将 $y_t = y_{t-1} + b$ 具体化并迭代

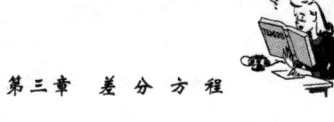

$$y_1 = y_0 + b$$
$$y_2 = y_1 + b = y_0 + 2b$$
$$y_3 = y_2 + b = y_0 + 3b$$
$$\cdots\cdots\cdots\cdots$$
$$y_t = y_{t-1} + b = y_0 + bt$$

这便是 $a = 1$ 时（3-1）的定解。

三、一阶常系数可变项线性差分方程

（一）一阶常系数可变项线性差分方程的一般形式

一阶常系数可变项线性差分方程的一般形式为

$$y_t = ay_{t-1} + g(t) \tag{3-6}$$

其中 a 为常数，$g(t)$ 为含有变量 t 的函数。由于 y_t 不仅取决于 y_{t-1}，而且取决于 t，即 $y_t = f(y_{t-1}, t)$，或者说，t 在差分方程中是作为一个独立变量存在的，该方程为**非自控一阶线性差分方程**，它所表示的动态系统称为**非自控系统**。一般而言，有可变项的差分方程都是非自控的差分方程。如果这些可变项是常数项，则方程是**自控差分方程**。

然而，只给出（3-6）这样的方程，无法求解，因为 $g(t)$ 是抽象的。实际上，$g(t)$ 的具体形式可以有多种，如 $g(t)$ 是指数函数 $g(t) = cb^t$；$g(t)$ 是 n 次多项式；$g(t)$ 是正弦-余弦形式的三角函数 $g(t) = k_1 \cos mt + k_2 \sin mt$ 等等。

本书不想对所有这些情形全部求解，只选择 $g(t)$ 的指数函数形式。将 $g(t)$ 设为 $g(t) = cb^t$，$b, c \neq 1$ 为常数，则（3-6）变为

$$y_t - ay_{t-1} = cb^t \tag{3-7}$$

该差分方程是线性的，所以，它的解也有 $y_t = y_p + y_c$ 结构。

（二）求一阶可变项线性差分方程的特殊积分

设方程的尝试特解为 $y_p = db^t$，d 为待定系数，将其代入（3-7），得

$$db^t - adb^{t-1} = cb^t$$
$$b^{t-1}(db - ad - cb) = 0$$
$$d = \frac{cb}{b-a}, 当 b \neq a \tag{3-8}$$

将（3-8）代入 $y_p = db^t$，得

$$y_p = \frac{cb}{b-a}b^t \qquad (3-9)$$

(三) 求一阶可变项线性差分方程的余函数与通解

余函数是（3-7）的齐次形式的通解，（3-7）的齐次形式为

$$y_t - ay_{t-1} = 0 \qquad (3-10)$$

（3-10）与（3-1a）完全相同，所以，可以使用（3-1a）的通解作为余函数

$$y_c = a^t A \qquad (3-11)$$

其实，常数项下（3-1）和可变项下（3-6）的齐次方程都是一样的，而余函数完全取决于齐次方程，与常数项或可变项无关。

一阶常系数可变项非齐次线性差分方程的通解为 $(b \neq a)$

$$y_t = y_p + y_c = \frac{cb}{b-a}b^t + a^t A, (b \neq a) \qquad (3-12)$$

(四) $b = a$ 时差分方程的通解

如果 $b = a$，尝试解 $y_p = db^t$ 就不能满足方程（3-7），必须在原尝试解上乘以 t，新尝试解为 $y_p = dtb^t$，将 $y_p = dtb^t$ 代入（3-7），得

$$dtb^t - ab(t-1)b^{t-1} = cb^t$$
$$dtb - ad(t-1) = cb$$
$$dtb - adt + ad = dt(b-a) + ad = cb$$

由于 $b = a$，上式为

$$d = c$$

将其代入 $y_p = dtb^t$，得

$$y_p = dtb^t = ctb^t$$

$b = a$ 时一阶常系数可变项非齐次线性差分方程的通解为

$$y_t = y_p + y_c = ctb^t + a^t A \qquad (3-13)$$

四、一阶线性差分方程的前向解、后向解

如果一阶差分方程 $y_t = by_{t-1} + a$ 中的 a 是一个非常数系列 a_t，即 a 随时间变化，则差分方程为

$$y_t = by_{t-1} + a_t \qquad (3-14)$$

这也是一个非自控的差分方程。

由于是线性方程,所以,其解的结构也是

$$y_t = y_c + y_p$$

套用(3-11)可知,$y_c = cb^t$,其中 c 为常数,它由初始条件决定。

通过后向迭代,得到 $y_t = by_{t-1} + a_t$ 的解:

$$y_t = by_{t-1} + a_t$$

$$y_{t-1} = by_{t-2} + a_{t-1}$$

$$y_{t-2} = by_{t-3} + a_{t-2}$$

$$\vdots$$

$$y_{t-(n-4)} = by_{t-(n-3)} + a_{t-(n-4)}$$

$$y_{t-(n-3)} = by_{t-(n-2)} + a_{t-(n-3)}$$

$$y_{t-(n-2)} = by_{t-(n-1)} + a_{t-(n-2)}$$

$$y_{t-(n-1)} = by_{t-n} + a_{t-(n-1)}$$

将上式中倒数第一式代入倒数第二式,之后再将倒数第二式代入倒数第三式,不断迭代,得差分方程的解:

$$y_t = b^n y_{t-n} + \sum_{i=0}^{n-1} b^i a_{t-i} \qquad (3-15)$$

如果取 $n = t$,代入(3-15),则

$$y_t = b^t y_0 + \sum_{i=0}^{t-1} b^i a_{t-i} \qquad (3-16)$$

这相当于给定了初始值 y_0。

然而,一般情况下,初始值是不给定的,这样可以把 y_t 表示为过去所有(时期)信息的表达式:

$$y_t = \lim_{n \to \infty} b^n y_{t-n} + \sum_{i=0}^{\infty} b^i a_{t-i}$$

如果 $|b| < 1$,并且变量是有限的,那么,$\lim_{n \to \infty} b^n y_{t-n} = 0$,从而,$y_t = \sum_{i=0}^{\infty} b^i a_{t-i}$ 为特解,这样,差分方程的通解可以表示为:

$$y_t = cb^t + \sum_{i=0}^{\infty} b^i a_{t-i} \qquad (3-17)$$

其中 c 为待定常数,它由初始条件决定。由于它包含了过去所有(时期)信息,所以,(3-17)称为(3-14)的**后向解**。

下面求 $y_t = by_{t-1} + a_t$ 的前向解

$$y_t = by_{t-1} + a_t$$
$$y_{t+1} = by_t + a_{t+1}$$
$$y_{t+2} = by_{t+1} + a_{t+2}$$
$$\vdots$$
$$y_{t+n} = by_{t+n-1} + a_{t+n}$$

将上式中的第一式代入第二式，再将第二式代入第三式，不断迭代，得：

$$y_t = \frac{y_{t+n}}{b^n} - \left(a_{t+1}\frac{1}{b} + \frac{a_{t+2}}{b^2} + \frac{a_{t+3}}{b^3} + \cdots + \frac{a_{t+n}}{b^n}\right)$$

$$y_t = \frac{y_{t+n}}{b^n} - \sum_{i=0}^{n}\left(\frac{1}{b}\right)^i a_{t+i}$$

如果让 $y_t = \frac{y_{t+n}}{b^n} - \sum_{i=0}^{n}\left(\frac{1}{b}\right)^i a_{t+i}$ 包含未来的所有信息，则

$$y_t = \lim_{n\to\infty}\frac{y_{t+n}}{b^n} - \sum_{i=1}^{\infty}\left(\frac{1}{b}\right)^i a_{t+i}$$

如果 $|b|>1$，$\frac{1}{|b|}<1$，那么，$\lim_{n\to\infty}\frac{y_{t+n}}{b^n} = 0$，则 $y_t = -\sum_{i=1}^{\infty}\left(\frac{1}{b}\right)^i a_{t+i}$ 为特解，这样，差分方程的通解为：

$$y_t = cb^t - \sum_{i=1}^{\infty}\left(\frac{1}{b}\right)^i a_{t+i} \qquad (3-18)$$

其中 c 为待定常数，它由初始条件决定。由于它包含了未来所有（时期）信息，所以，（3-18）称为（3-14）的**前向解**。

这种差分方程及其解法主要取自龚六堂（2002）。

五、一阶线性差分方程的动态稳定性

（一）动态稳定性的基本概念与相位图分析

均衡点：离散动态系统 $y_t = f(y_{t-1})$，如果 $y_{t-1} = y_t = y^*$ 或 $y^* = f(y^*)$，则 y^* 是一个均衡点。

可以将均衡定义为从 $t-1$ 期开始，即 $y_{t-1} = y_t = y^*$，但习惯上经常是将**均衡定义为从 t 期开始**，即 $y_t = y_{t+1} = y^*$。如果将原来的系统方程 $y_t = f(y_{t-1})$ 迭代到 $t+1$ 期 $y_{t+1} = f(y_t)$，就可以使用 $y_t = y_{t+1} = y^*$ 作均衡解了。所以，有些文献直接使用 $y_{t+1} = f(y_t)$ 作为系统方程。

应该采用以下原则定义差分方程的均衡：

如果动态系统方程为 $y_t = f(y_{t-1})$，则将均衡定义为从 $t-1$ 期开始，即
$$y_{t-1} = y_t = y^*$$

如果动态系统方程为 $y_{t+1} = f(y_t)$，则将均衡定义为从 t 期开始，即
$$y_t = y_{t+1} = y^*$$

另一个问题是**定义的均衡和相位图必须相适应**：如果均衡从 t 期开始，则相位图中的横坐标、纵坐标应该分别为 y_t, y_{t+1}，否则在相位图中看不到均衡点 $y_t = y_{t+1} = y^*$；如果均衡从 $t-1$ 期开始，则相位图中的横坐标、纵坐标应该分别为 y_{t-1}, y_t，否则在相位图中看不到均衡点 $y_{t-1} = y_t = y^*$。

相位线就是 $y_t = f(y_{t-1})$。$y_t = f(y_{t-1})$ 与 45°线的交点就是均衡点，它满足 $y_{t-1} = y_t = y^*$。注意，这里的函数使用的是抽象形式 $f(y_t)$，它既可以代表线性差分方程，也可以表示后面的非线性方程。

令 $y_{t-1} = y_t = y^*$，代入差分方程 $y_t = f(y_{t-1})$，即可求出 y^*。

均衡的动态稳定性：第一章第一节给出的均衡动态稳定的概念同样适用于差分方程，因此，这里不再重复。

相位图：一阶自控差分方程 $y_t = f(y_{t-1})$ 在 y_{t-1} 与 y_t 组成的平面上的几何图形叫该方程的相位图。见图 3-1、图 3-2。

相位线：表示 $f(y_{t-1})$ 的曲线叫相位线，它不是时间路径，它不代表 y_t 的变化路径，y_t 的变化并不是完全沿着它进行的。

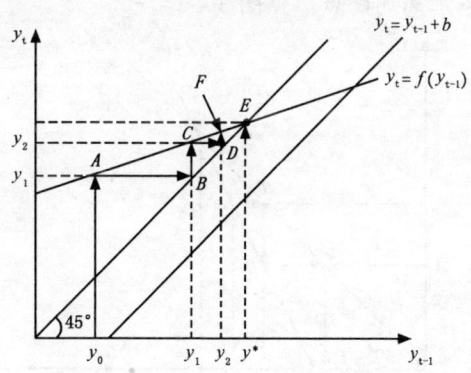

图 3-1 一阶线性差分方程的收敛路径

差分方程在相位图中的迭代方法：差分方程 $y_t = f(y_{t-1})$ 的变量 y_t 的变化是不断迭代得到的。在迭代中，图 3-1 中的横轴 y_{t-1} 始终代表前期，纵轴 y_t

始终代表本期。本期的 y 值是由前期的 y 值决定的。当与 y_0 相比时,y_1 是本期,所以 y_1 的值在 y_t 轴上,当用 y_1 来决定 y_2 时,y_1 是前期,所以,应利用 45°线把 y_1 折射到表示前期的 y_{t-1} 轴,才能利用相位线 $y_t = f(y_{t-1})$ 决定 y_2 的值。

由图 3-1 可以看出,E 是均衡点。先确定一个初始点 y_0,再根据相位线 $y_t = f(y_{t-1})$ 与 45°线分别得到 y_1,y_2,这样渐次得到 A,B,C,D,F,y_t 沿着 $ABCDFE$ 方向变化,最后收敛于均衡点。这个均衡是动态稳定的。同样的结论通过下面的代数分析也可以得到。

由图 3-2 可以看出,E 是均衡点。用与上面同样的方法可以得到 y_t 沿着 $ABCDF$ 的方向逐渐远离均衡点 E。这个均衡是动态不稳定的。

(二) 一阶线性差分方程动态稳定性的条件

1. 对于一阶线性差分方程 (3-1) $a \neq 1$ 时的情形,动态稳定性的条件如下:

均衡稳定的条件: 如果 $|a|<1$,均衡为动态稳定的。$|a|<1$ 意味着通解 $y_t = Aa^t + \dfrac{b}{1-a}$ 中的余函数 Aa^t 在 $t \rightarrow \infty$ 时收敛为零,$y_t = Aa^t + \dfrac{b}{1-a}$ 逐渐收敛到均衡点。

均衡不稳定的条件: 如果 $|a|>1$,均衡为动态不稳定的。$|a|>1$ 意味着通解 $y_t = Aa^t + \dfrac{b}{1-a}$ 中的余函数 Aa^t 在 $t \rightarrow \infty$ 时是发散的,所以,$y_t = Aa^t + \dfrac{b}{1-a}$ 是发散的,它越来越远离均衡点。见图 3-2。

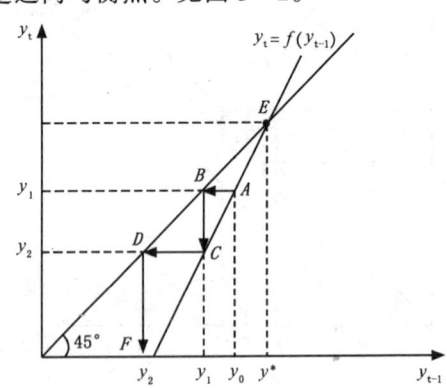

图 3-2 一阶线性差分方程的发散路径

2. 一阶线性差分方程 (3-1) $a=1$ 时的情形比较特殊,首先,它的通解

$y_t = A + bt$ 中的均衡 bt 随时间 t 变化,是一个"移动均衡";其次,它的动态稳定性也比较特别,将 $a = 1$ 代入(3-1),得 $y_t = y_{t-1} + b$(假定 $b < 0$),将它画在相位图(图3-1)中,相位线是一条平行于45°线的直线,与45°线没有交点,因而不存在常数意义上的均衡,更谈不上收敛于稳定的均衡,它与移动均衡 bt 始终相差一个 A。

(三)差分方程(3-14)动态稳定性的条件

1. 如果 $|b| < 1$,且 $\{a_t\}$ 是有限的,后向解是动态稳定的;

2. 如果 $|b| < 1$,尽管前向解(3-18)的特解是收敛的,但其余函数是发散的,因此是动态不稳定的,除非 $c = 0$。

六、一阶非线性差分方程

(一)一阶非线性差分方程的相位图分析

一阶非线性差分方程的一般形式为

$$y_t = f(y_{t-1})$$

它求解面临的问题和解决办法与一阶非线性微分方程基本类似:由于非线性差分方程一般不能得到解析解,所以作相位图分析。

作相位图:在 y_{t-1}—y_t 空间里作函数 $y_t = f(y_{t-1})$ 的相位线和45°射线,见图3-3。

均衡点:满足 $y_t = f(y_{t-1}) = y_{t-1} = y^*$ 的点 E 就是均衡点,因为当 $y_{t-1} = y_t$ 时表明随着时间变化,y 的值不再变化。

确定变量的变化方向:先确定一个初始点 y_0,再根据相位线 $y_t = f(y_{t-1})$ 与45°线分别得到 y_1, y_2,这样渐次得到 A, B, C, D, F,y_t 沿着 $ABCDF$ 方向变化。从图中可以看出,y_t 沿着该路径收敛到均衡,所以,均衡是动态稳定的。

(二)非线性方程的线性化与局部稳定性

同样用代数方法也可以分析动态稳定性。首先进行线性近似,在均衡点 y^* 附近进行一阶泰勒展开

$$f(y_{t-1}) = f(y^*) + \frac{df(y^*)}{dy_{t-1}}(y_{t-1} - y^*)$$

动态稳定的条件:当 $|f'(y^*)| < 1$,y^* 作为均衡点是稳定的;当 $|f'(y^*)| > 1$,y^* 作为均衡点是不稳定的。

然而,这只是一个局部动态稳定性分析,如果稳定,那也是系统 y_t 在 y^*

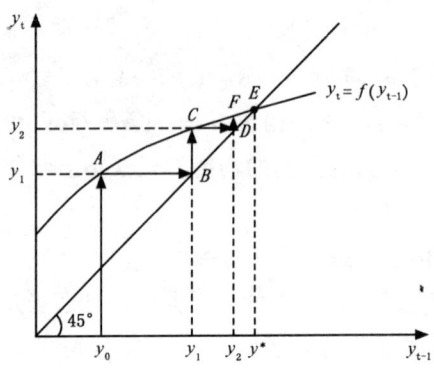

图 3-3 一阶非线性差分方程的收敛路径

附近的任何点收敛到 y^*。

第二节
二阶线性差分方程

本节研究的差分方程是**线性的**和**常系数的**,这是最容易处理的差分方程,大多数是能够求出解析解的。

一、高阶线性差分方程求解的理论基础

n 阶常系数线性差分方程的一般形式为

$$a_n y_{t+n} + a_{n-1} y_{t+n-1} + \cdots + a_1 y_{t+1} + a_0 y_t = b(t)$$

n 阶常系数常数项线性差分方程的一般形式为

$$a_n y_{t+n} + a_{n-1} y_{t+n-1} + \cdots + a_1 y_{t+1} + a_0 y_t = b$$

上述两个方程对应的齐次方程为

$$a_n y_{t+n} + a_{n-1} y_{t+n-1} + \cdots + a_1 y_{t+1} + a_0 y_t = 0$$

如果这些方程的 n 阶项前面的系数不是 1,要把它整理成 1,参见本书第一章第三节高阶线性微分方程的处理方法。接下来的结论都是针对这几个方程的。

下面的几个结论和概念对求解差分方程来说是十分重要的:

1. 非齐次线性差分方程的通解等于对应的齐次线性差分方程的通解与一个特解之和,这就是前面给出的通解结构 $y_t = y_p + y_c$。其中 y_p 被称为**特殊积分**,为 $y(t)$ 的均衡水平,它是差分方程的一个特解,y_c 被称为**余函数**,表示对均衡的偏离

2. 如果 y_t 是上述齐次线性差分方程的解,那么,Cy_t 也是该方程的一个解,其中 C 为任意常数。

3. **函数线性相关和函数线性无关**:如果存在不全为零的常数 $C_1, C_2, \cdots, C_n$,使得 n 个函数 $y_1(t), y_2(t), \cdots, y_n(t)$ 满足

$$C_1 y_1(t) + C_2 y_2(t) + \cdots + C_n y_n(t) = 0$$

则称这些函数是线性相关的;如果上式只在 $C_1, C_2, \cdots, C_n$ 全为零时成立,则这些函数是函数线性无关的。这些函数可以看成是未知函数,即差分方程的解。与本书第一章相同,也可以得到函数线性相关的另一个定义:$y_1(t), y_2(t), \cdots, y_n(t)$ 中某个函数是其余函数的线性函数,则这 n 个函数就是函数线性相关的。

4. **叠加原理**:如果 $y_1(t), y_2(t), \cdots, y_n(t)$ 是齐次线性差分方程的 n 个解,则它们的线性组合

$$C_1 y_1(t) + C_2 y_2(t) + \cdots + C_n y_n(t)$$

也是该齐次方程的解。其中,$C_1, C_2, \cdots, C_n$ 都是任意常数。或者说,齐次方程的 n 个线性无关的解的线性组合也是该方程的解。

5. 齐次线性差分方程的 n 个线性无关的解称为该方程的一个**基本解组**,或称**基础解集**。

6. **n 阶齐次线性差分方程的通解结构定理**:如果 $y_1(t), y_2(t), \cdots, y_n(t)$ 是如上的 n 阶齐次线性差分方程的 n 个线性无关(即相异的)解,则该方程的通解为

$$y_t = C_1 y_1(t) + C_2 y_2(t) + \cdots + C_n y_n(t)$$

该定理给出了**求 n 阶齐次线性差分方程的通解的一般方法**:求 n 阶齐次线性差分方程的通解就是要找到它的 n 个线性无关的解,然后进行线性组合,就得到了该方程的通解;据此,求二阶齐次线性差分方程的通解就是要找到它的两个线性无关的解,然后进行线性组合。

二、二阶线性差分方程及其特殊积分

二阶常系数常数项线性差分方程的一般形式如下

$$y_{t+2} + b_1 y_{t+1} + b_2 y_t = a \qquad (3-19)$$

其中，b_1, b_2, a 都是常数。

由于是线性方程，它的通解结构为 $y_t = y_p + y_c$。下面首先求它的特殊积分。

第一章求线性微分方程特解的方法对差分方程也适用。采用尝试法或称待定系数法，因（3-19）等式右端是常数，所以，首先尝试常数解，令 $y_t = c$，y_t 的值 c 是常数，意味着 y_t 不再变化（其实这是 y 的稳态解），所以有

$$y_{t+2} = y_{t+1} = y_t = c \qquad (3-20)$$

将（3-20）代入（3-19）

$$c + b_1 c + b_2 c = a$$

整理得

$$c = y_p = \frac{a}{1+b_1+b_2}, \text{其中 } 1+b_1+b_2 \neq 0 \qquad (3-21\text{a})$$

若 $1+b_1+b_2=0$，尝试 $y_t = c$ 不能使（3-19）成立，所以，在原尝试解的基础上乘以 t，即 $y_t = ct$，将其代入 y_{t+2}, y_{t+1}，有

$$y_{t+2} = c(t+2), y_{t+1} = c(t+1)$$

将其代回（3-19）

$$c(t+2) + b_1 c(t+1) + b_2 ct = a$$

解上式，得

$$c = \frac{a}{b_1 + 2}$$

将其代回 $y_t = ct$，得

$$y_p = \frac{a}{2+b_1} t, \text{其中 } 1+b_1+b_2=0, b_1 \neq -2 \qquad (3-21\text{b})$$

若 $1+b_1+b_2=0, b_1=-2$，原来的尝试解 $y_t = ct$ 又不成立，对它乘以 t，即 $y_t = ct^2$，$y_{t+2} = c(t+2)^2$，$y_{t+1} = c(t+1)^2$，将它们代入（3-19），并解之，得

$$c = \frac{a}{2}$$

则
$$y_p = \frac{a}{2}t^2, \text{ 其中 } 1 + b_1 + b_2 = 0, b_1 = -2 \quad (3-21c)$$

三、二阶线性差分方程的余函数与通解

（3-19）对应的齐次方程为
$$y_{t+2} + b_1 y_{t+1} + b_2 y_t = 0 \quad (3-22)$$
求（3-19）的余函数就是求（3-22）的通解。

对（3-22）尝试 $y_t = Ar^t$ 这样的解，这是根据一阶线性齐次差分方程的通解 $y_c = Aa^t$ 猜测的，其中 a 是方程自变量的系数，而如果把 r 看成特征根，它也是由方程的系数决定的。

$y_t = Ar^t$ 意味着 $y_{t+1} = Ar^{t+1}$，$y_{t+2} = Ar^{t+2}$，将其代入（3-22）
$$Ar^{t+2} + b_1 Ar^{t+1} + b_2 Ar^t = 0$$
将其整理成**特征方程**
$$r^2 + b_1 r + b_2 = 0$$
特征方程的根为
$$r_1 = \frac{-b_1 + \sqrt{b_1^2 - 4b_2}}{2}, \quad r_2 = \frac{-b_1 - \sqrt{b_1^2 - 4b_2}}{2}$$

若 $b_1^2 > 4b_2$，r_1, r_2 为不同实根，将 r_1, r_2 分别代入尝试解 $y_t = Ar^t$，得到齐次方程（3-22）的两个解
$$y_{t_1} = A_1 r_1^t, \quad y_{t_2} = A_2 r_2^t$$
这两个线性无关（即不同）的解用两个任意常数 c_1, c_2 进行线性组合
$$y_c = c_1 y_{t_1} + c_2 y_{t_2} = c_1 A_1 r_1^t + c_2 A_2 r_2^t$$
仍然用 A_1, A_2 分别表示两个乘积 $c_1 A_1, c_2 A_2$，则上式变为
$$y_c = A_1 r_1^t + A_2 r_2^t \quad (3-23a)$$

若 $b_1^2 = 4b_2$，r_1, r_2 为相同实根，$r_1 = r_2 = r$，则有齐次方程的两个解
$$y_{t_1} = A_1 r^t, \quad y_{t_2} = A_2 r^t$$
为了构造通解，第二个解乘以 t 变为 $y_{t_2} = A_2 tr^t$，两者的线性组合可得（3-22）的又一个通解
$$y_c = A_1 r^t + A_2 tr^t \quad (3-23b)$$

若 $b_1^2 < 4b_2$，r_1, r_2 为共轭复根

$$r_1 = \frac{-b_1 + i\sqrt{4b_2 - b_1^2}}{2}, \quad r_2 = \frac{-b_1 - i\sqrt{4b_2 - b_1^2}}{2}$$

令 $g = -\frac{1}{2}b_1$，$h = \frac{1}{2}\sqrt{4b_2 - b_1^2}$，则

$$r_1 = g + hi, \quad r_2 = g - hi$$

将它们代入（3-23a）

$$y_c = A_1(g+hi)^t + A_2(g-hi)^t$$

使用棣莫弗定理 $(g \pm hi)^n = R^n(\cos n\theta \pm i\sin n\theta)$，上式变为

$$\begin{aligned}y_c &= A_1 R^t(\cos t\theta + i\sin t\theta) + A_2 R^t(\cos t\theta - i\sin t\theta)\\ &= R^t[(A_1 + A_2)\cos t\theta + (A_1 - A_2)i\sin t\theta]\\ &= R^t(B_1\cos t\theta + B_2\sin t\theta)\end{aligned} \quad (3-23c)$$

这里 $B_1 = A_1 + A_2$，$B_2 = (A_1 - A_2)i$；原式中的 n 变为 t；$R > 0$，根据复数理论，R 是复数的模或绝对值，按定义它必须是正的。

下面将特殊积分与余函数加在一起，得到非齐次线性差分方程（3-19）的通解，其中特殊积分只使用稳态解（3-21a），而余函数则是三种情形。

1. 特征根为不同实根，则（3-19）的通解为

$$y_t = \frac{a}{1 + b_1 + b_2} + A_1 r_1^t + A_2 r_2^t \quad (3-24a)$$

2. 特征根为相同实根，则（3-19）的通解为

$$y_t = \frac{a}{1 + b_1 + b_2} + A_1 r^t + A_2 t r^t \quad (3-24b)$$

3. 特征根为复根，则（3-19）的通解为

$$y_t = \frac{a}{1 + b_1 + b_2} + R^t(B_1\cos t\theta + B_2\sin t\theta) \quad (3-24c)$$

其中 $B_1 = A_1 + A_2$，$B_2 = (A_1 - A_2)i$，$R = \sqrt{g^2 + h^2} = \sqrt{b_2}$。

利用其他两种类型的特解也可以得到（3-19）的通解。

最后确定任意常数。令 $t = 0$，$t = 1$ 并确定两个时间上的 y 值 y_0, y_1，再将 $t = 0, t = 1$ 分别代入（3-24a），得到两个关于 A_1, A_2 的线性方程，解这两个方程可得 A_1, A_2 的值。

四、二阶线性差分方程的动态稳定性

1. 对于不同实根情形，如果 $|r_1| < 1, |r_2| < 1$，则系统的均衡是动态稳定

的，只要有一个特征根的绝对值大于 1，均衡就是不稳定的。

2. 对于相同实根情形，如果 $|r|<1$，均衡是稳定的，否则是不稳定的。

3. 对于复根情形，均衡的稳定性主要取决于余函数，要对余函数进行逐项分析

（1）$B_1\cos t\theta$ 是 t 的余弦函数，它以 $\dfrac{2\pi}{\theta}$ 为周期（而不是 2π 为周期）、以 B_1 为振幅（而不是以 1 为振幅）进行周期性振荡。

（2）$B_2\sin t\theta$ 是 t 的正弦函数，它以 $\dfrac{2\pi}{\theta}$ 为周期（而不是 2π 为周期）、以 B_2 为振幅（而不是以 1 为振幅）进行周期性振荡。

（3）由于前两项持续波动，所以，$y_c = R^t(B_1\cos t\theta + B_2\sin t\theta)$ 是否趋近于零主要取决于 R^t：

如果 $R>1$，R^t 随 t 不断增大，振幅增大导致 y_c 发散；

如果 $R=1$，y_c 的振幅虽不增大，但不断周期性震荡；

如果 $R<1$，R^t 随 t 不断趋近于零，振幅减小导致 y_c 趋近于零，函数收敛。

五、具有可变项的二阶线性差分方程

当（3-19）中的 a 不是常数而是 t 的函数 $a(t)$ 时，（3-19）变为

$$y_{t+2} + b_1 y_{t+1} + b_2 y_t = a(t) \tag{3-25}$$

这种方程的余函数 y_c 同微分方程（3-19）的解的余函数是相同的，因为余函数只取决于与（3-19）对应的齐次方程（3-22），与等式右端的可变项无关，但特殊积分必须修正，所以，下面主要讨论特解。

同有可变项的二阶线性微分方程一样（见本书第一章第二节之问题六），解这样的方程需要将 $a(t)$ 具体化，$a(t)$ 有几种具体形式，而且也要使用待定系数法。

对 $a(t)$ 的每一种形式，**待定系数法假设的含有待定常数的特解的形式要与 $a(t)$ 的函数形式相同**，在该形式不能满足差分方程时，再乘以一个 t 作为新的尝试解。

1. 如果 $a(t) = a_1 t^n + a_2 t^{n-1} + \cdots + a_n t + a_{n+1}$，则整个差分方程为

$$y_{t+2} + b_1 y_{t+1} + b_2 y_t = a_1 t^n + a_2 t^{n-1} + \cdots + a_n t + a_{n+1} \tag{3-25a}$$

对此假设的特殊积分应为

$$y_p = A_1 t^n + A_2 t^{n-1} + \cdots + A_n t + A_{n+1} \qquad (3-26a)$$

其中 $A_1, A_2, \cdots, A_n, A_{n+1}$ 是待定系数或常数。

2. 如果 $a(t) = kc^t$，c, k 为已知常数，则整个差分方程为

$$y_{t+2} + b_1 y_{t+1} + b_2 y_t = kc^t \qquad (3-25b)$$

对此假设的特殊积分应为

$$y_p = Ac^t \qquad (3-26b)$$

其中 A 为待定常数。注意，假设的特殊积分中，c^t 项必须与（3-25b）中的这一项相同，即两个常数必须都是 c。

用待定系数法求出（3-26a）、（3-26b）中的系数或常数，代回到（3-26a）、（3-26b）中，就得到了这两种情形下的特殊积分。将这些特殊积分与（3-23a）、（3-23b）、（3-23c）相加，就是可变项的二阶线性差分方程的通解。

第三节
线性差分方程与滞后算子

滞后算子属于时间序列算子，它在时间序列分析、计量经济学以及宏观经济学中都有应用。滞后算子是解线性差分方程的有用工具。本节将滞后算子用于确定性的高阶线性差分方程。

一、时间序列算子与滞后算子

时间序列就是将某一指标在不同时间上的数值按时间的先后顺序排成的数列，如它可以写成

$$\{y_t\}_{t=0}^{\infty}, \quad \{y_t\}_{t=-\infty}^{\infty}$$

时间序列算子就是将一个时间序列变换成另一个时间序列。如将时间序列 $\{x_t\}_{t=0}^{\infty}$ 进行变换得到新的时间序列 $\{y_t\}_{t=0}^{\infty}$。时间序列算子有多种，如乘法算子就是其中一种，即

$$y_t = kx_t$$

其中 k 是常数，y_t，x_t 分别属于不同的时间序列。这个算子将每一个时期的 x 的值乘以一个常数 k 等于该期的 y 值。

值得我们关注的最重要的时间序列算子是滞后算子。

滞后算子：运用一个算子将本期的一个变量值变换成前期或以前某期的变量值，这个算子就是滞后算子。用符号 L 表示，如

$$Ly_t = y_{t-1} \qquad (3-27)$$

这是对 y_t 运用滞后算子 L 得到 y_{t-1}，如果对 y_t 运用两次滞后算子 L，则有

$$L(Ly_t) = Ly_{t-1} = y_{t-2}$$

可以约定两次滞后算子运算记为 L^2，这样，n 次滞后算子运算可记为

$$L^n y_t = y_{t-n} \qquad (3-28)$$

而 $L^0 y_t = y_t$，称为**恒等算子**，相当于没有进行滞后算子运算。

运用滞后算子实际上是一种变换，但它的这种记法令其与乘法运算几乎完全一样，因此，"对 y_t 作 L 运算"常被说成"L 乘以 y_t"，而推导时也尽可以遵照乘法规则。

滞后算子具有以下性质：

1. 常数的滞后值为这个常数本身，即

$$Lc = c \qquad (3-29)$$

2. 滞后算子满足结合律

$$L^m L^n y_t = L^m(L^n y_t) = L^m y_{t-n} = y_{t-m-n} \qquad (3-30)$$

3. 滞后算子满足分配律

$$(L^m + L^n) y_t = L^m y_t + L^n y_t = y_{t-m} + y_{t-n} \qquad (3-31)$$

4. L 的负次方 L^{-n} 实际上变成了前向算子

$$L^{-n} y_t = y_{t+n} \qquad (3-32)$$

其实可以单独定义一个**前向算子**：$Fy_t = y_{t+1}$，于是有

$$L^{-1} \equiv F$$

$$F^n y_t = y_{t+n}, \quad F^0 y_t = y_t \qquad (3-33)$$

5. 如果 $|b| < 1$，则有

$$1 + bL + b^2 L^2 + b^3 L^3 + \cdots = \frac{1}{1-bL} \qquad (3-34)$$

如果 $|b| > 1$，则有

$$-\frac{1}{b}L^{-1} - \left(\frac{1}{b}\right)^2 L^{-2} - \left(\frac{1}{b}\right)^3 L^{-3} - \cdots = -\frac{(bL)^{-1}}{1-(bL)^{-1}} = \frac{1}{1-bL}$$

(3 – 35a)

或者等价地

$$1 + \frac{1}{b}L^{-1} + \left(\frac{1}{b}\right)^2 L^{-2} + \left(\frac{1}{b}\right)^3 L^{-3} + \cdots = -\frac{bL}{1-bL} \quad (3-35\text{b})$$

其中，$(1 + bL + b^2L^2 + b^3L^3 + \cdots)$称为**滞后算子多项式**，它是一个算子，而一般的多项式如$(1 + bx + b^2x^2)$是一个数。

各种滞后算子多项式可以用 $A(L), B(L), C(L)$ 等来简洁地表示，如

$$A(L) = b_0 + b_1 L + b_2 L^2 + b_3 L^3 + \cdots = \sum_{i=0}^{\infty} b_i L^i$$

一个滞后算子多项式 $A(L)$ 还可以表示成其他两个有限阶多项式 $B(L)$，$C(L)$ 之比

$$A(L) = \frac{B(L)}{C(L)} \quad (3-36)$$

二、一阶线性差分方程的滞后算子解法

有了滞后算子理论，就可以用它来解差分方程，首先从一阶线性差分方程开始。仍使用已经解过的（3 – 14）

$$y_t = by_{t-1} + a_t$$

将 $Ly_t = y_{t-1}$ 代入（3 – 14）并整理为

$$(1 - bL)y_t = a_t \quad (3-14\text{a})$$

（3 – 14a）式两边同乘以算子$(1 + bL + b^2L^2 + \cdots + b^{t-1}L^{t-1})$

$$(1 + bL + b^2L^2 + \cdots + b^{t-1}L^{t-1})(1 - bL)y_t = (1 + bL + b^2L^2 + \cdots + b^{t-1}L^{t-1})a_t$$

(3 – 37)

上式左端的算子展开为

$$(1 + bL + b^2L^2 + \cdots + b^{t-1}L^{t-1})(1 - bL) = 1 - b^t L^t$$

将其代回（3 – 37）

$$(1 - b^t L^t)y_t = (1 + bL + b^2L^2 + \cdots + b^{t-1}L^{t-1})a_t$$

用（3 – 27）去掉上式中的滞后算子 L

$$y_t - b^t y_0 = a_t + b a_{t-1} + b^2 a_{t-2} + \cdots + b^{t-1} a_1$$

整理得（3 – 16）

$$y_t = b^t y_0 + \sum_{i=0}^{t-1} b^i a_{t-i}$$

如果用算子 $(1 + bL + b^2L^2 + \cdots + b^{n-1}L^{n-1})$ 乘以（3 – 14a）并按上述方法整理可得（3 – 15）

$$y_t = b^n y_{t-n} + \sum_{i=0}^{n-1} b^i a_{t-i}$$

由此看来，用迭代法和待定系数法可以解的差分方程也可以用滞后算子解，且结果是一样的。

然而，这里得到的解被教科书说成是一阶线性差分方程的特解或特殊积分 y_p，要得到通解还要加上余函数 y_c。

使用滞后算子的另一方法是（3 – 14a）的两端乘以（3 – 34）

$$\frac{1}{(1-bL)}(1-bL)y_t = a_t(1 + bL + b^2L^2 + b^3L^3 + \cdots)$$

$$y_t = a_t + bLa_t + b^2L^2 a_t + b^3L^3 a_t + \cdots$$

对上式使用（3 – 27）、（3 – 28）消去滞后算子

$$y_t = a_t + ba_{t-1} + b^2 a_{t-2} + b^3 a_{t-3} + \cdots = \sum_{i=0}^{\infty} b^i a_{t-i}$$

这便直接得到了后向解（3 – 17）中的特殊积分，省去了本章第一节的许多麻烦。

同样方法也可以求出（3 – 14）的前向解，对（3 – 14a）的两端乘以（3 – 35a）

$$\frac{1}{(1-bL)}(1-bL)y_t = a_t\left[-\frac{1}{b}L^{-1} - \left(\frac{1}{b}\right)^2 L^{-2} - \left(\frac{1}{b}\right)^3 L^{-3} - \cdots\right]$$

$$y_t = -\frac{1}{b}L^{-1}a_t - \left(\frac{1}{b}\right)^2 L^{-2} a_t - \left(\frac{1}{b}\right)^3 L^{-3} a_t - \cdots$$

对上式使用公式（3 – 32）得到（3 – 18）中的特殊积分

$$y_t = -\frac{1}{b}a_{t+1} - \left(\frac{1}{b}\right)^2 a_{t+2} - \left(\frac{1}{b}\right)^3 a_{t+3} - \cdots = -\sum_{i=1}^{\infty}\left(\frac{1}{b}\right)^i a_{t+1}$$

值得注意的是，求后向解使用的（3 – 34）成立的前提是 $|b|<1$，这意味着在 $|b|<1$ 条件下，只能对（3 – 14）求后向解，而且，这个后向解是动态稳定的；同样，求前向解使用的（3 – 35a）成立的前提是 $|b|>1$，这意味着在 $|b|>1$ 条件下，只能对（3 – 14）求前向解。

从以上的结果可以看出，**用滞后算子只能求出一阶线性差分方程的特解或称特殊积分，不能求出余函数，余函数的形式还要同前面一样靠猜测**，加上余

函数就得到差分方程的通解

$$y_t = cb^t + \sum_{i=0}^{\infty} b^i a_{t-i}$$

$$y_t = cb^t - \sum_{i=0}^{\infty} \left(\frac{1}{b}\right)^i a_{t+i}$$

这就是(3-17)、(3-18)。用滞后算子同样可以得到这个结果。

三、二阶线性差分方程的滞后算子解法

二阶线性差分方程为

$$y_t = a_1 y_{t-1} + a_2 y_{t-2} + b_t \tag{3-38}$$

其中 a_1, a_2 是常数。用滞后算子将(3-38)写成

$$(1 - a_1 L - a_2 L^2) y_t = b_t \tag{3-39}$$

下面简要地看一下用滞后算子求差分方程特征根的方法,至于这个问题比较详细和准确的表述请参阅专业的时间序列分析教科书如汉密尔顿(1999)。

上式左端的滞后算子多项式进行因式分解

$$(1 - a_1 L - a_2 L^2) = (1 - \lambda_1 L)(1 - \lambda_2 L)$$

$$= [1 - (\lambda_1 + \lambda_2) L + \lambda_1 \lambda_2 L^2] \tag{3-40}$$

$$(1 - \lambda_1 L)(1 - \lambda_2 L) y_t = b_t \tag{3-41}$$

由此看出,

$$\lambda_1 + \lambda_2 = a_1$$

$$\lambda_1 \lambda_2 = -a_2 \tag{3-42}$$

将这个非线性方程组整理为

$$\lambda_2^2 - a_1 \lambda_2 - a_2 = 0$$

求出

$$\lambda_2 = \frac{a_1 \pm \sqrt{a_1^2 + 4a_2}}{2}$$

根据(3-42)第一个方程,若 $\lambda_2 = \dfrac{a_1 + \sqrt{a_1^2 + 4a_2}}{2}$,则

$$\lambda_1 = \frac{a_1 - \sqrt{a_1^2 + 4a_2}}{2}$$

若 $\lambda_2 = \dfrac{a_1 - \sqrt{a_1^2 + 4a_2}}{2}$,则

$$\lambda_1 = \dfrac{a_1 + \sqrt{a_1^2 + 4a_2}}{2}$$

因此,确定

$$\lambda_1 = \dfrac{a_1 + \sqrt{a_1^2 + 4a_2}}{2}, \quad \lambda_2 = \dfrac{a_1 - \sqrt{a_1^2 + 4a_2}}{2} \qquad (3-43)$$

从本章第二节之第三个问题可知,(3-43)表明 λ_1, λ_2 是二阶线性差分方程(3-38)对应的齐次方程的特征根。$\lambda^2 - a_1\lambda + a_2 = 0$ 是其特征方程。

回过头来看看这个过程,(3-39)用滞后算子表示原来的差分方程,将(3-39)中的滞后算子多项式因式分解,从(3-40)中可以直接看出二阶线性差分方程的特征根。对二阶线性差分方程来说,它的滞后算子多项式比较简单,因式分解比较容易,所以,用滞后算子求特征根也还算简洁。这里一定要记住:**用线性差分方程的滞后算子多项式的因式分解就可以求得该方程的特征根**。具体讲,因式分解得到的(3-40)中的 λ_1, λ_2 就是二阶线性差分方程的特征根。这在汉密尔顿(1999)中是作为定理出现的。

有了特征根,就可以构造余函数或齐次方程的通解了。尽管滞后算子方法可以解出特征根,但并没有给出齐次方程通解的形式。同一阶的情形相同,**用滞后算子只能求出二阶线性差分方程的特解或称特殊积分,不能求出余函数,余函数的形式还要同前面一样靠猜测,滞后算子只是求非齐次线性差分方程特解的简洁方法**。求齐次差分方程的通解还要使用尝试法或待定系数法。

根据特征根的不同情况,可以构造不同的余函数和通解,其中的特殊积分都是用滞后算子来解。

情形一:特征根是不等实根

λ_1, λ_2 为不等实根,$|\lambda_1| < 1, |\lambda_2| < 1$,根据(3-23a)可得(3-38)对应的齐次方程的通解

$$y_c = A_1 \lambda_1^t + A_2 \lambda_2^t$$

其中 A_1, A_2 都是任意实数。

可以利用(3-41)整理为(3-38)的特殊积分

$$y_p = \dfrac{1}{(1-\lambda_1 L)(1-\lambda_2 L)} b_t$$

$$= \dfrac{1}{\lambda_1 - \lambda_2}\left(\dfrac{\lambda_1}{1-\lambda_1 L} - \dfrac{\lambda_2}{1-\lambda_2 L}\right) b_t$$

$$= \frac{\lambda_1}{\lambda_1 - \lambda_2}\frac{1}{1 - \lambda_1 L}b_t - \frac{\lambda_2}{\lambda_1 - \lambda_2}\frac{1}{1 - \lambda_2 L}b_t$$

$$= \frac{\lambda_1}{\lambda_1 - \lambda_2}(1 + \lambda_1 L + \lambda_1^2 L^2 + \lambda_1^3 L^3 + \cdots)b_t$$

$$- \frac{\lambda_2}{\lambda_1 - \lambda_2}(1 + \lambda_2 L + \lambda_2^2 L^2 + \lambda_2^3 L^3 + \cdots)b_t$$

$$= \frac{\lambda_1}{\lambda_1 - \lambda_2}\sum_{i=0}^{\infty}\lambda_1^i b_{t-i} - \frac{\lambda_2}{\lambda_1 - \lambda_2}\sum_{i=0}^{\infty}\lambda_2^i b_{t-i}$$

$$= \frac{1}{\lambda_1 - \lambda_2}\sum_{i=0}^{\infty}(\lambda_1^{i+1} - \lambda_2^{i+1})b_{t-i} \tag{3-44}$$

其中第四个等式使用了（3-34），其成立的前提是 $|\lambda_1| < 1, |\lambda_2| < 1$。

（3-38）的通解为

$$y_t = \frac{1}{\lambda_1 - \lambda_2}\sum_{i=0}^{\infty}(\lambda_1^{i+1} - \lambda_2^{i+1})b_{t-i} + A_1\lambda_1^t + A_2\lambda_2^t \tag{3-45}$$

该通解在推导中使用（3-34）时设定的前提是 $|\lambda_1| < 1, |\lambda_2| < 1$，这意味着 $|\lambda_1| < 1, |\lambda_2| < 1$，（3-45）等式才成立。这一前提也使（3-45）作为差分方程的通解是动态稳定的。

特征根为不同实根的其他情形也可以讨论。如果 $|\lambda_1| > 1, |\lambda_2| > 1$，（3-44）推导中的第四个等式只能使用（3-35a），这便得到前向解中的特殊积分

$$y_p = \frac{1}{\lambda_1 - \lambda_2}\sum_{i=1}^{\infty}\left[\left(\frac{1}{\lambda_1}\right)^{i-1} - \left(\frac{1}{\lambda_2}\right)^{i-1}\right]b_{t+i} \tag{3-46}$$

但是，前向解的特殊积分（3-46）在 $|\lambda_1| > 1, |\lambda_2| > 1$ 条件下是收敛的，而其余函数是发散的。更重要的是，经济学很少使用前向解，因为前向解要由一些变量的未来值决定，未来值在当前是无法得到的。至于 λ_1, λ_2 的绝对值一个大于1，另一个小于1，这也导致动态不稳定。

情形二：两个特征根为相等实根

此时的特征根为 $\lambda_1 = \lambda_2 = \lambda$，则（3-41）整理为（3-38）的特殊积分

$$y_p = \frac{1}{(1 - \lambda L)(1 - \lambda L)}b_t \tag{3-47}$$

在 $|\lambda| < 1$ 的前提下，对（3-47）使用（3-34）推导

$$\frac{1}{(1 - \lambda L)^2} = (1 + \lambda L + \lambda^2 L^2 + \cdots)(1 + \lambda L + \lambda^2 L^2 + \cdots)$$

$$= 1 + 2\lambda L + 3\lambda^2 L^2 + 4\lambda^3 L^3 + \cdots$$

$$= \sum_{i=0}^{\infty}(i+1)\lambda^i L^i$$

利用上式（3-47）变为

$$y_p = \left(\sum_{i=0}^{\infty}(i+1)\lambda^i L^i\right)b_t = \sum_{i=0}^{\infty}(i+1)\lambda^i b_{t-i} \qquad (3-48)$$

根据（3-23b），两个相等实根下的余函数为

$$y_c = A_1 \lambda^t + A_2 t \lambda^t \qquad (3-49)$$

则由（3-48）、（3-49）得到通解

$$y_t = \sum_{i=0}^{\infty}(i+1)\lambda^i b_{t-i} + A_1 \lambda^t + A_2 t \lambda^t \qquad (3-50)$$

根据推导中使用的前提条件$|\lambda|<1$，（3-50）是动态稳定的。这不仅因为余函数随$t\to\infty$收敛为0，而且特殊积分随$t\to\infty$也是收敛的。

情形三：特征根为共轭复根

根据（3-43），两个共轭复根为

$$\lambda_1 = \frac{a_1 + i\sqrt{-a_1^2 - 4a_2}}{2}, \quad \lambda_2 = \frac{a_1 - i\sqrt{-a_1^2 - 4a_2}}{2} \qquad (3-43a)$$

按照第一章附录，复数可以用三角函数和指数表示

$$\lambda_1 = re^{i\theta} = r(\cos\theta + i\sin\theta)$$
$$\lambda_2 = re^{-i\theta} = r(\cos\theta - i\sin\theta) \qquad (3-51)$$

其中

$$r\cos\theta = \frac{a_1}{2}, \quad r\sin\theta = \frac{\sqrt{-a_1^2 - 4a_2}}{2}$$

且$\sin\theta \neq 0$（该式等于零就不是复根而是实根）；$r>0$，根据复数理论，r是复数的模或绝对值，按定义它必须是正的。

特征根为共轭复根，就是有不同的复根，此时的特殊积分和余函数与不同实根情形下相同，因此，共轭复根下的通解也必然与不同实根下的通解相同，**共轭复根下差分方程的通解一般形式也是（3-45）**。

将（3-51）代入（3-45）中的余函数

$$y_c = A_1 \lambda_1^t + A_2 \lambda_2^t = A_1(re^{i\theta})^t + A_2(re^{-i\theta})^t$$
$$= r^t(A_1 e^{i\theta t} + A_2 e^{-i\theta t})$$
$$= r^t[(A_1 + A_2)\cos\theta t + (A_1 - A_2)i\sin\theta t] \qquad (3-52)$$

参考第一章第二节的问题三和问题五可知，A_1, A_2是共轭复数，而且两个共轭复数的和与差（与i的乘积）$A_1 + A_2$，$(A_1 - A_2)i$都已变成实数。

设$A_1 = ke^{i\omega}, A_2 = ke^{-i\omega}$，将其代入（3-52）

$$y_c = r^t(ke^{i\omega}e^{i\theta t} + ke^{-i\omega}e^{-i\theta t}) = r^t k(e^{i(\theta t+\omega)} + e^{-i(\theta t+\omega)})$$

$$= r^t k \times 2 \frac{e^{i(\theta t+\omega)} + e^{-i(\theta t+\omega)}}{2} = 2r^t k\cos(\theta t + \omega) \tag{3-53}$$

再将（3-51）代入（3-45）中的特殊积分

$$y_p = \frac{1}{\lambda_1 - \lambda_2} \sum_{s=0}^{\infty} (\lambda_1^{s+1} - \lambda_2^{s+1}) b_{t-s}$$

$$= \frac{1}{r(e^{i\theta} - e^{-i\theta})} \sum_{s=0}^{\infty} [(re^{i\theta})^{s+1} - (re^{-i\theta})^{s+1}] b_{t-s}$$

$$= \frac{1}{2ir\sin\theta} \sum_{i=0}^{\infty} r^{s+1} \times b_{t-s} \times 2 \times \frac{(e^{(s+1)i\theta} - e^{-(s+1)i\theta})}{2}$$

$$= \frac{1}{2ir\sin\theta} \sum_{s=0}^{\infty} 2ir^{s+1} b_{t-s} \sin(s+1)\theta$$

$$= \sum_{s=0}^{\infty} r^s b_{t-s} \frac{\sin(s+1)\theta}{\sin\theta} \tag{3-54}$$

上述推导中使用了 $\cos\theta = \dfrac{e^{i\theta} - e^{-i\theta}}{2}, \sin\theta = \dfrac{e^{i\theta} - e^{-i\theta}}{2i}$。

(3-38)在共轭复根下的通解为（3-53）、（3-54）之和

$$y_t = \sum_{s=0}^{\infty} r^s b_{t-s} \frac{\sin(s+1)\theta}{\sin\theta} + 2r^t k\cos(\theta t + \omega) \tag{3-55}$$

下面是动态稳定性分析：

如果 $r<1$，余函数中的 r^t 随 t 不断趋近于零，振幅减小导致 y_c 趋近于零，函数收敛，同时，特殊积分是移动均衡，但特殊积分随 $s\to\infty$ 也是收敛的。

如果 $r>1$，余函数中的 r^t 随 t 不断增大，振幅增大导致 y_c 发散；特殊积分随 $s\to\infty$ 也是发散的。

如果 $r=1$，y_c 的振幅虽不增大，但不断周期性震荡。

四、n 阶线性差分方程的滞后算子解法

n 阶线性差分方程为

$$y_t = a_1 y_{t-1} + a_2 y_{t-2} + \cdots + a_n y_{t-n} + b_t \tag{3-56}$$

其中 $a_1, a_2, \cdots, a_n$ 是常数。用滞后算子将（3-56）写成

$$(1 - a_1 L - a_2 L^2 - \cdots - a_n L^n) y_t = b_t \tag{3-57}$$

类似二阶线性差分方程的情况，上式左端的滞后算子多项式进行因式分解

$$(1 - a_1 L - a_2 L^2 - \cdots - a_n L^n) = (1 - \lambda_1 L)(1 - \lambda_2 L) \cdots (1 - \lambda_n L) \tag{3-58}$$

$$(1 - \lambda_1 L)(1 - \lambda_2 L) \cdots (1 - \lambda_n L) y_t = b_t \tag{3-59}$$

根据有关理论[如汉密尔顿（1999）中文版第39页之定理2.2]，上式中的 $\lambda_1, \lambda_2, \cdots, \lambda_n$ 就是差分方程的特征根，下式为特征方程

$$\lambda^n - a_1 \lambda^{n-1} - a_2 \lambda^{n-2} - \cdots - a_n = 0$$

n 阶线性差分方程的 n 个特征根有多种可能，可能是实根，也可能是复根，可能是不等根，也可能是重根。下面主要讨论两种情况。

1. n 阶线性差分方程有 n 个不同的实根。

这种情况下的余函数为

$$y_c = A_1 \lambda_1^t + A_2 \lambda_2^t + \cdots + A_n \lambda_n^t = \sum_{i=1}^n A_i \lambda_i^t \tag{3-60}$$

特殊积分可以从（3-59）直接导出

$$y_p = \frac{1}{(1 - \lambda_1 L)(1 - \lambda_2 L) \cdots (1 - \lambda_n L)} b_t \tag{3-61}$$

其中

$$\frac{1}{(1 - \lambda_1 L)(1 - \lambda_2 L) \cdots (1 - \lambda_n L)}$$

$$= \frac{c_1}{(1 - \lambda_1 L)} + \frac{c_2}{(1 - \lambda_2 L)} + \cdots + \frac{c_n}{(1 - \lambda_n L)}$$

$$= \sum_{i=1}^n c_i \frac{1}{1 - \lambda_i L}$$

$$= \sum_{i=1}^n c_i [1 + \lambda_i L + (\lambda_i L)^2 + (\lambda_i L)^3 + \cdots] \tag{3-62}$$

其中

$$c_i = \frac{\lambda_i}{(\lambda_i - \lambda_1)(\lambda_i - \lambda_2) \cdots (\lambda_i - \lambda_{i-1})(\lambda_i - \lambda_{i+1}) \cdots (\lambda_i - \lambda_n)}$$

将（3-62）代入（3-61）

$$y_p = \sum_{i=1}^n c_i b_t [1 + \lambda_i L + (\lambda_i L)^2 + (\lambda_i L)^3 + \cdots]$$

$$= \sum_{i=1}^n c_i [b_t + \lambda_i b_{t-1} + (\lambda_i)^2 b_{t-2} + (\lambda_i)^3 b_{t-3} + \cdots]$$

$$= \sum_{i=1}^{n} c_i \sum_{j=0}^{\infty} \lambda_i^j b_{t-j} \tag{3-63}$$

（3-60）与（3-63）相加，就得到（3-56）的通解

$$y_t = \sum_{i=1}^{n} c_i \sum_{j=0}^{\infty} \lambda_i^j b_{t-j} + \sum_{i=1}^{n} A_i \lambda_i^t \tag{3-64}$$

注意，（3-62）中的展开式的前提就是$|\lambda_i|<1$，而这个条件正好使通解的余函数收敛为0，因此，均衡是动态稳定的。

2. n 阶线性差分方程有 n 个相等的实根。

如果 $\lambda_1 = \lambda_2 = \cdots = \lambda_n = \lambda$，则余函数为

$$y_c = A_1 \lambda_1^t + A_2 t \lambda_2^t + \cdots + A_n t^{n-1} \lambda_n^t = \sum_{i=1}^{n} A_i t^{i-1} \lambda_i^t \tag{3-65}$$

根据前面的结论，特殊积分为

$$y_p = \frac{1}{(1-\lambda L)^n} b_t$$

$$= \left[1 + n\lambda L + \frac{n(n+1)}{2!}(\lambda L)^2 + \frac{n(n+1)(n+2)}{3!}(\lambda L)^3 + \cdots + \frac{n(n+1)\cdots(n+i-1)}{i!}(\lambda L)^i + \cdots \right] b_t$$

$$= \sum_{i=0}^{\infty} \binom{n+i-1}{i} \lambda^i b_{t-i} \tag{3-66}$$

其中 $\binom{n+i-1}{i} = \frac{(n+i-1)!}{i!(n-1)!}$ 为组合数公式。此外，还使用了负的二项展开式公式。

（3-65）与（3-66）相加，就得到（3-56）相等实根下的通解

$$y_t = \sum_{i=0}^{\infty} \binom{n+i-1}{i} \lambda^i b_{t-i} + \sum_{i=1}^{n} A_i t^{i-1} \lambda^t$$

当且仅当 $|\lambda|<1$ 均衡是动态稳定的。

第四节
线性随机差分方程

前面三节介绍的都是**确定性差分方程**，其中涉及的变量是非随机的，即变

量在某一时点的取值是确定性的。本节介绍随机差分方程。

一般而言，含有随机变量的差分方程就是随机差分方程，但为了能够处理，宏观经济学使用的随机差分方程限定在线性、常系数的范围内，而且，随机变量也常使用能够简化求解过程的零均值白噪声（见本章附录）。时间序列分析中的"移动平均模型"、"自回归模型"、"自回归移动平均模型"、"单位根过程"、"随机游走过程"等都是随机线性差分方程。本节的随机差分方程也使用滞后算子。

本节所涉及的随机过程都是**协方差平稳过程**，该过程的具体含义见本章附录一。本节使用了萨金特（1998）、汉密尔顿（1999）和胡适耕（2006）等文献。

一、线性随机差分方程

如果把 n 阶线性差分方程（3-56）中的 b_t 由一般的确定性变量改为随机变量 w_t，确定性变量序列 $\{y_t\}$ 改为随机变量序列 $\{Y_t\}$，即

$$Y_t = a_1 Y_{t-1} + a_2 Y_{t-2} + \cdots + a_n Y_{t-n} + w_t \tag{3-67}$$

则该方程为 **n 阶线性随机差分方程**。用滞后算子将（3-67）写成

$$(1 - a_1 L - a_2 L^2 - \cdots - a_n L^n) Y_t = w_t \tag{3-68}$$

其中 $\{w_t\}$ 为白噪声过程。

随机差分方程除了在时间序列分析中有重要的应用外，在宏观经济学中也有应用。

（一）用随机差分方程分析经济周期

设 Y_t 是表示系统状态的变量，由于 Y_t 的变化具有随机性，经济的周期性并不能直接表现为 Y_t 的明显的周期变化，因此，需要用其他变量来反映经济周期。

1. 如果协方差平稳过程 Y_t 的自协方差函数 $C_Y(k) = \cos(Y_{t-k}, Y_t)$ 具有**阻尼振荡**（即振动受到阻力，造成能量损失而使振动幅度越来越小的振动）的特点，则称 Y_t 具有周期性。如

$$C_Y(k) = C_Y(0) r^k \cos(\omega k)$$

其中，$0 < r < 1$，$\dfrac{2\pi}{\omega}$ 为其周期。余弦函数 $\cos(\omega k)$ 决定了自协方差周期变化，r^k 随着 $k \to \infty$，表现为一个递减的振幅。

也可以**用自相关函数定义周期**：如果协方差平稳过程 Y_t 的自相关函数

$R_Y(k) = E(Y_{t-k}, Y_t)$ 具有阻尼振荡的特点，则称 Y_t 具有周期性。理论上可以证明，如果 $\{Y_t\}$ 是平稳随机过程，且其自相关函数具有周期性，即 $R_Y(k+T) = R_Y(k)$，则 $\{Y_t\}$ 以概率 1 具有周期性，即 $Y_{t+T} = Y_t$ 以概率 1 成立。具有周期性相关函数的平稳随机过程称为**周期性随机过程**。

2. 如果 $\{Y_t\}$ 的谱密度函数 $S_Y(\omega)$ 在区间 $(0, \pi)$ 内的某一点 $\overline{\omega}$ 形成一个波峰，则称 Y_t 具有周期性。其周期为 $\dfrac{2\pi}{\omega}$。平稳随机过程 $\{Y_t\}$ 的谱密度函数就是自协方差函数的序列傅立叶变换，即

$$S_Y(\omega) = \sum_{k=-\infty}^{+\infty} C_Y(k) e^{-i\omega k}, \quad -\pi \leq \omega \leq \pi$$

这就是平稳随机过程 $\{Y_t\}$ 的**谱密度函数**。其中的 ω 被称为**角频**，或**频率**，为复平面上复数 z 与实轴所形成夹角的度数，$i = \sqrt{-1}$。可以看出，谱密度是关于 ω 的函数。

谱分析理论认为，谱密度函数与自协方差函数在分析平稳时间序列上是等价的，前者是频域的，后者是时域的，它们从不同的角度分析时间序列的变化特征，但谱密度函数分析经济的周期性波动更有优势。

与第一种周期定义相对应，也可以用关于自相关函数的谱密度分析经济周期。关于自相关函数的谱密度为

$$S_Y(\omega) = \sum_{k=-\infty}^{+\infty} R_Y(k) e^{-i\omega k}, \quad -\pi \leq \omega \leq \pi, \quad R_Y(k) = E(Y_{t-k}, Y_t)$$

3. 经济中的一些重要总量（如 GDP、失业、解雇等）的谱密度在某一频率上相互接近，则称 Y_t 具有周期性。

萨金特（1998）在给出这些定义的同时也对这些定义和衡量指标提出不少质疑，如自协方差的周期性与 Y_t 是否具有周期性并无直接关系；大多数经济总量的谱密度并不表现出明显的波峰等等。

计算出协方差函数 $C_Y(k)$、谱密度函数 $S_Y(\omega)$，并看其是否具有周期性，再根据前面的几个定义判断系统是否周期性变化。

(二) 用随机差分方程进行预测

用随机差分方程进行预测实际上是投影理论（或最优估计理论），或者说要使用投影理论，而仅有线性随机差分方程是不够的，因此，本书将它放在第九章的投影理论部分。随机差分方程仅仅是一个方程。

进行预测使用的线性随机差分方程有以下几种：

1. $\hat{X} = a_0 + a_1 Y_1 + a_2 Y_2 + \cdots + a_n Y_n$

或

$$X = a_0 + a_1 Y_1 + a_2 Y_2 + \cdots + a_n Y_n + w$$

其中，$Y_1, Y_2, \cdots, Y_n$ 为已知的或可以观察到的时间序列，是随机变量的实现，用它们来预测或估计随机变量 X，X 的估计值 $\hat{X}$ 是 $Y_1, Y_2, \cdots, Y_n$ 的线性函数，$a_0, a_1, a_2, \cdots, a_n$ 是已知参数，w 是预测误差。这实际上是用一个变量 Y_t 的序列观测值预测另一个变量 X，它们也有向量形式

$$\hat{x} = a + By$$

这是第九章的（9-11），其中 $x \in R^n$ 为系统状态向量，$y \in R^n$ 为输出（或测量）向量，$a \in R^n$ 为非随机向量，$B \in R^{n \times m}$ 为非随机矩阵。该模型是用多变量预测另一些多变量。

2. $Y_t = a_1 Y_{t-1} + a_2 Y_{t-2} + \cdots + w_t$

Y_t 是 $\{Y_{t-1}, Y_{t-2}, \cdots\}$ 的线性函数，用它来单步预测 Y_t 或进行多步预测。该公式也可以称为 **Y_t 的自回归表示**。其中，w_t 是预测误差。

3. 在线性随机差分方程的基础上再加一个输出方程（或称观测方程），构成一个**线性状态空间系统**

$$X_{t+1} = AX_t + cw_{t+1}$$
$$Y_t = HX_t + v_t$$

其中的变量既可以表示单个随机变量，也可以表示随机向量。这要使用卡尔曼滤波进行最优预测。

这些内容都在第九章中作详细介绍，这样，本节利用随机差分方程主要是分析经济周期。

实际上，除了这几种预测外，在时间序列分析教科书中还可以找到使用其他线性随机差分方程所进行的预测，如使用移动平均模型、自回归移动平均模型等进行预测。

(三) 用条件期望差分方程构造数理模型

在随机差分方程中，宏观经济学使用较多的还是含条件期望的差分方程。它可以用来构造数理模型，如理性预期、适应性预期都可以用含条件期望的差分方程来描述。关于条件期望及性质可以参考第七章附录三。

二、协方差生成函数与谱密度函数的计算公式

解随机差分方程也可以使用滞后算子，将滞后算子用于协方差、协方差生

成函数、谱密度函数会得到一些有用的结果。

设 $Y_t = A(L)w_t$，其中 $A(L) = a_0 + a_1 L + a_2 L^2 + a_3 L^3 + \cdots$，$w_t$ 为零均值白噪声，$\sum_{i=0}^{\infty} |a_i| < \infty$，则

$$Y_t = \sum_{i=0}^{\infty} a_i w_{t-i} \qquad (3-69)$$

由（3-69）可以计算出协方差平稳随机过程 Y_t 的均值（为 0），再用均值计算出 Y_t 的自协方差

$$C_Y(k) = \operatorname{cov}(Y_t, Y_{t-k})$$

$$= E\Big[\sum_{i=0}^{\infty} a_i w_{t-i} \cdot \sum_{j=0}^{\infty} a_j w_{t-k-j}\Big] = \sigma_w^2 \sum_{i=0}^{\infty} a_i a_{i-k} \qquad (3-70)$$

其中 $t-i = t-k-j$（即 $i = k+j$ 或 $j = i-k$）时，w_{t-i} 与 w_{t-k-j} 才是同一个随机变量，才有

$$E(w_{t-i} w_{t-k-j}) = C_w(0) = \sigma_w^2 \neq 0, \quad i = 1, 2, 3, \cdots$$

而当 $t - i \neq t - k - j$ 时，$C_w(m) = 0$，$m \neq 0$。

自协方差生成函数为

$$g_Y(z) = \sum_{k=-\infty}^{+\infty} \Big(\sigma_w^2 \sum_{i=0}^{\infty} a_i a_{i-k}\Big) z^k = \sigma_w^2 \sum_{i=0}^{+\infty} \sum_{k=-\infty}^{\infty} a_i a_{i-k} z^i z^{-(i-k)}$$

$$= \sigma_w^2 \sum_{i=0}^{+\infty} a_i z^i \sum_{k=-\infty}^{\infty} a_{i-k} z^{-(i-k)} = \sigma_w^2 \sum_{i=0}^{+\infty} a_i z^i \sum_{j=-\infty}^{\infty} a_j z^{-j}$$

$$= \sigma_w^2 \sum_{i=-\infty}^{+\infty} a_i z^i \sum_{j=-\infty}^{\infty} a_j z^{-j}$$

$$= A(z) A(z^{-1}) \sigma_w^2 \qquad (3-71)$$

其中从第四个等号到第五个等号 i 取值的起点从 0 变成了 $-\infty$，因为，当 $i < 0$ 时，$a_i = 0$。

将 $z = e^{-i\omega}$ 代入（3-71），即得到相应的谱密度函数

$$S_Y(\omega) = g_Y(e^{-i\omega}) = A(e^{-i\omega}) A(e^{i\omega}) \sigma_w^2 \qquad (3-72)$$

如果（3-69）中的 w_t 不是零均值白噪声，而是一般的平稳序列（白噪声是一种特殊的最重要的平稳序列），则有

$$g_Y(z) = A(z) A(z^{-1}) g_w(z) \qquad (3-73)$$

$$S_Y(\omega) = g_Y(e^{-i\omega}) = A(e^{-i\omega}) A(e^{i\omega}) S_w(\omega) \qquad (3-74)$$

本章附录四介绍了联合宽平稳随机过程的互协方差函数、互协方差生成函数、互谱密度函数，以及它们的一些性质，下面引入滞后算子，利用滞后算子

将联合宽平稳随机过程中的两个随机变量 X_t, Y_t 表示为白噪声 w_t 的函数

$$X_t = A(L)w_t, \quad Y_t = B(L)w_t \tag{3-75}$$

其中 $A(L) = a_0 + a_1 L + a_2 L^2 + \cdots$，$B(L) = b_0 + b_1 L + b_2 L^2 + \cdots$；
$\sum_{i=0}^{\infty} |a_i| < \infty$，$\sum_{i=0}^{\infty} |b_i| < \infty$。

互协方差函数如本章附录中的（42）、（43）所定义，使用与求（3-71）类似的方法，可以得到

$$g_{XY}(z) = A(z)B(z^{-1})\sigma_w^2 \tag{3-76}$$

如果将（3-75）改为

$$X_t = A(L)w_t + C(L)v_t$$
$$Y_t = B(L)w_t + D(L)v_t \tag{3-77}$$

其中 $A(L), B(L), C(L), D(L)$ 的定义如前，w_t, v_t 是两个互不相关的白噪声序列，则

$$g_{XY}(z) = A(z)B(z^{-1})\sigma_w^2 + C(z)D(z^{-1})\sigma_v^2 \tag{3-78a}$$

或

$$g_{YX}(z) = A(z^{-1})B(z)\sigma_w^2 + C(z^{-1})D(z)\sigma_v^2 \tag{3-78b}$$

$$S_{XY}(\omega) = A(e^{-i\omega})B(e^{i\omega})\sigma_w^2 + C(e^{-i\omega})D(e^{i\omega})\sigma_v^2 \tag{3-79}$$

如果（3-77）中的 w_t, v_t 不是白噪声序列而是两个一般的互不相关的平稳序列，则有

$$g_{XY}(z) = A(z)B(z^{-1})g_w(z) + C(z)D(z^{-1})g_v(z) \tag{3-80}$$

$$S_{XY}(\omega) = A(e^{-i\omega})B(e^{i\omega})S_w(\omega) + C(e^{-i\omega})D(e^{i\omega})S_v(\omega) \tag{3-81}$$

其实，只要掌握了**求协方差生成函数、互谱密度函数的一般方法**，根据给出的具体的线性随机差分方程就可以推导出这些函数，因此，求解方法比上述公式更重要，而这个方法是：以给出的具体的随机差分方程为基础，使用协方差函数、协方差生成函数、谱密度函数、滞后算子、正交条件的定义和运算法求这些函数。

随机差分方程中使用滞后算子还有一个结果：它表明移动平均模型、自回归模型表示的随机序列都是平稳序列，因为移动平均模型可以表示为

$$Y_t = B(L)w_t \tag{3-82}$$

自回归模型可以表示为

$$A(L)Y_t = w_t \text{ 或 } Y_t = \frac{1}{A(L)}w_t \tag{3-83}$$

这两种情况下，随机序列 Y_t 都是白噪声 w_t 的函数，也可以说都是白噪声 w_t 的移动平均表示，利用（3-82）、（3-83）可以证明这两种情况下的 Y_t 都是平稳序列，即它们符合平稳序列的定义。**表示为白噪声的移动平均的随机序列都是平稳序列。**

从（3-69）中也可以看到，如果 w_t 是一般的平稳序列，Y_t 的自协方差函数就不是一个常数，而是 w_t 的协方差的函数，如果 w_t 是零均值白噪声，Y_t 的自协方差函数（3-70）就是一个常数，因为白噪声 w_t 的方差是常数。这两种情况下的自协方差生成函数和谱密度函数也有常数和非常数之分。（3-77）也存在这种情况。

三、一阶线性随机差分方程

一阶线性随机差分方程的形式为

$$Y_t = \lambda Y_{t-1} + w_t, \quad |\lambda| < 1, \quad \lambda \neq 0 \tag{3-84a}$$

其中，w_t 是零均值白噪声，系数直接写成 λ（而不是从前的 a,b），因为特征根是系数矩阵的特征根，它是反映方程组所有系数的特征的，当差分方程为一阶时，系数的特征由这个系数直接表现，也就是说，一阶线性差分方程的系数就是它的特征根。使用 λ 作为系数表明 λ 就是特征根。

（3-84a）用滞后算子表示

$$(1 - \lambda L)Y_t = w_t \tag{3-84b}$$

解（3-84）

$$Y_t = \frac{1}{(1-\lambda L)}w_t = \left(\sum_{i=0}^{\infty} \lambda^i L^i\right)w_t = \sum_{i=0}^{\infty} \lambda^i w_{t-i} \tag{3-85}$$

如同前述，使用滞后算子直接推导出的只是差分方程的一个特解，其通解为

$$Y_t = Y_p + Y_c = \sum_{i=0}^{\infty} \lambda^i w_{t-i} + d\lambda^t \tag{3-86}$$

其中 d 为零均值的随机变量，余函数 $Y_c = d\lambda^t$ 是猜测或尝试得到的。当 $t \to \infty$ 时，$Y_c = d\lambda^t$ 收敛于 0，这表明系统是稳定的，而且，计算谱密度等还是使用特解（3-85）。令

$$A(L) = \frac{1}{1-\lambda L}, \quad A(z) = \frac{1}{1-\lambda z}, \quad A(z^{-1}) = \frac{1}{1-\lambda z^{-1}}$$

(3-84)中的 w_t 是零均值白噪声,所以,直接使用(3-71)、(3-72)可得自协方差生成函数和谱密度函数

$$g_Y(z) = A(z)A(z^{-1})\sigma_w^2 = \frac{\sigma_w^2}{(1-\lambda z)(1-\lambda z^{-1})} \qquad (3-87)$$

$$S_Y(\omega) = \frac{\sigma_w^2}{(1-\lambda e^{-i\omega})(1-\lambda e^{i\omega})} = \frac{\sigma_w^2}{1-2\lambda\cos\omega+\lambda^2} \qquad (3-88)$$

使用(3-85)求自协方差函数

$$Y_t = \sum_{i=0}^{\infty} \lambda^i w_{t-i} = w_t + \lambda w_{t-1} + \lambda^2 w_{t-2} + \cdots + \lambda^k w_{t-k} + \lambda^{k+1} w_{t-k-1} + \cdots$$

$$Y_{t-k} = \sum_{i=0}^{\infty} \lambda^i w_{t-k-i} = w_{t-k} + \lambda w_{t-k-1} + \lambda^2 w_{t-k-2} + \cdots$$

$$C_Y(k) = E(Y_t Y_{t-k}) = \sigma_{t-k}^2 \lambda^k + \sigma_{t-k-1}^2 \lambda^{k+2} + \sigma_{t-k-2}^2 \lambda^{k+4} + \sigma_{t-k-3}^2 \lambda^{k+6} + \cdots$$

$$= \sigma_w^2 \lambda^k (1 + \lambda^2 + \lambda^4 + \lambda^6 + \cdots)$$

$$= \sigma_w^2 \lambda^k \left[\frac{1}{1-\lambda^2} + \frac{(1-\lambda^2)\lambda^2}{1-\lambda^2} + \frac{(1-\lambda^2)\lambda^4}{1-\lambda^2} + \frac{(1-\lambda^2)\lambda^6}{1-\lambda^2} + \cdots \right]$$

$$= \sigma_w^2 \lambda^k \frac{1}{1-\lambda^2}$$

$$= \lambda^k C_Y(0) \qquad (3-89)$$

其中

$$E(w_i w_j) = 0, \quad i \neq j$$

$$\sigma_w^2 = \sigma_{t-k}^2 = \sigma_{t-k-1}^2 = \sigma_{t-k-2}^2 = \sigma_{t-k-3}^2 = \cdots \text{(白噪声有不变的方差)}$$

$$|\lambda| < 1, \quad \lim_{k \to \infty} \lambda^k = 0, \quad k \geq 0$$

$$C_Y(0) = \sigma_w^2 \lambda^0 \frac{1}{1-\lambda^2} = \sigma_w^2 \frac{1}{1-\lambda^2}$$

用(3-88)对 ω 求导

$$\frac{dS_Y(\omega)}{d\omega} = \frac{2\lambda\sin\omega \cdot \sigma_w^2}{(1-2\lambda\cos\omega+\lambda^2)^2} \qquad (3-90)$$

(3-90)反映了角频 ω 变化对谱密度的影响,以此检验谱密度(进而 y_t)是否有周期性。(3-90)的分母是正的,限定 $0 < \omega < \pi$,$\sin\omega > 0$,则(3-90)的符号取决于 λ,而 λ 是差分方程的系数,是已知常数,λ 的符号是不变的,因此,谱密度函数在 $0 < \omega < \pi$ 内是单调的,不存在周期性,根据前面的经济周期的定义,Y_t 不具有周期性。

四、二阶线性随机差分方程

二阶线性随机差分方程的形式为

$$Y_t = a_1 Y_{t-1} + a_2 Y_{t-2} + w_t \tag{3-91a}$$

其中，w_t 为零均值白噪声。

（3-91a）用滞后算子表示为

$$(1 - a_1 L - a_2 L^2) Y_t = w_t \tag{3-91b}$$

$$(1 - \lambda_1 L)(1 - \lambda_2 L) Y_t = B(L) Y_t = w_t \tag{3-91c}$$

其中 $\lambda_1 + \lambda_2 = a_1$，$\lambda_1 \lambda_2 = -a_2$；$|\lambda_1| < 1, |\lambda_2| < 1$，这是为了能够使用公式（3-34），同时保证系统是动态稳定的。同本章第三节之问题三一样，λ_1, λ_2 是二阶线性随机差分方程（3-91）对应的齐次方程的两个特征根。

解（3-91）得一特解

$$Y_t = \frac{1}{1 - a_1 L - a_2 L^2} w_t = \frac{1}{(1 - \lambda_1 L)(1 - \lambda_2 L)} w_t$$

$$= \frac{1}{B(L)} w_t = A(L) w_t \tag{3-92}$$

因 $|\lambda_1| < 1, |\lambda_2| < 1$，利用（3-34）可以将 $\dfrac{1}{(1 - \lambda_1 L)(1 - \lambda_2 L)}$ 表示为两个级数的乘积，并令 $A(L)$ 具有类似 $B(L) = b_0 + b_1 L + b_2 L^2 + \cdots$ 的形式，也就是说，随机序列 Y_t 可以表示为白噪声 w_t 的移动平均，这意味着可以使用（3-71）、（3-72）求自协方差生成函数和谱密度函数。

同确定性二阶线性差分方程一样，二阶线性随机差分方程的特征根也有不同情况，尽管已限定两者的绝对值都小于 1。下面考虑不同实根情形。

这种情况下，自协方差生成函数为

$$g_Y(z) = \frac{1}{(1 - a_1 z - a_2 z^2)(1 - a_1 z^{-1} - a_2 z^{-2})} \sigma_w^2 \tag{3-93}$$

$$S_Y(\omega) = \frac{\sigma_w^2}{(1 - \lambda_1 e^{-i\omega})(1 - \lambda_2 e^{-i\omega})(1 - \lambda_1 e^{i\omega})(1 - \lambda_2 e^{i\omega})}$$

$$= \frac{\sigma_w^2}{(1 - 2\lambda_1 \cos\omega + \lambda_1^2)(1 - 2\lambda_2 \cos\omega + \lambda_2^2)}$$

$$= \frac{\sigma_w^2}{1 + a_1^2 + a_2^2 + 2a_1(1 - a_2)\cos\omega - 2a_2\cos 2\omega} \tag{3-94}$$

(3-91a) 两端同乘以 Y_{t-k} 并取期望

$$Y_t Y_{t-k} = a_1 Y_{t-1} Y_{t-k} + a_2 Y_{t-2} Y_{t-k} + w_t Y_{t-k}$$

$$E(Y_t Y_{t-k}) = a_1 E(Y_{t-1} Y_{t-k}) + a_2 E(Y_{t-2} Y_{t-k})$$

其中 $E(w_t Y_{t-k}) = 0$，因为，Y_{t-k} 与 $t-k$ 期以后的随机冲击 w_t 不相关。

$$C_Y(k) = a_1 C_Y(k-1) + a_2 C_Y(k-2) \tag{3-95}$$

当随机差分方程是 n 阶的时候，类似 (3-95) 的关系也成立

$$C_Y(k) = a_1 C_Y(k-1) + a_2 C_Y(k-2) + \cdots + a_n C_Y(k-n) \tag{3-96}$$

(3-94) 对 ω 求导

$$\frac{dS_Y(\omega)}{d\omega} = -\frac{[2a_1(1-a_2)\sin\omega + 4a_2\sin2\omega]\sigma_w^2}{(1+a_1^2+a_2^2+2a_1(1-a_2)\cos\omega - 2a_2\cos2\omega)^2}$$

$$= -\frac{2\sin\omega[a_1(1-a_2) + 4a_2\cos\omega]\sigma_w^2}{(1+a_1^2+a_2^2+2a_1(1-a_2)\cos\omega - 2a_2\cos2\omega)^2}$$

其中 $\sin2\omega = 2\sin\omega\cos\omega$。

为得到谱密度的极值，必有

$$a_1(1-a_2) + 4a_2\cos\omega = 0, \quad \cos\omega = \frac{a_1(a_2-1)}{4a_2}$$

因此，$S_Y(\omega)$ 在频率

$$\omega = \arccos\left[\frac{a_1(a_2-1)}{4a_2}\right]$$

处取得峰值。因 $|\cos\omega| \leq 1$，ω 在开区间 $(0,\pi)$ 内取值，则得

$$\left|\frac{a_1(a_2-1)}{4a_2}\right| < 1, \quad |a_1(a_2-1)| < |4a_2|$$

这是 $S_Y(\omega)$ 取得峰值的条件。$S_Y(\omega)$ 有峰值，按照定义，Y_t 有周期性。

特征根为共轭复根和相同实根的情形，讨论的方法与此类似，不再详述，但须强调的是，根据"周期性"的另外两种定义也可以考察经济的周期性，如根据自协方差函数判断周期性。

至于代表一般化的 n 阶线性随机差分方程就不涉及了。由于 n 不能确定为某个具体的值，该随机变量的自协方差函数、自协方差生成函数、谱密度函数都无法给出十分具体的表达式，更不用说讨论经济的周期性了。

第五节
线性条件期望差分方程

一、线性条件期望差分方程概述

本章第四节的随机差分方程中,现期的随机变量 Y_t 是它以前的各期值 $Y_{t-1}, Y_{t-2}, \cdots, Y_{t-n}$ 和一个随机冲击 w_t 的函数(即自回归模型),其中不含有关于 Y_t 的条件期望。本节讲的是含有 Y_t 的条件期望的差分方程。

线性条件期望差分方程:随机变量 Y_t 表示为关于 Y_t 的条件期望(和它的前期值 Y_{t-1} 等)和另一个随机变量的线性函数,这样的方程称为线性条件期望差分方程。它本质上也属于随机差分方程,但它含有条件期望,这个条件期望可以是对 Y_t 的条件期望,也可以包括关于 Y 的未来值如 Y_{t+1}, Y_{t+2} 等的条件期望。

线性条件期望差分方程的具体形式有很多种,下面列出几种:

$Y_t = aE(Y_t | I_{t-1}) + bx_t$

$Y_t = aE(Y_{t+1} | I_t) + bx_t$

$Y_t = a_1 E(Y_{t+1} | I_t) + a_2 Y_{t-1} + bx_t$

$Y_t = a_1 E(Y_{t+1} | I_t) + a_2 E(Y_t | I_{t-1}) + a_3 Y_{t-1} + bx_t$

$Y_t = a_1 E(Y_{t+1} | I_{t-1}) + a_2 E(Y_t | I_{t-1}) + bx_t$

$Y_t = a_1 E(Y_t | I_{t-1}) + a_2 E(Y_t | I_{t-2}) + bx_t$

$Y_t = a_1 E(Y_{t+1} | I_t) + a_2 E(Y_{t+2} | I_t) + bx_t$

$(3-97)$

其中,各式中的 x_t 可以是确定性变量、随机变量(包括随机冲击)、预期变量、误差项,也可以是其中几个的线性组合,到底是何种情况取决于模型设定; I_t, I_{t-1} 表示的是条件期望中的条件,或者说是预期所依赖的信息集,且 I_{t-1} 是 I_t 的信息子集; x_t 的系数 b 可以设定为1。对于这类方程来说,最重要的是要含有变量的条件期望,这样,才称得上线性条件期望差分方程。

以上只列出七种具体形式,其实,线性条件期望差分方程可以有很多种,

一个一般化的表达式为

$$Y_t = \sum_{j=0}^{n}\sum_{i=1}^{m} a_{ij} E(Y_{t+i-j} \mid I_{t-j}) + \sum_{k=1}^{s} a_k Y_{t-k} + b x_t \qquad (3-98)$$

期望变量的阶数（指条件期望 $E(Y_{t+i-j}\mid I_{t-j})$ 中 Y_{t+i-j} 的阶数，j,t 看成不变的）最多可以为 m 阶，预期依据的信息的期数最多可以比 t 提前 n 期，内生变量 Y 的前期值最多可以往前取 s 期。

线性条件期望差分方程的求解就是将未知变量 Y_t 表示为其他变量及其条件期望的函数。求解的方法有很多种，不同类型的方程可能适合使用不同的方法求解，这些方法暂不一一列出，在下面的问题中给出。

较为复杂的线性条件期望差分方程的求解可能要分两步：第一步将内生变量（包括它的前后各期值）从条件期望符号里整理出来，使之变成具有一般差分方程形式的方程；第二步对整理出来的这个具有一般形式的差分方程求解。当然，这并不排除在某些情况下只使用第一步得到的结果，但是，单纯就求解线性条件期望差分方程来说，这两步是必需的。

二、一阶线性条件期望差分方程

比较常用的一阶线性条件期望差分方程为

$$Y_t = a E(Y_{t+1} \mid I_t) + x_t \qquad (3-99)$$

（3-99）可以采用两种方法来解。

1. 递推迭代法。据（3-99）有

$$Y_{t+1} = a E(Y_{t+2} \mid I_{t+1}) + x_{t+1}$$

该式两端取在信息集 I_t 下的条件期望

$$\begin{aligned} E(Y_{t+1}\mid I_t) &= a E[E(Y_{t+2}\mid I_{t+1})\mid I_t] + E(x_{t+1}\mid I_t) \\ &= a E(Y_{t+2}\mid I_t) + E(x_{t+1}\mid I_t) \end{aligned} \qquad (3-100)$$

其中使用了 $E\{E[g(X)\mid Y,Z]\mid Z\} = E[g(X)\mid Z]$（$X,Y,Z$ 为随机变量）和 $E[(aX+bY)\mid Z] = a E(X\mid Z) + b E(Y\mid Z)$，第一个公式中 $\{Z\}$ 可以看成是 $\{Y,Z\}$ 的子集，该公式被称为**迭代期望定律**，I_t 是 I_{t+1} 的子集。

将（3-100）代入（3-99）

$$Y_t = a^2 E(Y_{t+2}\mid I_t) + a E(x_{t+1}\mid I_t) + x_t \qquad (3-101)$$

再据（3-99）得

$$Y_{t+2} = a E(Y_{t+3}\mid I_{t+2}) + x_{t+2}$$

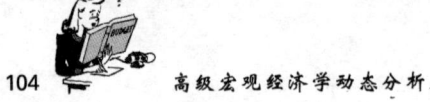

两端对 I_t 取条件期望

$$E(Y_{t+2}|I_t) = aE(Y_{t+3}|I_t) + E(x_{t+2}|I_t) \qquad (3-102)$$

(3-102) 代入 (3-101)

$$Y_t = a^3 E(Y_{t+3}|I_t) + a^2 E(x_{t+2}|I_t) + aE(x_{t+1}|I_t) + x_t$$

依此类推，得

$$Y_t = a^{n+1} E(Y_{t+n+1}|I_t) + \sum_{i=0}^{n} a^i E(x_{t+i}|I_t) \qquad (3-103a)$$

当 $|a|<1$，且 $n\to\infty$ 时，有 $\lim_{n\to\infty} a^{n+1} E(Y_{t+n+1}|I_t) = 0$，则 (3-103a) 变为

$$Y_t = \sum_{i=0}^{\infty} a^i E(x_{t+i}|I_t) \qquad (3-103b)$$

如果 (3-97) 之第二个方程的 $b \neq 1$，则

$$Y_t = b \sum_{i=0}^{\infty} a^i E(x_{t+i}|I_t) \qquad (3-103c)$$

(3-103b)、(3-103c) 分别是 (3-99) 和 (3-97) 之第二个方程的特解。

2. 用滞后算子求解。(3-99) 两端对 I_t 取条件期望

$$E(Y_t|I_t) = aE(Y_{t+1}|I_t) + E(x_t|I_t) \qquad (3-104)$$

其中 $E(Y_t|I_t) = Y_t$，$E(x_t|I_t) = x_t$，因为站在 t 期 Y_t，x_t 都是已知的，它们的条件期望与它们自身相等，但为了推导，暂时保留这一表达式。

定义一个滞后算子 L：

$$LE(Y_t|I_t) = E(Y_{t-1}|I_t) \text{ 或 } L^{-1} E(Y_t|I_t) = E(Y_{t+1}|I_t) \qquad (3-105)$$

这个滞后算子可以理解为不同于原来的新的滞后算子，**它是专门针对条件期望的滞后算子。这个滞后算子也具有本章第三节的滞后算子的性质，即满足公式 (3-29)~(3-36)。注意，(3-105) 中的滞后算子只对内生变量 Y_t 的下标进行运算，不对条件期望中信息集的下标进行运算。**

其实，滞后算子是可以根据需要自行定义的，比如面对条件期望完全可以有不同的定义（后面的 (3-125) 就不同于这里的 (3-105)），但必须遵循如下原则：在准确定义的基础上，严格按照定义进行运算，最后，再按照定义的运算规则从差分方程的解中去掉滞后算子。滞后算子是求解或推导差分方程的工具，求解用的工具并不是解的组成部分，求解后必须去掉。

(3-105) 运用于 (3-104) 得

$$(1 - aL^{-1}) E(Y_t|I_t) = E(x_t|I_t)$$

整理为

$$Y_t = \frac{1}{1 - aL^{-1}} E(x_t | I_t)$$
$$= (1 + aL^{-1} + a^2 L^{-2} + a^3 L^{-3} + \cdots) E(x_t | I_t)$$
$$= \sum_{i=0}^{\infty} a^i E(x_{t+i} | I_t)$$

该式与（3-103b）是完全相同的。

此外，另一个一阶线性条件期望差分方程也可以用递推迭代法求解，该方程为

$$Y_t = aE(Y_t | I_{t-1}) + x_t \qquad (3-106)$$

（3-106）两边对 I_{t-1} 取条件期望

$$E(Y_t | I_{t-1}) = aE(Y_t | I_{t-1}) + E(x_t | I_{t-1})$$

则

$$E(Y_t | I_{t-1}) = \frac{1}{1-a} E(x_t | I_{t-1}), a \neq 1 \qquad (3-107)$$

（3-107）代入（3-106），得（3-106）的解

$$Y_t = \frac{a}{1-a} E(x_t | I_{t-1}) + x_t$$

三、二阶线性条件期望差分方程

二阶线性条件期望差分方程已经不能使用递推迭代法，但仍有多种解法可以使用。

(一) 滞后算子解法

考虑方程

$$Y_t = a_1 E(Y_{t+1} | I_t) + a_2 E(Y_{t+2} | I_t) + x_t \qquad (3-108)$$

（3-108）可以表示为

$$E(Y_t | I_t) = a_1 L^{-1} E(Y_t | I_t) + a_2 L^{-2} E(Y_t | I_t) + E(x_t | I_t)$$

整理为

$$(1 - a_1 L^{-1} - a_2 L^{-2}) E(Y_t | I_t) = E(x_t | I_t)$$
$$(1 - \lambda_1 L^{-1})(1 - \lambda_2 L^{-1}) E(Y_t | I_t) = E(x_t | I_t) \qquad (3-109)$$

其中 $\lambda_1 + \lambda_2 = a_1$，$\lambda_1 \lambda_2 = -a_2$。解（3-109）得

$$Y_t = \frac{1}{(1-\lambda_1 L^{-1})(1-\lambda_2 L^{-1})} E(x_t \mid I_t)$$

$$= \frac{1}{\lambda_1 - \lambda_2} \left(\frac{\lambda_1}{1-\lambda_1 L^{-1}} - \frac{\lambda_2}{1-\lambda_2 L^{-1}} \right) E(x_t \mid I_t)$$

$$= \frac{\lambda_1}{\lambda_1 - \lambda_2} \sum_{i=0}^{\infty} \lambda_1^i E(x_{t+i} \mid I_t) - \frac{\lambda_2}{\lambda_1 - \lambda_2} \sum_{i=0}^{\infty} \lambda_2^i E(x_{t+i} \mid I_t)$$

$$= \frac{1}{\lambda_1 - \lambda_2} \sum_{i=0}^{\infty} (\lambda_1^{i+1} - \lambda_2^{i+1}) E(x_{t+i} \mid I_t) \qquad (3-110)$$

上述推导过程意味着$|\lambda_1| < 1, |\lambda_2| < 1$，因为使用了（3-34）。

（二）待定系数法

这种方法采用布兰查德与费希尔（1998）第五章附录提供的方程与推导。该方程为

$$Y_t = a_1 E(Y_{t+1} \mid I_t) + a_2 E(Y_t \mid I_{t-1}) + a_3 Y_{t-1} + x_t \qquad (3-111)$$

该方程的求解分两步。

第一步是把 Y_t, Y_{t+1} 从条件期望符号里整理出来：

猜测（3-111）中的 Y_t 满足

$$Y_t = \lambda Y_{t-1} + \sum_{i=0}^{\infty} b_i E(x_{t+i} \mid I_t) + \sum_{i=0}^{\infty} c_i E(x_{t+i-1} \mid I_{t-1}) \qquad (3-112)$$

其中 λ, b_i, c_i 是待定系数。

（3-112）两边分别对 I_t, I_{t-1} 取条件期望

$$E(Y_t \mid I_{t-1}) = \lambda Y_{t-1} + \sum_{i=0}^{\infty} b_i E(x_{t+i} \mid I_{t-1}) + \sum_{i=0}^{\infty} c_i E(x_{t+i-1} \mid I_{t-1})$$

$$(3-113)$$

$$E(Y_{t+1} \mid I_t) = \lambda Y_t + \sum_{i=0}^{\infty} b_i E(x_{t+i+1} \mid I_t) + \sum_{i=0}^{\infty} c_i E(x_{t+i} \mid I_t)$$

$$(3-114)$$

（3-113）、（3-114）代入（3-111）

$$Y_t = a_1 \Big[\lambda Y_t + \sum_{i=0}^{\infty} b_i E(x_{t+i+1} \mid I_t) + \sum_{i=0}^{\infty} c_i E(x_{t+i} \mid I_t) \Big]$$

$$+ a_2 \Big[\lambda Y_{t-1} + \sum_{i=0}^{\infty} b_i E(x_{t+i} \mid I_{t-1}) + \sum_{i=0}^{\infty} c_i E(x_{t+i-1} \mid I_{t-1}) \Big]$$

$$+ a_3 Y_{t-1} + x_t$$

上式右端的 Y_t 项移到左端，得

$$Y_t = \frac{1}{1-a_1\lambda}\{a_1\big(\sum_{i=0}^{\infty}b_iE(x_{t+i+1}\mid I_t)+\sum_{i=0}^{\infty}c_iE(x_{t+i}\mid I_t)\big)$$
$$+a_2\big(\sum_{i=0}^{\infty}b_iE(x_{t+i}\mid I_{t-1})+\sum_{i=0}^{\infty}c_iE(x_{t+i-1}\mid I_{t-1})\big)$$
$$+(a_2\lambda+a_3)Y_{t-1}+x_t\} \tag{3-115}$$

（3-112）与（3-115）对应项的系数应该相等。

根据两式中 Y_{t-1} 的系数，有

$$\lambda=\frac{1}{1-a_1\lambda}(a_2\lambda+a_3) \text{ 或 } \lambda^2+\frac{a_2-1}{a_1}\lambda+\frac{a_3}{a_1}=0 \tag{3-116}$$

易知（3-116）有两个根 λ_1,λ_2，它们满足

$$\lambda_1+\lambda_2=\frac{1-a_2}{a_1},\ \lambda_1\lambda_2=\frac{a_3}{a_1} \tag{3-117}$$

以及类似（3-43）那样的代数式。

求出的 λ_1,λ_2 要代入（3-112），从解一般线性差分方程的经验看，（3-112）可以看成一阶线性差分方程，λ_1,λ_2 中只有绝对值小于 1 的才能使（3-112）有收敛的解。下面假定选择的 λ_1,λ_2 作为（3-112）中 Y_{t-1} 的系数都是绝对值小于 1 的。先假定 λ_1 绝对值小于 1。

根据（3-112）与（3-115）对应的 x_t 项的系数相等，可得

$$b_0=(1-a_1\lambda_1)^{-1}(1+a_1c_0) \tag{3-118}$$

余者列示如下，左边为系数相等的项，右边为由此得到的结果：

$E(x_{t+1}\mid I_t):\ b_1=(1-a_1\lambda_1)^{-1}[a_1(b_0+c_1)]$

$E(x_{t+i}\mid I_t):\ b_i=(1-a_1\lambda_1)^{-1}[a_1(b_{i-1}+c_i)]$

$x_{t-1}:\ c_0=(1-a_1\lambda_1)^{-1}(a_2c_0)$

$E(x_t\mid I_{t-1}):\ c_1=(1-a_1\lambda_1)^{-1}[a_2(b_0+c_1)]$

$E(x_{t+i}\mid I_{t-1}):\ c_{i+1}=(1-a_1\lambda_1)^{-1}[a_2(b_i+c_{i+1})] \tag{3-119}$

解 $c_0=(1-a_1\lambda_1)^{-1}(a_2c_0)$，得 $c_0=0$，代入（3-118），有

$$b_0=(1-a_1\lambda_1)^{-1} \tag{3-120}$$

最终得到 b,c 的序列

$$b_i=\frac{a_1\lambda_1}{a_3}b_{i-1}=\lambda_2^{-1}b_{i-1}=\frac{\lambda_2^{-i}}{1-a_1\lambda_1},\ i=1,2,3,\cdots \tag{3-121}$$

$$c_i=\frac{a_2}{a_1}b_i=\frac{a_2}{a_1}\frac{\lambda_2^{-i}}{1-a_1\lambda_1},\ i=1,2,3,\cdots \tag{3-122}$$

如果此时$|\lambda_2|>1$，则b,c的序列收敛为0。将(3-120)~(3-122)及$c_0=0$、λ_1,λ_2都代入(3-112)，就得到整理后具有一般形式的线性差分方程

$$Y_t = \lambda_1 Y_{t-1} + \frac{1}{1-a_1\lambda_1}\sum_{i=0}^{\infty}\lambda_2^{-i}E(x_{t+i}\mid I_t)$$

$$+ \frac{1}{1-a_1\lambda_1}\frac{a_2}{a_1}\sum_{i=0}^{\infty}\lambda_2^{-i-1}E(x_{t+i}\mid I_{t-1}) \qquad (3-123)$$

第二步是求解整理后的线性差分方程

对(3-123)不断进行迭代，可以得到

$$Y_t = \frac{1}{1-a_1\lambda_1}\sum_{j=0}^{\infty}\lambda_1^j\left[\sum_{i=0}^{\infty}\lambda_2^{-i}E(x_{t+i-j}\mid I_{t-j}) + \frac{a_2}{a_1}\sum_{i=0}^{\infty}\lambda_2^{-i-1}E(x_{t+i-j}\mid I_{t-j-1})\right]$$

$$(3-124)$$

其中的$\lambda_1^j Y_{t-j}$项因$\lim_{j\to\infty}\lambda_1^j Y_{t-j}=0$，所以没有列出。

这也可以用滞后算子解出。定义一个与前类似的滞后算子

$$LY_t = Y_{t-1}, \quad LE(x_{t+i}\mid I_t) = E(x_{t-1+i}\mid I_{t-1}) \qquad (3-125)$$

注意，(3-125)对条件期望中的所有时间下标做运算，这明显不同于(3-105)。

将(3-125)运用到(3-123)，即得到(3-124)。

此外，布兰查德与费希尔(1989)第五章附录还使用"因式分解"将(3-111)又解了一遍，得到与待定系数法相同的结果。这个被冠之以"因式分解"的方法实际上综合了诸如滞后算子、前向算子、因式分解、取条件期望、递推迭代等多种方法。真正的因式分解是对滞后算子(或前向算子)多项式因式分解。

附录一：随机过程简介

一、随机过程

随机过程：指与时间有关的一族变量，其在每一时刻的取值都是随机的。或者说，如果对于每一个$t\in T$，都有随机变量$X(\omega,t)$与之对应，则称依赖于t的一族随机变量$X(\omega,t)$为随机过程或随机函数。ω为状态，它的定义域为整个样本空间。可以记为$\{X(t,\omega),t\in T\}$，$\{X(t),t\in T\}$，$\{X(t)\}$，$\{X_t,t\in T\}$等等。

样本轨道：$X(t,\omega)$中的ω取一个具体值ω_0，$X(t,\omega_0)$就是定义在时间集

T 上的函数，称为随机过程 $\{X(t,\omega),t\in T\}$ 对应于 ω_0 的样本轨道。样本轨道也叫**样本函数、实现、样本路径**等。

二阶矩过程：$\{X(t),t\in T\}$ 为随机过程，如果对 $\forall t\in T$，有 $E[X^2(t)]<+\infty$（二阶矩存在），则称 $\{X(t),t\in T\}$ 为实二阶矩过程。随机过程的均方值函数 $E[X^2(t)]$ 称为**随机过程的二阶矩**。二阶矩存在就是指 $E[X^2(t)]<+\infty$，因为，均方值函数 $E[X^2(t)]$ 实际上是一个积分（斯蒂尔切斯积分），$E[X^2(t)]<+\infty$ 意味着积分存在，积分存在就是二阶矩存在。

独立的随机过程：$\{X(t),t\in T\}$ 为一随机过程，$X(t_1),X(t_2),\cdots,X(t_n)$ 是 $\{X(t),t\in T\}$ 在 n 个不同时点的随机变量，如果它们的联合概率密度函数

$$p(x_1,x_2,\cdots,x_n;t_1,t_2,\cdots,t_n)=p(x_1,t_1)p(x_2,t_2)\cdots p(x_n,t_n) \tag{1}$$

则 $\{X(t),t\in T\}$ 是独立的随机过程。

独立的随机过程概念来自于随机变量相互独立的概念。设 $X_1,X_2,\cdots,X_n$ 是 n 个随机变量，对任意实数 $x_1,x_2,\cdots,x_n$，有

$$P\{X_1\leqslant x_1,X_2\leqslant x_2,\cdots,X_n\leqslant x_n\}=\prod_{i=1}^{n}P\{X_i\leqslant x_i\}$$

或

$$F(x_1,x_2,\cdots,x_n)=F_1(x_1)\cdot F_2(x_2)\cdots F_n(x_n) \tag{2}$$

或

$$f(x_1,x_2,\cdots,x_n)=f_1(x_1)\cdot f_2(x_2)\cdots f_n(x_n),\quad f,f_i\text{ 为概率密度}$$

则称随机变量 $X_1,X_2,\cdots,X_n$ 是相互独立的。

独立增量过程：$\{X(t),t\geqslant 0\}$ 为一个随机过程，如果对任意正整数 $n\geqslant 3$ 及 $0\leqslant t_1<t_2<\cdots<t_n$，有下列随机变量

$$X(t_2)-X(t_1),X(t_3)-X(t_2),\cdots,X(t_n)-X(t_{n-1})$$

相互独立，则随机过程 $\{X(t),t\geqslant 0\}$ 是独立增量过程。独立增量过程也是一种独立的随机过程。

平稳随机过程：$\{X(t),t\in T\}$ 为随机过程，如果对 $k,t_1,t_2,\cdots,t_n\in T$、$t_1+k,t_2+k,\cdots,t_n+k\in T$，向量 $[X(t_1),\cdots,X(t_n)]$ 的分布函数等于向量 $[X(t_1+k),\cdots,X(t_n+k)]$ 的分布函数，即

$$F(x_1,\cdots,x_n;t_1,\cdots,t_n)=F(x_1,\cdots,x_n;t_1+k,\cdots,t_n+k) \tag{3}$$

则随机过程 $\{X(t),t\in T\}$ 为平稳随机过程。也叫**严平稳过程**。

随机过程平稳性的含义：随机过程的统计特性不随时间推移而变化。或者说，随机过程从一个时间段平移到另一个时间段，它的概率分布不变。

宽平稳过程（协方差平稳过程）：$\{X(t), t \in T\}$ 为二阶矩过程，如果对任意 $t, s \in T$，有

(1) $E[X(t)] = c$（常数）；

(2) $C_X(s,t) = C_X(s-t)$，即协方差函数只依赖于时间间隔 $s-t$，而与 t，s 的具体值无关；则随机过程 $\{X(t), t \in T\}$ 为宽平稳过程，也叫**协方差平稳过程、广义平稳过程、二阶平稳过程、弱平稳过程**。协方差平稳过程在时间序列分析、随机差分方程中有很重要的应用。

宽平稳过程（协方差平稳过程）的等价定义：$\{X(t), t \in T\}$ 为二阶矩过程，如果对任意 $t, s \in T$，有

(1) $E[X(t)] = c$（常数）；

(2) $R(s,t) = E[X(s) \cdot X(t)] = R(s-t)$，即相关函数只依赖于时间间隔 $s-t$，而与 t, s 的具体值无关；则随机过程 $\{X(t), t \in T\}$ 为宽平稳过程。

这两个定义的等价性主要来自于**相关函数 $R(s,t)$ 与协方差函数 $C(s,t)$ 的等价性**：它们都是刻画随机过程的两个不同时刻状态之间相关关系（线性依从关系）的。此外，对于宽平稳随机过程（均值不变 $\mu_s = \mu_t = \mu$）来说，相关函数 $R(s,t)$ 与协方差函数 $C(s,t)$ 只相差一个常数，即

$$C(s,t) = R(s,t) - \mu_s \mu_t = R(s,t) - \mu^2, \quad \mu_s, \mu_t, \mu \text{ 均为常数}$$

这也说明相关函数 $R(s,t)$ 与协方差函数 $C(s,t)$ 的等价性。

假定随机过程 $\{X(t), t \in T\}$ 的均值和方差一定，如果 $\{X(t), t \in T\}$ 的样本轨道变化缓慢，则说明它的不同时刻的函数值之间相关性较强（有较明显的联系）；如果 $\{X(t), t \in T\}$ 的样本轨道变化剧烈，则说明它的不同时刻的函数值之间相关性较弱（没有明显的联系）。

对于正态分布的平稳随机过程，严平稳过程就是宽平稳过程，宽平稳过程也是严平稳过程。

二、随机过程的数字特征

1. 随机过程的均值函数：$\{X(t), t \in T\}$ 为随机过程，对每一个 $t \in T$，$X(t)$ 是随机变量，$F(x,t)$ 是它的一维分布函数，如果 $E[X(t)]$ 存在，则

$$\mu(t) = E[X(t)] = \int_{-\infty}^{+\infty} x dF(x,t) \tag{4}$$

称为随机过程$\{X(t),t\in T\}$的均值函数。其中的积分为斯蒂尔切斯积分(参阅第七章附录一)，它包括离散与连续两种情形。

注意：以前学到的均值是**随机变量的均值**，这里的是**随机过程的均值函数**。前者是一个具体的随机变量的均值，给定了这个随机变量后，其均值是一个常数。后者不是常数，而是函数，是随机变量的函数，取随机过程中不同时刻的随机变量，得到的均值函数的函数值不同。由于随机过程$\{X(t),t\in T\}$取不同的随机变量取决于t的变化，所以，随机过程的均值函数最终表示为时间t的函数$\mu(t)$。

以下几种函数也有类似的区别。

2. 随机过程的方差函数：$\{X(t),t\in T\}$为随机过程，对每一个$t\in T$，$X(t)$是随机变量，$F(x,t)$是它的一维分布函数，如果$D[X(t)]$存在，则

$$\sigma^2(t)=D[X(t)]=E[(X(t)-\mu(t))^2]=\int_{-\infty}^{+\infty}(x-\mu(t))^2dF(x,t) \tag{5}$$

称为随机过程$\{X(t),t\in T\}$的方差函数。

3. 随机过程的均方值函数：$\{X(t),t\in T\}$为随机过程，对每一个$t\in T$，$X(t)$是随机变量，$F(x,t)$是它的一维分布函数，如果$E[X^2(t)]$存在$(E[X^2(t)]<+\infty)$，则

$$\Phi^2(t)=E[X^2(t)]=\int_{-\infty}^{+\infty}x^2dF(x,t) \tag{6}$$

称为随机过程$\{X(t),t\in T\}$的均方值函数。

4. 随机过程的自相关函数：$\{X(t),t\in T\}$为随机过程，对$\forall t,s\in T,X(s),X(t)$是随机变量，$F(x_s,x_t;s,t)$是二维分布函数，如果$E[X(t)\cdot X(s)]$存在，则

$$R(s,t)=E[X(s)\cdot X(t)]=\int_{-\infty}^{+\infty}\int_{-\infty}^{+\infty}x_sx_tdF(x_s,x_t;s,t) \tag{7}$$

称为随机过程$\{X(t),t\in T\}$的自相关函数，简称相关函数。

5. 随机过程的自协方差函数：$\{X(t),t\in T\}$为一个随机过程，对$\forall t,s\in T$，$X(s),X(t)$是随机变量，$F(x_s,x_t;s,t)$是二维分布函数，如果$\text{cov}[X(s),X(t)]$存在，则

$$\begin{aligned}C_X(s,t)&=\text{cov}[X(s),X(t)]\\&=E[(X(s)-\mu(s))(X(t)-\mu(t))]\\&=\int_{-\infty}^{+\infty}\int_{-\infty}^{+\infty}(x_s-\mu(s))(x_t-\mu(t))dF(x_s,x_t;s,t)\end{aligned} \tag{8}$$

称为随机过程$\{X(t),t\in T\}$的自协方差函数。

三、马尔可夫链与马尔可夫过程

马尔可夫链：如果随机过程$\{X_n, n=0,1,2,\cdots\}$满足下列条件

(1) 状态空间 E 是由可列个值构成的可列集，即状态空间是离散的；

(2) 对任意的 $j \in E, n \in T \triangleq \{0,1,2,\cdots\}$（即参数集是离散的），有

$$P\{X_{n+1} = j \mid X_n = i_n, \cdots, X_0 = i_0\} = P\{X_{n+1} = j \mid X_n = i_n\} \tag{9}$$

则称为马尔可夫链，也叫**离散参数的马尔可夫链**，简称**马氏链**。上面的等式(9)称为马尔可夫性。从定义可以看出，马尔可夫链是一种时间和状态都离散的随机过程。

一步转移概率：设$\{X_n, n=0,1,2,\cdots\}$为马尔可夫链，随机过程从 n 时刻的状态 i（即 $X_n = i$）转移到 $n+1$ 时刻的 j（即 $X_{n+1} = j$）的概率

$$p_{ij}^{n, n+1} \triangleq P\{X_{n+1} = j \mid X_n = i\} \tag{10}$$

称为一步转移概率。显然，这一转移概率 $p_{ij}^{n, n+1}$ 取决于时刻 n、$n+1$ 以及这两个时刻的状态 i、j。**转移概率被定义为条件概率**。

时齐的马尔可夫链：设$\{X_n, n=0,1,2,\cdots\}$为马尔可夫链，如果前面定义的条件概率只与状态 i、j 有关而与时间 n 无关，即

$$p_{ij} = P\{X_{n+1} = j \mid X_n = i\} \quad i,j \in E \tag{11}$$

则称$\{X_n, n=0,1,2,\cdots\}$为时齐的马尔可夫链，也叫**齐次马尔可夫链**。一般来说，我们只讨论时齐的马尔可夫链，因为这是比较容易处理的问题。

马尔可夫链的转移概率矩阵：将由(11)定义的转移概率排成矩阵

$$P = (p_{ij}) = \begin{bmatrix} p_{00} & p_{01} & p_{02} & p_{03} & \cdots \\ p_{10} & p_{11} & p_{12} & p_{13} & \cdots \\ p_{20} & p_{21} & p_{22} & p_{23} & \cdots \\ p_{30} & p_{31} & p_{32} & p_{33} & \cdots \\ \cdots & & & & \end{bmatrix} \tag{12}$$

称为马尔可夫链的转移概率矩阵，简称**转移矩阵**。

m 步转移概率：设$\{X_n, n=0,1,2,\cdots\}$为马尔可夫链，则马尔可夫链从 n 时刻的状态 i 出发经 m 步到达 $n+m$ 时刻的状态 j 的转移概率

$$p_{ij}^{(m)} = P\{X_{n+m} = j \mid X_n = i\}, \quad i,j \in E \tag{13}$$

称为马尔可夫链的 m 步转移概率。相应的 $P^{(m)} = (p_{ij}^{(m)})$ 为 **m 步转移概率矩**

阵。具体如下：

$$P^{(m)} = (p_{ij}^{(m)}) = \begin{bmatrix} p_{00}^{(m)} & p_{01}^{(m)} & p_{02}^{(m)} & p_{03}^{(m)} & \cdots \\ p_{10}^{(m)} & p_{11}^{(m)} & p_{12}^{(m)} & p_{13}^{(m)} & \cdots \\ p_{20}^{(m)} & p_{21}^{(m)} & p_{22}^{(m)} & p_{23}^{(m)} & \cdots \\ p_{30}^{(m)} & p_{31}^{(m)} & p_{32}^{(m)} & p_{33}^{(m)} & \cdots \\ \cdots & \cdots & \cdots & \cdots & \end{bmatrix} \quad (14)$$

此外，规定

$$p_{ij}^{(0)} = \begin{cases} 0, & i \neq j \\ 1, & i = j \end{cases} \quad (15)$$

开普曼 - 柯尔莫哥洛夫（Chapman - Kolmogorov）方程： 设 $\{X_n, n = 0, 1, 2, \cdots\}$ 为马尔可夫链，对于任意正整数 m, n，$i, j \in E$（状态空间），有

$$p_{ij}^{(n+m)} = \sum_{k \in E} p_{ik}^{(n)} p_{kj}^{(m)} \quad (16)$$

或写成矩阵形式

$$p^{(n+m)} = p^{(n)} \times p^{(m)} \quad (17)$$

（16）表明，马尔可夫链从状态 i 开始经过 n 步后到达中间状态 k，再经过 m 步后到达状态 j，即从状态 i 经过 $n + m$ 步到达状态 j。

利用（17）可以得到：

（1）若 $m = n = 1$，则
$$P^{(n+m)} = P^{(2)} = P \times P = P^2$$

（2）$P^{(m)} = P \cdot P^{(m-1)} = P \cdot P \cdot P^{(m-2)} = \cdots = P^m \quad (18)$

马尔可夫过程： $\{X(t), t \in T\}$ 为随机过程，参数集 $T \triangleq [0, +\infty)$，状态空间 $E \triangleq \mathbb{R}$，如果对 $\forall n \geq 2$，$\forall t_1 < t_2 < \cdots < t_{n+1} \in T$，有

$$P\{X(t_{n+1}) \leq x_{n+1} | X(t_1) = x_1, X(t_2) = x_2, \cdots, X(t_n) = x_n\}$$
$$= P\{X(t_{n+1}) \leq x_{n+1} | X(t_n) = x_n\} \quad (19)$$

则随机过程 $\{X(t), t \in T\}$ 为马尔可夫过程。

附录二：鞅理论

一、鞅的含义

鞅的定义之一： $\{X_n, n = 1, 2, \cdots\}$ 是一个随机变量序列，如果对任意的

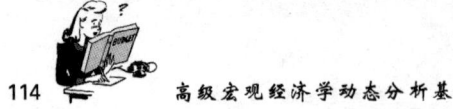

n，有

$$E(|X_n|) < +\infty$$

$$E(X_{n+1} | X_1, X_2, \cdots, X_n) = X_n \tag{20}$$

则称 $\{X_n, n=1,2,\cdots\}$ 为**鞅**。

在上述条件下，如果

$$E(X_{n+1} | X_1, X_2, \cdots, X_n) \leqslant X_n \tag{21}$$

则 $\{X_n, n=1,2,\cdots\}$ 为**上鞅**。

在上述条件下，如果

$$E(X_{n+1} | X_1, X_2, \cdots, X_n) \geqslant X_n \tag{22}$$

则 $\{X_n, n=1,2,\cdots\}$ 为**下鞅**。

鞅的含义：在一个公平的赌博中，赌徒在下一次（第 $n+1$ 次）赌博后的平均意义上的财富（用（20）左端的条件期望来表示）正好等于 n 次赌博的总财富，它与以前的历史无关，即只等于 X_n。其中 $X_1, X_2, \cdots, X_n$ 分别为连续进行 $1,2,\cdots,n$ 赌博后的总财富。后面定义的鞅也适用于这一含义。

注意，鞅也是随机过程，是一种特殊的随机过程。此外，它是用条件期望来表述的。

鞅的定义之二：关于 σ 域的鞅。

这是基于测度论的鞅定义，仅供参考。

$\{X_n, n \geqslant 0\}$ 是定义在概率空间 $(\Omega, \mathscr{F}, P)$ 上的随机过程，如果它满足如下条件

1）$\mathscr{F}$ 的子 σ 域序列 $\{\mathscr{F}_n, n \geqslant 0\}$ 是一个递增的序列；

2）X_n 关于 $\mathscr{F}_n$ 可测；

3）$E(|X_n|) < +\infty$

4）$E(X_{n+1} | \mathscr{F}_n) = X_n \quad a.s.$ \hfill (23)

则称 $\{X_n, n \geqslant 0\}$ 为关于 $\{\mathscr{F}_n, n \geqslant 0\}$ 的鞅，简称**鞅**。

鞅可以记为 $\{X_n, \mathscr{F}_n, n \geqslant 0\}$。

第一个条件说明 $\mathscr{F}_n \subset \mathscr{F}_{n+1}$，表示子 σ 域序列包含的信息是递增的，从动态的角度看这是自然的，时间增加一期信息量肯定要增加。

第二个条件"X_n 关于 $\mathscr{F}_n$ 可测"表明 X_n 是以可测空间 $(\Omega, \mathscr{F}_n)$ 为定义域的。由每一个 $\mathscr{F}_n$ 构成的子 σ 域序列 $\{\mathscr{F}_n, n \geqslant 0\}$ 也被称为**子 σ 域流**。由于每一个 X_n 都是关于相应的 $\mathscr{F}_n$ 可测的，因此可以说随机过程 $\{X_n, n \geqslant 0\}$ 是 $\{\mathscr{F}_n, n \geqslant 0\}$ 适应

的。

第三个条件通过 X_n 的期望有限说明 X_n 是可积的。第四个条件表示的就是鞅的含义。

如果 $\mathcal{F}_n = \sigma(X_1, X_2, \cdots, X_n)$，则 $\{X_n, n \geq 0\}$ 就是**关于生成的 σ 域序列的鞅**，类似的第四个条件可以表示为

$$E[X_{n+1} | \sigma(X_0, X_1, \cdots, X_n)] = X_n \quad a.s. \tag{23a}$$

或

$$E(X_{n+1} | X_0, X_1, \cdots, X_n) = X_n \quad a.s. \tag{23b}$$

其中 $\mathcal{F}_n$ 或 $\sigma(X_0, X_1, \cdots, X_n)$ 表示随机过程本身的全部历史信息，该 σ 域序列为

$$\mathcal{F}_0 = \sigma(X_0)$$
$$\mathcal{F}_1 = \sigma(X_1)$$
$$\mathcal{F}_2 = \sigma(X_1, X_2)$$
$$\cdots\cdots\cdots\cdots$$
$$\mathcal{F}_n = \sigma(X_1, X_2, \cdots, X_n)$$

当然，$\mathcal{F}_n$ 还可以是由其它随机过程 $\{Y_n, n \geq 0\}$ 生成的 σ 域序列，此时，鞅满足

$$E[X_{n+1} | \sigma(Y_0, Y_1, \cdots, Y_n)] = X_n \quad a.s. \tag{23c}$$

或

$$E(X_{n+1} | Y_0, Y_1, \cdots, Y_n) = X_n \quad a.s. \tag{23d}$$

其中，$\mathcal{F}_n = \sigma(Y_0, Y_1, \cdots, Y_n)$，$X_n$ 为 $\sigma(Y_0, Y_1, \cdots, Y_n)$ 可测的，其含义为 X_n 由 $Y_0, Y_1, \cdots, Y_n$ 决定，或 X_n 是 $Y_0, Y_1, \cdots, Y_n$ 的函数。

二、鞅差序列

鞅差序列：令 $Y_{n+1} = X_{n+1} - X_n$，（23b）可以表示为

$$E(Y_{n+1} | X_0, X_1, \cdots, X_n) = 0 \tag{24}$$

满足该式的随机过程 $\{Y_n\}$ 为关于 $\{X_n, n \geq 0\}$ 的鞅差序列。

实际上，（24）的推导使用了（23b），即

$$E(Y_{n+1} | X_0, X_1, \cdots, X_n) = E(X_{n+1} - X_0 | X_0, X_1, \cdots, X_n)$$
$$= E(X_{n+1} | X_0, X_1, \cdots, X_n) - E(X_n | X_0, X_1, \cdots, X_n)$$
$$= X_n - E(X_n | X_0, X_1, \cdots, X_n)$$

$$= X_n - X_n$$
$$= 0$$

其中第二个等式使用了条件期望的性质,第三个等式使用了(23b),第四个等式中 $E(X_n|X_0,X_1,\cdots,X_n)$ 表示已知 $X_0,X_1,\cdots,X_n$ 情况下求 X_n 的期望,X_n 是已知的,属于常数,其条件期望等于自身,即

$$E(X_n|X_0,X_1,\cdots,X_n) = X_n$$

附录三:时间序列分析与白噪声过程

一、时间序列分析

时间序列:将某一指标在不同时间上的数值按时间的先后顺序排成的数列就是时间序列。每个随机变量都可以取很多值,它取得某一个具体值称为**随机变量的一个实现**。随机过程包含的所有随机变量的一个实现构成了一个时间序列,简单的说,**时间序列是随机过程的一个实现**。

时间序列分析:时间序列分析是根据动态的观察数据揭示系统动态结构和规律的统计方法,是统计学科的一个分支。它要建立反映时间序列中所包含的动态依存关系的数学模型,并借以对系统的未来行为进行预报。

平稳时间序列:平稳随机过程的一个实现就是平稳时间序列,或者说,与平稳随机过程相对应的时间序列就是平稳时间序列。平稳时间序列分为严平稳和宽平稳(协方差平稳),**经济学主要使用协方差平稳时间序列**。

平稳时间序列的统计特征只与时期间隔有关,而与时期 t 本身无关。

非平稳时间序列:不具有平稳性特征的时间序列就是非平稳时间序列。一般说来,当环境及主要条件随时间变化时,就可以认为是非平稳的。

二、白噪声过程

白噪声是一种最简单的平稳时间序列,它在时间序列分析中有十分重要的作用。

纯随机过程:如果随机过程 $\{X(t),t\in T\}$ 由一个不相关的随机变量的序列构成,即 $X(t),X(s),t\neq s$ 的协方差为零,即 $\text{cov}[X(t),X(s)]=0$,则该随机过程为纯随机过程。

白噪声过程：一个均值和方差均为常数的纯随机过程$\{X(t), t \in T\}$称为白噪声过程，即$\{X(t), t \in T\}$满足

$$E[X(t)] = \mu$$
$$\mathrm{var}[X(t)] = \sigma^2$$
$$\mathrm{cov}[X(t), X(s)] = 0, t \neq s$$

则称其为白噪声过程。其中$\mathrm{cov}[X(t), X(s)] = 0, t \neq s$，表示序列不相关。

白噪声（序列）：白噪声过程的一个实现称为白噪声序列，简称白噪声。

如果不同时间上的$X(t)$相互独立，则该随机过程称为**独立白噪声**。

如果$E[X(t)] = \mu = 0$，则$\{X(t), t \in T\}$称为**零均值白噪声**。

如果$E[X(t)] = \mu = 0$，$\mathrm{var}[X(t)] = \sigma^2 = 1$，则$\{X(t), t \in T\}$称为**标准白噪声**。

如果$X(t)$服从正态分布，即$X(t) \sim N(0, \sigma^2)$，则$\{X(t), t \in T\}$称为**高斯白噪声过程**，或称为**正态白噪声**。

白噪声过程有不变的均值和方差，但是，它在各个具体时刻的实现值却是完全随机的，或者说是高度不规则的，因此，即使是构造高度不规则的随机序列也可以使用白噪声过程。

三、平稳时间序列的线性模型

下面介绍几种常用的时间序列模型，这些模型限定在（1）平稳时间序列和（2）线性过程上，即平稳时间序列的线性模型。线性性质表现为随机序列由随机冲击的线性组合构成。

1. 移动平均模型：如果随机序列$\{X_t\}$满足

$$X_t = \varepsilon_t + a_1 \varepsilon_{t-1} + a_2 \varepsilon_{t-2} + \cdots + a_n \varepsilon_{t-n} \tag{25a}$$

其中$\{\varepsilon_t\}$是白噪声过程，$a_1, a_2, \cdots, a_n$是表示权重的参数，则$\{X_t\}$为**n阶移动平均过程**。可以简记为**MA(n)**。相应的模型称为n阶移动平均模型。

一阶和二阶移动平均模型为

$$X_t = \varepsilon_t + a_1 \varepsilon_{t-1} \tag{25b}$$

$$X_t = \varepsilon_t + a_1 \varepsilon_{t-1} + a_2 \varepsilon_{t-2} \tag{25c}$$

2. 自回归模型：随机过程中某一时点的随机变量可以表示成该随机过程以前的随机变量的函数，则这样的随机过程称为自回归过程，即$\{\varepsilon_t\}$是白噪声过程，$a_1, a_2, \cdots, a_n$是表示权重的参数，如果下式

$$X_t = a_1 X_{t-1} + a_2 X_{t-2} + \cdots + a_n X_{t-n} + \varepsilon_t \tag{26a}$$

成立，则$\{X_t\}$称为**自回归过程**，可以简记为 **AR(n)**。相应的模型称为自回归模型。

这个关于标量 X_t 的 n 阶线性随机差分方程（26a）可以写成关于向量 x_t 的一阶线性差分方程，定义 $n \times 1$ 向量

$$x_t = [X_t \quad X_{t-1} \quad X_{t-2} \quad \cdots \quad X_{t-n+1}]^T$$
$$x_{t-1} = [X_{t-1} \quad X_{t-2} \quad X_{t-3} \quad \cdots \quad X_{t-n}]^T$$

定义 $n \times n$ 矩阵

$$A = \begin{bmatrix} a_1 & a_2 & \cdots & a_{n-1} & a_n \\ 1 & 0 & \cdots & 0 & 0 \\ 0 & 1 & \cdots & 0 & 0 \\ \vdots & \vdots & \cdots & \vdots & \vdots \\ 0 & 0 & \cdots & 1 & 0 \end{bmatrix}$$

定义 $n \times 1$ 向量

$$w_t = [\varepsilon_t \quad 0 \quad 0 \quad \cdots \quad 0]^T$$

则一阶向量差分方程为

$$x_t = A x_{t-1} + w_t$$

该向量方程相当于如下方程组

$$\begin{cases} X_t = a_1 X_{t-1} + a_2 X_{t-2} + \cdots + a_n X_{t-n} + \varepsilon_t \\ X_{t-1} = X_{t-1} \\ X_{t-2} = X_{t-2} \\ \vdots \\ X_{t-n+1} = X_{t-n+1} \end{cases}$$

一阶和二阶自回归模型为

$$X_t = a_1 X_{t-1} + \varepsilon_t \tag{26b}$$

$$X_t = a_1 X_{t-1} + a_2 X_{t-2} + \varepsilon_t \tag{26c}$$

（26c）写成向量差分方程如下

$$\begin{bmatrix} X_t \\ X_{t-1} \end{bmatrix} = \begin{bmatrix} a_1 & a_2 \\ 1 & 0 \end{bmatrix} \begin{bmatrix} X_{t-1} \\ X_{t-2} \end{bmatrix} + \begin{bmatrix} \varepsilon_t \\ 0 \end{bmatrix} \tag{26c1}$$

将这些模型变成矩阵形式，就可以直接应用第九章的最优估计理论进行分析。

3. 自回归移动平均模型：如果$\{X_t\}$满足

$$X_t = a_1 X_{t-1} + \cdots + a_p X_{t-p} + \varepsilon_t + b_1 \varepsilon_{t-1} + \cdots + b_q \varepsilon_{t-q} \tag{27}$$

则称其为**自回归移动平均过程**。相应的模型称为自回归移动平均模型。可以简记为 **ARMA(p,q)**。

（27）可以写成向量差分方程如下：

$$\begin{bmatrix} X_t \\ X_{t-1} \\ \vdots \\ X_{t-p+1} \\ \varepsilon_t \\ \varepsilon_{t-1} \\ \vdots \\ \varepsilon_{t-q+1} \end{bmatrix} = \begin{bmatrix} a_1 & a_2 & \cdots & a_p & b_1 & b_2 & \cdots & b_q \\ 1 & 0 & \cdots & 0 & 0 & 0 & \cdots & 0 \\ \vdots & \vdots & \cdots & \vdots & \vdots & \vdots & \cdots & \vdots \\ 0 & \cdots & 1 & 0 & 0 & 0 & \cdots & 0 \\ 0 & 0 & \cdots & 0 & 0 & 0 & \cdots & 0 \\ 0 & 0 & \cdots & 0 & 1 & 0 & \cdots & 0 \\ \vdots & \vdots & \cdots & \vdots & \vdots & \vdots & \cdots & \vdots \\ 0 & 0 & \cdots & 0 & 0 & 0 & \cdots & 1 & 0 \end{bmatrix} \begin{bmatrix} X_{t-1} \\ X_{t-2} \\ \vdots \\ X_{t-p} \\ \varepsilon_{t-1} \\ \varepsilon_{t-2} \\ \vdots \\ \varepsilon_{t-q} \end{bmatrix} + \begin{bmatrix} 1 \\ 0 \\ \vdots \\ 0 \\ 0 \\ 0 \\ \vdots \\ 0 \end{bmatrix} \varepsilon_t \tag{27a}$$

该式可以写成

$$y_t = A y_{t-1} + B \varepsilon_t \tag{27b}$$

改写这种方程要注意：向量 y_{t-1} 中的每一个元素都要比向量 y_t 中的对应元素提前一期，这才能使（27b）成为向量差分方程。

四、单位根过程与随机游走过程

（一）单位根过程

经济中的时间序列大多是非平稳的，遇到非平稳时间序列可以利用单整模型将其变成平稳时间序列。其中涉及差分方程，所以，这里不做详细介绍，只简单地给出概念。宏观经济学一般不直接使用这种方法，只是在某些文献中偶尔出现着这样的概念。

单整性：一个非平稳时间序列 x_t 经过一次差分后变成一个平稳的、可逆的自回归移动平均时间序列，则称该时间序列具有一阶单整性。用 $x_t \sim I(1)$ 表示。平稳时间序列可以表示为 $I(0)$。也就是说，非平稳时间序列 x_t 的一阶差分 $\Delta x_t = x_t - x_{t-1}$ 是 $I(0)$ 的，则称 x_t 具有一阶单整性。

单位根过程：具有 $I(1)$ 的过程或时间序列就是单位根过程。如

$$y_t = \mu + y_{t-1} + u_t \quad \text{或} \quad \Delta y_t = \mu + u_t \tag{28}$$

就是单位根过程。其中 u_t 是白噪声过程，μ 为常数。

所以称单位根过程,是因为除去 u_t 后,y_t 的差分方程的特征方程的根为 1。具有一个单位根、其余特征根都在单位圆之外的都属于 $I(1)$。

单位根过程的特征:外部冲击会对单位根过程产生持久的影响。

(二) 随机游走过程

随机游走过程:如果随机过程 $\{X_t\}$ 满足

$$X_t = X_{t-1} + \varepsilon_t \tag{29}$$

其中 $\{\varepsilon_t\}$ 是白噪声过程,则称 $\{X_t\}$ 为随机游走过程。

可以验证,随机游走是非平稳过程。

带漂移的随机游走过程:如果随机过程 $\{X_t\}$ 满足

$$X_t = \eta + X_{t-1} + \varepsilon_t \tag{30}$$

其中 $\{\varepsilon_t\}$ 是白噪声过程,η 为常数,则称 $\{X_t\}$ 为带漂移的随机游走过程。

可以验证,**带漂移的随机游走也是非平稳过程,且是单位根过程**。

附录四:协方差生成函数和谱密度函数

一、平稳随机过程的自协方差生成函数

(一) 平稳过程的自协方差函数与自相关函数

设 $\{Y_t\}$ 为一随机过程,则其**自协方差函数**如附录一之公式 (8) 所定义

$$C_{s,t} = \text{cov}(Y_s, Y_t) = E[(Y_s - \mu_s)(Y_t - \mu_t)]$$

如果该随机过程是**协方差平稳过程**,且 $E(Y_s) = E(Y_t) = 0$,则根据定义其自协方差 $C_{t-k,t} = \text{cov}(Y_{t-k}, Y_t)$ 只取决于 k,且有

$$C_{t-k,t} = C_Y(k) = \text{cov}(Y_{t-k}, Y_t) = E(Y_{t-k} Y_t) = R_Y(k) \tag{31}$$

所以,将其表示为 k 的函数 $C(k)$ 或 $C_Y(k)$,其中 $R_Y(k) = E(Y_{t-k} Y_t)$ 就是**自相关函数**。即自协方差函数等于自相关函数。

平稳随机过程的自协方差函数与自相关函数有如下性质:

1. $C_Y(k) = C_Y(-k)$;$R_Y(k) = R_Y(-k)$
2. $C_Y(0) \geq |C_Y(k)|$;$R_Y(0) \geq |R_Y(k)|$
3. $C_Y(0) \geq 0$;$R_Y(0) \geq 0$

(二) 平稳随机过程的自协方差生成函数

有了自协方差函数,就可以构造自协方差生成函数。

对于宽平稳随机过程（协方差平稳过程）$\{Y_t\}$，可以得到相应的自协方差序列$\{C_Y(k)\}_{k=-\infty}^{+\infty}$。如果序列$\{C_Y(k)\}_{k=-\infty}^{+\infty}$是绝对可加的，即

$$\sum_{K=-\infty}^{+\infty} |C_Y(k)| < \infty, \quad 则$$

$$g_Y(z) = \sum_{k=-\infty}^{+\infty} C_Y(k) z^k \tag{32}$$

称为宽平稳随机过程$\{Y_t\}$的**自协方差生成函数**。其中z是复数。

自协方差生成函数就是自协方差函数的z变换。关于z变换，请参阅本章附录五。

同样也可以构造**自相关函数的生成函数**，即

$$g_{YR}(z) = \sum_{k=-\infty}^{+\infty} R_Y(k) z^k$$

自协方差生成函数有以下性质：

1. 自协方差生成函数也具有**对称性**：

$$g_Y(z) = g_Y(z^{-1}) \tag{33}$$

2. 自协方差函数也可以通过$g_Y(z)$得到，即

$$C_Y(k) = \frac{1}{2\pi i} \oint_C g_Y(z) z^{-k-1} dz \tag{34a}$$

其中，C可以看成一个单位圆$|z|=1$，其参数表示为$z = e^{i\omega}$，且取逆时针为正向。由于是闭曲线积分（复积分），所以使用这种含有圆圈的积分符号。

由自协方差函数的对称性$C_Y(k) = C_Y(-k)$，（34a）变为

$$C_Y(k) = \frac{1}{2\pi i} \oint_C g_Y(z) z^{k-1} dz \tag{34b}$$

（34a）、（34b)被称为**反演公式**。

3. 可以使用留数基本定理$\oint_C f(z) dz = 2\pi i \sum_{k=1}^{n} \text{Res}[f(z), z_k]$将**自协方差的求解变成留数的计算**：

$$C_Y(k) = \frac{1}{2\pi i} \oint_C g_Y(z) z^{-k-1} dz$$

$$= \frac{1}{2\pi i} \times 2\pi i \sum_m \text{Res}[g_Y(z) z^{-k-1}, z_m]$$

$$= \sum_{m=1}^{n} \text{Res}[g_Y(z) z^{-k-1}, z_m] \tag{34c}$$

$$C_Y(k) = \frac{1}{2\pi i} \oint_C g_Y(z) z^{k-1} dz$$

$$= \sum_{m=1}^{n} \text{Res}[g_Y(z) z^{k-1}, z_m] \tag{34d}$$

其中 $z_1, z_2, \cdots, z_n$ 为单位圆内的所有孤立奇点。

4. 线性过程 $Y_t = \sum_{i=0}^{\infty} a_i w_{t-i}$ 的自协方差生成函数为 (3-71)

$$g_Y(z) = A(z) A(z^{-1}) \sigma_w^2$$

其中线性过程也可写成 $Y_t = A(L) w_t$，$A(L) = a_0 + a_1 L + a_2 L^2 + a_3 L^3 + \cdots$，$\sum_{i=0}^{\infty} |a_i| < \infty$，$w_t$ 为零均值白噪声。

如果 $Y_t = A(L) w_t$ 中的 w_t 不是零均值白噪声，而是一般的平稳序列（白噪声是一种特殊的最重要的平稳序列），则有

$$g_Y(z) = A(z) A(z^{-1}) g_w(z) \tag{3-73}$$

5. 自协方差生成函数 $g_Y(z)$ 与自协方差函数 $C_Y(k)$ 包含相同的信息。

6. 如果两个不相关的宽平稳随机过程（协方差平稳过程）$\{X_t\}$、$\{Y_t\}$ 的自协方差序列 $\{C_X(k)\}_{k=-\infty}^{+\infty}$，$\{C_Y(k)\}_{k=-\infty}^{+\infty}$ 满足

$$\sum_{k=-\infty}^{+\infty} |C_X(k)| < \infty, \quad \sum_{k=-\infty}^{+\infty} |C_Y(k)| < \infty$$

则

$$g_{X+Y}(z) = g_X(z) + g_Y(z)$$

注意：自相关函数的生成函数也具备上述六个性质，将其中的 $g_Y(z)$ 换成 $g_{YR}(z)$ 即可。

二、平稳随机过程的谱密度函数

谱密度函数：如果宽平稳随机过程 $\{Y_t\}$ 的相关函数序列 $\{C_Y(k)\}_{k=-\infty}^{+\infty}$ 是绝对可加的，即 $\sum_{k=-\infty}^{+\infty} |C_Y(k)| < \infty$，则

$$S_Y(\omega) = \sum_{k=-\infty}^{+\infty} C_Y(k) e^{-i\omega k}, \quad -\pi \leq \omega \leq \pi \tag{35}$$

称为平稳随机过程 $\{Y_t\}$ 的谱密度函数。其中的 ω 被称为**角频**，或频率。

当复数 z 在单位圆上取值时，有

$$z = e^{-i\omega} = \cos(-\omega) + i\sin(-\omega) = \cos\omega - i\sin\omega, \quad -\pi \leq \omega \leq \pi \tag{36}$$

其中 ω 为向量 oz 与 x 轴之间的夹角，复变函数论称之为辐角。

实际上将 (36) 代入 (32)，得到关于 ω 的函数

$$S_Y(\omega) = g_Y(e^{-i\omega}) = \sum_{k=-\infty}^{+\infty} C_Y(k) e^{-i\omega k}, \quad -\pi \leq \omega \leq \pi$$

就是平稳随机过程 $\{Y_t\}$ 的**谱密度函数**。可以看出，谱密度是关于 ω 的函数。

谱密度函数就是自协方差函数的序列傅立叶变换。

注意：

1. 谱密度函数也可以定义为

$$S_Y(\omega) = \frac{1}{2\pi} g_Y(e^{-i\omega}) = \frac{1}{2\pi} \sum_{k=-\infty}^{+\infty} C_Y(k) e^{-i\omega k} \tag{35a}$$

这个傅立叶变换较 (35) 只是多了一个 $\frac{1}{2\pi}$，后者是一个常数，所以，并无实质性影响。

2. 谱密度函数不同于谱函数，两者关系类似于概率密度函数与分布函数的关系。

3. 也可以定义关于自相关函数的谱密度函数

$$S_{YR}(\omega) = g_{YR}(e^{-i\omega}) = \sum_{k=-\infty}^{+\infty} R_Y(k) e^{-i\omega k} \tag{35b}$$

这个谱密度函数是**自相关函数的序列傅立叶变换**。

平稳随机过程谱密度函数的性质：

1. **谱密度在每一个频率 ω 上都是实值**，且谱密度可以看成是自协方差函数的傅立叶余弦变换。

推导 (35) 右端，得

$$\begin{aligned} S_Y(\omega) &= g_Y(e^{-i\omega}) = \sum_{k=-\infty}^{+\infty} C_Y(k) e^{-i\omega k} \\ &= C_Y(0) + \sum_{k=1}^{+\infty} C_Y(k)(e^{-i\omega k} + e^{i\omega k}) \\ &= C_Y(0) + 2\sum_{k=1}^{+\infty} C_Y(k) \cos\omega k \end{aligned} \tag{37}$$

其中，$\cos\omega k = \dfrac{e^{-i\omega k} + e^{i\omega k}}{2}$。(37) 最后一个等式为实值。

2. 实平稳随机过程的谱密度 $S_Y(\omega)$ 是偶函数，即

$$S_Y(\omega) = S_Y(-\omega)$$

$$g_Y(e^{-i\omega}) = g_Y(e^{i\omega}) \tag{38}$$

将 $\cos(\theta) = \cos(-\theta)$ 代入 (37) 即有这个结果。

3. 谱密度函数 $S_Y(\omega)$ 也存在可以推导出自协方差函数的**反演公式**：

$$C_Y(k) = \frac{1}{2\pi}\int_{-\pi}^{\pi} S_Y(\omega) e^{i\omega k} d\omega \tag{39}$$

将 (35) 代入 (39) 右端，可以验证反演公式 (39) 成立。

$$\begin{aligned} C_Y(k) &= \frac{1}{2\pi}\int_{-\pi}^{\pi} S_Y(\omega) e^{i\omega k} d\omega = \frac{1}{2\pi}\int_{-\pi}^{\pi}\Big(\sum_{m=-\infty}^{+\infty} C_Y(m) e^{-i\omega m} e^{i\omega k}\Big) d\omega \\ &= \frac{1}{2\pi}\sum_{m=-\infty}^{+\infty} C_Y(m)\int_{-\pi}^{\pi} e^{-i\omega m} e^{i\omega k} d\omega \\ &= \frac{1}{2\pi}\sum_{m=-\infty}^{+\infty} C_Y(m)\int_{-\pi}^{\pi} e^{i\omega(k-m)} d\omega \end{aligned} \tag{40}$$

(40) 中 m 要取遍从 $-\infty$ 到 $+\infty$ 的所有数。$e^{-i\omega m}$，$m = 0, \pm 1, \pm 2, \cdots$ 与 $e^{i\omega k}$ 是正交函数系，即若 $m = k$，则 (40) 展开式的第 m 项

$$\frac{1}{2\pi} C_Y(m)\int_{-\pi}^{\pi} e^{-i\omega m} e^{i\omega k} d\omega = \frac{1}{2\pi} C_Y(k)\int_{-\pi}^{\pi} 1 d\omega = \frac{1}{2\pi} C_Y(k) \cdot 2\pi = C_Y(k)$$

其余各项 $m \neq k$，则

$$\frac{1}{2\pi} C_Y(m)\int_{-\pi}^{\pi} e^{-i\omega m} e^{i\omega k} d\omega = 0 \tag{41}$$

这样 (40) 右端为 $C_Y(k)$，等式成立。

4. 谱密度函数与自协方差序列包含相同的信息，$S_Y(\omega)$ 并不比自协方差包含更多的关于平稳时间序列 $\{Y_t\}$ 的信息。这导致用两者分析经济周期的等价性。

5. 线性过程 $Y_t = \sum_{i=0}^{\infty} a_i w_{t-i}$ 的谱密度函数为

$$S_Y(\omega) = g_Y(e^{-i\omega}) = A(e^{-i\omega}) A(e^{i\omega}) \sigma_w^2 \tag{3-72}$$

其中线性过程也可写成 $Y_t = A(L) w_t$，$A(L) = a_0 + a_1 L + a_2 L^2 + a_3 L^3 + \cdots$，$\sum_{i=0}^{\infty} |a_i| < \infty$，$w_t$ 为零均值白噪声。

如果 $Y_t = A(L) w_t$ 中的 w_t 不是零均值白噪声，而是一般的平稳序列（白噪声是一种特殊的最重要的平稳序列），则有

$$S_Y(\omega) = g_Y(e^{-i\omega}) = A(e^{-i\omega}) A(e^{i\omega}) S_w(\omega) \tag{3-74}$$

6. 如果两个不相关的宽平稳随机过程（协方差平稳过程）$\{X_t\}$，$\{Y_t\}$ 的自协方差序列 $\{C_X(k)\}_{k=-\infty}^{+\infty}$，$\{C_Y(k)\}_{k=-\infty}^{+\infty}$ 满足

$$\sum_{k=-\infty}^{+\infty} |C_X(k)| < \infty, \quad \sum_{k=-\infty}^{+\infty} |C_Y(k)| < \infty$$

则
$$S_{X+Y}(\omega) = S_X(\omega) + S_Y(\omega)$$

注意，自相关函数的谱密度也满足上述性质。如自相关函数的谱密度函数满足

$$S_Y(\omega) = S_Y(-\omega) = R_Y(0) + 2\sum_{k=1}^{+\infty} R_Y(k)\cos\omega k$$

顺便介绍一下**正交函数系**：$\{f_n(x)\}$为函数序列，如果对于一切 $m \neq n$，都有

$$\int_a^b f_n(x) f_m(x) dx = 0$$

则称 $f_n(x)$，$f_m(x)$ 相互正交，$\{f_n(x)\}$ 为正交函数系。

注意，两个函数必须满足上述条件它们之间才是正交的。(41)就是推导出来的：

$$\begin{aligned}
\frac{1}{2\pi} C_Y(m) \int_{-\pi}^{\pi} e^{-i\omega m} e^{i\omega k} d\omega &= \frac{1}{2\pi} C_Y(m) \int_{-\pi}^{\pi} e^{i\omega(k-m)} d\omega \\
&= \frac{1}{2\pi} C_Y(m) \frac{1}{i(k-m)} e^{i\omega(k-m)} \Big|_{\omega=-\pi}^{\omega=\pi} \\
&= \frac{C_Y(m)}{2\pi i(k-m)} [e^{i\pi(k-m)} - e^{-i\pi(k-m)}] \\
&= \frac{C_Y(m)}{\pi(k-m)} \sin\pi(k-m) \\
&= 0
\end{aligned}$$

三、互协方差生成函数和互谱密度函数

(一) 联合平稳过程的互协方差函数与互相关函数

联合宽平稳随机过程：$\{X_t, Y_t\}$ 是二维随机过程，且两个随机过程都是协方差平稳的，如果互协方差函数

$$C_{XY}(t, t-k) = C_{XY}(k) = E[(X_t - \mu_X)(Y_{t-k} - \mu_Y)] \tag{42}$$

只与 k 有关与 t 无关，则该二维随机过程称为联合宽平稳的，或**联合二阶平稳的**。同样，使用互相关函数也可以得到一个等价定义。

如果 $\mu_X = 0, \mu_Y = 0$，则 (42) 变为

$$C_{XY}(k) = E(X_t Y_{t-k}) = R_{XY}(k) \tag{43}$$

其中 $R_{XY}(k)$ 为 $\{X_t\}$，$\{Y_t\}$ 的**互相关函数**。互协方差函数等于互相关函数。

互协方差函数和互相关函数存在如下性质：

1. $C_{XY}(k) = C_{YX}(-k)$, $R_{XY}(k) = R_{YX}(-k)$；

2. $|C_{XY}(k)|^2 \leqslant C_X(0)C_Y(0)$, $|R_{XY}(k)|^2 \leqslant R_X(0)R_Y(0)$；

3. $|C_{XY}(k)| \leqslant \dfrac{1}{2}[C_X(0) + C_Y(0)]$

$|R_{XY}(k)| \leqslant \dfrac{1}{2}[R_X(0) + R_Y(0)]$。 (44)

其中，$E[(X_t - \mu_X)(Y_{t-k} - \mu_Y)]$表示第 t 期的前一个变量 X_t 与滞后 k 期的第二个变量 Y_{t-k} 的协方差，用 $C_{XY}(k)$ 表示；$E[(Y_{t-k} - \mu_Y)(X_t - \mu_X)]$ 表示第 $t-k$ 期的前一个变量 Y_{t-k} 与 $t-k$ 期滞后 $-k$ 期的第二个变量 X_t 的协方差，用 $C_{YX}(-k)$ 表示。$t-k$ 期滞后 $-k$ 期就是用 $t-k$ 期减去 $-k$ 期，即 $(t-k)-(-k) = t$，所以，$t-k$ 期滞后 $-k$ 期就相当于第 t 期。另外，第二个变量滞后 k 期的协方差表示为 k 的函数 $C_{XY}(k)$，第二个变量滞后 $-k$ 期的协方差表示为 $-k$ 的函数 $C_{YX}(-k)$。

（二）互协方差生成函数与互谱密度函数

互协方差生成函数：如果两个宽平稳随机过程（协方差平稳过程）$\{X_t\}$，$\{Y_t\}$ 的互协方差序列 $\{C_{XY}(k)\}_{k=-\infty}^{+\infty}$ 是绝对可加的，即

$$\sum_{k=-\infty}^{+\infty} |C_{XY}(k)| < \infty$$

则

$$g_{XY}(z) = \sum_{k=-\infty}^{+\infty} C_{XY}(k) z^k \tag{45}$$

称为宽平稳随机过程 $\{X_t\}$，$\{Y_t\}$ 的互协方差生成函数。其中 z 是复数。也可以定义关于互相关函数的生成函数。

（45）在 $z = e^{-i\omega}$ 处取值，得到互谱密度函数

$$S_{XY}(\omega) = g_{XY}(e^{-i\omega}) = \sum_{k=-\infty}^{+\infty} C_{XY}(k) e^{-i\omega k} \tag{46}$$

以下一些问题值得关注：

1. 谱密度函数在每一个频率处是实值，而**互谱密度函数在每一个频率处一般都是复值**。

2. 互谱密度函数既然是复数，就可以分解为实部和虚部，即

$$S_{XY}(\omega) = P_{XY}(\omega) + iQ_{XY}(\omega) \tag{47}$$

互谱密度函数的实部 $P_{XY}(\omega)$ 称为**余谱**，互谱密度函数的虚部 $Q_{XY}(\omega)$ 称为积

谱，或二次谱。

3. 作为复数的**互谱密度**还可以用**极坐标**表示，即

$$S_{XY}(\omega) = g_{XY}(e^{-i\omega}) = r(\omega)e^{-i\phi(\omega)}$$

其中

$$r(\omega) = \{[P_{XY}(\omega)]^2 + [Q_{XY}(\omega)]^2\}^{\frac{1}{2}}$$

$$\phi(\omega) = \tan^{-1}\left(\frac{Q_{XY}(\omega)}{P_{XY}(\omega)}\right) = \text{Arg}[S_{XY}(\omega)]$$

或者说，$\phi(\omega)$ 满足

$$\frac{\sin[\phi(\omega)]}{\cos[\phi(\omega)]} = \frac{Q_{XY}(\omega)}{P_{XY}(\omega)}$$

$\text{Arg}[S_{XY}(\omega)]$ 表示复数 $S_{XY}(\omega)$ 的辅角。

这是做实证分析时常用的互谱密度的表示方法，它把互谱密度用两个量 $r(\omega),\phi(\omega)$ 来表示，其中 $r(\omega)$ 称作**增益**或**互振幅谱**、$\phi(\omega)$ 称作**相位**或**相位谱**。

另一个相关的概念是**凝聚**，它被定义为

$$h_{XY}(\omega) = \frac{r(\omega)}{\sqrt{S_X(\omega)S_Y(\omega)}} = \frac{|S_{XY}(\omega)|}{\sqrt{S_X(\omega)S_Y(\omega)}}$$

$$= \frac{\sqrt{[P_{XY}(\omega)]^2 + [Q_{XY}(\omega)]^2}}{\sqrt{S_X(\omega)S_Y(\omega)}}$$

凝聚的取值范围为 $0 \leqslant h_{XY}(\omega) \leqslant 1$，它的值接近于 1，则意味着在频率 ω 处两个序列 $\{X\},\{Y\}$ 有共同的周期，或者说，两个序列 $\{X\},\{Y\}$ 越相关。

4. $g_{XY}(z^{-1}) = g_{YX}(z)$ (48)

$S_{XY}(-\omega) = S_{YX}(\omega), g_{XY}(e^{-i\omega}) = g_{YX}(e^{i\omega})$ (49)

5. 从互协方差生成函数和互谱密度函数都可以得到求互协方差的反演公式：

$$C_{XY}(k) = \frac{1}{2\pi}\int_{-\pi}^{\pi} S_{XY}(\omega)e^{i\omega k}d\omega \qquad (50\text{a})$$

$$C_{XY}(k) = \frac{1}{2\pi i}\oint_C g_{XY}(z)z^{-k-1}dz \qquad (50\text{b})$$

$$C_{XY}(k) = \frac{1}{2\pi i}\oint_C g_{XY}(z^{-1})z^{k-1}dz \qquad (50\text{c})$$

(50a) 与 (39) 类似； (50b) 与 (34a) 同样来自 z 逆变换计算的定理。

6. 与 (34c)、(34d) 类似，(50b)、(50c) 也可以使用留数基本定理将互协

方差的求解变成留数的计算：

$$C_{XY}(k) = \frac{1}{2\pi i}\oint_C g_{XY}(z)z^{-k-1}dz$$

$$= \sum_{m=1}^n \mathrm{Res}[\,g_{XY}(z)z^{-k-1}, z_m\,]$$

$$C_{XY}(k) = \frac{1}{2\pi i}\oint_C g_{XY}(z^{-1})z^{k-1}dz$$

$$= \sum_{m=1}^n \mathrm{Res}[\,g_{XY}(z^{-1})z^{k-1}, z_m\,]$$

7. 将互协方差生成函数和互谱密度函数用于两个线性过程

两个宽平稳随机过程 $\{X_t\},\{Y_t\}$ 表示为白噪声 w_t 的函数，即得到（3-75）

$$X_t = A(L)w_t, \quad Y_t = B(L)w_t$$

其中 $A(L) = a_0 + a_1 L + a_2 L^2 + \cdots$, $B(L) = b_0 + b_1 L + b_2 L^2 + \cdots$；$\sum_{i=0}^\infty |a_i| < \infty$，$\sum_{i=0}^\infty |b_i| < \infty$，则可以得到

$$g_{XY}(z) = A(z)B(z^{-1})\sigma_w^2$$

如果将（3-75）改为

$$X_t = A(L)w_t + C(L)v_t$$
$$Y_t = B(L)w_t + D(L)v_t$$

其中 $A(L), B(L), C(L), D(L)$ 的定义如前，w_t, v_t 是两个互不相关的白噪声序列，则

$$g_{XY}(z) = A(z)B(z^{-1})\sigma_w^2 + C(z)D(z^{-1})\sigma_v^2$$

或

$$g_{YX}(z) = A(z^{-1})B(z)\sigma_w^2 + C(z^{-1})D(z)\sigma_v^2$$
$$S_{XY}(\omega) = A(e^{-i\omega})B(e^{i\omega})\sigma_w^2 + C(e^{-i\omega})D(e^{i\omega})\sigma_v^2$$

如果上式中的 w_t, v_t 不是白噪声序列而是两个一般的互不相关的平稳序列，则有

$$g_{XY}(z) = A(z)B(z^{-1})g_w(z) + C(z)D(z^{-1})g_v(z)$$
$$S_{XY}(\omega) = A(e^{-i\omega})B(e^{i\omega})S_w(\omega) + C(e^{-i\omega})D(e^{i\omega})S_v(\omega)$$

附录五：傅立叶变换

傅立叶变换有多种，根据冷建华（2004）的归纳，总共有七种，序列傅立

叶变换与 Z 变换是其中的两种,这也是本书使用的两种,因此介绍如下。

一、序列傅立叶变换

序列傅立叶(Fourier)变换:设 $f(t)(t=0,\pm 1,\pm 2,\cdots)$ 是一个双边无限函数序列,如果下列级数绝对收敛,即

$$\sum_{t=-\infty}^{\infty} |f(t)e^{-i\omega t}| < +\infty \text{ 或 } \sum_{t=-\infty}^{\infty} |f(t)| < +\infty$$

则

$$F(\omega) = \sum_{t=-\infty}^{\infty} f(t)e^{-i\omega t}, \quad \omega \in [-\pi,\pi] \tag{51}$$

称为 $f(t)$ 的**序列傅立叶变换**,记为 $SFT[f(t)]$,或 $G(e^{-i\omega})$,即

$$F(\omega) = G(e^{-i\omega}) = SFT[f(t)] = \sum_{t=-\infty}^{\infty} f(t)e^{-i\omega t}$$

称下式

$$f(t) = \frac{1}{2\pi}\int_{-\pi}^{\pi} F(\omega)e^{i\omega t}d\omega \tag{52}$$

为 $F(\omega)$ 的**序列傅立叶逆变换**,记作 $ISFT[F(\omega)]$,即

$$f(t) = ISFT[F(\omega)] = \frac{1}{2\pi}\int_{-\pi}^{\pi} F(\omega)e^{i\omega t}d\omega$$

序列傅立叶变换的性质:

1. **线性性质**:设 a,b 为常数,且有

$$SFT[f_1(t)] = F_1(\omega) \quad SFT[f_2(t)] = F_2(\omega)$$

则

$$SFT[af_1(t) + bf_2(t)] = aF_1(\omega) + bF_2(\omega)$$

2. **对称性质**:令 $SFT[f(t)] = F(\omega) = G(e^{-i\omega})$,若 $f(t) = f(-t)$,则

$$F(\omega) = F(-\omega) \text{ 或 } G(e^{-i\omega}) = G(e^{i\omega})$$

若 $f(t) = -f(-t)$,则

$$F(\omega) = -F(-\omega) \text{ 或 } G(e^{-i\omega}) = -G(e^{i\omega})$$

注意:序列傅立叶变换函数 $F(\omega)$ 的对称性质是由被变换函数 $f(t)$ 本身的对称性质决定的,即由原函数 $f(t) = f(-t)$ 导致 $F(\omega) = F(-\omega)$ 或 $G(e^{-i\omega}) = G(e^{i\omega})$。

3. **卷积性质**:若 $SFT[f_1(t)] = F_1(\omega), SFT[f_2(t)] = F_2(\omega)$

则
$$SFT[f_1 * f_2(t)] = F_1(\omega)F_2(\omega)$$

二、Z 变换

(一) Z 变换的定义

双边函数序列的 Z 变换：设 $f(t)$ ($t=0, \pm 1, \pm 2, \cdots$) 是一个双边无限函数序列，如果级数 $\sum_{t=-\infty}^{+\infty} f(t)z^{-t}$ 在 Z 平面的某个区域内收敛，z 为复参变量，则由该级数所确定的函数

$$F(z) = \sum_{t=-\infty}^{+\infty} f(t)z^{-t}$$

称为 $f(t)$ 的双边 Z 变换，记为 $Z[f(t)]$，即

$$Z[f(t)] = F(z) = \sum_{t=-\infty}^{+\infty} f(t)z^{-t} \tag{53}$$

Z 逆变换：如果 $F(z)$ 是 $f(t)$ 的 Z 变换，则 $f(t)$ 称为 $F(z)$ 的 Z 逆变换，记为

$$f(t) = Z^{-1}[F(z)] = \frac{1}{2\pi i}\oint_C F(z)z^{t-1}dz$$

所谓**双边函数序列**是指 $f(t)$ 沿着 $t=0,1,2,\cdots,+\infty$，$t=-1,-2,-3,\cdots,-\infty$ 两个方向取值。如果 $f(t)$ 只沿着 $t=0,1,2,\cdots,+\infty$ 方向取值，则称其为**单边函数序列**，这可能意味着 $t<0$ 时，$f(t)=0$，这是**右边序列**，类似地，可以定义**左边序列**。

单边函数序列的 Z 变换：设 $f(t)$ ($t=0,1,2,\cdots$) 为单边序列，如果级数 $\sum_{t=0}^{+\infty} f(t)z^{-t}$ 在 Z 平面的某个区域内收敛，z 为复参变量，则由该级数所确定的函数

$$F(z) = \sum_{t=0}^{+\infty} f(t)z^{-t} \tag{54}$$

称为 $f(t)$ 的单边 Z 变换，记为 $Z[f(t)]$，即

$$Z[f(t)] = F(z) = \sum_{t=0}^{+\infty} f(t)z^{-t} \tag{55}$$

同样，单边 Z 变换也存在逆变换。

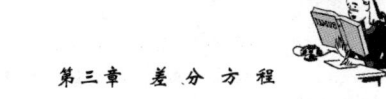

(二) Z变换的性质

1. 线性性质

设 $Z[f_1(t)] = F_1(z)$, $Z[f_2(t)] = F_2(z)$, a, b 为常数, 则

$$Z[af_1(t) + bf_2(t)] = aZ[f_1(t)] + bZ[f_2(t)] = aF_1(z) + bF_2(z) \tag{56}$$

2. 左移性质

设 $Z[f(t)] = F(z)$, k 为整数, 则

$$Z[f(t+k)] = z^k F(z) \tag{57}$$

3. 右移性质

设 $Z[f(t)] = F(z)$, k 为整数, 则

$$Z[f(t-k)] = z^{-k} F(z) \tag{58}$$

4. 设 $F(z) = Z[f(t)]$, 则

$$Z[f(-t)] = F(z^{-1}) \tag{59}$$

5. 初值定理

设 $Z[f(t)] = F(z)$, 则

$$f(0) = \lim_{z \to \infty} F(z) \tag{60}$$

6. 终值定理

设 $Z[f(t)] = F(z)$, 且 $\lim_{t \to \infty} f(t)$ 存在, 则

$$\lim_{t \to \infty} f(t) = \lim_{z \to 1}(z-1) F(z) \tag{61}$$

(三) Z 逆变换的计算

定理: 设 $f(t)$ ($t = 0, \pm 1, \pm 2, \cdots$) 为双边序列, $F(z) = Z[f(t)]$, 其收敛域为 $R_- < |z| < R_+$, 则

$$f(t) = \frac{1}{2\pi i} \oint_C F(z) z^{t-1} dz, \quad t = 0, \pm 1, \pm 2, \cdots \tag{62}$$

其中, C 为 $R_- < |z| < R_+$ 内任意一条包含原点的光滑闭曲线, 且取逆时针为正向。

这个定理被称为求 Z 逆变换的基础。

如果 $F(z) z^{t-1}$ 在 C 的内部区域只有有限个极点 $z_1, z_2, \cdots, z_s$, 那么, 根据上述定理及留数基本定理可得

$$f(t) = \frac{1}{2\pi i} \oint_C F(z) z^{t-1} dz = \sum_{k=1}^{s} \text{Res}[F(z) z^{t-1}, z_k] \tag{63}$$

如果收敛域为 $|z| > R$, 一般将 $f(t)$ 看成右边序列, 这时只需求 $t \geqslant 0$ 时的留数。

第四章

差分方程组

由两个以上的差分方程组成的方程组就是差分方程组。本章主要介绍比较容易求解的常系数线性差分方程组。

第二章已经介绍了微分方程组及其解法，差分方程组的解法与之类似，包括求解所依据的定义和理论也类似，如第二章的函数向量（即解向量）线性相关（或线性无关）、基础解组、叠加原理、齐次方程组的通解结构定理、齐次方程组的通解与非齐次方程组的通解之间的关系等等都适用于本章线性差分方程组，因此，本章对这些理论不再重复。这些定义和结论提供了解线性差分方程组的基本方法。

阅读本章之前先阅读第二章，有助于对本章的理解。

第一节
一阶线性差分方程组

本节研究的差分方程组限定在**线性一阶常系数常数项的**，这是最容易处理的差分方程，是能够求出解析解的。

一、一阶线性差分方程组

(一) 一阶线性差分方程组的基本形式及其解的结构

宏观经济学经常使用的是两个差分方程组成的方程组,因此,我们主要考察这种情形。

$$y_t = a_{11}y_{t-1} + a_{12}z_{t-1} + b_1$$
$$z_t = a_{21}y_{t-1} + a_{22}z_{t-1} + b_2 \tag{4-1a}$$

$$\begin{bmatrix} y_t \\ z_t \end{bmatrix} = \begin{bmatrix} a_{11} & a_{12} \\ a_{21} & a_{22} \end{bmatrix} \begin{bmatrix} y_{t-1} \\ z_{t-1} \end{bmatrix} + \begin{bmatrix} b_1 \\ b_2 \end{bmatrix} \tag{4-1b}$$

$$Y_t = AY_{t-1} + B \tag{4-1c}$$

其中,$a_{11}, a_{12}, a_{21}, a_{22}, b_1, b_2$ 都是常数。

由于是线性差分方程组,其中每个差分方程都是线性的,所以,它的解也具有 $Y_t = Y_c + Y_p$ 的结构,其中 $Y_c = \begin{bmatrix} y_c \\ z_c \end{bmatrix}$ 为方程组的余函数,包含了 y_t, z_t 两个解的余函数,$Y_p = \begin{bmatrix} y_p \\ z_p \end{bmatrix}$ 为方程组的特殊积分,包含了 y_t, z_t 两个解的特殊积分。下面分别求余函数和特殊积分。

(二) 非齐次方程组的余函数:不同实根下齐次方程的通解

非齐次差分方程组的余函数就是对应的齐次方程的通解,因此,首先解 (4-1) 对应的齐次方程

$$y_t = a_{11}y_{t-1} + a_{12}z_{t-1}$$
$$z_t = a_{21}y_{t-1} + a_{22}z_{t-1} \tag{4-2}$$

设试探解为 $y_t = C_1\lambda^t, z_t = C_2\lambda^t$($C_1, C_2$ 都是非零的常数),则

$$y_{t-1} = C_1\lambda^{t-1}, \quad z_{t-1} = C_2\lambda^{t-1}$$

将这些代入方程组 (4-2)

$$C_1\lambda^t = a_{11}C_1\lambda^{t-1} + a_{12}C_2\lambda^{t-1}$$
$$C_2\lambda^t = a_{21}C_1\lambda^{t-1} + a_{22}C_2\lambda^{t-1}$$

整理为

$$(a_{11} - \lambda)C_1 + a_{12}C_2 = 0$$
$$a_{21}C_1 + (a_{22} - \lambda)C_2 = 0 \tag{4-3a}$$

或

$$(A - \lambda I)D = \begin{bmatrix} a_{11} - \lambda & a_{12} \\ a_{21} & a_{22} - \lambda \end{bmatrix} \begin{bmatrix} C_1 \\ C_2 \end{bmatrix} = \begin{bmatrix} 0 \\ 0 \end{bmatrix} \quad (4-3b)$$

注意：先假设 $y_t = C_1 \lambda^t, z_t = C_2 \lambda^t$ 是方程组的解，将其代入方程组，从中推导出（4-3），这意味着只有（4-3）成立，假设 $y_t = C_1 \lambda^t, z_t = C_2 \lambda^t$ 才是方程组的解，不仅如此，（4-3）成立还是"$y_t = C_1 \lambda^t, z_t = C_2 \lambda^t$ 是方程组的解"的充要条件。下面就是求满足（4-3）的 λ。

方程组（4-3）有零解 $C_1 = 0, C_2 = 0$，而它有非零解的充分必要条件是方程组的系数矩阵的行列式的值为零，即

$$|A - \lambda I| = \begin{vmatrix} a_{11} - \lambda & a_{12} \\ a_{21} & a_{22} - \lambda \end{vmatrix} = 0 \quad (4-4)$$

解（4-4），得

$$\lambda_i = \frac{(a_{11} + a_{22}) \pm \sqrt{(a_{11} + a_{22})^2 - 4(a_{11}a_{22} - a_{12}a_{21})}}{2}, \quad i = 1, 2 \quad (4-5a)$$

$$\lambda_i = \frac{\text{tr}(A) \pm \sqrt{[\text{tr}(A)]^2 - 4|A|}}{2} \quad (4-5b)$$

其中，$\text{tr}(A) = a_{11} + a_{22}$ 为方程组系数矩阵的迹，$|A| = \begin{vmatrix} a_{11} & a_{12} \\ a_{21} & a_{22} \end{vmatrix}$ 为方程组的系数矩阵的行列式。

特征根 λ_1 与 λ_2 存在如下关系：

$$\lambda_1 + \lambda_2 = \text{tr}(A)$$
$$\lambda_1 \cdot \lambda_2 = |A| = a_{11}a_{22} - a_{12}a_{21}$$

因特征根分几种情况，所以，由特征根决定的余函数也分几种情况。

1. 特征根 λ_1 与 λ_2 为不等实根下的余函数。将 λ_1 与 λ_2 分别代入（4-3b）

$$(A - \lambda_i I)D_i = \begin{bmatrix} a_{11} - \lambda_i & a_{12} \\ a_{21} & a_{22} - \lambda_i \end{bmatrix} \begin{bmatrix} C_{1i} \\ C_{2i} \end{bmatrix} = \begin{bmatrix} 0 \\ 0 \end{bmatrix}, \quad i = 1, 2 \quad (4-3c)$$

由此推出

$$C_{2i} = \frac{\lambda_i - a_{11}}{a_{12}} C_{1i}, \quad C_{2i} = \frac{a_{21}}{\lambda_i - a_{22}} C_{1i} \quad (4-6)$$

同第二章微分方程组的情形一样，也可以得到结论：方程组（4-3）有无穷多个解，这样可以先对其中一个 C_{1i} 或 C_{2i} 随意选取一个值，再根据两者关系确

定另一个值。

将求出的特征根以及对应的特征向量都代入前面设定的尝试解 $y_t = C_1 \lambda^t$，$z_t = C_2 \lambda^t$ 得到：当特征根是 λ_1 时，两个解为 $y_t = C_{11}\lambda_1^t$，$z_t = C_{21}\lambda_1^t$；当特征根是 λ_2 时，两个解为 $y_t = C_{12}\lambda_2^t$，$z_t = C_{22}\lambda_2^t$；y_t 的这两个解组成 y_t 的通解，z_t 的这两个解组成 z_t 的通解，即

$$y_t = k_1 C_{11} \lambda_1^t + k_2 C_{12} \lambda_2^t$$
$$z_t = k_1 C_{21} \lambda_1^t + k_2 C_{22} \lambda_2^t \tag{4-7a}$$

写成余函数

$$y_c = k_1 C_{11} \lambda_1^t + k_2 C_{12} \lambda_2^t$$
$$z_c = k_1 C_{21} \lambda_1^t + k_2 C_{22} \lambda_2^t \tag{4-7b}$$

余函数的另两种形式为

$$y_c = k_1 \lambda_1^t + k_2 \lambda_2^t$$
$$z_c = k_1 \frac{\lambda_1 - a_{11}}{a_{12}} \lambda_1^t + k_2 \frac{\lambda_2 - a_{11}}{a_{12}} \lambda_2^t \tag{4-7c}$$

这是假定 (4-7b) 中的 $C_{11} = 1$，$C_{12} = 1$ 而得。

$$y_c = k_1 \lambda_1^t + k_2 \lambda_2^t$$
$$z_c = k_3 \lambda_1^t + k_4 \lambda_2^t \tag{4-7d}$$

其中

$$k_3 = k_1 \frac{\lambda_1 - a_{11}}{a_{12}}, \quad k_4 = k_2 \frac{\lambda_2 - a_{11}}{a_{12}}$$

2. 特征根 λ_1 与 λ_2 为相等实根下的余函数。 此时，特征根为 $\lambda_1 = \lambda_2 = \lambda$。如果将两个相同特征根分别代入前面设定的尝试解 $y_t = B_1 \lambda^t$，$z_t = B_2 \lambda^t$ 中，即使系数不同，y_t 的这两个解 $B_{11}\lambda_1^t = B_{11}\lambda^t$，$B_{12}\lambda_2^t = B_{12}\lambda^t$ 也是线性相关的，它们的线性组合无法作为齐次方程组（4-2）的通解。要构造齐次方程组的通解就必须将两个解中的一个修改一下，将第二个解乘以 t，即 $B_{12} t \lambda^t$，由此可得

$$y_t = B_{11} \lambda^t + B_{12} t \lambda^t$$
$$z_t = B_{21} \lambda^t + B_{22} t \lambda^t \tag{4-8a}$$

根据线性差分方程组的理论，只要 $B_{i1}\lambda^t$，$B_{i2} t \lambda^t$ 代入齐次方程组（4-2）使之成立，它们的线性组合（4-8a）就是齐次方程组在相同实根下的通解，只不过其中的 B_{11}，B_{12} 及 B_{21}，B_{22} 之间还存在一定的关系可以进一步弄清。

由 (4-8a) 的第一个方程得

$$y_{t-1} = B_{11}\lambda^{t-1} + B_{12}(t-1)\lambda^{t-1} \qquad (4-8b)$$

将（4-8a）第一个方程、（4-8b）代入（4-2）第一个方程

$$B_{11}\lambda^t + B_{12}t\lambda^t = a_{11}[B_{11}\lambda^{t-1} + B_{12}(t-1)\lambda^{t-1}] + a_{12}z_{t-1}$$

整理得

$$z_{t-1} = \frac{\lambda^{t-1}\{[\lambda(B_{11} + B_{12}t) - a_{11}(B_{11} + B_{12}t)] + a_{11}B_{12}\}}{a_{12}}$$

则

$$z_t = z_c = \frac{\lambda^t\{(\lambda - a_{11})[B_{11} + B_{12}(t+1)] + a_{11}B_{12}\}}{a_{12}} \qquad (4-8c1)$$

$$= \frac{(\lambda - a_{11})B_{11} + \lambda B_{12}}{a_{12}}\lambda^t + \frac{(\lambda - a_{11})B_{12}}{a_{12}}t\lambda^t \qquad (4-8c2)$$

$$= \frac{(\lambda - a_{11})B_{11} + \lambda B_{12}}{a_{12}}\lambda^t + \frac{a_{21}B_{12}}{\lambda - a_{22}}t\lambda^t \qquad (4-8c3)$$

根据（4-8c3）与（4-8a）的第二个方程可知

$$B_{21} = \frac{(\lambda - a_{11})B_{11} + \lambda B_{12}}{a_{12}}, \quad B_{22} = \frac{a_{21}B_{12}}{\lambda - a_{22}}$$

3. 特征根 λ_1 与 λ_2 为共轭复根下的余函数。类似第二章第一节的做法，将（4-5）表示为共轭复根

$$\lambda_1 = u + iv, \lambda_2 = u - iv \qquad (4-9a)$$

其中 $u = \frac{\text{tr}(A)}{2}, v = \frac{\sqrt{4|A| - [\text{tr}(A)]^2}}{2}$。也可以将共轭复根表示为

$$\lambda_1 = r(\cos\theta + i\sin\theta), \lambda_2 = r(\cos\theta - i\sin\theta) \qquad (4-9b)$$

（4-9）是不同复根，参照不同实根时的通解（4-7c），可得

$$y_t = B_1 r^t(\cos\theta + i\sin\theta)^t + B_2 r^t(\cos\theta - i\sin\theta)^t$$

$$z_t = B_1 \frac{r(\cos\theta + i\sin\theta) - a_{11}}{a_{12}} r^t(\cos\theta + i\sin\theta)^t$$

$$+ B_2 \frac{r(\cos\theta - i\sin\theta) - a_{11}}{a_{12}} r^t(\cos\theta - i\sin\theta)^t \qquad (4-10)$$

其中，B_1, B_2 任意复共轭常数。

（4-10）整理为

$$y_t = y_c = r^t(A_1\cos\theta t + A_2\sin\theta t)$$

$$z_t = z_c = \frac{A_1 r\cos\theta + A_2 r\sin\theta - A_1 a_{11}}{a_{12}} r^t\cos\theta t$$

$$+ \frac{A_2 r\cos\theta - A_1 r\sin\theta - A_2 a_{11}}{a_{12}} r^t \sin\theta t \quad (4-11)$$

其中 $A_1 = B_1 + B_2$,$A_2 = (B_1 - B_2)\mathrm{i}$;推导中使用了第一章附录中的公式(11)棣莫弗(De Moive)公式。

(三)非齐次方程组的解的特殊积分与通解

根据第三章的经验,求常系数常数项线性差分方程可以尝试常数解,或直接使用均衡解(或称稳态解)。实际上,这两者是一致的。

设从第 $t-1$ 期开始达到均衡,即 $y_{t-1} = y^*$,$z_{t-1} = z^*$,这意味着

$$y_{t-1} = y_t = y^*, z_{t-1} = z_t = z^* \quad (4-12)$$

将其代入(4-1a)

$$y^* = a_{11} y^* + a_{12} z^* + b_1$$
$$z^* = a_{21} y^* + a_{22} z^* + b_2 \quad (4-13)$$

解(4-13),得

$$y^* = \frac{b_2 a_{12} - b_1 (a_{22}-1)}{(a_{11}-1)(a_{22}-1) - a_{12} a_{21}}$$
$$z^* = \frac{b_1 a_{21} - b_2 (a_{11}-1)}{(a_{11}-1)(a_{22}-1) - a_{12} a_{21}} \quad (4-14)$$

将(4-14)与(4-7c)相加,得到非齐次线性差分方程组**不等实根下的通解**

$$y_t = k_1 \lambda_1^t + k_2 \lambda_2^t + \frac{b_2 a_{12} - b_1 (a_{22}-1)}{(a_{11}-1)(a_{22}-1) - a_{12} a_{21}}$$
$$z_t = k_1 \frac{\lambda_1 - a_{11}}{a_{12}} \lambda_1^t + k_2 \frac{\lambda_2 - a_{11}}{a_{12}} \lambda_2^t + \frac{b_1 a_{21} - b_2 (a_{11}-1)}{(a_{11}-1)(a_{22}-1) - a_{12} a_{21}}$$
$$(4-15\mathrm{a})$$

或

$$y_{t-1} = k_1 \lambda_1^{t-1} + k_2 \lambda_2^{t-1} + \frac{b_2 a_{12} - b_1 (a_{22}-1)}{(a_{11}-1)(a_{22}-1) - a_{12} a_{21}}$$
$$z_{t-1} = k_1 \frac{\lambda_1 - a_{11}}{a_{12}} \lambda_1^{t-1} + k_2 \frac{\lambda_2 - a_{11}}{a_{12}} \lambda_2^{t-1} + \frac{b_1 a_{21} - b_2 (a_{11}-1)}{(a_{11}-1)(a_{22}-1) - a_{12} a_{21}}$$
$$(4-15\mathrm{b})$$

将(4-14)与(4-8c2)相加,可以得到**相等实根下的通解**,将(4-14)与(4-11)相加,可以得到**共轭复根下的通解**,具体公式从略。

如果给出了附加条件且附加条件(或初始条件)的数目与任意常数的数目相等,则可以利用附加条件确定任意常数。方法可参照第二章的微分方程组。

二、一般一阶线性差分方程组

同第二章的微分方程组一样,也存在一个一般化的一阶线性差分方程组。
一般一阶线性差分方程组的基本形式如下

$$a_{11}y_t + a_{12}z_t = a_{13}y_{t-1} + a_{14}z_{t-1} + b_1$$
$$a_{21}y_t + a_{22}z_t = a_{23}y_{t-1} + a_{24}z_{t-1} + b_2 \quad (4-16a)$$

或

$$\begin{bmatrix} a_{11} & a_{12} \\ a_{21} & a_{22} \end{bmatrix} \begin{bmatrix} y_t \\ z_t \end{bmatrix} = \begin{bmatrix} a_{13} & a_{14} \\ a_{23} & a_{24} \end{bmatrix} \begin{bmatrix} y_{t-1} \\ z_{t-1} \end{bmatrix} + \begin{bmatrix} b_1 \\ b_2 \end{bmatrix} \quad (4-16b)$$

$$A_1 Y_t = A_2 Y_{t-1} + b \quad (4-16c)$$

其中 $A_1 = \begin{bmatrix} a_{11} & a_{12} \\ a_{21} & a_{22} \end{bmatrix}$,$A_2 = \begin{bmatrix} a_{13} & a_{14} \\ a_{23} & a_{24} \end{bmatrix}$,$b = \begin{bmatrix} b_1 \\ b_2 \end{bmatrix}$ 都是常数矩阵;$Y_t = \begin{bmatrix} y_t \\ z_t \end{bmatrix}$,$Y_{t-1} = \begin{bmatrix} y_{t-1} \\ z_{t-1} \end{bmatrix}$。当 $A_1 = \begin{bmatrix} 1 & 0 \\ 0 & 1 \end{bmatrix} = I$ 时,(4-16)就变成了(4-1),(4-16)比(4-1)更加一般化。

尽管与(4-1)有所不同,但(4-16)仍是一阶线性差分方程组,所以,它的解仍具有 $Y_t = Y_c + Y_p$ 的结构。$Y_c = \begin{bmatrix} y_c \\ z_c \end{bmatrix}$ 为余函数,$Y_p = \begin{bmatrix} y_p \\ z_p \end{bmatrix}$ 为特殊积分。下面分别求解这两个部分。

(4-16a)对应的齐次线性差分方程组为

$$a_{11}y_t + a_{12}z_t = a_{13}y_{t-1} + a_{14}z_{t-1}$$
$$a_{21}y_t + a_{22}z_t = a_{23}y_{t-1} + a_{24}z_{t-1} \quad (4-17)$$

设试探解为 $y_t = C_1\lambda^t, z_t = C_2\lambda^t$($C_1, C_2$ 都是非零的常数),则

$$y_{t-1} = C_1\lambda^{t-1}, \quad z_{t-1} = C_2\lambda^{t-1}$$

将这些代入方程组(4-17)

$$a_{11}C_1\lambda^t + a_{12}C_2\lambda^t = a_{13}C_1\lambda^{t-1} + a_{14}C_2\lambda^{t-1}$$
$$a_{21}C_1\lambda^t + a_{22}C_2\lambda^t = a_{23}C_1\lambda^{t-1} + a_{24}C_2\lambda^{t-1}$$

由上式得

$$a_{11}C_1\lambda + a_{12}C_2\lambda = a_{13}C_1 + a_{14}C_2$$
$$a_{21}C_1\lambda + a_{22}C_2\lambda = a_{23}C_1 + a_{24}C_2$$

整理成矩阵形式

$$\begin{bmatrix} a_{11}\lambda - a_{13} & a_{12}\lambda - a_{14} \\ a_{21}\lambda - a_{23} & a_{22}\lambda - a_{24} \end{bmatrix} \begin{bmatrix} C_1 \\ C_2 \end{bmatrix} = 0 \qquad (4-18)$$

当且仅当（4-18）的系数矩阵的行列式为零，方程组（4-18）才有非零解，即

$$\begin{vmatrix} a_{11}\lambda - a_{13} & a_{12}\lambda - a_{14} \\ a_{21}\lambda - a_{23} & a_{22}\lambda - a_{24} \end{vmatrix} = 0 \qquad (4-19)$$

（4-19）为方程组（4-17）的特征方程，解特征方程可以得到特征根 λ_1, λ_2，将其代入（4-18），利用（4-18）可以求出与 λ_1, λ_2 对应的特征向量

$$D_1 = \begin{bmatrix} C_{11} \\ C_{21} \end{bmatrix}, \quad D_2 = \begin{bmatrix} C_{12} \\ C_{22} \end{bmatrix}$$

同前面的情形一样，（4-18）的系数矩阵是奇异矩阵，方程组有无穷多个解，这样，只能先对 C_{1i}, C_{2i} 中的一个随意假定一个数值，再根据两者关系式得到另一个的值。**假定（4-17）有不等的实根**，用求出的特征根和特征向量构造出（4-17）的通解或称（4-16）的余函数，即

$$\begin{aligned} y_t &= y_c = k_1 C_{11}\lambda_1^t + k_2 C_{12}\lambda_2^t \\ z_t &= z_c = k_1 C_{21}\lambda_1^t + k_2 C_{22}\lambda_2^t \end{aligned} \qquad (4-20)$$

从这个公式中似乎看不出（4-16）的余函数与（4-1）的余函数有何不同，但其中的特征根和对应的特征向量是有差别的。

（4-16）是常数项而不是可变项的线性差分方程组，所以，使用待定系数法尝试的特解可以假设为常数，设从第 $t-1$ 期开始达到均衡，即

$$y_{t-1} = y^*, z_{t-1} = z^*$$

这意味着 $y_{t-1} = y_t = y^*, z_{t-1} = z_t = z^*$，将其代入（4-16）

$$\begin{aligned} a_{11}y^* + a_{12}z^* &= a_{13}y^* + a_{14}z^* + b_1 \\ a_{21}y^* + a_{22}z^* &= a_{23}y^* + a_{24}z^* + b_2 \end{aligned}$$

解上式

$$y^* = \frac{b_1(a_{22} - a_{24}) - b_2(a_{12} - a_{14})}{(a_{11} - a_{13})(a_{22} - a_{24}) - (a_{12} - a_{14})(a_{21} - a_{23})}$$

$$z^* = \frac{b_2(a_{11} - a_{13}) - b_1(a_{21} - a_{23})}{(a_{11} - a_{13})(a_{22} - a_{24}) - (a_{12} - a_{14})(a_{21} - a_{23})} \qquad (4-21)$$

其中 $(a_{11} - a_{13})(a_{22} - a_{24}) - (a_{12} - a_{14})(a_{21} - a_{23}) \neq 0$。（4-21）用矩阵表示

为

$$Y_t = (A_1 - A_2)^{-1} b$$

（4-20）与（4-21）相加，就得到（4-16）的通解

$$y_t = k_1 C_{11} \lambda_1^t + k_2 C_{12} \lambda_2^t + \frac{b_1(a_{22} - a_{24}) - b_2(a_{12} - a_{14})}{(a_{11} - a_{13})(a_{22} - a_{24}) - (a_{12} - a_{14})(a_{21} - a_{23})}$$

$$z_t = k_1 C_{21} \lambda_1^t + k_2 C_{22} \lambda_2^t + \frac{b_2(a_{11} - a_{13}) - b_1(a_{21} - a_{23})}{(a_{11} - a_{13})(a_{22} - a_{24}) - (a_{12} - a_{14})(a_{21} - a_{23})}$$

(4-22)

此外，也可以采用前面的方法确定通解中的任意常数 k_1, k_2。

第二节
差分方程组的动态稳定性

一、线性差分方程组的动态稳定性

（一）动态稳定性的一些基础概念和相位图分析

针对线性差分方程组（4-1a），可以给出如下概念。

相平面：线性差分方程组（4-1a）中的两个变量 y_{t-1}, z_{t-1} 构成的平面称为线性差分方程组的相平面。对于系统中的每一个状态（即 y_{t-1}, z_{t-1} 的一对具体值），相平面中有一个点与之对应。相平面的两个轴是 y_{t-1}, z_{t-1}，因为，将（4-1a）第一个方程两端都减去 y_{t-1}，得到的 $\Delta y_t = y_t - y_{t-1}$ 是 y_{t-1}, z_{t-1} 的函数，即

$$\Delta y_t = (a_{11} - 1) y_{t-1} + a_{12} z_{t-1} + b_1$$

同样，（4-1a）第二个方程两端都减去 z_{t-1} 得到的 $\Delta z_t = z_t - z_{t-1}$ 是 y_{t-1}, z_{t-1} 的函数，即

$$\Delta z_t = a_{21} y_{t-1} + (a_{22} - 1) z_{t-1} + b_2$$

因此，$\Delta y_t = 0, \Delta z_t = 0$ 在 y_{t-1}, z_{t-1} 构成的相平面上，$\Delta y_t = 0, \Delta z_t = 0$ 的曲线可以分别表示为

$$\Delta y_t = 0: y_{t-1} = \frac{a_{12}}{1-a_{11}} z_{t-1} + \frac{b_1}{1-a_{11}}$$

$$\Delta z_t = 0: y_{t-1} = \frac{1-a_{22}}{a_{21}} z_{t-1} - \frac{b_2}{a_{21}}$$

均衡点：如果 (y^*, z^*) 满足 $y_{t-1} = y_t = y^*$，$z_{t-1} = z_t = z^*$ 或 $\Delta y_t \big|_{\substack{y_{t-1}=y^* \\ z_{t-1}=z^*}} = y_t - y_{t-1} = 0, \Delta z_t \big|_{\substack{y_{t-1}=y^* \\ z_{t-1}=z^*}} = z_t - z_{t-1} = 0$，则 (y^*, z^*) 称为动态系统（4-1a）的均衡点。

均衡动态稳定：第二章第二节给出的均衡动态稳定的概念同样也适用于线性差分方程组，因此，这里不再重复。

分界曲线：相平面上由 $\Delta y_t \big|_{\substack{y_{t-1}=y^* \\ z_{t-1}=z^*}} = y_t - y_{t-1} = 0, \Delta z_t \big|_{\substack{y_{t-1}=y^* \\ z_{t-1}=z^*}} = z_t - z_{t-1} = 0$ 确定的两条线称为分界曲线。在它们两侧 $\Delta y_t, \Delta z_t$ 的值是不同的，一侧大于零，意味着这一区域 y_{t-1}, z_{t-1} 是增长的，另一侧小于零，意味着这一区域 y_{t-1}, z_{t-1} 是下降的。

两条分界曲线的交点就是前面定义的均衡点。两条相交的分界曲线将整个空间分成四个区域，每个区域内 y_{t-1}, z_{t-1} 的变化方向合成一个方向，这就是系统在这个区域的运动方向，如果这个方向指向并最终到达均衡点，则系统在该区域内是动态稳定的。这些与第二章第二节的相关内容是一致的。

将上述四个区域内系统的运动方向进行综合，可以区分出不同类型的均衡以及是否稳定：结点均衡，分为稳定的结点均衡和不稳定的结点均衡；鞍点均衡，包括稳定分枝和非稳定分枝；焦点均衡，分为稳定的焦点均衡和非稳定的焦点均衡；中心点均衡，这被认为是不稳定的均衡。这些概念的含义与第二章第二节的相同，所不同的这是离散系统，系统运动是从一个点跳跃到另一点的，但运动的基本轨迹是大体符合这些概念的。

由于第二章已经给出了这些概念和相位图，所以，这里不再重复。在给出这些概念的同时，也涉及了这些均衡及其稳定性的条件。

(二) 线性差分方程组的动态稳定性的条件

对于线性差分方程组（4-1），均衡的动态稳定性的条件如下：

1. 如果 $|\lambda_1| < 1, |\lambda_2| < 1$，即所有特征根的绝对值都小于 1，均衡点才是稳定的，此时方程组通解中的余函数（4-7b）收敛于 0，即

$$\lim_{t \to \infty} y_c = \lim_{t \to \infty} [k_1 C_{11} \lambda_1^t + k_2 C_{12} \lambda_2^t] = 0$$

$$\lim_{t \to \infty} z_c = \lim_{t \to \infty} [k_1 C_{21} \lambda_1^t + k_2 C_{22} \lambda_2^t] = 0$$

也就是线性差分方程组（4-1）的通解收敛于均衡点。

2. 如果$|\lambda_1|>1,|\lambda_2|>1$，即所有特征根的绝对值都大于1，均衡点是不稳定的，此时

$$\lim_{t\to\infty} y_c = \lim_{t\to\infty}[k_1 C_{11}\lambda_1^t + k_2 C_{12}\lambda_2^t] = \infty$$

$$\lim_{t\to\infty} z_c = \lim_{t\to\infty}[k_1 C_{21}\lambda_1^t + k_2 C_{22}\lambda_2^t] = \infty$$

这导致系统越来越远离均衡点。

3. 一个特征根的绝对值大于1，另一个小于1，均衡点在多数情况下是不稳定的，但初始条件满足常数 $k_1=0$（对应$|\lambda_1|>1$）或 $k_2=0$（对应$|\lambda_2|>1$）时是鞍点稳定。

4. 如果特征根是复根，也适合用上述条件判断，因为，复数的模相当于实数的绝对值，也称为绝对值，但复根会产生振荡。

(三) 鞍点稳定的两种情形

1. 如果$|\lambda_1|<1,|\lambda_2|>1,k_2=0$，则均衡是鞍点稳定的。

首先看鞍点稳定路径（鞍点的稳定分支）。如果给定鞍点稳定，则通解（4-15）中的 k_2 必为零，则（4-15）变为

$$y_{t-1} = k_1\lambda_1^{t-1} + y^*$$

$$z_{t-1} = k_1\frac{\lambda_1 - a_{11}}{a_{12}}\lambda_1^{t-1} + z^* \tag{4-15a}$$

(4-15a) 可以推出

$$z_{t-1} = \frac{\lambda_1 - a_{11}}{a_{12}}(y_{t-1} - y^*) + z^* \tag{4-23a}$$

若 $C_{11}\neq 0,1$，则（4-23a）可以写成

$$z_{t-1} = \frac{C_{21}}{C_{11}}(y_{t-1} - y^*) + z^* \tag{4-23b}$$

(4-23) 就是鞍点稳定路径，初始点只有落在鞍点稳定路径上（此时初始点使 $k_2=0$），才能收敛于均衡。相平面中只有这一条轨线是稳定的。参见图4-1。图中带箭头的曲线只代表系统运动的方向。

参照第二章公式（2-23）的推导，可得线性差分方程组的鞍点非稳定路径为

$$z_{t-1} = \frac{C_{22}}{C_{12}}(y_{t-1} - y^*) + z^*, k_2\neq 0 \tag{4-24}$$

2. 如果$|\lambda_1|>1,|\lambda_2|<1,k_1=0$，则均衡是鞍点稳定的。

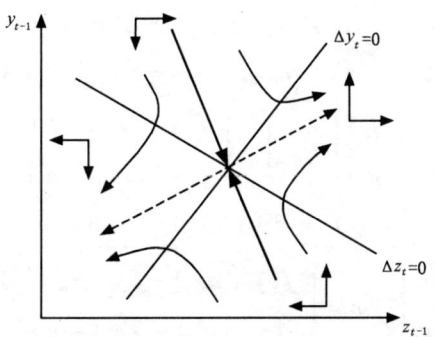

图 4-1 鞍点均衡图

在 $|\lambda_1|>1, |\lambda_2|<1$ 情况下，如果给定鞍点稳定，则通解（4-15）中的 k_1 必为零，参照第一种情形，鞍点稳定路径（鞍点的稳定分枝）为

$$z_{t-1} = \frac{C_{22}}{C_{12}}(y_{t-1}-y^*) + z^* \tag{4-25}$$

而鞍点非稳定路径为

$$z_{t-1} = \frac{C_{21}}{C_{11}}(y_{t-1}-y^*) + z^*, \quad k_1 \neq 0 \tag{4-26}$$

二、非线性差分方程组

（一）非线性差分方程组线性化

给定非线性动态系统

$$y_t = f(y_{t-1}, z_{t-1})$$
$$z_t = g(y_{t-1}, z_{t-1}) \tag{4-27a}$$

其矩阵形式为

$$Y_t = F(Y_{t-1}) \tag{4-27b}$$

其中 $Y_t = \begin{bmatrix} y_t \\ z_t \end{bmatrix}, Y_{t-1} = \begin{bmatrix} y_{t-1} \\ z_{t-1} \end{bmatrix}, F(Y_{t-1}) = \begin{bmatrix} f(y_{t-1}, z_{t-1}) \\ g(y_{t-1}, z_{t-1}) \end{bmatrix}$。

均衡点 $Y^* = (y^*, z^*)$ 满足下列条件

$$y^* = f(y^*, z^*)$$
$$z^* = g(y^*, z^*) \tag{4-28}$$

将其在均衡点 (y^*, z^*) 附近进行泰勒展开

$$y_t = y^* + f_y(y^*, z^*)(y_{t-1} - y^*) + f_z(y^*, z^*)(z_{t-1} - z^*)$$
$$z_t = z^* + g_y(y^*, z^*)(y_{t-1} - y^*) + g_z(y^*, z^*)(z_{t-1} - z^*) \quad (4-29a)$$

$$\begin{bmatrix} y_t \\ z_t \end{bmatrix} = \begin{bmatrix} f_y & f_z \\ g_y & g_z \end{bmatrix} \begin{bmatrix} y_{t-1} \\ z_{t-1} \end{bmatrix} + \begin{bmatrix} f(y^*, z^*) - f_y y^* - f_z z^* \\ g(y^*, z^*) - g_y y^* - g_z z^* \end{bmatrix} \quad (4-29b)$$

$$Y_t = F'(Y^*) \cdot Y_{t-1} + B \quad (4-29c)$$

其中 $F'(Y^*) = \begin{bmatrix} f_y & f_z \\ g_y & g_z \end{bmatrix}$，$B = \begin{bmatrix} f(y^*, z^*) - f_y y^* - f_z z^* \\ g(y^*, z^*) - g_y y^* - g_z z^* \end{bmatrix}$，$f_y = \dfrac{df(y^*, z^*)}{dy_{t-1}}$，

$f_z = \dfrac{df(y^*, z^*)}{dz_{t-1}}$，余者类似。**注意**，这里的均衡是从 $t-1$ 期开始出现的，即 $Y_{t-1} = Y_t = Y^*$。

（4-29）的特征根为

$$\lambda_i = \frac{\mathrm{tr}[F'(Y^*)] \pm \sqrt{[\mathrm{tr}(F'(Y^*))]^2 - 4|F'(Y^*)|}}{2}, \quad i = 1, 2$$

（二）非线性系统与其线性近似系统的拓扑等价性

下面运用动力系统理论证明：作为一阶泰勒展开的线性化动态系统（即线性化的差分方程组）在均衡点附近与原来的非线性动态系统具有相同的动态稳定性。这样就可以通过线性化动态系统的稳定性判断非线性系统的动态稳定性。第二章的拓扑等价等概念和定理也适用于离散动态系统，但有些地方略有差异。

拓扑等价：给定两个离散动态系统 $Y_t = F_1(Y_{t-1})$ 和 $Y_t = F_2(Y_{t-1})$，在相同的时间点，若存在一个同胚 H 将 $Y_t = F_1(Y_{t-1})$ 的轨线映射到 $Y_t = F_2(Y_{t-1})$ 的轨道，且对时间 t 保持轨线的指向不变，但不必是相同的时间，则称 $Y_t = F_1(Y_{t-1})$ 和 $Y_t = F_2(Y_{t-1})$ 是拓扑等价的。$F_1, F_2 : \mathbb{R}^m \supseteq Y \to \mathbb{R}^m$。

拓扑等价的含义：两个系统 $Y_t = F_1(Y_{t-1})$ 和 $Y_t = F_2(Y_{t-1})$ 有相似的轨线结构；或两个系统的解的轨线经过变换后是相同的。

双曲均衡：令 Y^* 是非线性系统 $Y_t = F(Y_{t-1})$ 的均衡点，若 $Y_t = F(Y_{t-1})$ 在 Y^* 处的导数 $F'(Y^*)$（即雅可比矩阵）没有模为 1 的特征根，则 Y^* 称为双曲型均衡。其中 $F : \mathbb{R}^m \supseteq Y \to \mathbb{R}^m$ 是一次可微的。

拓扑等价定理：令 Y^* 是非线性系统 $Y_t = F(Y_{t-1})$ 的双曲型均衡点，并且在 Y^* 处的雅可比矩阵是可逆的，则存在一个 Y^* 的邻域 U，使得非线性系统 $Y_t = F(Y_{t-1})$ 拓扑等价于它的线性近似系统

$$Y_t = F(Y^*) + F'(Y^*)(Y_{t-1} - Y^*)$$

$$Y_t = Y^* + F'(Y^*)(Y_{t-1} - Y^*)$$

(三) 非线性系统 $Y_t = F(Y_{t-1})$ 的局部稳定性

1. 如果 $F'(Y^*)$ 的所有特征根的模都严格小于 1，类似（4-29）那样的线性近似系统在均衡点 Y^* 是渐近稳定的，则原来的非线性系统 $Y_t = F(Y_{t-1})$ 在均衡点 Y^* 也是渐近稳定的。

2. 如果 $F'(Y^*)$ 的所有特征根中至少有一个特征根的模大于 1，线性近似系统在均衡点 Y^* 是不稳定的，则非线性系统 $Y_t = F(Y_{t-1})$ 在均衡点 Y^* 也是不稳定的，鞍点均衡除外。尽管数学上认定鞍点均衡是动态不稳定的，但经济学却视之为稳定的均衡。

3. 如果 $F'(Y^*)$ 的所有特征根都是实根，其中有一部分特征根的模都大于 1，另一部分特征根的模小于 1，线性近似系统在均衡点 Y^* 是鞍点稳定的，则非线性系统 $Y_t = F(Y_{t-1})$ 在均衡点 Y^* 也是鞍点稳定的。当然系统必须处在稳定的鞍点路径上。

4. 如果 $F'(Y^*)$ 的特征根至少有一个在圆周上（即模为 1），则情况比较复杂。均衡点 Y^* 可能是稳定的或渐近稳定的，也可能是不稳定的，还需要进一步附加条件才能说明。

同第二章一样，对这种情形来说，很重要的一点是任何映射都**不能保证非线性系统与其线性近似系统有相同的均衡类型和稳定性**，或者说，不能保证非线性系统与其线性近似系统是拓扑等价的。

第二篇 动态最优化理论

第五章

变 分 法

从本章开始进入动态最优化理论。动态最优化理论包括变分法、最优控制论、动态规划。本章主要介绍古典的动态最优化理论变分法。第一节对动态最优化问题做一个简要的说明，然后，阐述求泛函极值的变分法，包括作为泛函极值必要条件的欧拉方程和泛函极值的充分条件。第二节是欧拉方程的扩展，研究各种情形下的欧拉方程。

第一节
动态最优化与变分法

一、动态最优化与泛函

(一) 动态最优化

静态最优化考察某一个时点，在这个时点主体面对多种备选方案，从中选择一个最优的方案，以实现自身利益最大化。动态最优化则考察所有时点，所以，它是一个多阶段决策问题。

动态最优化问题：主体在每一个时点都寻求控制变量(或状态变量)的最优值，以使系统能最优地达到设定的目标。在经济学上通常是令所有时点的利益

总和达到最大，而所有时点的控制变量的最优值构成了控制变量的最优时间路径，将这个控制变量的最优时间路径输入到动态系统中，就得到系统状态的最优时间路径，因此，求解动态最优化问题实际上要得到两个最优时间路径，一个是控制变量的最优时间路径 $u^*(t)$，另一个是系统状态的最优时间路径 $x^*(t)$。

注意，这个概念比较接近现代的动态最优化问题（即最优控制论和动态规划处理的动态最优化问题），因为，它有控制变量 $u(t)$。

一个动态最优化问题包括以下几个基本要素，这是求解动态最优化问题时要给出的：

1. 动态系统。动态最优化是关于动态系统的最优化，动态系统的动态性表现为系统从一个状态转换到另一个状态，这可以用微分方程或差分方程来描述，也就是说，是用微分方程或差分方程来描述动态系统。其中，微分方程描述连续时间系统，如

$$\dot{x}(t) = f[x(t), u(t), t] \tag{5-1}$$

差分方程描述离散时间系统，如

$$x_{t+1} = f(x_t, u_t, t) \tag{5-2}$$

2. 边界条件与横截条件。**边界条件**是指系统动态过程的起点条件和终点条件，起点条件和终点条件是求解动态最优化问题所必需的，在众多可选择的路径中，需要边界条件帮助确定哪条路径是最优的。

当求解动态最优化所需的边界条件不够充足时，如只给了起点条件，没给终点条件，会导致无法确定最优路径，这时就需要添加一个附加条件，这个附加条件就称为**横截条件**。在不同的动态最优化处理方法中，横截条件是不同的，如横截条件在变分法中是一种形式，在最优控制论则是另一种形式。如果边界条件全部给定，则不需要这些横截条件。

此外，横截条件有起点和终点之分，如果起点是可变的，则需要附加起点的横截条件，如果终点是可变的，则需要附加终点的横截条件。

在一般的动态最优化问题中，起点条件包括起点时间和起点状态都是已知的，但终点条件可以是确定的，也可以是可变的。终点可变有两种情况，一种是固定终点时间，但终点状态可以自由选择，另一种是终点状态固定，终点时间可以选择。当然，起点条件也可以是可变的。

3. 容许控制。控制变量 $u(t)$ 的取值有两种情况，一种是取值或变化范围受限制，$u(t)$ 的这个受限制的取值范围称为**控制域**，控制域是一个闭集，此

时的 $u(t)$ 可以是分段连续的,即除了有限的间断点外函数 $u(t)$ 是处处连续的,其中属于控制域且分段连续的 $u(t)$ 称为**容许控制**;另一种是 $u(t)$ 的取值范围不受限制,这类控制属于一个开集。控制变量 $u(t)$ 的取值是否受限制对最优化条件有影响,在后面的最优控制论中,我们会看到这一点。

4. 目标函数。 如同静态最优化一样,动态最优化也有目标函数。控制变量控制的效果如何就要看目标函数是否实现了最大化或最小化。然而,动态最优化的目标函数不是一般的函数,而是函数的函数——泛函。

(二)泛函与目标函数

1. 泛函。 假定存在一类函数 $x(t)$,如果对每一个 $x(t)$ 都有一个变量 J 的值与之对应,则变量 J 称为依赖于函数 $x(t)$ 的泛函,记为 $J[x(t)]$。

泛函是函数的函数,$x(t)$ 应理解为一类函数的整体,$x(t)$ 作为自变量被称为**泛函 $J[x(t)]$ 的宗量**。泛函 $J[x(t)]$ 不同于复合函数 $g[x(t)]$,复合函数 $g[x(t)]$ 最终 g 是 t 的函数,而泛函 $J[x(t)]$ 则始终是 $x(t)$ 的函数,即 $x(t)$ 是以一个整体出现的。**注意**,函数的定积分是一个泛函,如

$$J[x(t)] = \int_a^b x(t) dt$$

2. 动态最优化中的目标函数必定是一个泛函。 动态最优化中的目标函数由于其取决于状态变量 $x(t)$ 和控制变量 $u(t)$,即它是函数的函数,所以,它必定是一个泛函,并称为**目标泛函**。如果目标在某一时点的值与时点 t、时点 t 的系统状态 $x(t)$、系统状态的变化方向和变化率 $\dot{x}(t)$ 有关,则目标的时点值可以写成泛函 $F[t, x(t), \dot{x}(t)]$,另一种情形下,目标泛函为 $F[t, x(t), u(t)]$,其中的 $\dot{x}(t)$ 换成了控制变量 $u(t)$。

3. 目标函数的总体值可以表示为一个积分形式的泛函。 如果目标函数的瞬时值是 $F[t, x(t), \dot{x}(t)]$ 或 $F[t, x(t), u(t)]$,则它在时间 $t \in [0, T]$ 上的总和就是如下积分

$$J[x(t)] = \int_0^T F[t, x(t), \dot{x}(t)] dt \qquad (5-3)$$

或

$$J[u(t)] = \int_0^T F[t, x(t), u(t)] dt \qquad (5-4)$$

这是动态最优化过程中目标函数的总体值。

(三)目标泛函的几种形式

在动态最优化中,目标泛函有几个具体形式:

1. 积分型目标函数

$$J[u(t)] = \int_0^T F[t, x(t), u(t)] dt \tag{5-5}$$

2. 终值型目标函数：最优化也可能只要求终点状态在控制过程结束后达到某些要求，而不要求所历经的中间状态，这样，目标泛函仅有终值项

$$J[u(t)] = G[x(T), T] \tag{5-6}$$

3. 综合型目标函数

$$J[u(t)] = G[x(T), T] + \int_0^T F[t, x(t), u(t)] dt \tag{5-7}$$

(四) 泛函的连续性与线性泛函

对于任意给定的正数 ε，如果存在 $\delta > 0$，使得当 $\| x - x_0 \| < \delta$ 时，有

$$|J(x) - J(x_0)| < \varepsilon$$

则称 $J(x)$ 在 x_0 处连续。其中 $\| \cdot \|$ 表示范数。

如果泛函 $J(x)$ 满足下列线性条件：

(1) $J(x_1 + x_2) = J(x_1) + J(x_2)$

(2) $J(kx) = kJ(x)$ \hfill (5-8)

则 $J(x)$ 称为**线性泛函**，其中 k 是任意常数。

二、泛函的变分

泛函 $J[x(t)]$ 的自变量 $x(t)$ 称为**泛函的宗量**，注意，宗量是一个函数。

泛函宗量的变分：同属于一个函数类 $\{x(t)\}$ 的两个函数 $x(t)$，$x_0(t)$ 之差

$$\delta x(t) = x(t) - x_0(t)$$

称为宗量的变分。其中 $x_0(t)$ 表示原来的函数，$x(t)$ 表示变化后的函数，它们是泛函 $J[x(t)]$ 的自变量的两个取值。

有了宗量的变分，就可以定义泛函的变分了。

泛函的变分：设 $J[x(t)]$ 是连续泛函，由宗量的变分 $\delta x(t)$ 得到的泛函的增量

$$\Delta J = J(x + \delta x) - J(x) = F(x, \delta x) + r(x, \delta x) \tag{5-9}$$

其中，$r(x, \delta x)$ 是关于 δx 的高阶无穷小，$F(x, \delta x)$ 是 δx 的线性连续泛函，是泛函增量 ΔJ 的线性主部，这样 $F(x, \delta x)$ 可以定义为泛函的变分，也可以称为**泛函的一阶变分**，记为

$$\delta J = F(x, \delta x) \qquad (5-10)$$

或写成

$$\delta J = F[x(t), \delta x(t)]$$

注意，一般函数的微分就是取函数增量的线性主部。显然，泛函的变分是仿照这一定义做出的。**线性主部的含义**是指 ΔJ 关于 δx 的线性关系的主要部分，$F(x, \delta x)$ 是 δx 的线性连续泛函，因此，当用 $F(x, \delta x)$ 来代替 ΔJ 时所产生的误差是 δx 的高阶无穷小。

当泛函具有（5-10）这样的变分时，称**泛函 $J[x(t)]$ 是可微的**。泛函的变分可以用求导的方法得到。

连续泛函 $J[x(t)]$ 的变分等于泛函 $J[x(t)+\varepsilon\delta x(t)]$ 在 $\varepsilon = 0$ 时对 ε 的导数

$$\delta J = \left.\frac{\partial J[x(t)+\varepsilon\delta x(t)]}{\partial \varepsilon}\right|_{\varepsilon=0} \qquad (5-11)$$

下面给出泛函变分的运算法则。设 F_1, F_2 是函数 $x, \dot{x}, t$ 的函数，即是泛函，则有：

(1) $\delta(F_1 + F_2) = \delta F_1 + \delta F_2$；

(2) $\delta(F_1 \times F_2) = F_1 \cdot \delta F_2 + F_2 \cdot \delta F_1$；

(3) $\delta \int_a^b F(x, \dot{x}, t) = \int_a^b \delta F(x, \dot{x}, t)$，即积分与变分符号可交换；

(4) $\delta \dot{x} = \dfrac{d(\delta x)}{dt}$，即导数与变分可交换符号。 $\qquad (5-12)$

同样，可以定义**泛函的二阶变分 $\delta^2 J$**，并且有

$$\delta^2 J = \left.\frac{\partial^2 J[x(t)+\varepsilon\delta x(t)]}{\partial \varepsilon^2}\right|_{\varepsilon=0} \qquad (5-13)$$

其中 ε 为任意实数。

三、泛函的极值与变分法

在静态最优化中，有一般函数的极值问题，包括极值的概念、极值的条件。泛函极值也存在同样的理论结构。

(一) 泛函极值的概念

泛函的极大值：设 $x(t)$ 是任意一条接近曲线 $x^*(t)$ 的曲线，如果下式

$$J[x(t)] - J[x^*(t)] \leq 0$$

恒成立，则称**泛函 $J[x(t)]$** 在曲线 $x^*(t)$ 上达到极大值。

泛函的极小值：设 $x(t)$ 是任意一条接近曲线 $x^*(t)$ 的曲线，如果下式
$$J[x(t)] - J[x^*(t)] \geq 0$$
恒成立，则称泛函 $J[x(t)]$ 在曲线 $x^*(t)$ 上达到极小值。

顺便说说变分法。**变分问题**就是求泛函的极大值和极小值问题，求泛函极值的方法就是**变分法**。下面的问题就是变分问题

$$\max(\min)\int_0^T F[t, x(t), \dot{x}(t)]dt$$

边界条件　　$x(0) = x_0$，$x(T) = x_T$ \hfill (5-14)

其中 $F[t, x(t), \dot{x}(t)]$ 关于 $t, x(t), \dot{x}(t)$ 连续，且有对 $x(t), \dot{x}(t)$ 的连续偏导数。

一个使泛函达到极值的路径曲线叫**极值曲线**。候选的极值曲线一般是在定义域内连续可微且满足一些固定端点条件的函数类。

（二）泛函极值的必要条件与充分条件

如果可微泛函 $J[x(t)]$ 在曲线 $x^*(t)$ 上达到极大值（或极小值），则泛函 $J[x(t)]$ 在曲线 $x^*(t)$ 上的变分为零，即

$$\delta J[x^*(t), \delta x(t)] = 0 \quad (5-15)$$

这个定理的证明非常简单，在专业的最优控制论教科书中都可以找到。

下面将泛函极值的必要条件与一般函数的极值条件做一个比较。一般函数 $y = f(x)$ 存在极值的一阶条件用导数表示为

$$\frac{dy}{dx} = 0$$

它的等价的微分形式为

$$dy = 0 \quad (5-16)$$

这可以理解为：对任意的 $dx \neq 0$，存在 $dy = 0$。（5-15）、（5-16）有类似的含义。

同时，还可以证明：可微泛函 $J[x(t)]$ 在曲线 $x^*(t)$ 上达到极大值的充分条件为

$$\delta^2 J[x^*(t), \delta x(t)] < 0 \quad (5-17)$$

可微泛函 $J[x(t)]$ 在曲线 $x^*(t)$ 上达到极小值的充分条件为

$$\delta^2 J[x^*(t), \delta x(t)] > 0 \quad (5-18)$$

四、欧拉方程：泛函极值的必要条件

（5-15）是用变分符号表示的泛函极值的必要条件，即泛函的一阶变分

等于 0。尽管有（5-11）可用于计算变分，但（5-11）至少是没有整理完（即推导完）的表达式，下面给出用微分方程表示的泛函极值的一阶条件：欧拉方程。

对于（5-14）表示的泛函极值问题，$x^* = x^*(t)$ 是满足端点条件的最优化的极值曲线的必要条件为

$$\frac{\partial F}{\partial x} - \frac{d(\partial F/\partial \dot{x})}{dt} = 0 \qquad (5-19)$$

或

$$F_x = F_{\dot{x}t} + F_{\dot{x}x} \cdot \dot{x} + F_{\dot{x}\dot{x}} \cdot \ddot{x}$$

其边界条件为

$$x^*(0) = x_0, \quad x^*(T) = x_T$$

（5-19）就是**欧拉方程**，从其另一形式 $F_x = F_{\dot{x}t} + F_{\dot{x}x} \cdot \dot{x} + F_{\dot{x}\dot{x}} \cdot \ddot{x}$ 可以看出，**欧拉方程是二阶非线性微分方程**，求泛函的极值现在变成了解这个二阶微分方程，它的解就是极值曲线 $x^* = x^*(t)$。利用欧拉方程求出极值曲线，才完成了求解泛函极值或动态最优化的过程。根据第一章的微分方程理论，一般而言，二阶微分方程的通解有两个任意常数，使用给定的两个边界条件，可以确定这两个任意常数。这也正是缺一个边界条件就要补上一个横截条件的原因。

下面从变分的角度推导欧拉方程。

设 $x^*(t)$ 是极值曲线，在 $x^*(t), \dot{x}^*(t)$ 附近宗量函数 $x(t), \dot{x}(t)$ 发生极小的变分 $\delta x(t), \delta \dot{x}(t)$，则

$$x(t) = x^*(t) + \delta x(t), \dot{x}(t) = \dot{x}^*(t) + \delta \dot{x}(t)$$

这样，泛函增量为

$$\begin{aligned}
\Delta J &= \int_0^T [F(t, x^* + \delta x, \dot{x}^* + \delta \dot{x}) - F(t, x^*, \dot{x}^*)] dt \\
&= \int_0^T [F(t, x, \dot{x}) - F(t, x^*, \dot{x}^*)] dt \\
&= \int_0^T [F(t, x^*, \dot{x}^*) + \frac{\partial F}{\partial x} \delta x + \frac{\partial F}{\partial \dot{x}} \delta \dot{x} + r(t, x^*, \dot{x}^*) - F(t, x^*, \dot{x}^*)] dt \\
&\quad + \int_0^T \frac{1}{2} [F_{xx} \cdot (\delta x)^2 + F_{\dot{x}\dot{x}} \cdot (\delta \dot{x})^2 + F_{x\dot{x}}(\delta x)(\delta \dot{x}) + F_{\dot{x}x}(\delta x)(\delta \dot{x})] dt \\
&= \int_0^T \left[\frac{\partial F}{\partial x} \delta x + \frac{\partial F}{\partial \dot{x}} \delta \dot{x}\right] dt + \int_0^T r(t, x^*, \dot{x}^*) dt
\end{aligned}$$

$$+ \int_0^T \frac{1}{2} [F_{xx}(\delta x)^2 + F_{\dot{x}\dot{x}}(\delta \dot{x})^2 + F_{x\dot{x}}(\delta x)(\delta \dot{x}) + F_{\dot{x}x}(\delta x)(\delta \dot{x})] dt$$

(5-20)

其中，第三个等式是 $F(t,x,\dot{x})$ 在 $[x^*(t),\dot{x}^*(t)]$ 附近进行泰勒展开而得，$r(t,x^*,\dot{x}^*)$ 是泰勒展开式的三阶以上的项。

根据泛函一阶变分的定义，一阶变分就是泛函增量的线性主部，因此，从 (5-20) 可以看出，其中的

$$\int_0^T \left[\frac{\partial F}{\partial x} \delta x + \frac{\partial F}{\partial \dot{x}} \delta \dot{x} \right] dt \qquad (5-21)$$

就是泛函的一阶变分，即

$$\begin{aligned}\delta J &= \int_0^T \left[\frac{\partial F}{\partial x} \delta x + \frac{\partial F}{\partial \dot{x}} \delta \dot{x} \right] dt \\ &= \int_0^T \left[\frac{\partial F}{\partial x} - \frac{d(\partial F/\partial \dot{x})}{dt} \right] \delta x \, dt + \frac{\partial F}{\partial \dot{x}} \delta x \bigg|_{t=0}^{t=T} \end{aligned} \qquad (5-22)$$

其中第二个等式使用了分部积分公式 $\int_a^b uv' dx = uv \big|_a^b - \int_a^b vu' dx$，$u = u(x)$，$v = v(x)$。将 $x = x^* + \varepsilon(\delta x)$ 代入 $J(x) = \int_0^T F(t,x,\dot{x}) dt$，并对 ε 求导（取 $\varepsilon = 0$ 时的值）也可以验证 (5-21) 是泛函的一阶变分。

根据 (5-15) 可知

$$\delta J = \int_0^T \left[\frac{\partial F}{\partial x} - \frac{d(\partial F/\partial \dot{x})}{dt} \right] \delta x \, dt + \frac{\partial F}{\partial \dot{x}} \delta x \bigg|_{t=0}^{t=T} = 0 \qquad (5-22a)$$

因 δx 可以任意取值，则 (5-22a) 中的

$$\frac{\partial F}{\partial x} - \frac{d(\partial F/\partial \dot{x})}{dt} = 0$$

$$\frac{\partial F}{\partial \dot{x}} \delta x \bigg|_{t=0}^{t=T} = \frac{\partial F}{\partial \dot{x}} \delta x \bigg|_{t=T} - \frac{\partial F}{\partial \dot{x}} \delta x \bigg|_{t=0} = 0 \qquad (5-23)$$

第一个方程就是**欧拉方程** (5-19)，(5-23) 则是横截条件，在这种情形下，起点和止点固定，起止点都不存在偏离，也就是说起止点的变分都为零，即

$$\delta x(0) = 0, \delta x(T) = 0$$

这可以验证横截条件 (5-23) 成立。实际上，当起点和终点固定时，横截条件 (5-23) 退化为边界条件。

注意： 欧拉方程与边界条件、横截条件共同构成泛函最优化的必要条件，而仅有欧拉方程是不够的。

上面对欧拉方程的推导使用的是**变分的角度**，还可以使用**求导的方法推导**

欧拉方程，求导方法不涉及变分的概念，只使用有关微积分的知识。这个推导放在本章附录一。

五、泛函极值的充分条件

从（5-11）和（5-13）可以看出，泛函的二阶变分是一阶变分再对 ε 求导（并取 $\varepsilon=0$ 时的值），因此，把（5-21）中的 x 看成 $x=x^*+\varepsilon(\delta x)$，再用（5-21）对 ε 求导，可以验证该导数在 $\varepsilon=0$ 时的值就是（5-20）中的最后一项，因此，有泛函的二阶变分

$$\delta^2 J = \frac{1}{2}\int_0^T [F_{xx}(\delta x)^2 + F_{\dot{x}\dot{x}}(\delta \dot{x})^2 + F_{x\dot{x}}(\delta x)(\delta \dot{x}) + F_{\dot{x}x}(\delta x)(\delta \dot{x})] dt$$

$$= \frac{1}{2}\int_0^T [\delta x \quad \delta \dot{x}]\begin{bmatrix} F_{xx} & F_{x\dot{x}} \\ F_{\dot{x}x} & F_{\dot{x}\dot{x}} \end{bmatrix}\begin{bmatrix} \delta x \\ \delta \dot{x} \end{bmatrix} dt \tag{5-24}$$

由（5-17）、（5-18）可知，如果可微泛函 $J[x(t)]$ 在曲线 $x^*(t)$ 上达到极大值，则

$$\delta^2 J = \frac{1}{2}\int_0^T [\delta x \quad \delta \dot{x}]\begin{bmatrix} F_{xx} & F_{x\dot{x}} \\ F_{\dot{x}x} & F_{\dot{x}\dot{x}} \end{bmatrix}\begin{bmatrix} \delta x \\ \delta \dot{x} \end{bmatrix} dt < 0 \tag{5-25}$$

这意味着二次型 $[\delta x \quad \delta \dot{x}]\begin{bmatrix} F_{xx} & F_{x\dot{x}} \\ F_{\dot{x}x} & F_{\dot{x}\dot{x}} \end{bmatrix}\begin{bmatrix} \delta x \\ \delta \dot{x} \end{bmatrix}$ 是负定的，进而 $\begin{bmatrix} F_{xx} & F_{x\dot{x}} \\ F_{\dot{x}x} & F_{\dot{x}\dot{x}} \end{bmatrix}$ 是负定的。

如果可微泛函 $J[x(t)]$ 在曲线 $x^*(t)$ 上达到极小值，则

$$\delta^2 J = \frac{1}{2}\int_0^T [\delta x \quad \delta \dot{x}]\begin{bmatrix} F_{xx} & F_{x\dot{x}} \\ F_{\dot{x}x} & F_{\dot{x}\dot{x}} \end{bmatrix}\begin{bmatrix} \delta x \\ \delta \dot{x} \end{bmatrix} dt > 0 \tag{5-26}$$

这意味着二次型 $[\delta x \quad \delta \dot{x}]\begin{bmatrix} F_{xx} & F_{x\dot{x}} \\ F_{\dot{x}x} & F_{\dot{x}\dot{x}} \end{bmatrix}\begin{bmatrix} \delta x \\ \delta \dot{x} \end{bmatrix}$ 是正定的，进而 $\begin{bmatrix} F_{xx} & F_{x\dot{x}} \\ F_{\dot{x}x} & F_{\dot{x}\dot{x}} \end{bmatrix}$ 是正定的。这些就是泛函 $J[x(t)]$ 在曲线 $x^*(t)$ 上达到极值的充分条件。

上面给出的泛函极值的充分条件是用矩阵的正负定表示的，这不是最后的结论，因为矩阵的正负定还需要判定定理来判断。

给出（5-14）中的泛函 $F[t, x(t), \dot{x}(t)]$ 决定的海赛矩阵及行列式 $H = \begin{bmatrix} F_{xx} & F_{x\dot{x}} \\ F_{\dot{x}x} & F_{\dot{x}\dot{x}} \end{bmatrix}$，$|H| = \begin{vmatrix} F_{xx} & F_{x\dot{x}} \\ F_{\dot{x}x} & F_{\dot{x}\dot{x}} \end{vmatrix}$，根据附录二、附录三中用海赛矩阵的顺序主子式和主子式判断矩阵正负定和极值的定理，可以得到如下结论：

1. 如果顺序主子式$|H_1|<0, |H_2|>0$（这等价于H是负定的），则F是严格凹的，$x(t)$是泛函整体最大的极值曲线。

2. 如果主子式$|\tilde{H}_1|\leq 0, |\tilde{H}_2|\geq 0$（这等价于$H$是半负定的），则$F$是凹的，$x(t)$是泛函局部最大的极值曲线。

3. 如果$|H_1|>0, |H_2|>0$（这等价于H是正定的），则F是严格凸的，$x(t)$是泛函整体最小的极值曲线。

4. 如果$|\tilde{H}_1|\geq 0, |\tilde{H}_2|\geq 0$（这等价于$H$是半正定的），则$F$是凸的，$x(t)$是泛函局部最小的极值曲线。

注意：

（1）F的凸凹性都是F关于$(x,\dot{x})$的凸凹性，即F关于$x,\dot{x}$两个函数的联合凸凹性，而不是分别对$x,\dot{x}$的凸凹性。F的凸凹性由其海赛矩阵的正负定来检验，或者说由其海赛行列式的顺序主子式与主子式来检验。

（2）**泛函极值的充分条件也可以表述为：** 如果泛函F关于$x,\dot{x}$两个函数是联合凹的，则由欧拉方程、边界条件、横截条件组成的必要条件对泛函极大值来说也是充分的；如果泛函F关于$x,\dot{x}$两个函数是联合凸的，则由欧拉方程、边界条件、横截条件组成的必要条件对泛函极小值来说也是充分的。

第二节
不同情形下的泛函极值

第一节已经较为详细地讨论了泛函极值的求解问题，不仅给出了求解使用的所有基础性概念，而且，推导了泛函极值的必要条件和充分条件。有了这些基础，本节的内容就比较简单了，可以不加推导直接给出各种问题及相应的求解方法。

一、欧拉方程的不同形式

（一）原始欧拉方程的变种

形如（5-19）的欧拉方程还可以推导成其他形式

1. 欧拉方程的积分形式

$$F_{\dot{x}}[t, x^*(t), \dot{x}^*(t)] = \int_0^T F_x[t, x^*(t), \dot{x}^*(t)] dt \qquad (5-27)$$

2. 欧拉方程的二阶微分方程形式

$$F_x = F_{\dot{x}t} + F_{\dot{x}x} \cdot \dot{x} + F_{\dot{x}\dot{x}} \cdot \ddot{x} \qquad (5-28)$$

3. 欧拉方程的全微分形式

$$\frac{d[F(t, x^*, \dot{x}^*) - \dot{x}^* F_{\dot{x}}(t, x^*, \dot{x}^*)]}{dt} = F_t(t, x^*, \dot{x}^*) \qquad (5-29)$$

(二) 特殊泛函下的欧拉方程

前面给出的瞬时目标函数 $F[t, x(t), \dot{x}(t)]$ 是一般化的,它的宗量包括 t, $x(t), \dot{x}(t)$,比较全面,但有时会遇到一些特殊的瞬时目标函数,这些特殊目标函数也有欧拉方程。

1. 若目标函数为 $F[t, \dot{x}(t)]$,则欧拉方程为

$$F_{\dot{x}}[t, \dot{x}^*(t)] = c, \ c \text{ 为常数}$$

或

$$\frac{dF_{\dot{x}}[t, \dot{x}^*(t)]}{dt} = 0 \qquad (5-30)$$

2. 若目标函数为 $F[t, x(t)]$ 或 $F[x(t)]$,则欧拉方程为

$$F_x[t, x^*(t)] = 0 \text{ 或 } F_x[x^*(t)] = 0 \qquad (5-31)$$

3. 若目标函数为 $F[\dot{x}(t)]$,则欧拉方程为

$$F_{\dot{x}\dot{x}} \cdot \ddot{x} = 0 \qquad (5-32)$$

4. 若目标函数为 $F[x(t), \dot{x}(t)]$,则欧拉方程为

$$F_{\dot{x}x} \cdot \dot{x} + F_{\dot{x}\dot{x}} \cdot \ddot{x} - F_x = 0 \text{ 或 } F - F_{\dot{x}} \cdot \dot{x} = c, \ c \text{ 为常数} \qquad (5-33)$$

5. 若目标函数 F 是 $\dot{x}$ 的线性函数,即 $F = A(t, x) + B(t, x) \cdot \dot{x}$,则欧拉方程为

$$A_x = B_t \qquad (5-34)$$

二、多变量下的欧拉方程

假设问题为

$$\max \int_0^T F[t, x_1, x_2, \cdots, x_n; \dot{x}_1, \dot{x}_2, \cdots \dot{x}_n] dt$$

$$s.t \quad x_i(0) = x_{i0}, x_i(T) = x_{iT}, i = 1, 2, \cdots, n \qquad (5-35)$$

这是 n 元泛函固定端点的泛函极值问题,其必要条件为一个欧拉方程组

$$F_{x_1} = \frac{dF_{\dot{x}_1}}{dt}, F_{x_2} = \frac{dF_{\dot{x}_2}}{dt}, \cdots\cdots, F_{x_n} = \frac{dF_{\dot{x}_n}}{dt}, \text{对于所有 } t \in [0, T] \quad (5-36)$$

这个方程组是把每一个函数或变量 x_i 单独处理,即将 x_i 以外的 $n-1$ 个变量都作为不变的,将 F 看成只是 x_i 的泛函进行求解。

多元泛函情况下边界条件发生了变化:现在有 n 个状态变量,对应的有 n 对即 $2n$ 个初始条件和终结条件,这 n 个欧拉方程和 $2n$ 个边界条件确定解(即极值曲线):$x_1^*(t), x_2^*(t), \cdots\cdots, x_n^*(t)$。

注意,这种情况下不能直接将公式 $F_x = F_{\dot{x}t} + F_{\dot{x}x} \cdot \dot{x} + F_{\dot{x}\dot{x}} \cdot \ddot{x}$ 进行推广。请看下面的问题

$$\max \int_0^T F[t, x(t), y(t), \dot{x}(t), \dot{y}(t)] dt$$

边界条件 $\quad x(0) = x_0, x(T) = x_T; y(0) = y_0, y(T) = y_T \quad (5-37)$

欧拉方程组为:对于所有 $t \in [0, T]$,有

$$\begin{aligned} F_{\dot{x}\dot{x}}\ddot{x} + F_{\dot{y}\dot{x}}\ddot{y} + F_{x\dot{x}}\dot{x} + F_{y\dot{x}}\dot{y} + F_{t\dot{x}} - F_x &= 0 \\ F_{\dot{y}\dot{y}}\ddot{y} + F_{\dot{x}\dot{y}}\ddot{x} + F_{xy}\dot{x} + F_{y\dot{y}}\dot{y} + F_{t\dot{y}} - F_y &= 0 \end{aligned} \quad (5-38)$$

边界条件为

$$x^*(0) = x_0, x^*(T) = x_T; y^*(0) = y_0, y^*(T) = y_T$$

从上面的分析看到,尽管都是同一问题的欧拉方程(即不同形式的欧拉方程),但(5-19)可以直接套用多元情形,形成(5-36),(5-28)则不能直接套用多元情形,(5-38)的形式与(5-28)差别很大。

三、可变端点下的泛函极值

前面的变分问题都给出了起点和终点的条件,包括时间和状态,因此,它们属于**固定端点**的变分问题,但很多情况下,端点并不都是固定的,经常有可变端点的问题。现在就开始探讨端点可变的条件下如何求泛函极值。

起点或终点是可变的,这相当于少了一个边界条件,为了能够在众多曲线中确定极值曲线,就要添加一个横截条件,弥补缺少一个边界条件所造成的空白。

可变端点的变分问题与固定端点的变分问题相比,差别并不大。欧拉方程是相同的,给定的对应边界条件也是相同的,差别只在于可变的那个端点,填

补一个横截条件就可以了。

下面给出一个一般化的模型

$$\max(\min) \int_{t_1}^{t_2} F[t, x(t), \dot{x}(t)] dt \tag{5-39}$$

它在具体情况下只是边界条件不同,因此,各种情形下最优化的必要条件只相差边界条件和横截条件。接下来,我们只给出各种情形下最优化的必要条件,尤其是边界条件和横截条件。表述还是简化的,不包括推导。

为了表示可变的端点,设 t_1 为起点时刻,t_2 为终点时刻,则 $x(t_1)$,$x(t_2)$ 分别表示起点状态和终点状态。

1. t_1, t_2 固定,$x(t_1), x(t_2)$ 可变。由于起点状态和终点状态都不固定,最优化的必要条件中没有边界条件,只有横截条件,因此,泛函极值的必要条件为:极值曲线 $x^*(t)$ 满足欧拉方程

$$\frac{\partial F(t, x^*, \dot{x}^*)}{\partial x} = \frac{dF_{\dot{x}}(t, x^*, \dot{x}^*)}{dt}$$

及横截条件

$$\left.\frac{\partial F(t, x^*, \dot{x}^*)}{\partial \dot{x}}\right|_{t=t_1} = 0, \quad \left.\frac{\partial F(t, x^*, \dot{x}^*)}{\partial \dot{x}}\right|_{t=t_2} = 0 \tag{5-40}$$

2. $t_1, t_2, x(t_1) = x_1$ 固定,$x(t_2)$ 可变

泛函极值的必要条件是:极值曲线 $x^*(t)$ 满足欧拉方程

$$\frac{\partial F(t, x^*, \dot{x}^*)}{\partial x} = \frac{dF_{\dot{x}}(t, x^*, \dot{x}^*)}{dt}$$

及边界条件与横截条件

$$x^*(t_1) = x_1, \quad \left.\frac{\partial F(t, x^*, \dot{x}^*)}{\partial \dot{x}}\right|_{t=t_2} = 0 \tag{5-41}$$

3. $t_1, t_2, x(t_2) = x_2$ 固定,$x(t_1)$ 可变。泛函极值的必要条件是:极值曲线 $x^*(t)$ 满足欧拉方程

$$\frac{\partial F(t, x^*, \dot{x}^*)}{\partial x} = \frac{dF_{\dot{x}}(t, x^*, \dot{x}^*)}{dt}$$

及边界条件与横截条件

$$x^*(t_2) = x_2, \quad \left.\frac{\partial F(t, x^*, \dot{x}^*)}{\partial \dot{x}}\right|_{t=t_1} = 0 \tag{5-42}$$

4. $t_1, x(t_1) = x_1$ 固定,$t_2, x(t_2)$ 可变。泛函极值的必要条件是:极值曲线 $x^*(t)$ 满足欧拉方程

$$\frac{\partial F(t,x^*,\dot{x}^*)}{\partial x} = \frac{dF_{\dot{x}}(t,x^*,\dot{x}^*)}{dt}$$

及边界条件与横截条件

$$\left(F(t,x^*,\dot{x}^*) - \dot{x}^*\frac{\partial F(t,x^*,\dot{x}^*)}{\partial \dot{x}}\right)\bigg|_{t=t_2} = 0$$

$$x^*(t_1) = x_1, \quad \frac{\partial F(t,x^*,\dot{x}^*)}{\partial \dot{x}}\bigg|_{t=t_2} = 0 \qquad (5-43)$$

5. $t_2, x(t_2) = x_2$ 固定，$t_1, x(t_1)$ 可变。泛函极值的必要条件是：极值曲线 $x^*(t)$ 满足欧拉方程

$$\frac{\partial F(t,x^*,\dot{x}^*)}{\partial x} = \frac{dF_{\dot{x}}(t,x^*,\dot{x}^*)}{dt}$$

及边界条件与横截条件

$$\left(F(t,x^*,\dot{x}^*) - \dot{x}^*\frac{\partial F(t,x^*,\dot{x}^*)}{\partial \dot{x}}\right)\bigg|_{t=t_1} = 0$$

$$x^*(t_2) = x_2, \quad \frac{\partial F(t,x^*,\dot{x}^*)}{\partial \dot{x}}\bigg|_{t=t_1} = 0 \qquad (5-44)$$

6. $t_1, x(t_1) = x_1$ 固定，t_2 可变，$x(t_2)$ 受约束，即 $x(t_2) = \Phi(t_2)$。

$x(t_2) = \Phi(t_2)$ 的含义是终点状态 $x(t_2)$ 受终点边界线 $\Phi(t_2)$ 的约束，在 $t=t_2$ 时，必须有 $x(t_2) = \Phi(t_2)$。

泛函极值的必要条件是：极值曲线 $x^*(t)$ 满足欧拉方程

$$\frac{\partial F(t,x^*,\dot{x}^*)}{\partial x} = \frac{dF_{\dot{x}}(t,x^*,\dot{x}^*)}{dt}$$

及边界条件与横截条件

$$\left(F(t,x^*,\dot{x}^*) - (\dot{\Phi} - \dot{x}^*)\frac{\partial F(t,x^*,\dot{x}^*)}{\partial \dot{x}}\right)\bigg|_{t=t_2} = 0$$

$$x^*(t_1) = x_1, \quad x^*(t_2) = \Phi(t_2) \qquad (5-45)$$

7. $t_2, x(t_2) = x_2$ 固定，t_1 可变，$x(t_1)$ 受约束，即 $x(t_1) = \phi(t_1)$。

泛函极值的必要条件是：极值曲线 $x^*(t)$ 满足欧拉方程

$$\frac{\partial F(t,x^*,\dot{x}^*)}{\partial x} = \frac{dF_{\dot{x}}(t,x^*,\dot{x}^*)}{dt}$$

及边界条件与横截条件

$$\left(F(t,x^*,\dot{x}^*) - (\dot{\phi} - \dot{x}^*)\frac{\partial F(t,x^*,\dot{x}^*)}{\partial \dot{x}}\right)\bigg|_{t=t_1} = 0$$

$$x^*(t_2) = x_2, \quad x^*(t_1) = \phi(t_1) \tag{5-46}$$

8. 双变量可变端点的变分问题。

$$\max \int_0^T F[t, x(t), y(t), \dot{x}(t), \dot{y}(t)] dt$$

边界条件

$$x(0) = x_0, y(0) = y_0, T \text{ 给定}, \quad x(T), y(T) \text{可变} \tag{5-47}$$

泛函极值的必要条件是：极值曲线 $x^*(t)$、$y^*(t)$ 满足欧拉方程

$$\frac{\partial F(t, x^*, y^*, \dot{x}^*, \dot{y}^*)}{\partial x} = \frac{dF_{\dot{x}}(t, x^*, y^*, \dot{x}^*, \dot{y}^*)}{dt}$$

$$\frac{\partial F(t, x^*, y^*, \dot{x}^*, \dot{y}^*)}{\partial y} = \frac{dF_{\dot{y}}(t, x^*, y^*, \dot{x}^*, \dot{y}^*)}{dt} \tag{5-48}$$

及边界条件与横截条件

$$x^*(0) = x_0, y^*(0) = y_0$$

$$F_{\dot{x}}(t, x^*, y^*, \dot{x}^*, \dot{y}^*)\big|_{t=T} = 0$$

$$F_{\dot{y}}(t, x^*, y^*, \dot{x}^*, \dot{y}^*)\big|_{t=T} = 0 \tag{5-49}$$

四、泛函极值的角点问题

前面的变分问题中，一直假定函数 $x(t)$ 是连续可微的，但在现实中可能遇到 $x(t)$ 是分段光滑的曲线，即 $x(t)$ 在有限个点上连续但不可微，这样的点称为**角点**。下面考察极值曲线在角点应满足的条件，这样的条件称为**角点条件**，它也是必要条件的一部分。

所要研究的问题如下：

$$\max(\min) \int_{t_1}^{t_2} F[t, x(t), \dot{x}(t)] dt$$

边界条件为

$$x(t_1) = x_1, \quad x(t_2) = x_2$$

其中起点和端点都是固定的。$x^*(t)$ 是分段连续可微的，为简单起见，假定只有一个角点 $x(t_0)$。

泛函极值的必要条件是：分段连续可微的极值曲线 $x^*(t)$ 满足欧拉方程

$$\frac{\partial F(t, x^*, \dot{x}^*)}{\partial x} = \frac{dF_{\dot{x}}(t, x^*, \dot{x}^*)}{dt}$$

及边界条件
$$x^*(t_1) = x_1, \quad x^*(t_2) = x_2$$

角点条件

$$\left(F(t, x^*, \dot{x}^*) - \dot{x}^* \frac{\partial F(t, x^*, \dot{x}^*)}{\partial \dot{x}} \right) \bigg|_{t = t_0^-}$$

$$= \left(F(t, x^*, \dot{x}^*) - \dot{x}^* \frac{\partial F(t, x^*, \dot{x}^*)}{\partial \dot{x}} \right) \bigg|_{t = t_0^+}$$

$$\frac{\partial F(t, x^*, \dot{x}^*)}{\partial \dot{x}} \bigg|_{t = t_0^-} = \frac{\partial F(t, x^*, \dot{x}^*)}{\partial \dot{x}} \bigg|_{t = t_0^+} \tag{5-50}$$

其中，t_0^- 是 t_0 的左极限值，t_0^+ 是 t_0 的右极限值。

（5-50）的两个角点条件又称为**威尔斯特拉斯 – 欧德曼**（Weierstrass – Erdmann）**条件**。这两个条件是针对具体的角点 $x(t_0)$ 的。如果有其它角点，也应该有针对那些角点的角点条件。

五、无限期界的泛函极值

宏观经济学的动态最优化经常涉及无限期界问题，所谓无限期界是指目标泛函积分中的上限是无穷大的，或者说，动态最优化考察的期限是无限大的。为了更靠近宏观经济学模型，设定问题为带贴现的动态最优化。

无限期界的问题为：

$$\max \int_0^\infty e^{-\rho t} F[x(t), \dot{x}(t)] dt \tag{5-51}$$

边界条件

$$x(0) = x_0$$

由于是无限期界，只能有一个端点固定。**瞬时目标函数是自治的**，即其中不显含时间 t。

无限期界问题首先要面对目标泛函的积分是否收敛。在（5-51）中有一个含正贴现率（$\rho > 0$）的贴现因子 $e^{-\rho t}$，如果 $F[x(t), \dot{x}(t)]$ 是有界的，则当 $t \to \infty$ 时，$e^{-\rho t} F[x(t), \dot{x}(t)]$ 收敛为 0。最优控制问题的自治性质有利于收敛的实现。因此，（5-51）的积分可以保证是收敛的，能够求出其最大值。此最优化问题可解。

泛函极值的必要条件的讨论类似本章第一节之问题四，也可以使用变分方法（而不是求导方法）推导欧拉方程。与本章第一节之问题四相比多一个贴现因子 $e^{-\rho t}$，在（5-22）右端被积函数中的两项都加上贴现因子 $e^{-\rho t}$

$$\delta J = \int_0^\infty \left[e^{-\rho t}\frac{\partial F}{\partial x}\delta x + e^{-\rho t}\frac{\partial F}{\partial \dot{x}}\delta \dot{x} \right] dt$$

$$= \int_0^\infty \left[e^{-\rho t}\frac{\partial F}{\partial x} - \frac{d(e^{-\rho t}\partial F/\partial \dot{x})}{dt} \right]\delta x\, dt + e^{-\rho t}\frac{\partial F}{\partial \dot{x}}\delta x \bigg|_{t=0}^{t=\infty} \quad (5-52)$$

其中第二个等式使用了分部积分公式 $\int_a^b uv'dx = uv\big|_a^b - \int_a^b vu'dx$，$u = u(x)$，$v = v(x)$，将 $e^{-\rho t}\frac{\partial F}{\partial \dot{x}}$ 看成 u。

根据（5-15）可知，泛函极值的必要条件是一阶变分为 0，即

$$\int_0^\infty \left[e^{-\rho t}\frac{\partial F}{\partial x} - \frac{d(e^{-\rho t}\partial F/\partial \dot{x})}{dt} \right]\delta x\, dt + e^{-\rho t}\frac{\partial F}{\partial \dot{x}}\delta x \bigg|_{t=0}^{t=\infty} = 0 \quad (5-53)$$

因 δx 可以任意取值，则（5-53）成立要求其中的

$$e^{-\rho t}\frac{\partial F}{\partial x} - \frac{d(e^{-\rho t}\partial F/\partial \dot{x})}{dt} = 0$$

$$e^{-\rho t}\frac{\partial F}{\partial \dot{x}}\delta x \bigg|_{t=0}^{t=\infty} = 0 \quad (5-54)$$

（5-54）的第一个方程整理为**无限期界下的欧拉方程**

$$\frac{\partial F(x^*, \dot{x}^*)}{\partial x} = -\rho\frac{\partial F(x^*, \dot{x}^*)}{\partial \dot{x}} + \frac{\partial^2 F(x^*, \dot{x}^*)}{\partial \dot{x} \partial \dot{x}}\ddot{x}^* + \frac{\partial^2 F(x^*, \dot{x}^*)}{\partial \dot{x} \partial x}\dot{x}^*$$

或

$$F_x = -\rho F_{\dot{x}} + F_{\dot{x}\dot{x}} \cdot \ddot{x}^* + F_{\dot{x}x} \cdot \dot{x}^* \quad (5-55)$$

（5-54）的第二个方程为**无限期界下的横截条件**

$$e^{-\rho t}\frac{\partial F}{\partial \dot{x}}\delta x \bigg|_{t=0}^{t=\infty} = e^{-\rho t}\frac{\partial F}{\partial \dot{x}}\delta x \bigg|_{t=\infty} - e^{-\rho t}\frac{\partial F}{\partial \dot{x}}\delta x \bigg|_{t=0} = 0 \quad (5-56)$$

由于起点固定，起点不存在偏离，也就是说起点的变分为零，即 $\delta x(0) = 0$，但横截条件 $e^{-\rho t}\frac{\partial F}{\partial \dot{x}}\delta x \big|_{t=0} = 0$ 退化为边界条件 $x^*(0) = x_0$。$e^{-\rho t}\frac{\partial F}{\partial \dot{x}}\delta x \big|_{t=\infty} = 0$ 则因贴现因子的存在自动成立，不管 $\frac{\partial F}{\partial \dot{x}}\delta x \big|_{t=\infty}$ 为何值，也就是说，没有由此得到横截条件，这样，边界条件和横截条件总共一个，仅靠起点的边界条件 $x^*(0) = x_0$ 并不能确定哪条曲线为极值曲线 $x^*(t)$，需要补充一个条件。

考虑动态系统的稳定状态，这是我们在动态系统理论如微分方程和差分方程中使用的稳定状态。设稳定状态为 $\bar{x}$，$\bar{x}$ 为一个常数，它是最优状态曲线的收敛值，即当 $t \to \infty$ 时，有

$$\lim_{t \to \infty} x^*(t) = \bar{x}$$

则系统是稳定的。在稳定状态下，尽管时间还在变化，但系统状态保持在 $\bar{x}$ 水平不变，这类似一个给定的终点状态，最优控制问题的自治性质有利于稳定状态的实现。即使不把稳定状态看成给定的终点条件，至少可以代替终点条件，这正是横截条件发挥的作用，因此，可以将 $\lim_{t \to \infty} x^*(t) = \bar{x}$ 看成横截条件。下面就是求这个 $\bar{x}$。$x^*(t)$ 从不同曲线中得到，而 $\bar{x}$ 从不同时点的 $x^*(t)$ 得到。

$x^*(t) = \bar{x}$ 时，$\dot{x}^* = \dot{\bar{x}} = 0, \ddot{x}^* = \ddot{\bar{x}} = 0$，将这些代入（5-55）及 $F[x(t), \dot{x}(t)]$，得

$$F_x(\bar{x}, 0) = -\rho F_{\dot{x}}(\bar{x}, 0) \tag{5-57}$$

解（5-57），可得 $\bar{x}$。

归纳一下，**无限期界的泛函极值的必要条件**是：极值曲线 $x^*(t)$ 满足欧拉方程

$$\frac{\partial F(x^*, \dot{x}^*)}{\partial x} = -\rho \frac{\partial F(x^*, \dot{x}^*)}{\partial \dot{x}} + \frac{\partial^2 F(x^*, \dot{x}^*)}{\partial \dot{x} \partial \dot{x}} \ddot{x}^* + \frac{\partial^2 F(x^*, \dot{x}^*)}{\partial \dot{x} \partial x} \dot{x}^*$$

或

$$F_x = -\rho F_{\dot{x}} + F_{\dot{x}\dot{x}} \cdot \dot{x}^* + F_{\dot{x}x} \cdot \ddot{x}^*$$

及边界条件与横截条件

$$x^*(0) = x_0, \quad \lim_{t \to \infty} x^*(t) = \bar{x}$$

六、有约束的泛函极值

前面的变分问题也存在约束，如初始条件和终结条件，但这种情形被看成是**无约束的泛函极值问题**。现在增加描述状态变量行为的约束，类似静态最优化中的约束最优化。这种情形称为**有约束的泛函极值问题**。

考虑单变量、固定端点、等式约束的简单情形

$$\max \int_0^T F[t, x(t), \dot{x}(t)] dt$$
$$s.t \quad g[t, x(t), \dot{x}(t)] = c$$
$$x(0) = x_0, x(T) = x_T$$

同静态最优化一样，求解有约束的最优化要构造拉格朗日（被积）函数

$$L = F(t, x, \dot{x}) + \lambda(t)[c - g(t, x, \dot{x})]$$

将上式代入原来的目标泛函，形成一个新的泛函极值问题

$$\max \int_0^T L[t, x, \dot{x}, \lambda] dt \qquad (5-58)$$

边界条件为

$$x(0) = x_0, x(T) = x_T$$

这相当于一个新的泛函极值问题,其中 λ 看成是附加状态变量。

泛函极值的必要条件为:极值曲线 $x^*(t)$ 与附加变量 $\lambda(t)$ 满足欧拉方程

$$L_x(t, x^*, \dot{x}^*, \lambda) = \frac{dL_{\dot{x}}(t, x^*, \dot{x}^*, \lambda)}{dt}$$

$$L_\lambda(t, x^*, \dot{x}^*, \lambda) = \frac{dL_{\dot{\lambda}}(t, x^*, \dot{x}^*, \lambda)}{dt} \qquad (5-59)$$

边界条件

$$x^*(0) = x_0, x^*(T) = x_T \qquad (5-60)$$

由于 $L(t, x, \dot{x}^*, \lambda)$ 不显含 $\dot{\lambda}$,所以,

$$L_{\dot{\lambda}}(t, x^*, \dot{x}^*, \lambda) = 0, \frac{dL_{\dot{\lambda}}(t, x^*, \dot{x}^*, \lambda)}{dt} = 0$$

因此,(5-59)第二个方程变为

$$L_\lambda(t, x^*, \dot{x}^*, \lambda^*) = 0 \text{ 或 } c - g(t, x^*, \dot{x}^*) = 0 \qquad (5-61)$$

附录一:用求导方法推导欧拉方程

令 $x(t) = x^*(t) + \varepsilon u(t)$,则 $\dot{x}(t) = \dot{x}^*(t) + \varepsilon \dot{u}(t)$,其中 $x^*(t)$ 是已知的极值曲线,$u(t)$ 是一个任意函数,将其放在 $x(t)$ 中,相对于极值曲线 $x^*(t)$,$u(t)$ 是一条扰动曲线,表示 $x(t)$ 对 $x^*(t)$ 的偏离程度,并令 $u(0) = u(T) = 0$。ε 是很小的数,当它为零时,$x(t)$ 就是极值曲线,即 $x(t) = x^*(t)$。

根据上述假定,有

$$J(\varepsilon) = \int_0^T F[t, x(t), \dot{x}(t)] dt$$

$$= \int_0^T F[t, x^*(t) + \varepsilon u(t), \dot{x}^*(t) + \varepsilon \dot{u}(t)] dt$$

由于 $x^*(t)$ 是已知的极值曲线,仅当 $\left.\dfrac{dJ(\varepsilon)}{d\varepsilon}\right|_{\varepsilon=0} = 0$ 成立,泛函 $J(\varepsilon)$ 才有最优值,即

$$\frac{dJ(\varepsilon)}{d\varepsilon} = \int_0^T \frac{\partial F}{\partial \varepsilon} dt = \int_0^T \left(\frac{\partial F}{\partial x} \cdot \frac{dx}{d\varepsilon} + \frac{\partial F}{\partial \dot{x}} \cdot \frac{d\dot{x}}{d\varepsilon} \right) dt$$

$$= \int_0^T [F_x u(t) + F_{\dot{x}} \dot{u}(t)] dt = 0$$

利用分部积分公式 $\int_a^b yz'dx = yz\big|_a^b - \int_a^b zy'dx$（其中 $y = y(x), z = z(x)$），有

$$\int_0^T F_{\dot{x}} \dot{u}(t) dt = F_{\dot{x}} u(t)\big|_0^T - \int_0^T u(t) \cdot \frac{dF_{\dot{x}}}{dt} dt$$

其中由于 $u(0) = u(T) = 0$，$F_{\dot{x}} u(t)\big|_0^T = 0$，则

$$\int_0^T F_{\dot{x}} \dot{u}(t) dt = -\int_0^T u(t) \cdot \frac{dF_{\dot{x}}}{dt} dt$$

将上式代入 $\int_0^T F_x u(t) dt + \int_0^T F_{\dot{x}} \dot{u}(t) dt = 0$，得

$$\int_0^T F_x u(t) dt - \int_0^T u(t) \cdot \frac{dF_{\dot{x}}}{dt} dt = \int_0^T u(t) \left[F_x - \frac{dF_{\dot{x}}}{dt} \right] dt = 0$$

由于 $u(t)$ 是任意的，只有 $\left[F_x - \frac{dF_{\dot{x}}}{dt} \right]$ 关于极值曲线对于 t 的每一个值都为零时，$\int_0^T u(t) \left[F_x - \frac{dF_{\dot{x}}}{dt} \right] dt = 0$ 才成立。所以，$F_x = \frac{dF_{\dot{x}}}{dt}$ 是 $x^*(t)$ 为极值曲线的必要条件。

附录二：矩阵的主子式与顺序主子式

主子式与顺序主子式是判断静态最优化和动态最优化二阶条件（充分条件）的工具，在高级宏观经济学中被广泛地应用。

1. $n \times n$ 矩阵 $A \equiv [a_{ij}]$ 的顺序主子式。设

$$|H_k| = \begin{vmatrix} a_{11} & a_{12} & \cdots & a_{1k} \\ a_{21} & a_{22} & \cdots & a_{2k} \\ a_{31} & a_{32} & \cdots & a_{3k} \\ \vdots & \vdots & \vdots & \vdots \\ a_{k1} & a_{k2} & \cdots & a_{kk} \end{vmatrix}, \quad k = 1, 2, \cdots, n$$

行列式 $|H_1|, |H_2|, \cdots, |H_k|$ 称为 A 的顺序主子式。

2. $n \times n$ 矩阵 $A \equiv [a_{i_m i_n}]$ 的主子式：给定 A，我们可以定义下列 $k \times k$ 行列式：

定义方法一：

$$|\widetilde{H}_k| = \begin{vmatrix} a_{i_1 i_1} & a_{i_1 i_2} & \cdots & a_{i_1 i_k} \\ a_{i_2 i_1} & a_{i_2 i_2} & \cdots & a_{i_2 i_k} \\ \vdots & \vdots & \vdots & \vdots \\ a_{i_k i_1} & a_{i_k i_2} & \cdots & a_{i_k i_k} \end{vmatrix}, \quad 1 \leq i_1 < i_2 < \cdots < i_k \leq n$$

行列式 $|\widetilde{H}_k|$ 称为 $A \equiv [a_{mn}]$ 的 k 阶主子式。

3. $|\widetilde{H}_k|$ **的组合方式。** 给定与 n 阶矩阵 $A \equiv [a_{ij}]$ 对应的 n 阶行列式

$$|H| = \begin{vmatrix} a_{11} & a_{12} & \cdots & a_{1n} \\ a_{21} & a_{22} & \cdots & a_{2n} \\ \vdots & \vdots & \vdots & \vdots \\ a_{n1} & a_{n2} & \cdots & a_{nn} \end{vmatrix}$$

$|\widetilde{H}_k|$ 的主对角线是由 H 的主对角线上任意 k 个元素的不同组合构成的，其余的元素与主对角线元素对应。

4. $|\widetilde{H}_k|$ **的数量。** 如果行列式是主子式 $|\widetilde{H}_k|$ ($k=1,2,\cdots,n$)，则其数量为

$$C_k^n = \frac{n!}{k!(n-k)!}$$

判断矩阵正负定的定理： 令 A 是一个二次型为 $f(x) \equiv x^T A x$ 的 $n \times n$ 对称矩阵，那么：

(1) 当且仅当 $|H_1| > 0, |H_2| > 0, |H_3| > 0, \cdots, |H_n| > 0$，$A$ 是正定的。

(2) 当且仅当 $|H_1| < 0, |H_2| > 0, |H_3| < 0, \cdots, (-1)^n |H_n| > 0$，$A$ 是负定的。

(3) 当且仅当 $|\widetilde{H}_1| \geq 0, |\widetilde{H}_2| \geq 0, |\widetilde{H}_3| \geq 0, \cdots, |\widetilde{H}_n| \geq 0$，$A$ 是半正定的。

(4) 当且仅当 $|\widetilde{H}_1| \leq 0, |\widetilde{H}_2| \geq 0, |\widetilde{H}_3| \leq 0, \cdots, (-1)^n |\widetilde{H}_n| \geq 0$，$A$ 是半负定的。

注意： 定理(3)与(4)中的 $|\widetilde{H}_1|, |\widetilde{H}_2|, |\widetilde{H}_3|, \cdots, |\widetilde{H}_n|$，每个 $|\widetilde{H}_k|$ 都有 $C_k^n = \frac{n!}{k!(n-k)!}$ 个 ($k=1,2,\cdots,n$)，这 $C_k^n = \frac{n!}{k!(n-k)!}$ 个 $|\widetilde{H}_k|$ 必须都符合定理中的条件。

附录三：海赛矩阵与海赛行列式

(一) 海赛矩阵和海赛行列式

海赛矩阵和海赛行列式：如果 f 在点 x^0 二次可微，对所有 i 和 j，$\partial f(x^0)/x_i$ 和 $\partial^2 f(x^0)/\partial x_i \partial x_j$ 都存在，则矩阵

$$H = \begin{bmatrix} \dfrac{\partial^2 f(x^0)}{\partial x_1^2} & \dfrac{\partial^2 f(x^0)}{\partial x_1 \partial x_2} & \cdots & \dfrac{\partial^2 f(x^0)}{\partial x_1 \partial x_n} \\ \dfrac{\partial^2 f(x^0)}{\partial x_2 \partial x_1} & \dfrac{\partial^2 f(x^0)}{\partial x_2^2} & \cdots & \dfrac{\partial^2 f(x^0)}{\partial x_2 \partial x_n} \\ \vdots & \vdots & \vdots & \vdots \\ \dfrac{\partial^2 f(x^0)}{\partial x_n \partial x_1} & \dfrac{\partial^2 f(x^0)}{\partial x_n \partial x_2} & \cdots & \dfrac{\partial^2 f(x^0)}{\partial x_n^2} \end{bmatrix}$$

称作 f 在 x^0 点的**海赛矩阵**，对应的行列式

$$|H| = \begin{vmatrix} \dfrac{\partial^2 f(x^0)}{\partial x_1^2} & \dfrac{\partial^2 f(x^0)}{\partial x_1 \partial x_2} & \cdots & \dfrac{\partial^2 f(x^0)}{\partial x_1 \partial x_n} \\ \dfrac{\partial^2 f(x^0)}{\partial x_2 \partial x_1} & \dfrac{\partial^2 f(x^0)}{\partial x_2^2} & \cdots & \dfrac{\partial^2 f(x^0)}{\partial x_2 \partial x_n} \\ \vdots & \vdots & \vdots & \vdots \\ \dfrac{\partial^2 f(x^0)}{\partial x_n \partial x_1} & \dfrac{\partial^2 f(x^0)}{\partial x_n \partial x_2} & \cdots & \dfrac{\partial^2 f(x^0)}{\partial x_n^2} \end{vmatrix}$$

被称为**海赛行列式**。

(二) 海赛行列式作为最优化的二阶条件

给定目标函数 $y = f(x_1, x_2, \cdots, x_n)$ 的最优化问题，它的海赛行列式为

$$|H| = \begin{vmatrix} f_{11} & f_{12} & \cdots & f_{1n} \\ f_{21} & f_{22} & \cdots & f_{2n} \\ \vdots & \vdots & \vdots & \vdots \\ f_{n1} & f_{n2} & \cdots & f_{nn} \end{vmatrix}$$

1. 如果海赛行列式的顺序主子式都大于零，即

$$|H_1| > 0, |H_2| > 0, |H_3| > 0, \cdots, |H_n| > 0$$

则函数 $y = f(x_1, x_2, \cdots, x_n)$ 有全局最小值。

2. 如果海赛行列式的顺序主子式从负开始正负交替，即

$$|H_1|<0, |H_2|>0, |H_3|<0, \cdots, (-1)^n|H_n|>0$$

则函数 $y = f(x_1, x_2, \cdots, x_n)$ 有全局最大值。

3. 如果海赛行列式的主子式都非负，即

$$|\widetilde{H}_1|\geq 0, |\widetilde{H}_2|\geq 0, |\widetilde{H}_3|\geq 0, \cdots, |\widetilde{H}_n|\geq 0$$

则函数 $y = f(x_1, x_2, \cdots, x_n)$ 有局部极小值。

4. 如果海赛行列式的主子式从非负开始非负非正交替

$$|\widetilde{H}_1|\leq 0, |\widetilde{H}_2|\geq 0, |\widetilde{H}_3|\leq 0, \cdots, (-1)^n|\widetilde{H}_n|\geq 0$$

则函数 $y = f(x_1, x_2, \cdots, x_n)$ 有局部极大值。

注意： 定理中的 $|\widetilde{H}_1|, |\widetilde{H}_2|, |\widetilde{H}_3|, \cdots, |\widetilde{H}_n|$，每个 $|\widetilde{H}_k|$ 都有 $C_k^n = \frac{n!}{k!(n-k)!}$ 个（$k = 1, 2, \cdots\cdots, n$），这 $C_k^n = \frac{n!}{k!(n-k)!}$ 个 $|\widetilde{H}_k|$ 都必须符合定理中的条件。

(三) 用海赛行列式判断函数的凸凹性

令 f 是定义在 R^n 中的开集 X 上的一个连续的二次可微函数，$|H_k|, |\widetilde{H}_k|$（$k = 1, 2, \cdots, n$）分别是其海赛矩阵的顺序主子式与主子式。

1. 当且仅当对所有 $x \in X$

$$|\widetilde{H}_1|\leq 0, |\widetilde{H}_2|\geq 0, |\widetilde{H}_3|\leq 0, \cdots, (-1)^n|\widetilde{H}_n|\geq 0$$

则函数 f 是凹的。

2. 如果对所有 $x \in X$

$$|H_1|<0, |H_2|>0, |H_3|<0, \cdots, (-1)^n|H_n|>0$$

则函数 f 是严格凹的。

3. 当且仅当对所有 $x \in X$

$$|\widetilde{H}_1|\geq 0, |\widetilde{H}_2|\geq 0, |\widetilde{H}_3|\geq 0, \cdots, |\widetilde{H}_n|\geq 0$$

则函数 f 是凸的。

4. 如果对所有 $x \in X$

$$|H_1|>0, |H_2|>0, |H_3|>0, \cdots, |H_n|>0$$

则函数 f 是严格凸的。

第六章

最优控制论

本章主要介绍动态最优化模型所使用的最优控制论,经济学所说的最优控制论在数学中被称为"极大值原理"或"极小值原理"。数学将经济学所说的所有动态最优化理论(变分法、最优控制论、动态规划、线性二次型动态最优化等)统称为最优控制论。两学科在概念使用上存在差别,但经济学所使用的动态最优化理论来自数学。本书仍然遵循经济学的说法。

第一节介绍最优控制论的基本原理,包括必要条件、充分条件、经济学求解最优控制问题的方法,第二节是不同边界条件的最优控制问题的解法,第三节讨论了经济学使用的最优控制论的具体情形,第四节是有约束的最优控制问题,也属于最优控制论的扩展,第五节介绍离散系统的最优控制论。

第一节
最优控制问题及其解法

一、最优控制问题:变分法与极大值原理

(一)最优控制问题

第五章的变分法主要是寻求状态变量的最优时间路径,因为,在积分形式

的目标泛函中只有状态变量 $x(t)$ 和它对时间 t 的导数 $\dot{x}(t)$，没有控制变量，因此，它只是一个动态最优化问题，不是最优控制问题。将（5-14）目标泛函中的 $\dot{x}(t)$ 换成 $u(t)$，目标泛函就成为最优控制的目标泛函了。

一个最优控制问题大体上具有如下结构

$$\max \int_0^T f[x(t), u(t), t] dt \tag{6-1}$$

$$s.t \quad \dot{x} = g[x(t), u(t), t] \tag{6-2}$$

$$x(0) = x_0, x(T) = x_T$$

与第五章给出的动态最优化问题相比，最优控制问题具有如下特点：

1. 目标泛函中出现了控制变量 $u(t)$，它已经成为最优控制问题了。最优控制问题就是选择控制变量的最优时间路径，使目标函数最大。同时也决定状态变量的最优时间路径 $x^*(t)$，而变分法直接寻求状态变量的最优时间路径。

2. 既然控制变量的作用之一是影响状态变量，那么，反映控制变量对状态变量影响的**状态方程或称状态转移方程**（6-2）的出现就是必然的了。$\dot{x}(t)$ 是状态变量的瞬时变化，它虽然没有直接给出下一个状态到底是什么（离散条件下可以做到这一点），但它表明了状态的变化方向和幅度，$\dot{x}(t)$ 可以理解成 Δx，只不过前者是瞬时的改变量。状态转移方程体现了控制变量对状态变量及其变化的影响，此外，状态转移方程还反映了当前状态 $x(t)$ 和时间 t 对状态变化的影响。一般情况下，（6-2）是一个标准的状态转移方程，但也有一些特殊形式的状态转移方程，如 $\dot{x} = g[u(t)]$ 只是由控制变量决定状态转移，$\dot{x} = g[u(t), t]$ 则由控制变量和时间决定状态转移，$\dot{x} = g[x(t), u(t)]$ 由控制变量和当前状态决定状态转移。还可以有二阶微分方程表示的状态变化。一般情况下，状态转移方程应包含控制变量对状态变量的影响。

(二) 汉密尔顿函数及其含义

求解最优控制问题一般要建立汉密尔顿函数：

$$H[x(t), u(t), \lambda(t), t] = f[x(t), u(t), t] + \lambda(t) \cdot g[x(t), u(t), t]$$

或简写为

$$H(x, u, \lambda, t) = f(x, u, t) + \lambda(t) \cdot g(x, u, t) \tag{6-3}$$

其中，$x(t)$ 为状态变量，$u(t)$ 为控制变量，t 为时间，是独立变量，$\lambda(t)$ 称**为共态变量或协态变量**；$\dot{x} = g[x(t), u(t), t]$ 为状态转移方程，表示随着时间变化状态的变化。

对汉密尔顿函数应该明确以下几点认识：

1. 汉密尔顿函数定位在一个时点上，它是时刻 t 的瞬时目标泛函与 $\lambda(t)\cdot g(x,u,t)$ 之和。在最优控制问题中，控制变量的选择是最终的决定力量，时刻 t 的控制变量 $u(t)$ 的选择产生了两个影响：第一，决定了时刻 t 的瞬时目标泛函 $f[x(t),u(t),t]$；第二，通过状态转移方程（6-2）引起状态变量变化 $\dot{x}(t)$，状态改变量 $\dot{x}(t)$ 或 $g[x(t),u(t),t]$ 乘以影子价格 $\lambda(t)$，即 $\lambda(t)\dot{x}(t)$ 或 $\lambda(t)\cdot g(x,u,t)$ 就是时刻 t 的控制变量 $u(t)$ 的选择对下一时刻利益的贡献。控制变量 $u(t)$ 的影响是这两部分收益之和，**汉密尔顿函数大体上反映了控制变量对目标泛函的总的影响**。如果控制变量 $u(t)$ 作了最优选择 $u^*(t)$，则定义的汉密尔顿函数通过上述两个方面实现了最大化。瞬时目标泛函中的 $x(t)$ 是时刻 t 的状态，是前一时刻选择的控制变量决定的，在时刻 t 是已知的，瞬时目标泛函 $f[x(t),u(t),t]$ 是 $x(t)$ 与 $u(t)$ 共同决定的。

2. 有了汉密尔顿函数，积分形式的目标泛函的动态最优化似乎转化成了每个时点上的汉密尔顿函数的静态最优化序列，但是，这一问题仍具有动态性质，因为，如前所述，时刻 t 的控制变量的选择不仅影响时刻 t 的收益（目标泛函），而且影响以后的收益，它对未来收益的影响为 $\lambda(t)\dot{x}(t)$。由此看来，时刻 t 的控制变量的影响是跨期的，因而是动态的。

3. 在有约束的静态最优化中，由目标函数和约束条件构建了拉格朗日函数，问题从有约束的最优化转化为无约束的拉格朗日函数的最优化。汉密尔顿函数同样具有这种作用，它将有约束的泛函极值问题转化为无约束的汉密尔顿函数的极值问题。

有了汉密尔顿函数，就可以求最优控制问题了。

（三）变分法与极大值原理的差别

变分法与极大值原理都可以处理最优控制问题，但两者存在着差别。

1. 用变分法求解含有（6-1）、（6-2）的最优控制问题。假定 $f(x,u,t)$, $g(x,u,t)$ 关于其自变量都是二次连续可微的。该问题是确定最优控制路径 $u^*(t)$ 和最优状态路径 $x^*(t)$ 使目标泛函达到极大值。

建立汉密尔顿函数

$$H(t,x,u,\lambda) \equiv f(x,u,t) + \lambda(t)g(x,u,t)$$

该最大化问题的必要条件为：最优控制 $u^*(t)$、最优状态 $x^*(t)$ 及协态变量 $\lambda(t)$ 满足

（1）极值条件

$$\frac{\partial H(x^*, u^*, \lambda, t)}{\partial u} = 0 \qquad (6-4)$$

(2) 状态方程

$$\dot{x}^* = \frac{\partial H(x^*, u^*, \lambda, t)}{\partial \lambda} = g(x^*, u^*, t) \qquad (6-5)$$

(3) 欧拉方程

$$\dot{\lambda} = -\frac{\partial H(x^*, u^*, \lambda, t)}{\partial x} \qquad (6-6)$$

(4) 边界条件

$$x^*(0) = x_0, x^*(T) = x_T \qquad (6-7)$$

2. 使用极大值原理解最优控制问题。为了与变分法求解进行比较，设定端点固定，该问题为

$$\max \int_0^T f[x(t), u(t), t] dt \qquad (6-8)$$

$$s.t \quad \dot{x} = g[x(t), u(t), t] \qquad (6-9)$$

$$x(0) = x_0, x(T) = x_T$$

其中 $u(t)$ 称为容许控制，$u(t) \in \mathbb{R}$，$u(t)$ 为在**容许控制域** $\bar{U}$（可以看成函数 $u(t)$ 的值域）内取值的任意分段连续函数，状态变量 $x(t)$ 关于 t 是连续的且分段连续可导；假定 $f(x, u, t)$，$g(x, u, t)$ 关于其自变量都是连续的，关于 x, t 是连续可微的。该问题是在容许控制域 $\bar{U}$ 内找到一个最优容许控制 $u^*(t)$ 和最优状态 $x^*(t)$ 使目标泛函达到极大值。

建立汉密尔顿函数

$$H(t, x, u, \lambda) \equiv f(x, u, t) + \lambda(t) g(x, u, t)$$

该最大化问题的必要条件为：最优控制 $u^*(t)$、最优状态 $x^*(t)$ 及协态变量 $\lambda(t)$ 满足

(1) 极值条件

$$H(x^*, u^*, t, \lambda) \geqslant H(x^*, u, t, \lambda) \qquad (6-10)$$

(2) 状态方程

$$\dot{x}^* = \frac{\partial H(x^*, u^*, t, \lambda)}{\partial \lambda} = g(x^*, u^*, t) \qquad (6-11)$$

(3) 欧拉方程

$$\dot{\lambda} = -\frac{\partial H(x^*, u^*, t, \lambda)}{\partial x} \qquad (6-12)$$

(4) 边界条件

$$x^*(0) = x_0, x^*(T) = x_T \tag{6-13}$$

(6-10) 表明，当 $u(t) = u^*(t)$ 时，$u^*(t)$ 使汉密尔顿函数作为 $u(t)$ 的函数实现了最大化。(6-10) ~ (6-13) 被称为**最优控制问题的极大值原理**。注意，极大值原理是**最优控制的必要条件**而非充分条件。

对这两个问题的设定大体是相同的，尤其是端点条件是相同的，目的在于比较一下变分法与极大值原理这两种求解最优控制的方法。从 (6-4) ~ (6-7) 与 (6-10) ~ (6-13) 来看，这两种方法得到的最优控制的必要条件只相差极值条件，在变分法中极值条件为 (6-4) $\partial H/\partial u = 0$，而在极大值原理中，极值条件为 (6-10)

$$H(x^*, u^*, t, \lambda) \geqslant H(x^*, u, t, \lambda)$$

产生这一结果的原因如下，这些原因反映了变分法与极大值原理的不同，因此，我们顺便总结一下这两种求解最优控制方法的差别：

(1) 在变分法中，控制变量 $u(t)$ 是不受约束的，此时的容许控制域 $\bar{U}$ 是开集，且 $\bar{U} \subset \mathbb{R}$，即容许控制域 $\bar{U}$ 充满整个 $u(t)$ 可以取值的空间，这令汉密尔顿函数可以对 $u(t)$ 取驻点，即 $\partial H/\partial u = 0$；在极大值原理中，控制变量 $u(t)$ 是受约束的，此时的容许控制域 $\bar{U}$ 是闭集，这意味着最优控制可以是边界解（或称角点解），当 $u^*(t)$ 在边界点时，$u^*(t)$ 使汉密尔顿函数取极值的极值条件就不是 $\partial H/\partial u = 0$，而必须表示为 $H(t, x^*, u^*, \lambda) \geqslant H(x^*, u, t, \lambda)$。只有 $u^*(t)$ 在容许控制域 $\bar{U}$ 的内部，且汉密尔顿函数 $H(t, x, u, \lambda)$ 对 $u(t)$ 连续可微时，$\partial H/\partial u = 0$ 才是极值条件。然而，如果使用 $H(t, x^*, u^*, \lambda) \geqslant H(x^*, u, t, \lambda)$ 作为极值条件，它涵盖了 $u^*(t)$ 是边界点和内部的连续可微点等所有情况，具有一般意义，而 $\partial H/\partial u = 0$ 只是 $H(t, x^*, u^*, \lambda) \geqslant H(x^*, u, t, \lambda)$ 的一个特例。因此，当容许控制域 $\bar{U}$ 是闭集时，$u^*(t)$ 使汉密尔顿函数取极值的极值条件必须表述为涵盖所有情形的

$$H(t, x^*, u^*, \lambda) \geqslant H(x^*, u, t, \lambda)$$

(2) 在变分法中，$u^*(t)$ 使汉密尔顿函数取极大值，只是一个局部极值，$\partial H/\partial u = 0$ 这一条件表明 $u^*(t)$ 只是与它周围的 $u(t)$ 相比最优；在极大值原理中，$u^*(t)$ 使汉密尔顿函数取整体（或称全局）极大值，从而成为最大值，因为 $u(t)$ 取遍容许控制域内的所有点，$H(t, x^*, u^*, \lambda) \geqslant H(x^*, u, t, \lambda)$ 都成立。

(3) 在一般情况下，用变分法求最优控制问题要求目标泛函 $f(x, u, t)$ 和约束函数 $g(x, u, t)$ 关于其自变量都是二次连续可微的，用极大值原理求最优

控制问题要求目标泛函 $f(x,u,t)$ 和约束函数 $g(x,u,t)$ 关于其自变量 (x,u,t) 都是连续的，关于 x,t 是连续可微的。如果是自治最优控制问题，则要求 $f(x,u)$ 和 $g(x,u)$ 关于其自变量 (x,u) 是连续的，关于 x 是连续可微的。进一步可知，用变分法求最优控制问题要求汉密尔顿函数对控制变量 $u(t)$ 连续可微，用极大值原理求最优控制问题不要求汉密尔顿函数对控制变量 $u(t)$ 可微。当然，如果汉密尔顿函数对控制变量 $u(t)$ 可微，用极大值原理更可以求解。

同样，极大值原理要求状态变量 $x(t)$ 关于 t 是连续的且分段连续可导、控制变量 $u(t)$ 关于 t 分段连续，但是，如果 $x(t)$ 关于 t 整体（在定义域）连续可导、$u(t)$ 关于 t 整体连续，运用极大值原理也可以求解，正是由于这个原因，经济学常常假定 $x(t)$ 关于 t 整体连续可导、$u(t)$ 关于 t 整体连续。

(4) 用变分法求解比较简单，使用 $\partial H/\partial u = 0$ 求出最优控制就可以了，而极大值原理使用 $H(t,x^*,u^*,\lambda) \geq H(x^*,u,t,\lambda)$ 求解，可能要比较多个解，才能得到最优控制。

(5) 用变分法能处理的最优控制问题，用极大值原理也可以处理，因为，$H(t,x^*,u^*,\lambda) \geq H(x^*,u,t,\lambda)$ 涵盖了 $\partial H/\partial u = 0$ 的条件，但是，反过来，极大值原理能处理的问题并不是变分法都能解决的。

二、经济学中的最优控制论

以上是专业的最优控制理论教科书对最优控制问题的处理方法，这些比较专业的最优控制理论主要是针对并服务于工程技术方面的最优控制问题的，它注重实用性，如在它看来，极大值原理（或极小值原理）比变分法更有效，因为它对求解的条件要求不高，不需要汉密尔顿函数对控制变量 $u(t)$ 连续可微。变分法则因使用偏导数条件求解，能处理的实际问题很少。此外，在专业的教科书上看到的都是极小值原理，因为，在工程技术等实际问题中遇到的大多是求极小值情形。其实，前苏联数学家庞特里亚金（Pontryagin）等人最初提出的这个理论冠以"极大值原理"的名字。

经济学使用最优控制理论倾向于极大值原理，如蒋中一（1999）、高山晟（2001）等在最优控制论名称下向经济学界推介的都是极大值原理，这或许是因为受专业教科书的影响认为极大值原理适用范围较广，不仅能处理变分法能处理的所有问题，还能处理变分法不能处理的问题。

然而，**经济学实际使用的远不是严格意义上的极大值原理，以下情形值得关注：**

第一，经济学使用极大值原理的最简单情形，假定控制变量 $u(t)$ 不受约束，这已完全接近用变分法解最优控制问题了。

第二，经济学假定最优解 $u^*(t)$ 是容许控制域中的内点解，汉密尔顿函数对控制变量 $u(t)$ 连续可微，这令极值条件变成 $\partial H/\partial u = 0$，尽管容许控制域是闭集。

第三，即使是那些介绍极大值原理的经济数学教科书，它提供的例题也大多使用 $\partial H/\partial u = 0$ 作为极值条件。

总之，经济学家在做最优控制模型时实际使用的绝大多数都是 $\partial H/\partial u = 0$，这只要做个简单的假定就可以实现。使用 $\partial H/\partial u = 0$ 而不是（6-10）有一个技术上的原因，$\partial H/\partial u = 0$ 是等式，可以利用它直接求解，而（6-10）是不等式不利于直接求解。

青睐极值条件 $\partial H/\partial u = 0$ 的第二个原因是经济学一向钟情于数学模型的结构和逻辑优美，使用 $\partial H/\partial u = 0$ 求最优解能达成这个目标，它令最优解完全是从极值条件 $\partial H/\partial u = 0$ 推导出来的，从而给人逻辑严谨的感觉，而使用（6-10）则做不到这一点。经济学模型大多讲的是一个道理，具有定性性质，它可以不讲实际只练花拳绣腿，而工程技术上的最优控制解决的是实实在在的现实问题，求解要正确。

本书作为经济数学教科书是为学习高级宏观经济学和阅读有关文献提供数学知识，因此，要根据宏观经济学对最优控制理论的使用情况为最优控制论定位。

(一) **最优控制的必要条件**

一个典型的最优控制问题如下

$$\max \int_0^T f[x(t), u(t), t] dt \qquad (6-14)$$

$$s.t \quad \dot{x} = g[x(t), u(t), t]$$

$$T, x(0) = x_0 \text{ 给定}, x(T) \text{ 可变} \qquad (6-15)$$

其中容许控制域是闭集，但最优解 $u^*(t)$ 是容许控制域中的内点解；目标泛函 $f(x, u, t)$ 和约束函数 $g(x, u, t)$ 关于其自变量都是连续可微的。这个最优控制问题被称为**自由终结点问题**，因为，尽管 T 给定，但 $x(T)$ 可以自由选择。

该最优控制问题的必要条件可以陈述如下：最优控制 $u^*(t)$、最优状态 $x^*(t)$ 及协态变量 $\lambda(t)$ 满足

1. 极值条件

$$\frac{\partial H(x^*, u^*, \lambda, t)}{\partial u} = 0 \tag{6-16}$$

2. 状态方程

$$\dot{x}^* = \frac{\partial H(x^*, u^*, t, \lambda)}{\partial \lambda} = g(x^*, u^*, t) \tag{6-17}$$

3. 欧拉方程

$$\dot{\lambda} = -\frac{\partial H(x^*, u^*, t, \lambda)}{\partial x} \tag{6-18}$$

4. 边界条件与横截条件

$$x^*(0) = x_0, \lambda(T) = 0 \tag{6-19}$$

这显然是用极大值原理解最优控制问题，由此得到的（6-16）、（6-17）、（6-18）、（6-19）是最优化的必要条件，不是充分条件，充分条件需要另外给出。如果最优控制问题中的内点解条件不存在，则只要将（6-16）改成下式就可以了

$$H(t, x^*, u^*, \lambda) \geq H(x^*, u, t, \lambda)$$

另外，这里定义"经济学中的最优控制问题"的目的只是在变分法与极大值原理之间做一个区分，即说明经济学所用的最优控制论到底是变分法还是极大值原理。其实现在给出的"经济学中的最优控制问题"与经济学实际使用的最优控制问题还有些差距，如没有贴现因子，期限不是无限期界等，经济学实际使用的最优控制问题后面要逐步展开。

自由终结点问题的扩展

自由终结点问题可以扩展为：

$$\max \int_0^T f[x(t), u(t), t] dt$$
$$s.t \quad \dot{x} = g[x(t), u(t), t]$$
$$T, x(0) = x_0 \text{给定}, x(T) \text{可变}, x(T) \geq \bar{x}$$

其中 $\bar{x}$ 是常数，$x(T)$ 可以自由选择，但受到 $x(T) \geq \bar{x}$ 的约束。

这个最优控制问题的最优化必要条件与自由终结点问题相比，只相差横截条件，其余的必要条件都完全相同。

下面讨论横截条件。如果 $x^*(T) > \bar{x}$，约束自动满足，这仍是自由终结点

问题,因此,横截条件仍为 $\lambda(T) = 0$;如果 $x^*(T) = \bar{x}$,由此得到 $x^*(T) - \bar{x} = 0$,且有 $\lambda(T) \geqslant 0$。综合这两种情况,横截条件为

$$x^*(T) \geqslant \bar{x}, \lambda(T) \geqslant 0; \lambda(T)(x^*(T) - \bar{x}) = 0 \qquad (6-19a)$$

(二) 控制变量非负约束下最优控制的必要条件

该问题与前面的稍有差别

$$\max \int_0^T f[x(t), u(t), t] dt$$
$$s.t \quad \dot{x} = g[x(t), u(t), t]$$
$$0, T \text{ 及 } x(0) = x_0 \text{ 给定}, x(T) \text{ 可变}; u(t) \geqslant 0$$

其中 $f(x,u,t)$ 与 $g(x,u,t)$ 对 (x,u,t) 连续可微,$x(t)$ 连续可微,$u(t)$ 连续。

该最优控制问题的必要条件为:最优控制 $u^*(t)$、最优状态 $x^*(t)$ 及协态变量 $\lambda(t)$ 满足

1. 极值条件

$$\frac{\partial H(x^*, u^*, \lambda, t)}{\partial u} \leqslant 0, u^* \frac{\partial H(x^*, u^*, \lambda, t)}{\partial u} = 0 \qquad (6-20)$$

2. 状态方程

$$\dot{x}^* = \frac{\partial H(x^*, u^*, t, \lambda)}{\partial \lambda} = g(x^*, u^*, t)$$

3. 欧拉方程

$$\dot{\lambda} = -\frac{\partial H(x^*, u^*, t, \lambda)}{\partial x}$$

4. 边界条件与横截条件

$$x^*(0) = x_0, \lambda(T) = 0$$

这个必要条件与前面的情形只差极值条件,前面是 (6-16),这里是 (6-20)。(6-20) 与静态最优化中非线性规划的库恩-塔克条件相似,因为,它们设定的问题也相似,自变量都是大于等于0,目标函数关于自变量都是连续可微的。

如果对控制变量没有限制 $u(t) \geqslant 0$ 或将其限定为 $u(t) > 0$,这都令容许控制域变成了开集,因此,极值条件要改为

$$\frac{\partial H(x^*, u^*, \lambda, t)}{\partial u} = 0$$

(三) 最优控制(最大化)的充分条件

下面分几种情况讨论。

情况一：$f[x(t),u(t),t]$，$g[x(t),u(t),t]$ 可微，且关于 (x,u) 是凹的（又称为联合凹的），$\lambda(t) \geq 0$，则上面的最优化的必要条件也是充分条件。其中，如果 $g[x(t),u(t),t]$ 关于 (x,u) 是线性的，$\lambda(t)$ 的符号不受限制。线性函数既是凸的也是凹的，但既非严格凸也非严格凹。

$g[x(t),u(t),t]$ 关于 (x,u) 是非线性时，要求 $\lambda(t) \geq 0$。若 $\lambda < 0$，则 $\lambda(t) \cdot g[x(t),u(t),t]$ 由原来的凹性变为凸性，将其加到目标泛函后，所得到的 $f[x(t),u(t),t] + \lambda(t) \cdot g[x(t),u(t),t]$ 可能改变原来的最大化或最小化性质。如果 $g[x(t),u(t),t]$ 关于 (x,u) 是线性的，$\lambda(t)$ 的任何符号都不改变 $f[x(t),u(t),t] + \lambda(t) \cdot g[x(t),u(t),t]$ 的凹性。

情况二：$f[x(t),u(t),t]$ 可微，且关于 (x,u) 是凹的，$g[x(t),u(t),t]$ 关于 (x,u) 是凸的，$\lambda(t) \leq 0$，则上面的最优化的必要条件也是充分条件。其中，如果 $g[x(t),u(t),t]$ 关于 (x,u) 是线性的，则回到了前面的情况，$\lambda(t)$ 的符号不受限制。

情况三：$f[x(t),u(t),t]$ 可微，且关于 (x,u) 是严格凹的，$g[x(t),u(t),t]$ 关于 (x,u) 是凹的，$\lambda(t) \geq 0$，则上面的最优化的必要条件也是充分条件，且 $u^*(t)$ 是唯一的最优控制路径。

注意：这些泛函的凹性与严格凹性要使用海赛行列式条件检验，本书第五章附录三提供了这方面的定理。

三、最优控制论必要条件的推导

自从庞特里亚金（Pontryagin）20 世纪 50 年代提出极大值原理以来，学术界出现了多种对该原理的证明方法，这些不同方法表现为使用不同的数学工具，如实变函数方法、泛函分析方法、变分法、微分几何方法。这些证明虽然严密，但过于繁琐和复杂。因此，本书采用一种使用微积分就可以推导的方法，这也是经济数学经常使用的方法。这个证明虽然从专业的角度看不严密，也能给读者以"可证明"的感觉。其实，在多数情况下，我们只要知道极大值原理的主要结论及其含义就够了。多种经济数学教科书［如蒋中一的《动态最优化基础》、霍伊等（2006）］有大体相同的证明过程，兹简述如下。

考虑由 (6-14)、(6-15) 组成的最优控制问题

$$\max \int_0^T f[x(t),u(t),t] dt$$

$$s.t. \quad \dot{x} = g[x(t), u(t), t]$$
$$T 与 x(0) = x_0 给定, x(T) 可变$$

其中起点时间为 0，自然是给定的；容许控制域是闭集，但最优解 $u^*(t)$ 是容许控制域中的内点解。目标泛函 $f(x, u, t)$ 和约束函数 $g(x, u, t)$ 关于其自变量都是连续可微的。

如果状态转移方程 $\dot{x} = g[x(t), u(t), t]$ 成立，则在 $t \in [0, T]$ 区间的每一个时点上有 $\lambda(t)[g(x, u, t) - \dot{x}] = 0$，因此

$$\int_0^T \lambda(t)[g(x, u, t) - \dot{x}] dt = 0 \tag{6-21}$$

将 (6-21) 加入到目标函数得到拉格朗日函数：

$$L = \int_0^T f(x, u, t) dt + \int_0^T \lambda[g(x, u, t) - \dot{x}] dt$$

$$= \int_0^T [f(x, u, t) + \lambda g(x, u, t) - \lambda \dot{x}] dt$$

$$= \int_0^T [f(x, u, t) + \lambda g(x, u, t) + \dot{\lambda} x] dt$$
$$- [\lambda(T) \cdot x(T) - \lambda(0) \cdot x(0)] \tag{6-22}$$

其中第三个等式使用了分部积分公式。

定义：

(1) 汉密尔顿函数为

$$H(t, x, u, \lambda) \equiv f(x, u, t) + \lambda g(x, u, t)$$

(2) 对最优解 $u^*(t)$ 的扰动为 $w(t)$，则 $u(t) = u^*(t) + \varepsilon w(t)$ 为最优控制路径 $u^*(t)$ 的邻近路径；既然最优控制路径有扰动，则最优状态路径也一定有扰动，由此产生的最优状态路径的邻近路径可以记为 $x(t) = x^*(t) + \varepsilon v(t)$。其中，$\varepsilon$ 为很小的值。

(3) 由于 x_T 是可变的，所以，$x_T = x_T^* + \varepsilon \Delta x_T$。

将这些定义代入 (6-22)，得到

$$L(\varepsilon) = \int_0^T \{H[x^* + \varepsilon v(t), u^* + \varepsilon w(t), t] + \dot{\lambda}[x^* + \varepsilon v(t)]\} dt$$
$$- \lambda(T)(x_T^* + \varepsilon \Delta x_T) + \lambda(0) x_0 \tag{6-23}$$

当 $\dfrac{dL(\varepsilon)}{d\varepsilon} = 0$ 时，(6-23) 有最大值，即

$$\frac{dL(\varepsilon)}{d\varepsilon} = \int_0^T \left[\frac{\partial H}{\partial x} v(t) + \frac{\partial H}{\partial u} w(t) + \dot{\lambda} v(t)\right] dt - \lambda(T) \cdot \Delta x_T$$

$$= \int_0^T \left[\left(\frac{\partial H}{\partial x} + \dot{\lambda}\right)v(t) + \frac{\partial H}{\partial u}w(t)\right]dt - \lambda(T) \cdot \Delta x_T$$
$$= 0 \tag{6-24}$$

$w(t), v(t), \Delta x_T$ 都是任意扰动,如果上式中的 $\frac{\partial H}{\partial x} + \dot{\lambda} = 0, \frac{\partial H}{\partial u} = 0, \lambda(T) = 0$,则无论 $w(t), v(t), \Delta x_T$ 为何值(即对 $u^*(t), x^*(t), x_T^*$ 的任何扰动),上式都成立;如果 $\frac{\partial H}{\partial x} + \dot{\lambda} \neq 0, \frac{\partial H}{\partial u} \neq 0, \lambda(T) \neq 0$,则 $w(t), v(t), \Delta x_T$ 只有满足(6-24),而不能为任意扰动。因此,可得最优化的必要条件

$$\frac{\partial H}{\partial u} = 0, \dot{\lambda} = -\frac{\partial H}{\partial x}, \lambda(T) = 0 \tag{6-25}$$

从(6-23)可以看出,只有 $\varepsilon = 0, x(t), u(t)$ 才取最优解 $x^*(t), u^*(t)$,即 $L(\varepsilon)$ 才有最大值。因此,(6-25)在 $x^*(t), u^*(t)$ 上成立,即

$$\frac{\partial H(x^*, u^*, \lambda, t)}{\partial u} = 0$$

$$\dot{\lambda} = -\frac{\partial H(x^*, u^*, t, \lambda)}{\partial x}$$

$$\lambda(T) = 0$$

得到最优解 $x^*(t), u^*(t)$ 后,再用汉密尔顿函数对 λ 求导

$$\frac{\partial H(x^*, u^*, t, \lambda)}{\partial \lambda} = g(x^*, u^*, t) = \dot{x}^*$$

再加上初始条件 $x^*(0) = x_0$,就得到了最优化的全部必要条件(6-16)、(6-17)、(6-18)、(6-19)。

四、变分法与最优控制论最优性条件的等价性

考虑最优控制问题

$$\max F = \int_0^T f[x(t), u(t), t]dt$$
$$s.t \quad \dot{x} = u(t)$$
$$x(0) = x_0, x_0, T \text{给定}, x(T) \text{自由}$$

其中,$x(t)$ 关于 t 是连续可微的。

建立汉密尔顿函数

$$H = f[x(t), u(t), t] + \lambda(t)u(t)$$

则最优控制的最优性条件为

$$\frac{\partial H}{\partial u} = f_u + \lambda = 0$$

$$\dot{x} = \frac{\partial H}{\partial \lambda} = u(t)$$

$$\dot{\lambda} = -\frac{\partial H}{\partial x} = -f_x$$

$$\lambda(T) = 0$$

下面证明最优控制论与变分法最优性条件的等价性,首先推导欧拉方程

由 $\frac{\partial H}{\partial u} = f_u + \lambda = 0$ 得 $\lambda = -f_u$

$\lambda = -f_u$ 两边对 t 求导,得

$$\dot{\lambda} = -\frac{df_u}{dt}$$

将上式与 $\dot{\lambda} = -\frac{\partial H}{\partial x} = -f_x$ 比较,得

$$f_x = \frac{df_u}{dt}$$

因 $\dot{x} = u(t)$,所以

$$f_x = \frac{df_{\dot{x}}}{dt}$$

这就是欧拉方程。

由 $\frac{\partial H}{\partial u} = f_u + \lambda = 0, \lambda(T) = 0$ 得 $[-f_{\dot{x}}]\big|_{t=T} = 0, f_{\dot{x}}\big|_{t=T} = 0$。在变分法中要求横截性条件 $f_{\dot{x}}\big|_{t=T} = 0$,该式等同于本书第五章的 (5-41)。

第二节
最优控制论的扩展

同前面的变分法一样,最优控制论在探讨了典型问题(起点固定,终点自由)后,也要向其它情形扩展,最后,还必然谈到经济学应用这个话题。

一、不同边界条件的最优控制问题

所谓边界条件包括起点时间、起点状态、终点时间、终点状态四个方面,最优控制问题在界定边界条件时,每一个方面都要明确界定,这四个方面的不同组合构成了最优控制的不同情形。然而,这些不同情形既然只在边界条件上有差别,那么,它们最优化的必要条件就只在边界条件和横截条件上有差别,其余的必要条件基本相同。

下面在设定了基本问题后,针对具体问题给出最优化的必要条件。阐述的方式仍然是简要的。

(一) 固定终结点问题

$$\max \int_0^T f[x(t), u(t), t] dt$$
$$s.t \quad \dot{x} = g[x(t), u(t), t]$$
$$T \; 与 \; x(0) = x_0, x(T) = x_T \; 给定$$

其中起点时间为 0,自然是给定的;相关函数的连续可微性满足下面的必要条件的要求。

将 (6-23) 修改为 x_T 不存在扰动 (因 $x(T) = X_T$ 给定) 的情形

$$L(\varepsilon) = \int_0^T \{H[x^* + \varepsilon v(t), u^* + \varepsilon w(t), t] + \dot{\lambda}[x^* + \varepsilon v(t)]\} dt \\ - \lambda(T) x_T + \lambda(0) x_0 \qquad (6-26)$$

(6-26) 求导得

$$\frac{dL(\varepsilon)}{d\varepsilon} = \int_0^T \left[\left(\frac{\partial H}{\partial x} + \dot{\lambda}\right) v(t) + \frac{\partial H}{\partial u} w(t)\right] dt = 0$$

则

$$\frac{\partial H(x^*, u^*, \lambda, t)}{\partial u} = 0, \dot{\lambda} = -\frac{\partial H(x^*, u^*, t, \lambda)}{\partial x}$$

该最优控制问题的必要条件为:最优控制 $u^*(t)$、最优状态 $x^*(t)$ 及协态变量 $\lambda(t)$ 满足

1. 极值条件

$$\frac{\partial H(x^*, u^*, \lambda, t)}{\partial u} = 0$$

2. 状态方程

$$\dot{x}^* = \frac{\partial H(x^*, u^*, t, \lambda)}{\partial \lambda} = g(x^*, u^*, t)$$

3. 欧拉方程

$$\dot{\lambda} = -\frac{\partial H(x^*, u^*, t, \lambda)}{\partial x}$$

4. 边界条件（注意没有横截条件，因边界条件齐全）

$$x^*(0) = x_0, x^*(T) = x_T$$

(二) 自由终结时间问题

$$\max \int_0^T f[x(t), u(t), t] dt$$

$$s.t \quad \dot{x} = g[x(t), u(t), t]$$

$x(0) = x_0, x(T) = x_T$ 给定，终点时间 T 可变

其中相关函数的连续可微性满足下面的必要条件的要求。

既然 T 可变，设 $T = T^* + \varepsilon \Delta T$，则 (6-23) 修改为

$$L(\varepsilon) = \int_0^T \{H[x^* + \varepsilon v(t), u^* + \varepsilon w(t), t] + \dot{\lambda}[x^* + \varepsilon v(t)]\} dt$$
$$- \lambda(T) x_T + \lambda(0) x_0 \tag{6-27}$$

(6-27) 求导得

$$\frac{dL(\varepsilon)}{d\varepsilon} = \int_0^T \left[\frac{\partial H}{\partial x} v(t) + \frac{\partial H}{\partial u} w(t) + \dot{\lambda} v(t)\right] dt + [H + \dot{\lambda} x(t)]_{t=T} \frac{dT}{d\varepsilon}$$
$$- x_T \frac{d\lambda(T)}{dT} \frac{dT}{d\varepsilon}$$
$$= \int_0^T \left[\left(\frac{\partial H}{\partial x} + \dot{\lambda}\right) v(t) + \frac{\partial H}{\partial u} w(t)\right] dt + [H]_{t=T} \Delta T$$
$$= 0 \tag{6-28}$$

其中，使用了附录公式 (8)

$$\frac{d \int_a^{b(t)} f(x, t) dx}{dt} = \int_a^{b(t)} f_t(x, t) dx + f[b(t), t] \cdot \frac{db(t)}{dt}$$

从 (6-28) 并考虑 $\varepsilon = 0$ 时有最优解，可得

$$\frac{\partial H(x^*, u^*, \lambda, t)}{\partial u} = 0, \dot{\lambda} = -\frac{\partial H(x^*, u^*, t, \lambda)}{\partial x}, H(T^*) = 0$$

则自由终结时间最优控制问题的必要条件为：最优控制 $u^*(t)$、最优状态 $x^*(t)$、最优终点时间 T^* 及协态变量 $\lambda(t)$ 满足

1. 极值条件

$$\frac{\partial H(x^*, u^*, \lambda, t)}{\partial u} = 0$$

2. 状态方程

$$\dot{x}^* = \frac{\partial H(x^*, u^*, t, \lambda)}{\partial \lambda} = g(x^*, u^*, t)$$

3. 欧拉方程

$$\dot{\lambda} = -\frac{\partial H(x^*, u^*, t, \lambda)}{\partial x}$$

4. 边界条件与横截条件

$$x^*(0) = x_0, x^*(T^*) = x_T, H(T^*) = 0$$

(三) 终点约束问题

$$\max \int_0^T f[x(t), u(t), t] dt$$

$$s.t \quad \dot{x} = g[x(t), u(t), t]$$

$$x(0) = x_0 \text{ 给定}, x(T), T \text{ 可变}, G[x(T), T] = 0$$

其中 T 是状态路径 $x(t)$ 与目标集 $G[x(T), T] = 0$ 首次相遇的终端时刻；相关函数的连续可微性满足下面的必要条件的要求。

因 $G[x(T), T] = 0$, 所以有

$$\int_0^T f(x, u, t) dt = \int_0^T f(x, u, t) dt + PG[x(T), T] \quad (6-29)$$

定义：

(1) 汉密尔顿函数为

$$H(t, x, u, \lambda) \equiv f(x, u, t) + \lambda g(x, u, t)$$

注意：在汉密尔顿函数中，没有 $PG[x(T), T]$, 汉密尔顿函数表示的是 $[0, T]$ 之间任意一个时点的目标值，而 $PG[x(T), T]$ 只是终结点的值。

(2) $u(t) = u^*(t) + \varepsilon w(t)$, 则 $x(t) = x^*(t) + \varepsilon v(t)$；

(3) 尽管 $T, x(T)$ 都可变，但两者关系受 $G[x(T), T] = 0$ 约束，得到其中一个的值，根据 $G[x(T), T] = 0$ 就得到了另一个，所以，只设定其中一个的扰动就可以，设 $T = T^* + \varepsilon \Delta T$。

将定义的这些扰动都代入 (6-29) 并构造汉密尔顿函数得到类似(6-22)的公式

$$L(\varepsilon) = \int_0^T \{H[x^* + \varepsilon v(t), u^* + \varepsilon w(t), t] + \dot{\lambda}[x^* + \varepsilon v(t)]\} dt$$
$$- \lambda(T^* + \varepsilon \Delta T) x(T^* + \varepsilon \Delta T) + \lambda(0) x_0$$

$$+ PG[x(T^* + \varepsilon\Delta T), T^* + \varepsilon\Delta T] \tag{6-30}$$

当 $\dfrac{dL(\varepsilon)}{d\varepsilon} = 0$ 时，(6-30) 有最大值，即

$$\begin{aligned}
\frac{dL(\varepsilon)}{d\varepsilon} &= \int_0^T \left[\frac{\partial H}{\partial x}v(t) + \frac{\partial H}{\partial u}w(t) + \dot{\lambda}v(t)\right] dt + [H + \dot{\lambda}x(t)]_{t=T}\frac{dT}{d\varepsilon} \\
&\quad - x(T)\frac{d\lambda(T)}{dT}\frac{dT}{d\varepsilon} - \lambda(T)\frac{dx(T)}{dT}\frac{dT}{d\varepsilon} \\
&\quad + P\frac{\partial G}{\partial x(T)}\frac{\partial x(T)}{\partial T}\frac{\partial T}{\partial \varepsilon} + P\frac{\partial G}{\partial T}\frac{\partial T}{\partial \varepsilon} \\
&= \int_0^T \left[\left(\frac{\partial H}{\partial x} + \dot{\lambda}\right)v(t) + \frac{\partial H}{\partial u}w(t)\right] dt + [H]_{t=T}\Delta T \\
&\quad + P\frac{\partial G}{\partial x(T)}\frac{\partial x(T)}{\partial T}\Delta T + P\frac{\partial G}{\partial T}\Delta T - \lambda(T)\frac{dx(T)}{dT}\Delta T \\
&= \int_0^T \left[\left(\frac{\partial H}{\partial x} + \dot{\lambda}\right)v(t) + \frac{\partial H}{\partial u}w(t)\right] dt + \left[H(T) + P\frac{\partial G}{\partial T}\right]\Delta T \\
&\quad + \left[P\frac{\partial G}{\partial x(T)} - \lambda(T)\right]\frac{dx(T)}{dT}\Delta T \\
&= 0
\end{aligned} \tag{6-31}$$

(6-31) 中的 $\dfrac{dx(T)}{dT}\Delta T = \Delta x_T$，类似 $x'(T)\,dT = dx_T$，而且 Δx_T 由 ΔT 决定：ΔT 是任意的，则 Δx_T 也是任意的。

对于任意的 $v(t), w(t), \Delta T$ 和 Δx_T，由 (6-31) 可得

$$\dot{\lambda} = -\frac{\partial H}{\partial x}, \frac{\partial H}{\partial u} = 0, H(T) = -P\frac{\partial G}{\partial T}, P\frac{\partial G}{\partial x(T)} = \lambda(T) \tag{6-32}$$

注意，这个式子里的 $u(t), x(t), T$ 都没有取最优值，它们的代数式仍为 $u(t) = u^*(t) + \varepsilon w(t), x(t) = x^*(t) + \varepsilon v(t), T = T^* + \varepsilon\Delta T$，但是，从 (6-31) 可以看出，只有 $\varepsilon = 0, x(t), u(t), T$ 才取最优解 $x^*(t), u^*(t), T^*$，即 $L(\varepsilon)$ 才有最大值。因此，(6-32) 在 $x^*(t), u^*(t), T^*$ 上成立，即

$$\frac{\partial H(x^*, u^*, \lambda, t)}{\partial u} = 0, \dot{\lambda} = -\frac{\partial H(x^*, u^*, t, \lambda)}{\partial x},$$

$$H(T^*) = -P\frac{\partial G[x^*(T^*), T^*]}{\partial T}, \lambda(T^*) = P\frac{\partial G[x^*(T^*), T^*]}{\partial x(T)}$$

则终点约束最优控制问题的必要条件为：最优控制 $u^*(t)$、最优状态 $x^*(t)$、最优终点时间 T^* 及协态变量 $\lambda(t)$ 满足

1. 极值条件

$$\frac{\partial H(x^*, u^*, \lambda, t)}{\partial u} = 0$$

2. 状态方程

$$\dot{x}^* = \frac{\partial H(x^*, u^*, t, \lambda)}{\partial \lambda} = g(x^*, u^*, t)$$

3. 欧拉方程

$$\dot{\lambda} = -\frac{\partial H(x^*, u^*, t, \lambda)}{\partial x}$$

4. 边界条件与横截条件

$$x^*(0) = x_0, G[x^*(T^*), T^*] = 0, \lambda(T^*) = P\frac{\partial G[x^*(T^*), T^*]}{\partial x(T)} \tag{6-33}$$

5. 在最优状态路径末端汉密尔顿函数应满足

$$H(T^*) = -P\frac{\partial G[x^*(T^*), T^*]}{\partial T} \tag{6-34}$$

二、目标泛函含终值项的最优控制问题

目标泛函含终值项的最优控制问题为

$$\max \int_0^T f[x(t), u(t), t] dt + \Phi[x(T), T] \tag{6-35}$$

$$s.t \quad \dot{x} = g[x(t), u(t), t]$$

给定 $x(0) = x_0, x(T), T$ 可变

其中相关函数的连续可微性满足下面的必要条件的要求。

如果把 (6-35) 中的 $\Phi[x(T), T]$ 看成 (6-29) 中的 $PG[x(T), T]$，由于其他方面的设定与终点约束的最优控制问题的设定相同，所以，将 $PG[x(T), T] = \Phi[x(T), T]$ 代入 (6-33)、(6-34)，就得到**目标泛函含终值项的最优控制问题的必要条件**：最优控制 $u^*(t)$、最优状态 $x^*(t)$、最优终点时间 T^* 及协态变量 $\lambda(t)$ 满足

1. 极值条件

$$\frac{\partial H(x^*, u^*, \lambda, t)}{\partial u} = 0$$

2. 状态方程

$$\dot{x}^* = \frac{\partial H(x^*, u^*, t, \lambda)}{\partial \lambda} = g(x^*, u^*, t)$$

3. 欧拉方程

$$\dot{\lambda} = -\frac{\partial H(x^*, u^*, t, \lambda)}{\partial x}$$

4. 边界条件与横截条件

$$x^*(0) = x_0, \lambda(T^*) = \frac{\partial \Phi[x^*(T^*), T^*]}{\partial x(T)} \quad (6-33a)$$

5. 在最优状态路径末端汉密尔顿函数应满足

$$H(T^*) = -\frac{\partial \Phi[x^*(T^*), T^*]}{\partial T} \quad (6-34a)$$

第三节
最优控制问题的经济学情形

一、含贴现的最优控制问题

在工程技术方面,不存在变量随时间增值问题,因而,也就不存在未来值的贴现计算现值问题,但经济中的财富可以随时间增值,因而存在贴现问题。

在经济学中,不仅财富计算贴现值,而且效用函数也计算贴现值。所有动态最优化问题几乎无一例外地都有贴现因子。下面分自治和非自治两种情形来讨论。

（一）含贴现的非自控的最优控制问题

一个典型的含贴现的最优控制问题为

$$\max \int_0^T e^{-\rho t} f[x(t), u(t), t] dt$$
$$s.t \quad \dot{x} = g[x(t), u(t), t] \quad (6-35)$$
$$x(0) = x_0 \text{ 给定}; x(T) \text{ 可变}$$

其中 $e^{-\rho t}$ 是贴现因子,ρ 为贴现率。相关函数的连续可微性满足后面的必要条件的要求。

为了求解,仿照（6-22）建立拉格朗日函数

$$L = \int_0^T [e^{-\rho t} f(x, u, t) + \lambda g(x, u, t) - \lambda \dot{x}] dt \quad (6-36)$$

由此得到汉密尔顿函数

$$\widetilde{H} = e^{-\rho t} f(x, u, t) + \lambda(t) \cdot g(x, u, t) \quad (6-37)$$

可以直接使用这个汉密尔顿函数求解,并得到最优化的必要条件,但是,如果假定汉密尔顿函数 $\tilde{H}$ 关于 x, u 可微,贴现因子 $e^{-\rho t}$ 的出现增加了必要条件中导数的复杂性,所以,最好定义一个不含贴现因子的汉密尔顿函数,而又不影响最大化的解,这就是现值的汉密尔顿函数。

构造一个**现值汉密尔顿函数**:

$$H = \tilde{H}e^{\rho t} = f(x,u,t) + \mu(t) \cdot g(x,u,t) \quad (6-38)$$

其中 $\mu(t) = \lambda(t) \cdot e^{\rho t}$。由于 $H = \tilde{H}e^{\rho t}$,H 在某一刻取得最大值时,t 是一个定值,即 $e^{\rho t}$ 是一个定量,所以,使 H 最大的 u 值,也使 $\tilde{H}$ 最大。现值的含义就是不是未来值,不需要贴现,因而不含贴现因子。

根据现值的汉密尔顿函数和对不含贴现的最优控制必要条件的修正,得到**含贴现的最优控制问题的必要条件**:最优控制 $u^*(t)$、最优状态 $x^*(t)$ 及协态变量 $\mu(t)$ 与 $\lambda(t)$ 满足

1. 极值条件:$u^*(t)$ 最大化现值汉密尔顿函数 H,在内点解等情形下,有

$$\frac{\partial H(x^*, u^*, \mu, t)}{\partial u} = 0 \quad (6-39)$$

2. 状态方程

$$\dot{x}^* = \frac{\partial H(x^*, u^*, t, \mu)}{\partial \mu} = \frac{\partial \tilde{H}(x^*, u^*, t, \lambda)}{\partial \lambda} = g(x^*, u^*, t) \quad (6-40)$$

3. 欧拉方程

$$\dot{\mu} = \rho\mu - \frac{\partial H(x^*, u^*, t, \mu)}{\partial x} \quad (6-41)$$

4. 边界条件与横截条件

$$x^*(0) = x_0, \lambda(T) = \mu(T)e^{-\rho t} = 0 \quad (6-42)$$

如果设定为有限期界,即 $t < \infty$,$e^{-\rho t} \neq 0$,则必有 $\mu(T) = 0$。

(二)含贴现的自治最优控制问题

与上面的问题相对应的自控最优控制问题为

$$\begin{aligned}
&\max \int_0^T e^{-\rho t} f[x(t), u(t)] dt \\
&s.t \quad \dot{x} = g[x(t), u(t)] \\
&\qquad x(0) = x_0 \text{ 给定}; x(T) \text{ 可变}
\end{aligned} \quad (6-43)$$

其中相关函数的连续可微性满足下面的必要条件的要求;(6-43)的目标泛函中 t 在贴现因子中,其实它是作为一个变量独立存在的,严格说来这不是一个自控的最优控制问题,但忽略这点仍将其视为自控的最优控制问题。自治最优

控制问题的求解与非自治情形类似。

建立拉格朗日函数

$$L = \int_0^T [e^{-\rho t}f(x,u) + \lambda g(x,u) - \lambda \dot{x}]dt \qquad (6-44)$$

由此得到汉密尔顿函数

$$\widetilde{H} = e^{-\rho t}f(x,u) + \lambda(t) \cdot g(x,u) \qquad (6-45)$$

构造一个**现值汉密尔顿函数**:

$$H = \widetilde{H}e^{\rho t} = f(x,u) + \mu(t) \cdot g(x,u) \qquad (6-46)$$

根据现值的汉密尔顿函数和对不含贴现的最优控制必要条件的修正,得到**含贴现的自治最优控制问题的必要条件**:最优控制 $u^*(t)$、最优状态 $x^*(t)$ 及协态变量 $\mu(t)$ 与 $\lambda(t)$ 满足

1. 极值条件:$u^*(t)$ 最大化现值汉密尔顿函数 H,在内点解等情形下,有

$$\frac{\partial H(x^*,u^*,\mu)}{\partial u} = 0 \qquad (6-47)$$

2. 状态方程

$$\dot{x}^* = \frac{\partial H(x^*,u^*,\mu)}{\partial \mu} = \frac{\partial \widetilde{H}(x^*,u^*,\lambda)}{\partial \lambda} = g(x^*,u^*) \qquad (6-48)$$

3. 欧拉方程

$$\dot{\mu} = \rho\mu - \frac{\partial H(x^*,u^*,\mu)}{\partial x} \qquad (6-49)$$

4. 边界条件与横截条件

$$x^*(0) = x_0, \lambda(T) = \mu(T)e^{-\rho t} = 0 \qquad (6-50)$$

如果设定为有限期界,即 $t < \infty, e^{-\rho t} \neq 0$,则必有 $\mu(T) = 0$。

比较一下,这里给出的自治和非自治情形,最优化的必要条件几乎完全一样,但在具体求解必要条件中的微分方程时差别仍然存在,自治的微分方程更容易求解。

二、无限期界的最优控制问题

无限期界是宏观经济学动态模型的另一个特征。现在将这个特征也加入最优控制问题,这样,一般的最优控制问题变成**含贴现的无限期界的自治最优控制问题**,这才是**最优控制问题的典型的经济学情形**。

（一）单变量的无限期界问题

$$\max \int_0^\infty e^{-\rho t} f[x(t), u(t)] dt$$
$$s.t \quad \dot{x} = g[x(t), u(t)] \quad (6-51)$$
$$x(0) = x_0 \text{ 给定}; x(T) \text{ 可变}$$

其中相关函数的连续可微性满足下面的必要条件的要求。

同无限期界的变分问题一样，无限期界的最优控制问题也要面对目标泛函的积分是否收敛。在（6-51）中有一个含正的贴现率（$\rho > 0$）的贴现因子 $e^{-\rho t}$，如果 $f[x(t), u(t)]$ 是有界的，则当 $t \to \infty$ 时，$e^{-\rho t} f[x(t), u(t)]$ 收敛为 0。因此，（6-51）的积分可以保证是收敛的，能够求出其最大值，此最优化问题可解。

该最优控制问题的汉密尔顿函数为

$$\widetilde{H} = e^{-\rho t} f(x, u) + \lambda(t) \cdot g(x, u) \quad (6-52)$$

再构造一个**现值汉密尔顿函数**：

$$H = \widetilde{H} e^{\rho t} = f(x, u) + \mu(t) \cdot g(x, u) \quad (6-53)$$

含贴现的无限期界的自治最优控制问题的必要条件：最优控制 $u^*(t)$、最优状态 $x^*(t)$ 及协态变量 $\mu(t)$ 与 $\lambda(t)$ 满足

1. 极值条件：$u^*(t)$ 最大化现值汉密尔顿函数 H，在内点解等情形下，有

$$\frac{\partial H(x^*, u^*, \mu)}{\partial u} = 0 \quad (6-54)$$

2. 状态方程

$$\dot{x}^* = \frac{\partial H(x^*, u^*, \mu)}{\partial \mu} = \frac{\partial \widetilde{H}(x^*, u^*, \lambda)}{\partial \lambda} = g(x^*, u^*) \quad (6-55)$$

3. 欧拉方程

$$\dot{\mu} = \rho\mu - \frac{\partial H(x^*, u^*, \mu)}{\partial x} \quad (6-56)$$

4. 边界条件与横截条件

$$x^*(0) = x_0, \lim_{t \to \infty} x^*(t) = \bar{x} \quad (6-57)$$

其中横截条件 $\lim_{t \to \infty} x^*(t) = \bar{x}$ 与无限期界的变分问题一样，也是取最优状态曲线的稳态值。$\bar{x}$ 是最优状态曲线的收敛值，即当 $t \to \infty$ 时，有

$$\lim_{t \to \infty} x^*(t) = \bar{x}$$

则系统是稳定的。在稳定状态下，尽管时间还在变化，但系统状态保持在 $\bar{x}$ 水平不变，这类似一个给定的终点状态，最优控制问题的自治性质有利于稳定

状态的实现。这一横截条件至少在鞍点均衡中成立，它可以代替终点条件，这正是横截条件发挥的作用，因此，可以将 $\lim_{t\to\infty} x^*(t) = \bar{x}$ 看成横截条件。

使用 $\lim_{t\to\infty} x^*(t) = \bar{x}$ 作为横截条件要求系统是动态稳定的，幸运的是经济学模型的设定一般都能满足这个要求。

(二) 多变量的无限期界问题

$$\max \int_0^\infty e^{-\rho t} f(x_1, x_2, \cdots, x_n; u_1, u_2, \cdots, u_m) dt \quad (6-58)$$

$$s.t \quad \dot{x}_i = g_i(x_1, x_2, \cdots, x_n; u_1, u_2, \cdots, u_m), i = 1, 2, \cdots, n$$

$$x_i(0) = x_{i0} \text{ 给定}, x_i(T) \text{ 可变}, i = 1, 2, \cdots, n$$

其中相关函数的连续可微性满足下面的必要条件的要求。

该最优控制问题的汉密尔顿函数为

$$\widetilde{H} = e^{-\rho t} f(x_1, x_2, \cdots, x_n; u_1, u_2, \cdots, u_m)$$
$$+ \sum_{i=1}^n \lambda_i(t) g_i(x_1, x_2, \cdots, x_n; u_1, u_2, \cdots, u_m) \quad (6-59)$$

再构造一个**现值汉密尔顿函数**：

$$H = \widetilde{H} e^{\rho t} = f(x_1, x_2, \cdots, x_n; u_1, u_2, \cdots, u_m)$$
$$+ \sum_{i=1}^n \mu_i(t) g_i(x_1, x_2, \cdots, x_n; u_1, u_2, \cdots, u_m) \quad (6-60)$$

多变量无限期界最优控制问题的必要条件为：最优控制 $u_j^*(t)$、最优状态 $x_i^*(t)$ 及协态变量 $\mu_i(t)$ 与 $\lambda_i(t)$ 满足 $(i = 1, 2, \cdots, n; j = 1, 2, \cdots, m)$

1. 极值条件：$u_j^*(t)$ 最大化现值汉密尔顿函数 H，在内点解等情形下，有

$$\frac{\partial H(x^*, u^*, \mu)}{\partial u_j} = 0, j = 1, 2, \cdots, m \quad (6-61)$$

其中 x^*, u^*, μ 均为向量，且下同。

2. 状态方程

$$\dot{x}_i^* = \frac{\partial H(x^*, u^*, \mu)}{\partial \mu_i} = g_i(x^*, u^*), i = 1, 2, \cdots, n \quad (6-62)$$

3. 欧拉方程

$$\dot{\mu}_i = \rho \mu_i - \frac{\partial H(x^*, u^*, \mu)}{\partial x_i}, i = 1, 2, \cdots, n \quad (6-63)$$

4. 边界条件与横截条件

$$x_i^*(0) = x_{i0}, \lim_{t\to\infty} x_i^*(t) = \bar{x}_i \quad (6-64)$$

其中横截条件 $\lim_{t\to\infty} x_i^*(t) = \bar{x}_i$ 与无限期界的变分问题一样,也是取最优状态曲线的稳态值。$\bar{x}_i$ 是最优状态曲线的收敛值,即当 $t\to\infty$ 时,有

$$\lim_{t\to\infty} x_i^*(t) = \bar{x}_i, i = 1, 2, \cdots, n$$

第四节
有约束的最优控制问题

本来状态方程及边界条件就是对最优控制的约束,但这里所说的约束是上述约束之外的约束,如 $\Phi(x, u) \leq a$,这是不等式约束,函数中含有控制变量 u 和状态变量 x,这被称为混合约束,也有人称为对控制变量的约束。约束函数中不含控制变量,那才是真正的状态变量约束。下面的讨论排除最后这种情况。

一、最优控制问题中约束条件的类型

最优控制问题中的约束有多种情形,如本章第三节之第二个问题中就涉及控制变量的非负约束,这是一种简单情形,但它导致关于 $u(t)$ 的最优化条件发生变化。

较为复杂的约束是使用一个泛函或积分型泛函。约束可以分为四种类型:

1. 一般泛函的等式约束

$$\Phi(x, u_1, u_2) = a$$

其中 a 为常数,u_1, u_2 为两个控制变量,这是因为,如果是对控制变量的约束,有一个等式约束,就必须有两个以上的控制变量。在静态的约束最优化中有类似的要求。一般地,有 m 个控制变量,k 个等式约束,则应满足 $k < m$。

2. 一般泛函的不等式约束

$$\Phi(x, u) \leq a$$

这里只有一个控制变量,因为,不等式约束没有要求约束条件的个数小于控制变量的个数。该式是不等式约束的基本形式,其他形式可以化为这种形式,如

原约束为 $h(x,u) \leq u$,则
$$\Phi(x,u) = h(x,u) - u + a \leq a, 简记 \Phi(x,u) \leq a$$

3. 积分泛函的等式约束
$$\int_0^T \Phi(x,u) dt = a$$

4. 积分泛函的不等式约束
$$\int_0^T \Phi(x,u) dt \leq a$$

其实,这些约束也可以看成控制变量和状态变量的混合约束。

下面讨论两种类型。

二、一般泛函的不等式约束

$$\max \int_0^T f[x(t), u(t)] dt$$
$$s.t \quad \dot{x} = g[x(t), u(t)]$$
$$\Phi(x,u) \leq a \quad (6-65)$$
$$x(0) = x_0 给定; x(T) 可变$$

其中相关函数的连续可微性满足下面的必要条件的要求。

建立汉密尔顿函数
$$H = f(x,u) + \lambda g(x,u) \quad (6-66)$$

其中 u 必须满足 $\Phi(x,u) \leq a$ 的约束,因此,建立拉格朗日函数
$$L = f(x,u) + \lambda g(x,u) + \mu[a - \Phi(x,u)] \quad (6-67)$$

其中 μ 为拉格朗日乘子。

该最优控制问题的必要条件为:最优控制 $u^*(t)$、最优状态 $x^*(t)$ 及协态变量 $\mu(t)$ 与 $\lambda(t)$ 满足

1. 极值条件:$u^*(t)$ 拉格朗日函数 L,在内点解等情形下,有
$$\frac{\partial L(x^*, u^*, \lambda, \mu)}{\partial u} = 0 \quad (6-68)$$

2. 状态方程
$$\dot{x}^* = \frac{\partial L(x^*, u^*, \lambda, \mu)}{\partial \lambda} = g(x^*, u^*) \quad (6-69)$$

3. 欧拉方程

$$\dot{\lambda} = -\frac{\partial L(x^*, u^*, \lambda, \mu)}{\partial x} \tag{6-70}$$

4. 松弛条件

$$\frac{\partial L(x^*, u^*, \lambda, \mu)}{\partial \mu} = a - \Phi(x^*, u^*) \geqslant 0$$

$$\mu \geqslant 0, \mu \cdot \frac{\partial L(x^*, u^*, \lambda, \mu)}{\partial \mu} = 0 \tag{6-71}$$

5. 边界条件与横截条件

$$x^*(0) = x_0, \lambda(T) = 0 \tag{6-72}$$

如果是等式约束 $\Phi(x, u_1, u_2) = a$，目标泛函为 $f(x, u_1, u_2)$，状态方程为 $\dot{x} = g(x, u_1, u_2)$，拉格朗日函数为 $L(x, u_1, u_2, \lambda, \mu_1, \mu_2)$，则极值条件增加一个，即

$$\frac{\partial L(x^*, u_1^*, u_2^*, \lambda, \mu_1, \mu_2)}{\partial u_1} = 0, \frac{\partial L(x^*, u_1^*, u_2^*, \lambda, \mu_1, \mu_2)}{\partial u_2} = 0$$

再就是松弛条件 (6-71) 变为

$$\frac{\partial L(x^*, u_1^*, u_2^*, \lambda, \mu_1, \mu_2)}{\partial \mu} = a - \Phi(x^*, u_1^*, u_2^*) = 0$$

其余的没有差别。

三、积分泛函的等式约束

$$\max \int_0^T f[x(t), u(t)] dt$$
$$s.t \quad \dot{x} = g[x(t), u(t)]$$
$$\int_0^T \Phi(x, u) dt = a$$
$$x(0) = x_0 \text{ 给定}; x(T) \text{ 可变}$$

其中相关函数的连续可微性满足下面的必要条件的要求。

引入一个新变量

$$y(t) = \int_0^t \Phi[x(s), u(s)] ds \tag{6-73}$$

则

$$\dot{y}(t) = \Phi[x(t), u(t)] \tag{6-74}$$

$$y(0) = \int_0^0 \Phi[x(s), u(s)] ds = 0 \tag{6-75}$$

$$y(T) = \int_0^T \Phi[x(t),u(t)]dt = a \tag{6-76}$$

将 (6-74) 作为新变量 $y(t)$ 的状态方程加入原最优控制问题，得到新的最优控制问题

$$\max \int_0^T f[x(t),u(t)]dt$$
$$s.t \quad \dot{x} = g[x(t),u(t)]$$
$$x(0) = x_0 \text{ 给定}; x(T) \text{ 可变}$$
$$\dot{y}(t) = \Phi[x(t),u(t)]$$
$$y(0) = 0, y(T) = a \text{ 给定}$$

将这个新最优控制问题作为无约束的最优控制问题求解。

建立汉密尔顿函数

$$H = f(x,u) + \lambda g(x,u) + \mu \Phi(x,u) \tag{6-77}$$

其中 λ, μ 为汉密尔顿乘子。

该最优控制问题的必要条件为：最优控制 $u^*(t)$、最优状态 $x^*(t)$ 及协态变量 $\mu(t)$ 与 $\lambda(t)$ 满足

1. 极值条件：$u^*(t)$ 最大化现值汉密尔顿函数 H，在内点解等情形下，有

$$\frac{\partial H(x^*,u^*,\lambda,\mu)}{\partial u} = 0 \tag{6-78}$$

2. 状态方程

$$\dot{x}^* = \frac{\partial H(x^*,u^*,\lambda,\mu)}{\partial \lambda} = g(x^*,u^*) \tag{6-79}$$

$$\dot{y}^* = \frac{\partial H(x^*,u^*,\lambda,\mu)}{\partial \mu} = \Phi(x^*,u^*) \tag{6-80}$$

3. 欧拉方程

$$\dot{\lambda} = -\frac{\partial H(x^*,u^*,\lambda,\mu)}{\partial x} \tag{6-81}$$

$$\dot{\mu} = -\frac{\partial H(x^*,u^*,\lambda,\mu)}{\partial y} \tag{6-82}$$

4. 边界条件与横截条件

$$x^*(0) = x_0, \lambda(T) = 0 \tag{6-83}$$

从推导中得知，(6-82) 的两端 $\dot{\mu}$，$\frac{\partial H(x^*,u^*,\lambda,\mu)}{\partial y}$ 都等于 0，因此该式可以略去。(6-80) 也只是将最优解 $u^*(t), x^*(t)$ 代入已知的约束条件，

但新变量 $y(t)$ 将原来的积分约束化掉便利了求解。

如果是不等式约束，将 $\int_0^T \Phi(x,u)dt = a$ 变成 $\int_0^T \Phi(x,u)dt \leq a$，其余的不变，最有控制的必要条件只是增加一个**关于 $y(t)$ 的横截条件**

$$\mu(T) \geq 0, a - \int_0^T \Phi(x^*, u^*)dt \geq 0$$

$$\mu(T)\left[a - \int_0^T \Phi(x^*, u^*)dt\right] = 0 \tag{6-84}$$

其余条件未变，因为，在定义新变量 $y(t)$ 之后得到的新的最优控制问题中，边界条件中是不等式 $a \geq y(T)$，而不是等式，所以，必须增加一个横截条件，以帮助确定最优的 $y(t)$。

第五节
离散时间的最优控制问题

一、离散时间的最优控制问题

本章前几节一直讨论连续时间动态最优化问题，这一节转入离散时间最优控制问题。

$$\max \sum_{t=0}^{T-1} f(x_t, u_t) \tag{6-85}$$

$$s.t \quad x_{t+1} = g[x_t, u_t], t = 0, 1, 2, \cdots, T-1 \tag{6-86}$$

$$x_0 = a \text{ 给定}, x_T \text{ 可变}$$

建立拉格朗日函数

$$L = \sum_{t=0}^{T-1}\{f(x_t, u_t) + \lambda_{t+1}[g(x_t, u_t) - x_{t+1}]\}$$

定义汉密尔顿函数

$$H(x_t, u_t, \lambda_{t+1}) = f(x_t, u_t) + \lambda_{t+1}g(x_t, u_t) \tag{6-87}$$

则

$$L = \sum_{t=0}^{T-1}[H(x_t, u_t, \lambda_{t+1}) - \lambda_{t+1}x_{t+1}] \tag{6-88}$$

(6-88) 最大化的一阶条件为

$$\frac{\partial L}{\partial u_t} = \frac{\partial H}{\partial u_t} = 0, t = 0,1,\cdots,T-1$$

$$\frac{\partial L}{\partial x_t} = \frac{\partial H}{\partial x_t} - \lambda_t = 0, t = 1,2,\cdots,T-1$$

$$\frac{\partial L}{\partial \lambda_{t+1}} = \frac{\partial H}{\partial \lambda_{t+1}} - x_{t+1} = 0, t = 1,2,\cdots,T-1$$

$$\left.\frac{\partial L}{\partial x_t}\right|_{t=T} = -\lambda_T = 0$$

对这些一阶条件整理可得**离散时间最优控制问题的必要条件**:最优控制 u_t^*、最优状态 x_t^* 及协态变量 λ_t 满足

1. 极值条件:u_t^* 最大化现值汉密尔顿函数 H,若控制变量不受约束,有

$$\frac{\partial H(x_t^*, u_t^*, \lambda_{t+1})}{\partial u_t} = 0, t = 0,1,2,\cdots,T-1 \quad (6-89)$$

若控制变量受闭集容许控制域的约束,则极值条件为

$$H(x_t^*, u_t^*, \lambda_{t+1}) \geqslant H(x_t^*, u_t^*, \lambda_{t+1}), t = 0,1,2,\cdots,T-1$$
$$(6-90)$$

2. 状态方程

$$x_{t+1} = \frac{\partial H(x_t^*, u_t^*, \lambda_{t+1})}{\partial \lambda_{t+1}} = g(x_t^*, u_t^*), t = 0,1,2,\cdots,T-1$$
$$(6-91)$$

3. 欧拉方程

$$\lambda_t = \frac{\partial H(x_t^*, u_t^*, \lambda_{t+1})}{\partial x_t}, t = 0,1,2,\cdots,T-1 \quad (6-92)$$

4. 边界条件与横截条件

$$x_0^* = a, \lambda_T = 0 \quad (6-93)$$

注意,离散时间最优控制的必要条件与相对应的连续时间最优控制的必要条件存在如下差异:

第一,两种情形下的汉密尔顿函数存在差异。连续时间最优控制的汉密尔顿函数中的 $\lambda g(x,u)$ 或 $\lambda \dot{x}$ 反映的是时刻 t 选择的控制变量 $u(t)$ 对下一时刻利益(进而对总目标泛函)的贡献,它是 $u(t)$ 通过状态的改变量 $\dot{x}(t)$ 实现的,但离散时间最优控制的汉密尔顿函数中的 $\lambda_{t+1} g(x_t, u_t)$ 或 $\lambda_{t+1} x_{t+1}$ 是 u_t 通过下一期的状态 x_{t+1} 产生对总目标泛函的贡献,$\dot{x}(t)$ 不是与 x_{t+1} 相对应的,$\dot{x}(t)$ 对应离散状态下的 $\Delta x_t = x_{t+1} - x_t$,它们都是系统状态的改变量。

第二，状态方程和欧拉方程也存在差异。 连续时间情形中是状态的改变量 $\dot{x}(t)$ 等于 $\dfrac{\partial H(x^*, u^*, \lambda)}{\partial \lambda}$，离散时间情形则是下一期的状态 x_{t+1} 等于 $\dfrac{\partial H(x_t^*, u_t^*, \lambda_{t+1})}{\partial \lambda_{t+1}}$；连续时间情形中是协态变量 $\lambda(t)$ 的改变量 $\dot{\lambda}(t)$ 等于 $\dfrac{\partial H(x^*, u^*, \lambda)}{\partial x}$ 的负值，离散时间情形则是 λ_t 等于 $\dfrac{\partial H(x_t^*, u_t^*, \lambda_{t+1})}{\partial x_t}$，而不是其负值。与 $\dot{\lambda}(t)$ 对应的是 $\Delta\lambda_t = \lambda_{t+1} - \lambda_t$，而不是 λ_t。

变换一下给定的条件，就可以推导出与连续时间情形含义相同的最优化条件。

将 (6-86) 变换为

$$x_{t+1} - x_t = g(x_t, u_t) - x_t = \phi(x_t, u_t) \tag{6-86a}$$

则拉格朗日函数变为

$$L = \sum_{t=0}^{T-1} \{f(x_t, u_t) + \lambda_{t+1}[\phi(x_t, u_t) - (x_{t+1} - x_t)]\}$$

定义汉密尔顿函数

$$H(x_t, u_t, \lambda_{t+1}) = f(x_t, u_t) + \lambda_{t+1}\phi(x_t, u_t) \tag{6-87a}$$

则

$$L = \sum_{t=0}^{T-1} [H(x_t, u_t, \lambda_{t+1}) - \lambda_{t+1}(x_{t+1} - x_t)] \tag{6-88a}$$

(6-88a) 最大化的一阶条件为

$$\frac{\partial L}{\partial u_t} = \frac{\partial H}{\partial u_t} = 0, t = 0, 1, \cdots, T-1$$

$$\frac{\partial L}{\partial x_t} = \frac{\partial H}{\partial x_t} + (\lambda_{t+1} - \lambda_t) = 0, t = 1, 2, \cdots, T-1$$

$$\frac{\partial L}{\partial \lambda_{t+1}} = \frac{\partial H}{\partial \lambda_{t+1}} - (x_{t+1} - x_t) = 0 \quad t = 1, 2, \cdots, T-1$$

$$\left.\frac{\partial L}{\partial x_t}\right|_{t=T} = -\lambda_T = 0$$

对这些一阶条件整理可得离散时间最优控制问题的必要条件：最优控制 u_t^*、最优状态 x_t^* 及协态变量 λ_t 满足

1. 极值条件：u_t^* 最大化现值汉密尔顿函数 H，若控制变量不受约束，有

$$\frac{\partial H(x_t^*, u_t^*, \lambda_{t+1})}{\partial u_t} = 0, t = 0, 1, 2, \cdots, T-1 \tag{6-89a}$$

若控制变量受闭集容许控制域的约束，则极值条件为

$$H(x_t^*, u_t^*, \lambda_{t+1}) \geqslant H(x_t^*, u_t, \lambda_{t+1}), t = 0, 1, 2, \cdots, T-1$$
(6-90a)

2. 状态方程

$$x_{t+1} - x_t = \frac{\partial H(x_t^*, u_t^*, \lambda_{t+1})}{\partial \lambda_{t+1}} = \phi(x_t^*, u_t^*)$$
$$t = 0, 1, 2, \cdots, T-1$$
(6-91a)

3. 欧拉方程

$$\lambda_{t+1} - \lambda_t = -\frac{\partial H(x_t^*, u_t^*, \lambda_{t+1})}{\partial x_t}, t = 0, 1, 2, \cdots, T-1 \quad (6-92a)$$

4. 边界条件与横截条件

$$x_0^* = a, \lambda_T = 0 \quad (6-93a)$$

这组必要条件与连续时间情形的必要条件是相对应的。此外，读者可以验证一下，(6-89)~(6-93)与(6-89a)~(6-93a)这两组最优化的必要条件是完全一样的，只是表现形式不同。

连续型的最优控制问题最后只解两个微分方程，而在离散型最优控制模型中，每一个时点 t 都有状态变量和控制变量两个差分方程，他们需要同时解出来。所以，经济学模型中很少使用。

二、含贴现的离散时间最优控制问题

含贴现的离散时间最优控制问题为

$$\max \sum_{t=0}^{T-1} \beta^t f(x_t, u_t) \quad (6-94)$$

$$s.t. \quad x_{t+1} = g(x_t, u_t), t = 0, 1, 2, \cdots, T-1 \quad (6-95)$$
$$x_0 = a, x_T \text{ 可变}$$

其中 $\beta = \dfrac{1}{1+\rho}$ 是贴现因子，ρ 为贴现率。

使用(6-86a)，建立拉格朗日函数

$$L = \sum_{t=0}^{T-1} \beta^t \{f(x_t, u_t) + \beta \lambda_{t+1}[\phi(x_t, u_t) - (x_{t+1} - x_t)]\}$$

其中 λ_{t+1} 乘以贴现因子 β 即 $\beta\lambda_{t+1}$ 是将 λ_{t+1} 从 $t+1$ 期贴现到 t 期，第 t 期的利益总和 $\{f(x_t, u_t) + \beta\lambda_{t+1}[\phi(x_t, u_t) - (x_{t+1} - x_t)]\}$ 乘以 β^t 则是将第 t

期的利益贴现到第 0 期。

建立现值的汉密尔顿函数

$$H(x_t, u_t, \mu_{t+1}) = f(x_t, u_t) + \mu_{t+1}\phi(x_t, u_t) \qquad (6-96)$$

其中 $\mu_{t+1} = \beta\lambda_{t+1}$,则拉格朗日函数为

$$L = \sum_{t=0}^{T-1} \beta^t [H(x_t, u_t, \mu_{t+1}) - \mu_{t+1}(x_{t+1} - x_t)] \qquad (6-97)$$

(6-97) 最大化的一阶条件为

$$\frac{\partial L}{\partial u_t} = \beta^t \frac{\partial H}{\partial u_t} = 0, t = 0,1,\cdots,T-1$$

$$\frac{\partial L}{\partial x_t} = \beta^t \frac{\partial H}{\partial x_t} + (\beta^t \mu_{t+1} - \beta^{t-1}\mu_t) = 0, t = 1,2,\cdots,T-1$$

$$\frac{\partial L}{\partial \mu_{t+1}} = \frac{\partial H}{\partial \mu_{t+1}} - (x_{t+1} - x_t) = 0 \quad t = 1,2,\cdots,T-1$$

$$\left.\frac{\partial L}{\partial x_t}\right|_{t=T} = -\lambda_T = 0 \qquad (6-98)$$

对这些一阶条件整理可得**含贴现的离散时间最优控制问题的必要条件**:最优控制 u_t^*、最优状态 x_t^* 及协态变量 μ_{t+1} 满足

1. 极值条件:u_t^* 最大化现值汉密尔顿函数 H,若控制变量不受约束,有

$$\frac{\partial H(x_t^*, u_t^*, \mu_{t+1})}{\partial u_t} = 0, t = 0,1,2,\cdots,T-1 \qquad (6-99)$$

若控制变量受闭集容许控制域的约束,则极值条件为

$$H(x_t^*, u_t^*, \mu_{t+1}) \geqslant H(x_t^*, u_t, \mu_{t+1}), t = 0,1,2,\cdots,T-1$$
$$(6-100)$$

2. 状态方程

$$x_{t+1} - x_t = \frac{\partial H(x_t^*, u_t^*, \mu_{t+1})}{\partial \mu_{t+1}} = \phi(x_t^*, u_t^*)$$
$$t = 0,1,2,\cdots,T-1 \qquad (6-101)$$

3. 欧拉方程

$$\mu_{t+1} - \beta^{-1}\mu_t = -\frac{\partial H(x_t^*, u_t^*, \mu_{t+1})}{\partial x_t}, t = 0,1,2,\cdots,T-1$$
$$(6-102)$$

4. 边界条件与横截条件

$$x_0^* = a, \lambda_T = 0 \qquad (6-103)$$

其中（6-98）第一个方程中的 $\beta^t = \left(\dfrac{1}{1+\rho}\right)^t \neq 0$，因为 t 是有限的，不是无穷大，所以，必有 $\dfrac{\partial H(x_t^*, u_t^*, \mu_{t+1})}{\partial u_t} = 0$。

附录：含参变量积分及其求导

含参变量积分的求导不仅在本章而且在高级宏观经济学的模型中都有应用，是高级宏观经济学的模型推导必备的知识。

(一) 含参变量的积分

含参变量的正常积分（或含参变量的常义积分）：设 $f(x,y)$ 是定义在矩形（闭区域）$R(a \leqslant x \leqslant b, c \leqslant y \leqslant d)$ 上的连续函数，对于在 $[c, d]$ 上任意取定的 y，$f(x,y)$ 是 $[a, b]$ 上关于 x 的一元连续函数，因此，积分 $\int_a^b f(x,y)dx$ 存在，且积分值依赖于取定的 y 值。即

$$\int_a^b f(x,y)dx, \quad y \in [c, d] \tag{1}$$

确定了一个关于 y 的一元函数，式中的 y 可以看作一个参变量，称式（1）为含参变量 y 的正常积分；同理定义含参变量 x 的积分

$$\int_c^d f(x,y)dy, \quad x \in [a, b] \tag{2}$$

它们统称为**含参变量的正常积分**，简称含参变量积分。

含参变量的反常积分（无限区间上的反常积分）：设 $f(x,y)$ 是定义在矩形（闭区域）$R(a \leqslant x < +\infty, c \leqslant y \leqslant d)$ 上的连续函数，对于任意取定的 $y \in [c, d]$，如果反常积分 $\int_a^{+\infty} f(x,y)dx$ 存在，则

$$g(y) = \int_a^{+\infty} f(x,y)dx, \quad y \in [c, d] \tag{3}$$

称为以 y 为参变量的反常积分，简称含参变量的反常积分。

(3) 确定了一个关于 y 的一元函数，式中的 y 可以看作一个参变量。

同样可以定义其他几个含参变量的反常积分

$$g(y) = \int_{-\infty}^b f(x,y)dx, \quad y \in [c, d]$$

$$g(y) = \int_{-\infty}^{+\infty} f(x,y)dx, \quad y \in [c, d]$$

(二) 含参变量积分的求导

1. 如果函数 $f(x,y), f_y(x,y)$ 在闭区域 $R(a \leqslant x \leqslant b, c \leqslant y \leqslant d)$ 上连续，则 $\Phi(y) = \int_a^b f(x,y) dx$ 在 $[c,d]$ 上可微，并且

$$\Phi'(y) = \frac{d}{dy}\int_a^b f(x,y) dx = \int_a^b f_y(x,y) dx \tag{4}$$

2. 如果函数 $f(x,y), f_y(x,y)$ 在 $R(a \leqslant x < +\infty, c \leqslant y \leqslant d)$ 上连续，反常积分 $\int_a^{+\infty} f(x,y) dx$ 在 y 点收敛，$\int_a^{+\infty} f_y(x,y) dx$ 在 $c \leqslant y \leqslant d$ 上一致收敛，则 $\Phi(y) = \int_a^{+\infty} f(x,y) dx$ 在 $c \leqslant y \leqslant d$ 上可微，并且

$$\Phi'(y) = \frac{d}{dy}\int_a^{+\infty} f(x,y) dx = \int_a^{+\infty} f_y(x,y) dx \tag{5}$$

其中的"一致收敛"是一个数学概念，如果有兴趣可以到任何一本关于数学分析的图书中查找，不知道这个概念的含义也无大碍，因为经济学在应用这个定理时都假定（更多地是隐含假定）该定理的一切前提都具备，然后直接应用定理。

以上两个定理说明：**求导与积分运算可以交换。**

3. $f(x,y), f_y(x,y)$ 在 x, y 的定义域上连续，$a(y), b(y)$ 在 y 的定义域上连续，且 $a(y), b(y)$ 的值分别在 x, y 的定义域 $[a,b], [c,d]$ 内，即 $a \leqslant a(y) \leqslant b, c \leqslant b(y) \leqslant d$，则 $F(y) = \int_{a(y)}^{b(y)} f(x,y) dx$ 在 $[c,d]$ 上可微，且

$$\frac{dF(y)}{dy} = \int_{a(y)}^{b(y)} f_y(x,y) dx + f[b(y), y] \cdot \frac{db(y)}{dy} - f[a(y), y] \cdot \frac{da(y)}{dy} \tag{6}$$

假定以下积分或广义积分都存在，则可以得到以下几个定理，它们在高级宏观经济学中都有应用。

4. 用 $\int_t^{\infty} f(x,t) dx$ 对 t 求导：

$$\frac{d\int_t^{\infty} f(x,t) dx}{dt} = \int_t^{\infty} f_t(x,t) dx + f(\infty, t) \cdot \frac{d\infty}{dt} - f(t,t) \frac{dt}{dt}$$

$$= \int_t^{\infty} f_t(x,t) dx - f(t,t) \tag{7}$$

5. 用 $\int_a^{b(t)} f(x,t) dx$ 对 t 求导：

$$\frac{d\int_a^{b(t)} f(x,t)\,dx}{dt} = \int_a^{b(t)} f_t(x,t)\,dx + f[b(t),t]\cdot\frac{db(t)}{dt} - f(a,t)\frac{da}{dt}$$

$$= \int_a^{b(t)} f_t(x,t)\,dx + f[b(t),t]\cdot\frac{db(t)}{dt} \qquad (8)$$

6. 如果函数 $f(x)$ 在 $[a,b]$ 上连续，即 $x \in [a,b]$，则函数 $p(x) = \int_a^x f(t)\,dt$ 对积分上限 x 的导数等于被积函数在 x 处的值，即

$$\frac{dp(x)}{dx} = \left[\int_a^x f(t)\,dt\right]' = f(x) \qquad (9)$$

7. $F(a,b,x) = \int_a^b f(x,t)\,dt$ 积分上下限求导

$$\frac{\partial F}{\partial b} = \frac{\partial}{\partial b}\left(\int_a^b f(x,t)\,dt\right) = f(x,b)$$

$$\frac{\partial F}{\partial a} = \frac{\partial}{\partial a}\left(\int_a^b f(x,t)\,dt\right) = -f(x,a) \qquad (10)$$

第七章

动 态 规 划

第五章、第六章介绍了用变分法和最优控制论（即极大值原理）求解最优控制问题。同样，最优控制问题也可以用动态规划来解。动态规划是美国数学家理查德·贝尔曼1957年提出的。同最优控制论一样，动态规划也被说成现代变分法。

本章首先介绍确定性条件下的动态规划，然后再介绍不确定性条件下的动态规划。它们自然都包括离散时间和连续时间两种情形。与变分法和最优控制论相比，**动态规划是求解不确定性下的最优控制问题的很方便的工具。**

第一节
确定性下的动态规划

一、动态规划原理与贝尔曼方程

在介绍动态规划的解法之前，首先介绍一下动态规划要处理的问题。
（一）动态规划问题的特点

1. **动态规划要解决的是动态系统的多阶段决策问题。**所谓**多阶段决策**就是将一个动态过程分成多个阶段，每个阶段都作出决策，以实现整个动态过程的总体最优。这在离散系统中最为典型。此外，在最优控制论中，汉密尔顿函数实际上就是取整个动态过程的一个时点，研究这个时点上的最优决策（即对控制变量的选择），这类似多阶段决策中的一个阶段决策。

2. 动态规划要解决的也是一个最优控制问题。 在抽象的动态规划模型中，目标函数和状态方程都含有控制变量 $u(t)$，它要求选择控制变量，以影响系统状态和目标函数。能用变分法和最优控制论求解的问题，也可以用动态规划求解，但对于不确定性最优控制问题使用动态规划比较方便。

既是最优控制问题，它就和前面讨论的问题有相同的结构，包括目标函数、状态方程，它们都是状态变量 $x(t)$、控制变量 $u(t)$（和时间）的函数，同时还有边界条件。

3. 动态规划属于非线性规划。 如果目标函数和约束条件都是线性函数，则规划为线性规划，但动态规划问题的目标函数与状态方程一般都是控制变量和状态变量的非线性函数，所以是非线性规划。

4. 动态规划可以处理控制变量有约束的动态最优化问题。 变分法只能处理控制变量无约束问题，最优控制论比变分法更优越，能处理控制变量有约束的问题，动态规划同最优控制论一样，也能处理控制变量有约束的问题。控制变量面对的约束是一个有界闭集。这在第六章的最优控制论中已作了说明。

(二) 最优性原理与贝尔曼方程

动态规划方法最核心的内容是贝尔曼（Bellman）提出的**最优性原理**：一个最优策略应具有这样的性质，无论初始状态和初始决策如何，对前面的决策所形成的状态而言，其余的决策都必定是一个最优策略。也就是说，最优策略必须使从任何一个阶段开始的动态过程都是最优的。如 m 级决策过程，对于以 x_k 为初始状态的 $m-k$ 级决策过程来说，从 u_k 开始的决策集合 $\{u_k, u_{k+1}, \cdots, u_{m-1}\}$ 必为最优策略，即它们能使这个动态过程最优化。

对最优性原理更清晰的表述就是贝尔曼方程。

考虑一个离散动态最优化问题

$$\max \sum_{t=0}^{T-1} f(x_t, u_t) \tag{7-1}$$

$$s.t \quad x_{t+1} = g(x_t, u_t), t = 0,1,2,\cdots,T-1$$

$$x_0 = a \text{ 给定}, x_T \text{ 可变} \tag{7-2}$$

依据这个最优化问题，给出值函数的概念。**值函数**就是目标函数所能达到的极大值，它是动态最优化问题中的参数（如初始时间、终结时间、状态变量）的函数，它等于目标函数在最优控制路径和得出的状态序列处的函数值。

(7-1) 从初始的 0 时刻和初始状态 x_0 开始的值函数为

$$J(x_0,0) = \max \sum_{t=0}^{T-1} f(x_t, u_t) \qquad (7-3)$$

因该问题是自治问题，目标函数中不显含 t，所以，值函数 (7-3) 也可以表示为

$$J(x_0) = \max \sum_{t=0}^{T-1} f(x_t, u_t)$$

J 定义为 $(x_0,0)$ 的函数表示值函数对初始状态和初始时间的依赖。

从 (7-3) 或 (7-1) 可以看出，值函数或动态过程无终端项 $f(x_T)$，如果规划期就到 $T-1$ 期为止，则 T 期的目标函数 $f(x_T)$ 可能为 0，也可能不为 0，如果规划期到 T 期为止，(7-3) 意味着 T 期的目标函数值为 0。我们把该问题看成 T 级决策过程，规划期就到 $T-1$ 期为止，但假定 T 期的目标函数值为 0，即

$$J(x_T, T) = \max f(x_T) = 0$$

因此，根据值函数定义，从 $T-1, T-2, \cdots, 2, 1$ 时刻开始的值函数序列为

$$J(x_{T-1}, T-1) = \max_{U_{T-1}} [f(x_{T-1}, u_{T-1}) + f(x_T)] = \max f(x_{T-1}, u_{T-1})$$

$$J(x_{T-2}, T-2) = \max_{U_{T-2}} [f(x_{T-2}, u_{T-2}) + f(x_{T-1}, u_{T-1})]$$

$$J(x_{T-3}, T-3) = \max_{U_{T-3}} \Big[f(x_{T-3}, u_{T-3}) + \sum_{i=T-2}^{T-1} f(x_i, u_i)\Big]$$

$$J(x_{T-4}, T-4) = \max_{U_{T-4}} \Big[f(x_{T-4}, u_{T-4}) + \sum_{i=T-3}^{T-1} f(x_i, u_i)\Big]$$

$$\cdots\cdots\cdots$$

$$J(x_1, 1) = \max_{U_1} \Big[f(x_1, u_1) + \sum_{i=2}^{T-1} f(x_i, u_i)\Big]$$

$$J(x_0, 0) = \max_{U_0} \Big[f(x_0, u_0) + \sum_{i=1}^{T-1} f(x_i, u_i)\Big]$$

其中，$U_k = \{u_k, u_{k+1}, u_{k+2}, \cdots, u_{T-1}\}, k = 0,1,2,3,\cdots,T-1$。

容易看出，相邻的前一个值函数可以代入后一个值函数，由此得到一个新的序列

$$J(x_{T-1}, T-1) = \max_{U_{T-1}} [f(x_{T-1}, u_{T-1}) + f(x_T)] = \max_{U_{T-1}} f(x_{T-1}, u_{T-1})$$

$$J(x_{T-2}, T-2) = \max_{U_{T-2}} [f(x_{T-2}, u_{T-2}) + J(x_{T-1}, T-1)]$$

$$J(x_{T-3}, T-3) = \max_{U_{T-3}}[f(x_{T-3}, u_{T-3}) + J(x_{T-2}, T-2)]$$

$$J(x_{T-4}, T-4) = \max_{U_{T-4}}[f(x_{T-4}, u_{T-4}) + J(x_{T-3}, T-3)]$$

$$\cdots\cdots\cdots\cdots$$

$$J(x_1, 1) = \max_{U_1}[f(x_1, u_1) + J(x_2, 2)]$$

$$J(x_0, 0) = \max_{U_0}[f(x_0, u_0) + J(x_1, 1)] \tag{7-4}$$

将这个序列一般化，得到

$$J(x_k, k) = \max_{U_k}[f(x_k, u_k) + J(x_{k+1}, k+1)] \tag{7-5}$$

其中 $U_k = \{u_k, u_{k+1}, u_{k+2}, \cdots, u_{T-1}\}$，$k = 0, 1, 2, 3, \cdots, T-1$。

(7-5) 就是**贝尔曼方程**，其实，(7-4) 中的各式也都是贝尔曼方程，是有具体起点的贝尔曼方程。贝尔曼方程也叫**动态规划的基本递推方程**。

如果从 (7-4) 的第一个方程开始逐次逆向递推求解 [其中要使用对应的状态方程 $x_{k+1} = g(x_k, u_k)$]，就可以**把多级最优决策过程转化为多个单级最优决策过程**。也就是说，在每一级的单级最优化中，只须求本级的最优控制 u_k，$k = 0, 1, 2, 3, \cdots, T-1$，这是将多级决策逐个解决。

贝尔曼方程具有这样的结构：每一级的单级最优化是本级的目标函数和从下一期开始的值函数之和。当后者是已知（函数）时，它可以作为一个静态最优化来处理，但由于求得的本期最优控制既影响本期的目标函数也影响下一期的状态变量，u_k 的影响是跨期的，所以，问题仍具有动态性质。

注意，上述动态系统中的阶段目标函数 $f(x_k, u_k)$、系统的状态转移函数 $g(x_k, u_k)$ 都可以是随时间变化的，也可以是非线性的。对 x_k, u_k 的约束可以是随时间变化的，也可以是非线性的。

二、离散系统有限期界的动态规划

由 (7-1)、(7-2) 构成的离散系统有限期界的最优化问题为

$$\max \sum_{t=0}^{T-1} f(x_t, u_t)$$
$$s.t \quad x_{t+1} = g(x_t, u_t), t = 0, 1, 2, \cdots, T-1$$
$$x_{t=0} = x_0 \text{ 给定}, x_T \text{ 可变}$$

其中各期的 f, g 拥有不变的形式，但有时为了书写简便，使用下标表示不同

时期的函数，如 $f_t = f(x_t, u_t), g_k = g(x_k, u_k)$。下面使用动态规划方法求解。

定义从 k 时期开始的值函数：

$$J(x_k, k) = \max \sum_{t=k}^{T-1} f(x_t, u_t), k = 0, 1, 2, \cdots, T-1$$

则贝尔曼方程为

$$J(x_k, k) = \max_{U_k}[f(x_k, u_k) + J(x_{k+1}, k+1)]$$

使用贝尔曼方程逆向递推，进行如下求解过程：

1. 求 $T-1$ 期的最优控制 u_{T-1}^*。

$T-1$ 期的最优控制是最后一个最优控制，因为，已经假定规划期到 $T-1$ 期为止，T 期的目标函数 $f(x_T)$ 为 0，即

$$J(x_T, T) = \max f(x_T) = f(x_T) = 0$$

即使 T 期的目标函数 $f(x_T)$ 不为 0，第 T 期的值函数只包括一期，其中自变量 x_T 的函数为 $x_T = g(x_{T-1}, u_{T-1})$，它是由前期的状态变量 x_{T-1} 和控制变量 u_{T-1} 决定的，也就是说它在前期就已经被决定了，到第 T 期就不需要选择控制变量了。也因此 $f(x_T)$ 本身就是它的最大值，即

$$\max f(x_T) = f(x_T)$$

$T-1$ 期的贝尔曼方程为（7-4）的第一个方程，即

$$J(x_{T-1}, T-1) = \max_{U_{T-1}}[f(x_{T-1}, u_{T-1}) + J(x_T, T)]$$

如果 u_k 不受约束，且 $f(x_{T-1}, u_{T-1})$ 对 u_{T-1} 连续可微，$f(x_T)$ 有定义，将 $x_T = g(x_{T-1}, u_{T-1})$ 代入上式，则有

$$\frac{\partial J(x_{T-1}, T-1)}{\partial u_{T-1}} = \frac{\partial f(x_{T-1}, u_{T-1}^*)}{\partial u_{T-1}} + \frac{\partial J(x_T, T)}{\partial x_T} \frac{\partial g(x_{T-1}, u_{T-1}^*)}{\partial u_{T-1}} = 0$$

(7-6)

利用（7-6）与 $x_T = g(x_{T-1}, u_{T-1})$ 解出

$$u_{T-1}^* = u^*(x_{T-1}) \quad (7-7)$$

$$\begin{aligned} J(x_{T-1}, T-1) &= \max_{U_{T-1}}[f(x_{T-1}, u_{T-1}) + J(x_T, T)] \\ &= f[x_{T-1}, u^*(x_{T-1})] + f\{g[x_{T-1}, u^*(x_{T-1})]\} \\ &= f[x_{T-1}, u^*(x_{T-1})] \end{aligned} \quad (7-8)$$

注意：

(1) 公式（7-7）、（7-8）只是求出的两个已知函数，不是 u_{T-1}^* 和 $J(x_{T-1}, T-1)$ 的具体值，因为，（7-6）与 $x_T = g(x_{T-1}, u_{T-1})$ 是两个方程，

包含三个变量 $J(x_{T-1}, T-1), x_{T-1}, u_{T-1}$，这样便解不出三个变量的具体值，只能求出三者之间的关系。

(2) 在 $T-1$ 期不能求值函数对 x_{T-1} 的一阶条件，因为由状态方程 $x_{T-1} = g(x_{T-2}, u_{T-2})$ 可知，x_{T-1} 由前期的 x_{T-2}, u_{T-2} 决定，到了 $T-1$ 期，x_{T-1} 已经确定了，成为已知的，不能再选择了，$T-1$ 期可以选择的只有 u_{T-1}。通过选择 u_{T-1} 实现最优化。

(3) 公式 (7-8) 将 T 期的 $f(x_T)$ 或 $J(x_T, T)$ 加在了 $T-1$ 期的值函数中，因为，后面可能涉及 $J(x_T, T)$ 的导数，一个函数在某一点的函数值为 0，但它的导数值不一定为 0。只要 T 期的目标函数 $f(x_T)$ 有定义，且导数值不为 0，在求导时就应该加入该项。一个一般化的做法是为该模型的目标函数设一个终值项 $\phi[f(x_T)]$，当 $\phi[f(x_T)] = f(x_T) = 0$ 时，就是本书这种情形，所以，本书的情形是一个特例。

(4) 因各个时期的目标泛函 $f(x_k, u_k), k = 0, 1, 2, \cdots, T-1$ 和状态转移函数 $g(x_k, u_k)$ 不随时间变化，所以，求解出来的策略函数 u_k^* 也不随时间变化，即各个时期的最优控制函数都具有相同函数形式。

(5) 只用 $T-1$ 期贝尔曼方程的等式右端对 u_{T-1} 求导也可以，这表示求等式右端的最优化。

2. 求 $T-2$ 期的最优控制 u_{T-2}^*。

$T-2$ 期的贝尔曼方程为 (7-4) 的第二个方程

$$J(x_{T-2}, T-2) = \max_{u_{T-2}}[f(x_{T-2}, u_{T-2}) + J(x_{T-1}, T-1)]$$

将 $x_{T-1} = g(x_{T-2}, u_{T-2})$ 代入上式，利用 u_k 不受约束，且 $f(x_{T-2}, u_{T-2})$，$g(x_{T-2}, u_{T-2})$ 对 u_{T-2} 连续可微，可得（最优化条件）

$$\frac{\partial f_{T-2}}{\partial u_{T-2}} + \left[\frac{\partial J_{T-1}}{\partial x_{T-1}} + \frac{\partial J_{T-1}}{\partial u_{T-1}}\frac{\partial u^*(x_{T-1})}{\partial x_{T-1}}\right]\frac{\partial g_{T-2}}{\partial u_{T-2}}$$

$$= \frac{\partial f_{T-2}}{\partial u_{T-2}} + \frac{\partial g_{T-2}}{\partial u_{T-2}}\frac{\partial J_{T-1}}{\partial x_{T-1}}$$

$$= \frac{\partial f_{T-2}}{\partial u_{T-2}} + \frac{\partial g_{T-2}}{\partial u_{T-2}}\left[\frac{\partial f_{T-1}}{\partial x_{T-1}} + \frac{\partial J_T}{\partial x_T}\frac{\partial g_{T-1}}{\partial x_{T-1}}\right]$$

$$= 0 \tag{7-9}$$

其中 $J(x_{T-1}, T-1) = J_{T-1}, J(x_T, T) = J_T; \frac{\partial J_{T-1}}{\partial u_{T-1}} = 0; f_{T-2} = f(x_{T-2}, u_{T-2}^*), g_{T-2} = g(x_{T-2}, u_{T-2}^*)$，余者类似。

从（7－9）可以整理出

$$u_{T-2}^* = u^*(x_{T-2}) \tag{7-10}$$

$$\begin{aligned}J(x_{T-2}, T-2) &= f(x_{T-2}, u_{T-2}^*) + J(x_{T-1}, T-1)\\ &= f(x_{T-2}, u_{T-2}^*) + f\{g(x_{T-2}, u_{T-2}^*), u^*[g(x_{T-2}, u_{T-2}^*)]\}\\ &= f(x_{T-2}, u_{T-2}^*) + f\{g(x_{T-2}, u_{T-2}^*), u^*[g(x_{T-2}, u_{T-2}^*)]\}\\ &\quad + f\{g[g(x_{T-2}, u_{T-2}^*), u^*[g(x_{T-2}, u_{T-2}^*)]]\}\end{aligned} \tag{7-11}$$

3. 求 $T-3$ 期的最优控制 u_{T-3}^*。

$T-3$ 期的贝尔曼方程为 (7-4) 的第三个方程

$$J(x_{T-3}, T-3) = \max_{U_{T-3}}[f(x_{T-3}, u_{T-3}) + J(x_{T-2}, T-2)]$$

将 $x_{T-2} = g(x_{T-3}, u_{T-3})$ 代入上式，利用 u_k 不受约束，且相关函数对 u_{T-3} 连续可微，类似 (7-9) 的推导过程可得

$$\begin{aligned}\frac{\partial J(x_{T-3}, T-3)}{\partial u_{T-3}} &= \frac{\partial f_{T-3}}{\partial u_{T-3}} + \left[\frac{\partial J_{T-2}}{\partial x_{T-2}} + \frac{\partial J_{T-2}}{\partial u_{T-2}}\frac{\partial u^*(x_{T-2})}{\partial x_{T-2}}\right]\frac{\partial g_{T-3}}{\partial u_{T-3}}\\ &= \frac{\partial f_{T-3}}{\partial u_{T-3}} + \frac{\partial g_{T-3}}{\partial u_{T-3}}\frac{\partial J_{T-2}}{\partial x_{T-2}}\\ &= \frac{\partial f_{T-3}}{\partial u_{T-3}} + \frac{\partial g_{T-3}}{\partial u_{T-3}}\left\{\frac{\partial f_{T-2}}{\partial x_{T-2}} + \frac{\partial g_{T-2}}{\partial x_{T-2}}\frac{\partial J_{T-1}}{\partial x_{T-1}}\right\}\\ &= \frac{\partial f_{T-3}}{\partial u_{T-3}} + \frac{\partial g_{T-3}}{\partial u_{T-3}}\left\{\frac{\partial f_{T-2}}{\partial x_{T-2}} + \frac{\partial g_{T-2}}{\partial x_{T-2}}\left[\frac{\partial f_{T-1}}{\partial x_{T-1}} + \frac{\partial g_{T-1}}{\partial x_{T-1}}\frac{\partial J_T}{\partial x_T}\right]\right\}\\ &= 0\end{aligned} \tag{7-12}$$

用（7－12）可以整理出

$$u_{T-3}^* = u^*(x_{T-3}) \tag{7-13}$$

$$J(x_{T-3}, T-3) = f(x_{T-3}, u_{T-3}^*) + J(x_{T-2}, T-2) \tag{7-14}$$

可以看到随着递推次数的增加，表示最优化条件的公式越来越复杂，但它们并不是没有规律的。将（7－6）、（7－9）、（7－12）进行比较，并使用归纳法，得到一个一般化的最优化条件公式

$$\begin{aligned}\frac{\partial J(x_k, k)}{\partial u_k} &= \frac{\partial f_k}{\partial u_k} + \frac{\partial g_k}{\partial u_k}\\ &\quad \times \left\{\frac{\partial f_{k+1}}{\partial x_{k+1}} + \frac{\partial g_{k+1}}{\partial x_{k+1}}\left[\frac{\partial f_{k+2}}{\partial x_{k+2}} + \frac{\partial g_{k+2}}{\partial x_{k+2}}\cdots\right.\right.\\ &\quad \left.\left. \left(\frac{\partial f_{T-1}}{\partial x_{T-1}} + \frac{\partial g_{T-1}}{\partial x_{T-1}}\frac{\partial J_T}{\partial x_T}\right)\right]\right\} = 0\end{aligned} \tag{7-15}$$

其中 $k = 0, 1, 2, \cdots, T-1$。

运用 (7-15) 类推，可以求得

$$u^*_{T-4} = u^*(x_{T-4})$$

$$J(x_{T-4}, T-4) = f(x_{T-4}, u^*_{T-4}) + J(x_{T-3}, T-3)$$

$$u^*_{T-5} = u^*(x_{T-5})$$

$$J(x_{T-5}, T-5) = f(x_{T-5}, u^*_{T-5}) + J(x_{T-4}, T-4)$$

....

$$u^*_0 = u^*(x_0)$$

$$J(x_0, 0) = f(x_0, u^*_0) + J(x_1, 1) \tag{7-16}$$

(7-11) 表明 $T-2$ 期的值函数只取决于 x_{T-2}，同样，第 0 期的值函数只是 x_0 的函数，而 x_0 已知。

最后，将 x_0 代入 $u^*_0 = u^*(x_0)$，求出 u^*_0，再根据状态方程 $x_1 = g(x_0, u_0)$ 求出 x^*_1；将 x^*_1 代入 $u^*_1 = u^*(x_1)$，求出 u^*_1，以下依次类推，可以得到两个序列

$$
\begin{array}{ll}
u^*_0 & x_0 \\
u^*_1 & x^*_1 \\
u^*_2 & x^*_2 \\
\cdots\cdots\cdots & \\
u^*_{T-1} & x^*_{T-1}
\end{array}
\tag{7-17}
$$

三、离散系统动态规划的经济学情形

同其他动态最优化方法一样，经济学中离散系统的动态规划也是无限期界、贴现的和自治的。

这类问题具有如下形式

$$\max \sum_{t=0}^{\infty} \beta^t f(x_t, u_t) \tag{7-18}$$

$$s.t \quad x_{t+1} = g(x_t, u_t), t = 0,1,2,3,\cdots$$

$$x_{t=0} = x_0 \text{ 给定}, x_T \text{ 可变}$$

其中各期的目标泛函 $f(x_t, u_t)$ 和状态转移函数 $g(x_t, u_t)$ 都具有不变的函数形式，即不随时间变化。

定义值函数

$$J(x_0, 0) = \max \sum_{t=0}^{\infty} \beta^t f(x_t, u_t), 0 < \beta < 1 \quad (7-19)$$

则无限期界、贴现的动态规划的贝尔曼方程为

$$J(x_t, t) = \max[\beta^t f(x_t, u_t) + J(x_{t+1}, t+1)] \quad (7-20)$$

(7-19)、(7-20) 表示的都是将以后各期的利益 $f(x_t, u_t), t = 0, 1, 2, \cdots$ 折算成第 0 期的值然后累加在一起，只不过 (7-19)、(7-20) 表示的起点不同。

(7-20) 尽管计算的是从 t 期开始的最优化，但却将各期利益都折算到第 0 期，这样计算很别扭，如果折算到第 t 期，则比较方便。(7-20) 乘以 β^{-t} 则将已经折算到第 0 期的利益 $\beta^t f(x_t, u_t)$ 又折算到第 t 期

$$\begin{aligned}\beta^{-t} J(x_t, t) &= \max[f(x_t, u_t) + \beta^{-t} J(x_{t+1}, t+1)] \\ &= \max[f(x_t, u_t) + \beta \times \beta^{-(t+1)} J(x_{t+1}, t+1)]\end{aligned}$$
$$(7-21)$$

如果将 β^t 定义为贴现因子，$\beta^t = \left[\dfrac{1}{1+\rho}\right]^t$，则 $\beta^{-t} = (1+\rho)^t$ 可以看成是增值因子，第 0 期的利益 $\beta^t f(x_t, u_t)$ 到第 t 期增值为

$$\beta^{-t} \times \beta^t f(x_t, u_t) = f(x_t, u_t)$$

令 $V(x_t, t) = \beta^{-t} J(x_t, t)$，则 $V(x_{t+1}, t+1) = \beta^{-(t+1)} J(x_{t+1}, t+1)$，将这些代入 (7-21)，得到**第 t 期现值的贝尔曼方程**

$$V(x_t, t) = \max[f(x_t, u_t) + \beta V(x_{t+1}, t+1)] \quad (7-22)$$

有些经济数学文献针对无限期界含贴现的动态规划（即动态规划的经济学情形）作了比较基础性的论证，使用的数学工具是泛函分析。泛函分析是数学专业的比较基础而又有些晦涩的学科，仅仅是将使用的部分交待清楚也需要一定的篇幅，因此，本书略去这个内容。

然而，将这些论证的重要结论概括介绍一下也无妨，它或许可以加深对动态规划理论的理解和信任。由基础性论证所得到的重要结论有：

1. 满足贝尔曼方程 (7-22) 的解也满足类似 (7-18) 的动态规划问题，进一步两者的解是等价的，这可以将求解动态规划问题转换成求解贝尔曼方程，而求解贝尔曼方程处理一个类似静态最优化的最优化序列。

2. 在一定的假设下，**压缩映射原理**表明贝尔曼方程的解是存在和惟一的。作为**压缩映射不动点**的值函数就是贝尔曼方程的解。

3. 从任意连续有界的初始值函数 V_0 开始的序列 $\{V_n\}$ 在一定条件下随着 $n \to \infty$ 收敛于值函数 V。

4. 在一定条件下，值函数 V 是严格凹的。

5. 如果单期目标函数 f 连续可微，则值函数 V 也连续可微。

这一系列重要结论足以使我们放心地使用动态规划理论，并通过求解贝尔曼方程来解动态规划问题。

求解无限期界含贴现的动态规划的贝尔曼方程并不能像有限期界那样使用逆向递推方法，而且很多文献明确指出，非线性的离散系统（即状态方程是非线性的）和非二次型目标函数的动态规划问题一般都无法得到策略函数的解析解，显然，线性系统且有二次型目标函数的问题可以得到解析解，这是本书第八、九章介绍的主要内容。

策略函数或最优控制的解析解对经济学来说是重要的，所以，一般的模型设计都应该使问题的最优解有一个解析表达式。

假定动态规划问题有内点解，且值函数连续可微，现值的贝尔曼方程等式右端最大化的一阶条件为

$$\frac{\partial f(x_t, u_t^*)}{\partial u_t} + \beta \frac{\partial V(x_{t+1}, t+1)}{\partial x_{t+1}} \frac{\partial g(x_t, u_t^*)}{\partial u_t} = 0 \qquad (7-23a)$$

将最优策略 $u_t = u_t^*$ 代入 (7-22)

$$V(x_t, t) = f(x_t, u_t^*) + \beta V(x_{t+1}, t+1) \qquad (7-24)$$

(7-24) 对 x_t 求导

$$\frac{\partial V(x_t, t)}{\partial x_t} = \frac{\partial f(x_t, u_t^*)}{\partial x_t} + \beta \frac{\partial V(x_{t+1}, t+1)}{\partial x_{t+1}} \frac{\partial g(x_t, u_t^*)}{\partial x_t} \qquad (7-25)$$

将 (7-23a) 中的 $\beta \frac{\partial V(x_{t+1}, t+1)}{\partial x_{t+1}}$ 代入 (7-25) 并简写为

$$\frac{\partial V_t}{\partial x_t} = \frac{\partial f_t}{\partial x_t} - \frac{\partial f_t}{\partial u_t}\left[\frac{\partial g_t}{\partial u_t}\right]^{-1}\frac{\partial g_t}{\partial x_t}$$

$$\frac{\partial V_{t+1}}{\partial x_{t+1}} = \frac{\partial f_{t+1}}{\partial x_{t+1}} - \frac{\partial f_{t+1}}{\partial u_{t+1}}\left[\frac{\partial g_{t+1}}{\partial u_{t+1}}\right]^{-1}\frac{\partial g_{t+1}}{\partial x_{t+1}} \qquad (7-26)$$

其中 $V_t = V(x_t, t)$, $f_t = f(x_t, u_t^*)$，余者类似。

(7-26) 代入 (7-23a)，得

$$\frac{\partial f_t}{\partial u_t} + \beta\left\{\frac{\partial f_{t+1}}{\partial x_{t+1}} - \frac{\partial f_{t+1}}{\partial u_{t+1}}\left[\frac{\partial g_{t+1}}{\partial u_{t+1}}\right]^{-1}\frac{\partial g_{t+1}}{\partial x_{t+1}}\right\}\frac{\partial g_t}{\partial u_t} = 0 \qquad (7-23b)$$

(7-23b) ［也可以包括 (7-23a)］就是作为**动态规划最优化条件的欧拉方程**。

(7-23b) 与状态方程 $x_{t+1} = g(x_t, u_t)$ 组成一个差分方程组，用该方程组求出最优的 u_t, x_t。

能够通过求导得到类似（7-23）这样的欧拉方程是比较幸运的，这需要对目标函数和状态转移方程作特殊的界定。除此之外，还有一些求动态规划的方法，如猜测一个值函数作为贝尔曼方程的解并加以证明，但这需要经验和运气。

四、连续系统有限期界的动态规划

连续时间有限期界的动态规划问题为

$$\max\left\{\int_0^T f[x(t),u(t),t]dt + \Phi[x(T),T]\right\} \quad (7-27)$$

$$s.t \quad \dot{x} = g[x(t),u(t),t]$$

$$x(0) = x_0 \text{ 给定}$$

其中 $f[x(t),u(t),t], g[x(t),u(t),t]$ 关于 (x,u,t) 连续可微，$\Phi[x(T),T]$ 为终端性能指标，表示对终端状态 $x(T)$ 的要求。

定义从起点时间 t 开始的值函数（从 t 开始可使问题具有一般性）

$$J(x_t,t) = \max\left\{\int_t^T f[x(s),u(s),s]ds + \Phi[x(T),T]\right\} \quad (7-28)$$

其中 $J(x_t,t)$ 连续可微。将 $t = T$ 代入（7-28）可得**终端边界条件**

$$J(x_T,T) = \Phi[x(T),T]$$

根据定积分的性质，有

$$J(x_t,t) = \max\left\{\int_t^{t+\Delta t} f(x,u,s)ds + \int_{t+\Delta t}^T f(x,u,s)ds + \Phi[x(T),T]\right\}$$

$$(7-29)$$

这是将动态规划分为两段，分别选择在 $[t,t+\Delta t]$ 和 $[t+\Delta t,T]$ 两个时间段的最优控制。

根据动态规划的最优性原理，从规划期内任意一点开始的子规划都是最优的，则

$$J[x(t+\Delta t),t+\Delta t] = \max\left\{\int_{t+\Delta t}^T f(x,u,s)ds + \Phi[x(T),T]\right\}$$

$$(7-30)$$

将（7-30）代入（7-29）

$$J(x_t,t) = \max\left\{\int_t^{t+\Delta t} f(x,u,s)ds + J[x(t+\Delta t),t+\Delta t]\right\} \quad (7-31)$$

由于 $J(x_t,t)$ 连续可微，(7-31) 右端的 $J[x(t+\Delta t), t+\Delta t]$ 在 (x_t,t) 附近泰勒展开

$$J[x(t+\Delta t), t+\Delta t] = J(x_t,t) + \frac{\partial J(x_t,t)}{\partial t}\Delta t + \frac{\partial J(x_t,t)}{\partial x}\Delta x + o(\Delta t)$$

(7-32)

其中 $o(\Delta t)$ 为 Δt 的高阶无穷小。

根据假定 $f[x(t), u(t), t]$ 关于 (x, u, t) 连续可微，$[t, t+\Delta t]$ 是闭区间，(7-31) 右端的第一项运用**定积分中值定理**得

$$\int_{t}^{t+\Delta t} f(x,u,s) ds = f[x(\bar{t}), u(\bar{t}), \bar{t}] \cdot \Delta t \qquad (7-33)$$

其中 $t \leq \bar{t} \leq t + \Delta t$。

将 (7-32)、(7-33) 代入 (7-31)

$$J(x_t,t) = \max\{f[x(\bar{t}), u(\bar{t}), \bar{t}] \cdot \Delta t + J(x_t,t)$$
$$+ \frac{\partial J(x_t,t)}{\partial t}\Delta t + \frac{\partial J(x_t,t)}{\partial x}\Delta x + o(\Delta t)\}$$

上式整理为

$$0 = \max\{f[x(\bar{t}), u(\bar{t}), \bar{t}] \cdot \Delta t + \frac{\partial J(x_t,t)}{\partial t}\Delta t + \frac{\partial J(x_t,t)}{\partial x}\Delta x + o(\Delta t)\}$$

上式两边同除以 Δt，并取 $\Delta t \to 0$，则 $\bar{t} \to t$，且有**汉密尔顿 - 雅可比 - 贝尔曼方程**

$$0 = \max\{f[x(t), u(t), t] + \frac{\partial J(x_t,t)}{\partial t} + \frac{\partial J(x_t,t)}{\partial x}\frac{dx(t)}{dt}\}$$

或简写为

$$0 = \max[f(x,u,t) + J_t(x,t) + J_x(x,t) \cdot g(x,u,t)] \qquad (7-34a)$$

$$-J_t(x,t) = \max[f(x,u,t) + J_x(x,t) \cdot g(x,u,t)] \qquad (7-34b)$$

汉密尔顿 - 雅可比 - 贝尔曼方程可以简记为 HJB 方程。

(7-34) 对 u 求导得**动态规划的最优化条件**

$$0 = f_u(x,u,t) + J_x(x,t) \cdot g_u(x,u,t) \qquad (7-35)$$

用动态规划求解最优化问题的过程

1. 利用最优性条件 (7-35)，把控制变量 u 表示为状态变量 x 的函数 $u = u(x)$。

2. 把 $u = u(x)$ 代入汉密尔顿 - 雅可比 - 贝尔曼方程，得到一个偏微分方程，该偏微分方程的边界条件为 $J(x_T, T) = \Phi[x(T), T]$，以此求出值函数。

3. 通过可行性条件 $\dot{x} = g[x(t), u(t), t], x(0) = x_0$，求出最优状态解 $x(t)$ 和最优控制 $u = u(x)$。

动态规划与最优控制最优化条件的一致性：用动态规划的最优化条件可以推导出最优控制的最优化条件

令 $J_x(x,t) = \lambda$ 代入 $0 = f_u(x,u,t) + J_x(x,t) \cdot g_u(x,u,t)$，得到

$$f_u(x,u,t) + \lambda \cdot g_u(x,u,t) = 0$$，此方程即是 $\frac{\partial H}{\partial u} = 0$，因为

$$\frac{\partial H}{\partial u} = f_u(x,u,t) + \lambda \cdot g_u(x,u,t)$$

注意，用 λ 代替 $J_x(x,t)$ 不是随意假定的，这符合 λ 的含义：在最优控制论中，λ 表示状态变量变化对值函数的影响，也被称为状态变量的影子价格或状态变量的边际价值。

用 HJB 方程 $0 = \max_u [f(x,u,t) + J_t(x,t) + \lambda \cdot g(x,u,t)]$ 对 x 求导，并取 $u = u^*, x = x^*$，得

$$0 = f_x(x^*, u^*, t) + J_{tx}(x^*, t) + \lambda \cdot g_x(x^*, u^*, t)$$

如果 $J_{tx}(x^*, t), J_{xt}(x^*, t)$ 关于 x, t 都是连续的，且 $J_{tx}(x^*, t) = J_{xt}(x^*, t)$，则上式为

$$0 = f_x(x^*, u^*, t) + J_{xt}(x^*, t) + \lambda \cdot g_x(x^*, u^*, t)$$

由于 $J_{xt}(x^*, t) = \frac{d\lambda}{dt} = \dot{\lambda}$，则上式为

$$\dot{\lambda} = -f_x(x^*, u^*, t) - \lambda \cdot g_x(x^*, u^*, t)$$

由于 $\frac{\partial H}{\partial x} = f_x(x^*, u^*, t) + \lambda \cdot g_x(x^*, u^*, t)$，所以，$\dot{\lambda} = -\frac{\partial H}{\partial x}$。

五、连续系统动态规划的经济学情形

经济学使用的连续系统动态规划是无限期界、贴现的、自控的，该问题为

$$\max \int_0^\infty e^{-\rho t} f[x(t), u(t)] dt \tag{7-36}$$

$$s.t. \quad \dot{x} = g[x(t), u(t)]$$

$$x(0) = x_0$$

定义从时间 t 开始按第 0 期价值计算（将各期收益贴现到 0 期）的值函数

$$J(x_t, t) = \max \int_t^\infty e^{-\rho s} f(x, u) ds \qquad (7-37)$$

将按第 0 期价值计算的值函数 $J(x_t, t)$ 折算到第 t 期，变成从第 t 期开始且按第 t 期价值计算的值函数

$$V(x_t, t) = e^{\rho t} J(x_t, t) = \max \int_t^\infty e^{-\rho(s-t)} f(x, u) ds$$

$$= \max \int_0^\infty e^{-\rho k} f(x, u) dk \qquad (7-38a)$$

$$J(x_t, t) = V(x_t, t) e^{-\rho t} \qquad (7-38b)$$

则

$$J_t(x_t, t) = -\rho V(x_t, t) e^{-\rho t} \qquad (7-39)$$

$$J_x(x_t, t) = V_x(x_t, t) e^{-\rho t} \qquad (7-40)$$

其中，(7-39) 的右端只是 $e^{-\rho t}$ 对 t 求导，$V(x_t, t)$ 被看成不变的，因为，$J(x_t, t)$ 是 $V(x_t, t)$ 的贴现值，即第 0 期拥有 $J(x_t, t)$ 与第 t 期拥有 $V(x_t, t)$ 是等价的，而 $J(x_t, t)$ 随时间 t 的变化不能用它自身随时间的变化（即它的等价 $V(x_t, t)$ 随时间的变化）来解释，这样将产生循环解释，因此，$V(x_t, t)$ 必须被看成不变的；因 t 是规划起点，可视为常数，所以，(7-38a) 的第一个等式中的贴现因子 $e^{-\rho t}$ 可以乘到最大化符号"max"和积分符号里面；(7-38a) 的最后一个等式说明，由于规划的最后期限是无限大的，**无限期界的动态规划从任意时点开始的子动态规划都是相同的**，这个结论对于无限期界的动态规划的其它情形（如离散的或随机的）也成立。

令 $e^{-\rho t} f(x, u) = h(x, u, t)$，将其代入 (7-37)，得到类似 (7-27) 的值函数

$$J(x_t, t) = \max \int_t^\infty h(x, u, s) ds$$

这便得到了类似 (7-28) 的无限期界的值函数。使用与连续系统有限期界动态规划相同的推导方法，得到连续系统无限期界的汉密尔顿-雅可比-贝尔曼方程

$$0 = \max[h(x, u, t) + J_t(x, t) + J_x(x, t) \cdot g(x, u)] \qquad (7-41a)$$

$$-J_t(x, t) = \max[h(x, u, t) + J_x(x, t) \cdot g(x, u)] \qquad (7-41b)$$

将 $e^{-\rho t} f(x, u) = h(x, u, t)$ 与 (7-39)、(7-40) 代入 (7-41)，得到**连续系统无限期界的汉密尔顿-雅可比-贝尔曼方程**

$$\rho V(x_t, t) = \max[f(x, u) + V_x(x_t, t) \cdot g(x, u)] \qquad (7-42)$$

假定存在内点解，(7-42) 对 u 求导，得到**连续系统无限期界动态规划的最优化条件**

$$f_u(x,u) + V_x(x_t,t) \cdot g_u(x,u) = 0 \tag{7-43}$$

用动态规划求解优化问题的过程：

(1) 利用最优性条件 $f_u(x,u) + V_x(x_t,t) \cdot g_u(x,u) = 0$，把控制变量 u 表示为状态变量 x 的函数 $u = u(x)$；

(2) 把 $u = u(x)$ 代入汉密尔顿-雅可比-贝尔曼方程，求出值函数；

(3) 通过可行性条件 $\dot{x} = g(x,u), x(0) = x_0$，求出最优状态解 x 和最优控制 $u = u(x)$。

第二节
随机动态规划

本章第一节是确定性下的动态规划，本节介绍不确定性下的动态规划。随着随机模型的增加，本节的内容越来越重要。由于第一节已经对一般情形的动态规划作了分析，所以，本节主要介绍不确定性动态规划的经济学情形。

一、离散系统随机动态规划的经济学情形

经济学使用的离散系统不确定性下的动态规划是无限期界、贴现的、自控的，这在不同模型中没有不同，但是，对约束条件的设定却有不同，下面根据约束条件的不同，分两种情况讨论。

(一) 给定下期状态变量的分布函数

该问题为

$$\max E_0 \Big[\sum_{t=0}^{\infty} \beta^t f(x_t, u_t) \Big], 0 < \beta < 1 \tag{7-44}$$

$$s.t \quad F(x \mid x_t, u_t) = P\{x_{t+1} \leq x \mid x_t, u_t\}$$
$$= F(x, x_t, u_t), t = 0,1,2,3,\cdots \tag{7-45}$$

$$x_{t=0} = x_0 \text{ 给定}$$

其中（7-44）表示以初始的0时期信息为基础的条件期望，（7-45）表示由 x_t, u_t 决定的 x_{t+1} 的条件分布函数，$F(x, x_t, u_t)$ 是该函数的具体函数形式，x 为随机变量 x_{t+1} 的一个可能取值；x_t, u_t 分别为状态变量和控制变量，x_t, u_t 只决定 x_{t+1} 的概率分布函数。在第 t 期，t 期和 t 期以前的各变量值都是已知的，t 期以后的各变量都是未知的，如果是随机变量就要求期望值。

从时期 t 开始的值函数为

$$J(x_t, t) = \max\{f(x_t, u_t) + \beta E_t[\sum_{i=t+1}^{\infty} \beta^{i-(t+1)} f(x_i, u_i)]\} \quad (7-46)$$

则**随机贝尔曼方程**为

$$J(x_t, t) = \max\{f(x_t, u_t) + \beta E_t[J(x_{t+1}, t+1)]\} \quad (7-47)$$

（7-46）右端第二项就是 $E_t[J(x_{t+1}, t+1)]$ 的表达式，但是它们是条件期望符号，必须将它转换成可以计算的条件期望公式，才能求最优解。

$$\begin{aligned} E_t[J(x_{t+1}, t+1)] &= E[J(x_{t+1}, t+1) | x_t, u_t] \\ &= \int_{X_{t+1}} J(x_{t+1}, t+1) dF(x, x_t, u_t) \\ &= \int_{X_{t+1}} J(x_{t+1}, t+1) f_{x_{t+1}}(x, x_t, u_t) dx \end{aligned} \quad (7-48)$$

其中（7-48）第一个等式右端表示在已知 x_t, u_t 的情况下对 $J(x_{t+1}, t+1)$ 的条件期望，第二个等式右端的积分为**斯蒂尔切斯积分**（关于斯蒂尔切斯积分的含义见本章附录一），第三个等式变成了普通的积分（普通积分被称为黎曼积分），因为 $dF(x, x_t, u_t) = f_{x_{t+1}}(x, x_t, u_t) dx$，$f_{x_{t+1}}(x, x_t, u_t)$ 为 x_{t+1} 的条件概率密度函数；X_{t+1} 为积分区间，是随机变量 x_{t+1} 的取值范围。

注意：

1. x_t 表示离散动态系统的状态，它在时间维度上是离散变化的，x_{t+1} 是离散动态系统在 $t+1$ 期的值，但 x_{t+1} 作为随机变量不一定是离散的，这里我们假定它是连续型随机变量，所以，它有条件概率密度。在时间维度上离散变化的变量 x_{t+1} 作为某一时点上的随机变量并不一定是离散的，它可以是离散的，也可以是连续的。

2. $E_t[J(x_{t+1}, t+1)]$ 计算的是值函数 $J(x_{t+1}, t+1)$ 的条件期望，x_{t+1} 是随机变量，则 $J(x_{t+1}, t+1)$ 的条件期望是随机变量函数的条件期望，它可以用 $J(x_{t+1}, t+1)$ 的条件分布函数计算条件期望，也可以用 x_{t+1} 的条件分布函数，后者是一种简便算法，参见本章附录四。

3. (7-48) 第二个等式右端的斯蒂尔切斯积分既可以表示离散随机变量的条件期望，也可以表示连续随机变量的条件期望，但这里将随机变量 x_{t+1} 设定为连续型随机变量，这才有 (7-48) 第三个等式的积分。只有连续型随机变量的期望才能用含有概率密度的黎曼积分表示。

4. 在随机最优控制问题中，状态变量 x_t 可以是随机变量，但控制变量 u_t 不是随机变量，因为，它是主体的一种主动的最优选择，应视为确定性变量。

(7-48) 代入 (7-47)，得

$$J(x_t, t) = \max\left\{f(x_t, u_t) + \beta \int_{X_{t+1}} J(x_{t+1}, t+1) dF(x, x_t, u_t)\right\}$$

$$= \max\left\{f(x_t, u_t) + \beta \int_{X_{t+1}} J(x_{t+1}, t+1) f_{x_{t+1}}(x, x_t, u_t) dx\right\} \quad (7-49)$$

在内点解和其他相关假定下，(7-49) 右端最优化的一阶条件就是对 u_t 的一阶导数等于0，即

$$\frac{\partial f(x_t, u_t)}{\partial u_t} + \beta \frac{\partial \int_{X_{t+1}} J(x_{t+1}, t+1) f_{x_{t+1}}(x, x_t, u_t) dx}{\partial u_t} = 0 \quad (7-50)$$

虽然得到了最优化条件，但一般情况下很难得到解析解，除非模型结构比较简单。

(二) 给定随机状态转移方程

萨金特 (1997) 提供了如下问题

$$\max E_0\left[\sum_{t=0}^{\infty} \beta^t f(x_t, u_t)\right], 0 < \beta < 1 \quad (7-51)$$

$$s.t \quad x_{t+1} = g(x_t, u_t, w_{t+1}) \quad (7-52)$$

$$x_{t=0} = x_0 \text{ 给定}$$

其中 w_t 为独立同分布随机变量序列；在 t 期 x_t 是已知的，但 x_{t+1} 是未知的，在对 t 期的 u_t 作出选择后，w_{t+1} 才出现，如果将 w_{t+1} 设定为第 t 期的 w_t，由于 w_t 在第 t 期是已知的，所以，就失去了随机变量的意义；w_{t+1} 的分布函数为

$$F(w) = P(w_{t+1} \leq w) \quad (7-53)$$

其中 w 是随机变量 w_{t+1} 的一个可能取值，其余的设定与前面相同。

从时期 t 开始的值函数为

$$J(x_t, t) = \max\left\{f(x_t, u_t) + \beta E_t\left[\sum_{i=t+1}^{\infty} \beta^{i-(t+1)} f(x_i, u_i)\right]\right\}$$

则**随机贝尔曼方程**为

$$J(x_t, t) = \max\{f(x_t, u_t) + \beta E_t[J(x_{t+1}, t+1)]\}$$
$$= \max\{f(x_t, u_t) + \beta E_t[J[g(x_t, u_t, w_{t+1}), t+1]]\} \quad (7-54)$$

其中右端第二项的表达式为

$$E_t[J(x_{t+1}, t+1)] = \int_{W_{t+1}} J(x_{t+1}, t+1) dF(w)$$

其中等式右端的积分为斯蒂尔切斯积分，W_{t+1} 为随机变量 w_{t+1} 的可能取值范围。同前一种情形一样，值函数 $J(x_{t+1}, t+1)$ 的条件期望的积分既可以使用值函数 $J(x_{t+1}, t+1)$ 的条件分布函数，也可以使用 w_{t+1} 的分布函数 $F(w)$。因为随机变量函数的条件期望可以使用随机变量的条件分布函数来定义，而 $J(x_{t+1}, t+1)$ 是随机变量 x_{t+1} 的函数，x_{t+1} 又是 w_{t+1} 的函数，通过递推，$J(x_{t+1}, t+1)$ 的条件期望可以使用 w_{t+1} 的条件分布函数来定义，见本章附录四。

此外，随机变量 w_{t+1} 独立于条件期望中的条件 x_t, u_t，其中 u_t 是确定性变量，随机变量 w_{t+1} 自然独立于它；w_{t+1} 通过（7-52）只影响 x_{t+1}，但反过来序列 $\{x_t\}$ 的所有值都不影响 w_{t+1}，这意味着 w_{t+1} 独立于序列 $\{x_t\}$。w_{t+1} 独立于条件期望中的条件 x_t, u_t，则 w_{t+1} 的条件分布函数等于它的分布函数

$$F_{w|x_t, u_t}(w|x_t, u_t) = F(w)$$

就 w_{t+1} 与 x_t（不是 x_{t+1}）而言，两者相互独立，则

$$f(w, x_t) = f_w(w) \cdot f_x(x_t)$$
$$f(w|x_t) = \frac{f(w, x_t)}{f_x(x_t)} = \frac{f_w(w) \cdot f_x(x_t)}{f_x(x_t)} = f_w(w)$$

由上式得

$$F_{w|x_t, u_t}(w|x_t, u_t) = F(w)$$

（7-54）式右端最优化的一阶条件为如下**随机欧拉方程**

$$\frac{\partial f(x_t, u_t^*)}{\partial u_t} + \beta E_t\left\{\frac{\partial J(x_{t+1}, t+1)}{\partial x_{t+1}} \frac{\partial g(x_t, u_t^*, w_t)}{\partial u_t}\right\} = 0 \quad (7-55a)$$

其中第二项数学期望的求导使用了原理：**数学期望的导数等于导数的数学期望**。

假定值函数 $J(x_t, t)$ 关于 (x_t, t) 连续可微，$u_t = u_t^*$，则（7-54）变为

$$J(x_t, t) = f(x_t, u_t^*) + \beta E_t[J(x_{t+1}, t+1)]$$

且有

$$\frac{\partial J_t}{\partial x_t} = \frac{\partial f(x_t, u_t^*)}{\partial x_t} + \beta E_t \left\{ \frac{\partial J_{t+1}}{\partial x_{t+1}} \frac{\partial g(x_t, u_t^*, w_t)}{\partial x_t} \right\} \quad (7-56)$$

在确定性条件下,可以利用该式求出 $\frac{\partial J_{t+1}}{\partial x_{t+1}}$ 的表达式 (7-26),但现在是不确定性,(7-56) 式右端第二项的两个式子无法分开,所以,要简化就必须假定状态转移函数 $g(x_t, u_t, w_t)$ 中实际上不含有 x_t,这样

$$\frac{\partial g(x_t, u_t^*, w_t)}{\partial x_t} = 0, \frac{\partial J_t}{\partial x_t} = \frac{\partial f(x_t, u_t^*)}{\partial x_t}, \frac{\partial J_{t+1}}{\partial x_{t+1}} = \frac{\partial f(x_{t+1}, u_{t+1}^*)}{\partial x_{t+1}} \quad (7-57)$$

将 (7-57) 第三式代入 (7-55),得到一个**特殊情况下的随机欧拉方程**

$$\frac{\partial f(x_t, u_t^*)}{\partial u_t} + \beta E_t \left\{ \frac{\partial f(x_{t+1}, u_{t+1}^*)}{\partial x_{t+1}} \frac{\partial g(x_t, u_t^*, w_t)}{\partial u_t} \right\} = 0 \quad (7-55b)$$

求解的另一种方法就是**选定一个值函数的初始形式 J_1 进行迭代**:将 J_1 代入随机贝尔曼方程 (7-54) 右端的 $J(x_{t+1}, t+1)$,然后,求使该式最大化(关于 u 的一阶导数为零)的最优控制 u_1^*,将其表示为 x 的函数 $u_1^* = u^*(x_1)$,将 $u_1^* = u^*(x_1)$ 再代入已经代入 J_1 的随机贝尔曼方程,将其作为 J_2

$$J_2 = f(x_1, u_1^*) + \beta E_t(J_1) \quad (7-58)$$

将 (7-58) 再代入随机贝尔曼方程右端的 $J(x_{t+1}, t+1)$,然后求相应的最优控制函数 $u_2^* = u^*(x_2)$,这个过程不断进行下去,直到值函数收敛于某个函数。对于这个迭代过程来说,要求选定的初始值函数是有界连续的。

二、布朗运动

当动态系统是离散系统时,使用随机差分方程就可以描述随机动态系统,不需要太多的新知识。对于连续系统则要使用随机微分方程来描述,与随机微分方程联系在一起的是随机分析的一系列新知识。这些内容本来放在原来书稿的第五章,而且使用了一些高等概率论的知识。现在,它已经随着前五章都被删掉了。这里只能对这些内容作一个简单介绍,并尽量避免使用高等概率论知识(使用测度论),只求读者对此有个大概的理解。

(一)布朗运动

1827 年,英国生物学家布朗(Brown)在观察水面上的细小花粉微粒时,发现花粉微粒受到水分子连续撞击形成了无规则的运动,也就是说这个运动具有随机性,布朗运动因此而得名。

1905年，爱因斯坦对此做出了物理学解释，1918年维纳在数学上严格定义了布朗运动，系统地用随机过程理论和概率理论建立了布朗运动的数学模型，因此，布朗运动也叫维纳过程。

布朗运动或维纳过程：一个随机过程 $\{X(t), t \geq 0\}$，如果它满足如下几个条件：

(1) $X(0) = 0$;

(2) $\{X(t), t \geq 0\}$ 有独立增量，令 $\Delta X(t_i) = X(t_i) - X(t_{i-1})$，其中 $i = 1, 2, 3, \cdots, n$，则

$$P[\Delta X(t_1) \leq a_1, \Delta X(t_2) \leq a_2, \cdots, \Delta X(t_n) \leq a_n] = \prod_{i=1}^{n} P[\Delta X(t_i) \leq a_i]$$

(3) 对每个 t ($t > 0$)，$X(t)$ 服从均值为零、方差为 $c^2 t$ 的正态分布，即

$$X(t) \sim N(0, c^2 t)$$

(4) 对每一个 $\omega_0 \in \Omega, X(\omega_0, t)$ 是 t 的连续函数，

则称 $\{X(t), t \geq 0\}$ 为布朗运动或维纳过程。如果 $c = 1$，布朗运动 $\{X(t), t \geq 0\}$ 称为**标准维纳过程或标准布朗运动**。

其中，条件（1）假定过程从 0 开始；条件（2）表明该随机过程的增量 $X(t_2) - X(t_1), X(t_3) - X(t_2), \cdots, X(t_{n+1}) - X(t_n)$ 等互不影响，由此可以得到：随机过程未来值 $X(t_{n+1})$ （的条件分布）只依赖于当前值 $X(t_\eta)$，不受过去值 $X(t_1), X(t_2), \cdots, X(t_{n-1})$ 或其他信息影响，即

$$P\{X(t_{n+1}) \leq x_{n+1} | X(t_n) = x_n, \cdots, X(t_0) = x_0\}$$
$$= P\{X(t_{n+1}) \leq x_{n+1} | X(t_n) = x_n\}$$

条件（3）中的 c 是这样得到的：假定花粉微粒每隔 Δt 时间等概率地向左或向右移动 Δx，Δx 的取值在考虑了几种可能性后，认为取值 $\Delta x = c\sqrt{\Delta t}$ 比较合适（其中 c 是一个正常数），Δx 的这个取值令 $\Delta t \to 0$ 时，有（推导而得）

$$E[X(t)] = 0; \mathrm{var}[X(t)] = c^2 t$$

均值为零表明花粉微粒向左或向右移动的倾向是一样的（由两者的等概率也可以看出这点），方差 $c^2 t$ 随时间增加而增大，表明花粉微粒一旦离开起点没有回到原来位置的可能。

根据定义进行推导可得

$$[X(t) - X(s)] \sim N[0, c^2(t-s)]$$

即布朗运动的增量 $[X(t) - X(s)]$ 也服从均值为 0、方差为 $c^2(t-s)$ 的

正态分布。这个结果在宏观经济学中也有应用。

布朗运动增量 $[X(t) - X(s)]$ 的均值为
$$E[X(t) - X(s)] = E[X(t)] - E[X(s)] = 0$$

$[X(t) - X(s)]$ 的方差为
$$\begin{aligned}
\mathrm{var}[X(t) - X(s)] &= E\{[X(t) - X(s)]^2\} \\
&= E\{[X(t)]^2 - 2X(t)X(s) + [X(s)]^2\} \\
&= c^2 t - 2E\{X(t)X(s) - [X(s)]^2 + [X(s)]^2\} + c^2 s \\
&= c^2 t - 2E\{[X(s) - X(0)][X(t) - X(s)]\} - 2c^2 s + c^2 s \\
&= c^2 t - 2E[X(s) - X(0)] \cdot E[X(t) - X(s)] - c^2 s \\
&= c^2 (t - s)
\end{aligned}$$

其中第四个等式利用了布朗运动增量独立。X，Y 相互独立，则有
$$E(XY) = E(X) \cdot E(Y)$$

注意，维纳过程或布朗运动是具有连续时间参数和连续状态空间的随机过程。

(二) 布朗运动样本轨道的连续性和不可微性

布朗运动的样本轨道是连续的，即它是时间 t 的连续函数，表现在几何图形上就是一条连续而不间断的曲线。

然而，布朗运动 $\{X(t), t \geq 0\}$ 的样本轨道 $X(\omega_0, t), t \geq 0$ 几乎处处（零测集之外的 $\forall \omega \in \Omega$）不可微。从几何的角度粗略地看，就是样本轨道 $X(\omega_0, t)$（作为 t 的函数）不光滑，几乎处处没有切线，严重不规则。其原因在于，从每一点开始曲线 $X(\omega_0, t)$ 都以随机的方式移向下一点。比较而言，那些处处可微的曲线是光滑的，且处处有切线。

布朗运动的样本轨道还具有**无界变差**。如果存在实数 $M > 0$，对于任意的分法
$$K : 0 = t_0 < t_1 < t_2 < \cdots < t_n = T$$
函数 $X(t)$ 满足不等式
$$V(X; K) = \sum_{i=1}^{n} |X(t_i) - X(t_{i-1})| < M \tag{7-59}$$
则 $X(t)$ 为闭区间 $[0, T]$ 上的**有界变差函数**，否则就是**无界变差函数**。斯蒂尔切斯积分要求函数是有界变差函数。

布朗运动样本轨道 $X(\omega_0, t), t \geq 0$ 的不可微性和具有无界变差令很多积分（如普通的黎曼积分、斯蒂尔切斯积分等）都不能使用，因此，必须引入随机

微积分——均方微积分。

三、随机积分

在确定性问题中,使用普通的极限讨论微积分,高等数学中普通的导数和积分都是取这种极限的结果,但是,随机性的布朗运动的样本轨道虽是连续的但几乎处处不可微,还具有无界变差,这令关于布朗运动的普通极限不存在,也就是说,随着自变量的分点增多或分点区间的缩小,与布朗运动有关的欲取普通极限的式子并不能收敛到某一个常数,因为,在任意小的区间上,布朗运动都有无界变差。

本书涉及的随机积分主要是一个随机变量对布朗运动的积分,因此,不能使用普通的极限,需要使用均方极限。随机积分有多种,伊藤(Itô)积分是最常用的,伊藤(Itô)积分是对布朗运动的积分。

均方极限:如果 $X, X_n \in L^2 \triangleq \{X: E(|X|^2) < \infty\}$,$n = 1, 2, \cdots$,并满足

$$\lim_{n \to \infty} E(|X_n - X|^2) = 0 \tag{7-60}$$

则称 X 为 X_n 的均方极限,或称 $\{X_n, n = 1, 2, \cdots\}$ 均方收敛于 X。记为 $\text{l.i.m} X_n = X$ 或 $\lim_{n \to \infty} X_n = X$,$\text{l.i.m}_{n \to \infty} X_n = X$,$X_n \xrightarrow{L^2} X$。注意均方极限符号与一般极限符号的区别。

上述定义适合实值和复值两种随机变量。如果 X, X_n 都是实值随机变量或序列,则(7-60)可以改为

$$\lim_{n \to \infty} E(X_n - X)^2 = 0$$

均方连续:设 $\{X(t), t \in T\}$ 是一个二阶矩过程,即 $E(|X|^2) < \infty$,如果对 $t_0 \in T$,有

$$\text{l.i.m}_{t \to t_0} X(t) = X(t_0) \tag{7-61}$$

则称 $\{X(t), t \in T\}$ 在 t_0 处均方连续。如果 $\{X(t), t \in T\}$ 对 T 中的一切 t 都均方连续,则称 $\{X(t), t \in T\}$ 在 T 上均方连续。

黎曼(Riemann)均方积分:$\{X(t), t \in T\}$ 是定义在 $T = [a, b]$ 上的二阶矩过程,$f(t, k)$ 是定义在 $T = [a, b]$ 上的确定性的黎曼可积函数,k 为参数,将 $T = [a, b]$ 划分为 $n + 1$ 个分点

$$a = t_0 < t_1 < t_2 < \cdots < t_n = b$$

设 $\Delta t_i = t_i - t_{i-1}$,$\overline{t}_i$ 是 $[t_{i-1}, t_i]$ 中任意一点,$i = 1, 2, \cdots, n$,令

$$\Delta t = \max_{0 \leqslant i \leqslant n} \{t_{i-1}, t_i\}$$

$$\sum_{i=1}^{n} f(\overline{t}_i, k) X(\overline{t}_i)(t_i - t_{i-1})$$

当 $\Delta t \to 0$ 时,累加和 $\sum_{i=1}^{n} f(\overline{t}_i, k) X(\overline{t}_i)(t_i - t_{i-1})$ 均方收敛且其极限与对 $[a, b]$ 的分法及 $\overline{t}_i$ 的取法无关,即

$$\lim_{\Delta t \to 0} E \left\{ \left| \sum_{i=1}^{n} f(\overline{t}_i, k) X(\overline{t}_i) \Delta t_i - \int_a^b f(t, k) X(t) dt \right|^2 \right\} = 0$$

则称 $f(t, k) X(t)$ 在 $[a, b]$ 上黎曼均方可积,均方极限 $\int_a^b f(t, k) X(t) dt$ 称为 $f(t, k) X(t)$ 在 $[a, b]$ 上的**黎曼均方积分**,记为

$$Y(k) = \int_a^b f(t, k) X(t) dt$$

当 $f(t, k) \equiv 1$ 时,上式变为

$$Y = \int_a^b X(t) dt$$

它是 $X(t)$ 在 $[a, b]$ 上的黎曼均方积分。

注意:均方积分的构造与黎曼积分的构造有相似之处,黎曼均方积分与一般的黎曼积分一样,也是函数对其自变量的积分,这说明**黎曼均方积分至少具有"黎曼积分的形式"**,这大概就是将这种均方积分称为黎曼均方积分的原因。所不同的是前者取的是均方极限,后者取一般极限。

均方导数:$\{X(t), t \in T\}$ 是二阶矩过程,若存在二阶矩有限的随机变量 $X'(t)$,使得对 $t_0 \in T$ 有

$$\underset{\Delta t \to 0}{\text{l.i.m}} \frac{X(t_0 + \Delta t) - X(t_0)}{\Delta t} = X'(t_0)$$

则称 $\{X(t), t \in T\}$ 在 t_0 点均方可导(均方可微),称 $X'(t_0)$ 为 $X(t)$ 在 t_0 点的均方导数,也可记为 $\dfrac{dX(t_0)}{dt}$,称 $X'(t_0) dt$ 为 $X(t)$ 在 t_0 点的均方微分。注意,上式取的是均方极限。

若 $X(t)$ 对任一 $t \in T$ 均方可导,则 $\{X(t), t \in T\}$ 在 T 上均方可导。

均方微积分的基本公式:设 $\{X(t), t \in T\}$ 是二阶矩过程,$X(t)$ 在 $[a, b]$ 上均方可导,$X'(t)$ 在 $[a, b]$ 上均方连续,则对任意 $t \in [a, b]$,有

$$X(t) - X(a) = \int_a^t X'(s) ds$$

$$X(b) - X(a) = \int_a^b X'(s) ds$$

这个公式相当于普通黎曼积分的牛顿-莱布尼茨（Newton-Leibniz）公式。

黎曼-斯蒂尔切斯（Riemann-Stieltjes）**均方积分**：$\{X(t), t \in T\}$ 是定义在 $T = [a,b]$ 上的二阶矩过程，$f(t,k)$ 是定义在 $T = [a,b]$ 上的确定性黎曼可积函数，k 为参数，将 $T = [a,b]$ 划分为 $n+1$ 个分点

$$a = t_0 < t_1 < t_2 < \cdots < t_n = b$$

设 $\Delta t_i = t_i - t_{i-1}$，$\bar{t}_i$ 是 $[t_{i-1}, t_i]$ 中任意一点，$i = 1,2,\cdots,n$，令

$$\Delta t = \max_{0 \leq i \leq n} \{t_{i-1}, t_i\}$$

$$\sum_{i=1}^n f(\bar{t}_i, k)[X(t_i) - X(t_{i-1})]$$

当 $\Delta t \to 0$ 时，累加和 $\sum_{i=1}^n f(\bar{t}_i, k)[X(t_i) - X(t_{i-1})]$ 均方收敛且其极限与对 $[a,b]$ 的分法及 $\bar{t}_i$ 的取法无关，即

$$\lim_{\Delta t \to 0} E\left\{ \left| \sum_{i=1}^n f(\bar{t}_i, k)[X(t_i) - X(t_{i-1})] - \int_a^b f(t,k) dX(t) \right|^2 \right\} = 0$$

则称 $f(t,k)$ 对 $X(t)$ 在 $[a,b]$ 上黎曼-斯蒂尔切斯均方可积，均方极限 $\int_a^b f(t,k) dX(t)$ 称为 $f(t,k)$ 对 $X(t)$ 在 $[a,b]$ 上的**黎曼-斯蒂尔切斯均方积分**，记为

$$Y(k) = \int_a^b f(t,k) dX(t)$$

注意：

（1）黎曼-斯蒂尔切斯均方积分与一般的黎曼-斯蒂尔切斯积分的相似之处在于：它们都是两个函数有相同的自变量和相同的定义域（如果将 $f(t,k)$ 变为 $f(t)$ 则更为典型），然后一个对另一个积分，这说明**黎曼-斯蒂尔切斯均方积分至少具有"黎曼-斯蒂尔切斯积分的形式"**，这大概就是将这种均方积分称为黎曼-斯蒂尔切斯均方积分的原因。区别在于：前者取均方极限且含有随机变量，后者取一般极限且函数都是确定性的。

（2）用同样的方法可以构造 $X(t)$ 对 $f(t,k)$ **在 $[a,b]$ 上的黎曼-斯蒂尔切斯均方积分**，记为

$$Y(k) = \int_a^b X(t) df(t,k) = \int_a^b X(t) f(dt, k)$$

此时 $(X(t), t \in T)$ 是定义在 $T = [a,b]$ 上的二阶矩过程，$f(t,k)$ 是定义

在 $T(a,b)$ 上的确定性有界变差函数,k 为参数。

(3) 下面即将给出的伊藤积分可以粗略地看成具有黎曼-斯蒂尔切斯均方积分的形式,所不同的是伊藤积分是随机变量对布朗运动的积分,而不是确定性函数对一般随机过程的积分。

四、伊藤积分

(一) 伊藤积分的定义

伊藤(Itô)积分:设 $\{X(t), t \in T\}$ 是一个二阶矩过程,$\{B(t), t \in T\}$ 为布朗运动,$X(t)$ 是 $B(s)$ 的函数,但只依赖于过去的 B,这意味着 $s \leqslant t$,假设

$$0 = t_0 < t_1 < t_2 < \cdots < t_n = T$$

是 $[0, T]$ 上的一个任意划分,$\Delta t = \max\limits_{1 \leqslant i \leqslant n}\{t_i - t_{i-1}\}$,作累加和公式

$$I_n = \sum_{i=1}^{n} X(t_{i-1})[B(t_i) - B(t_{i-1})]$$

如果当 $\Delta t \to 0, n \to \infty$ 时,I_n 均方收敛,则称**其均方极限** $\underset{\substack{\Delta t \to 0 \\ n \to \infty}}{\operatorname{l.i.m}} I_n$ 为 $X(t)$ 关于布朗运动 $B(t)$ 的伊藤积分,记为 $\int_0^T X(t) dB(t)$,即

$$\int_0^T X(t) dB(t) \triangleq \underset{\substack{\Delta t \to 0 \\ n \to \infty}}{\operatorname{l.i.m}} I_n$$

或

$$\int_0^T X(t) dB(t) = \underset{\substack{\Delta t \to 0 \\ n \to \infty}}{\operatorname{l.i.m}} \sum_{i=1}^{n} X(t_{i-1})[B(t_i) - B(t_{i-1})] \quad (7-62)$$

注意:

(1) 伊藤积分是用均方极限而不是普通极限定义的,这是伊藤积分构造上的特点。

(2) 公式 (7-62) 中 $X(t)$ 在区间 $[t_{i-1}, t_i)$ 的**左端点取值**,即取值为 $X(t_{i-1})$,如果像普通的黎曼积分一样在区间 $[t_{i-1}, t_i)$ 内的任意一点取值,有可能导致积分和的值有很大差别。

(3) 虽然伊藤积分 $\int_0^T X(t) dB(t)$ 中没有明确写出 $\omega(\omega \in \Omega)$,但式中含有 ω,也就是说,**伊藤积分是一个随机变量**,同时由这个随机变量构成的

$\left\{ \int_0^t X_s dB_s, t \in [0, T] \right\}$ 是随机过程。其实,伊藤积分 $\int_0^T X(t) dB(t)$ 中的 $X(t)$ 可以写成 $X(t, \omega)$,$B(t)$ 可以写成 $B(t, \omega)$,只是为了简便才写成 $X(t), B(t)$。普通的定积分得到的是一个确定的实数。

(4) 该定义只说出了大致思路,并不是一个严谨的表述,严谨的表述需要使用"σ 域"、"可测"、"非预期函数"、"适应于 σ 域流"等概念。

(5) $X(t)$ 依赖于布朗运动的值 $B(s), s \leqslant t$,这令 $B(t)$ 的变动导致 $X(t)$ 的变动。

(二) 伊藤积分的性质

$B(t)$(或 $B(t, \omega)$)是布朗运动或维纳过程,$X(t), X_1(t), X_2(t)$ 是定义在相同空间上的随机变量,则可得到随机积分的如下性质:

1. 设 a, b 为实数,即 $a, b \in \mathbb{R}$,则

$$\int_0^T [aX_1(t) + bX_2(t)] dB(t) = a\int_0^T X_1(t) dB(t) + b\int_0^T X_1(t) dB(t) \quad (7-63)$$

2. 设 $Z(t)$(或 $Z(t, \omega)$)也是定义在相同空间上的布朗运动,则

$$\int_0^T X(t) d[aB(t) + bZ(t)] = a\int_0^T X(t) dB(t) + b\int_0^T X(t) dZ(t) \quad (7-64)$$

3. 设 $0 \leqslant t \leqslant T$,则

$$\int_0^T X(t) dB(t) = \int_0^t X(t) dB(t) + \int_t^T X(t) dB(t) \quad (7-65)$$

4. $E\left(\int_0^T X(t) dB(t)\right) = 0; E_s\left[\int_s^T X(t) dB(t)\right] = 0 \quad (7-66)$

即伊藤积分的期望与条件期望都为零。其中,$0 \leqslant s \leqslant T$。这一性质的作用在于,通过取期望或条件期望可以消去含随机积分的项。

5. 伊藤积分满足等距性,即

$$E\left[\left(\int_0^t X(s) dB(s)\right)^2\right] = \int_0^t E\{[X(t)]^2\} ds, \quad 0 \leqslant t \leqslant T$$

$$E\left[\int_0^t X(s) dB(s) \cdot \int_0^t Y(s) dB(s)\right] = \int_0^t E[X(s)Y(s)] dt, \quad 0 \leqslant t \leqslant T$$

$$(7-67)$$

6. 伊藤积分 $\int_0^T X_t dB_t$ 有连续的样本轨道。

五、伊藤随机微分方程与伊藤引理

(一) 伊藤微分

伊藤过程：随机过程 $\{X(t), T > t \geq 0\}$ 满足如下伊藤积分：对于任意 $0 \leq t < T$，有

$$X(t) = X(0) + \int_0^t a[s, X(s)] ds + \int_0^t \sigma[s, X(s)] dB(s)$$

则 $\{X(t), T > t \geq 0\}$ 为伊藤过程。前一个积分 $\int_0^t a[s, X(s)] ds$ 为**黎曼均方积分**，后一个积分 $\int_0^t \sigma[s, X(s)] dB(s)$ 为**伊藤积分**。

在伊藤积分的基础上，可以定义伊藤微分。

伊藤微分：设随机过程 $\{X(t), t \geq 0\}$ 满足如下条件，即对于任意 $0 \leq k < t < T$，有

$$X(t) = X(k) + \int_k^t a[s, X(s)] ds + \int_k^t \sigma[s, X(s)] dB(s) \qquad (7-68a)$$

由 (7-68a) 可以根据均方微积分的基本公式改写成

$$\int_k^t dX(s) = \int_k^t a[s, X(s)] ds + \int_k^t \sigma[s, X(s)] dB(s) \qquad (7-68b)$$

则 (7-68) 的积分形式可以等价地写成微分形式

$$dX(t) = a[t, X(t)] dt + \sigma[t, X(t)] dB(t) \qquad (7-69)$$

满足 (7-69) 的 $dX(t)$ 称为 $X(t)$ 的**伊藤微分**。(7-68) 为**伊藤随机积分方程**，(7-69) 为**伊藤随机微分方程**。

理解伊藤微分必须注意以下几点：

(1) 伊藤积分 (7-68) 与伊藤微分 (7-69) 是等价的，后者仅是前者的改写而已。

(2) $dX(t), dt, dB(t)$ 都已不是普通的微分，但在含义上大体承袭了普通微分的含义：$dX(t), dt, dB(t)$ 都是表示相应变量的变化的或改变量，$X(t)$ 的变化，$dX(t)$ 是由 t 的变化 dt 和 $B(t)$ 的变化 $dB(t)$ 引起的。

(3) 尽管伊藤微分只是改变了一下表达方式，但这一改变为理论分析带来了很多方便。

(二) 伊藤 (Itô) 公式 (也叫伊藤引理)

伊藤公式也叫伊藤引理，是伊藤 1951 年建立的一个微分公式。它主要用

于对**复合随机函数**求随机微分的问题。如果已知 $X(t)$ 由 (7-68a) 或(7-69)给出,令 $Y(t) = f[t, X(t)]$,则伊藤公式可以给出 $Y(t)$ 的随机微分,而且,该微分也决定于同一个布朗运动。

以伊藤公式为基础,还可以得到一些其他的微分规则,因此,伊藤公式被称为**伊藤随机微积分的基本方程**。

伊藤公式:设 $f(t,x)$ 是一个二次连续可微的非随机函数,$\{X(t)\}$ 是由下面的伊藤微分定义的随机函数

$$dX(t) = a[t, X(t)]dt + \sigma[t, X(t)]dB(t)$$

则 $\{X(t)\}$ 是伊藤过程,令 $Y(t) = f[t, X(t)]$,可得新的伊藤过程 $\{Y(t)\}$,且满足

$$dY(t) = \left[f_t + a \cdot f_x + \frac{1}{2}f_{xx} \cdot \sigma^2\right]dt + \sigma \cdot f_x dB(t) \qquad (7-70)$$

(7-70) 就是**伊藤公式**。其中,$\left[f_t + a \cdot f_x + \frac{1}{2}f_{xx} \cdot \sigma^2\right]$ 是 $t, X(t)$ 的函数,$\sigma \cdot f_x$ 也是 $t, X(t)$ 的函数;两式也可以写为

$$f_t[t, X(t)] + a[t, X(t)] \cdot f_x[t, X(t)] + \frac{1}{2}f_{xx}[t, X(t)] \cdot \sigma^2[t, X(t)]$$
$$\sigma[t, X(t)] \cdot f_x[t, X(t)]$$

f_t, f_x, f_{xx} 在普通实函数中分别是函数 f 的一阶和二阶偏导数,但用在随机数学中,f_x, f_{xx} 都只看成是随机变量 $[t, X(t)]$ 的函数,而不视为导数,它们分别是将确定性函数 $f(t,x)$ 的一阶、二阶导函数 $f_x(t,x), f_{xx}(t,x)$ 中的确定性变量 x 换成随机变量 $X(t)$ 而得到的,从而具有形式 $f_x[t, X(t)]$, $f_{xx}[t, X(t)]$。替换一下,令

$$f_x(t, x) = g(t, x), f_{xx}(t, x) = h(t, x)$$

则有

$$f_x[t, X(t)] = g[t, X(t)], f_{xx}[t, X(t)] = h[t, X(t)]$$

这样 $g[t, X(t)], h[t, X(t)]$ 看起来就不是导数而是随机变量的函数了。

伊藤公式(7-70)还可以等价地表示为伊藤积分的形式:对于任意 $0 \leq k < t$,有

$$\int_k^t dY(s) = \int_k^t \left[f_s + af_x + \frac{1}{2}f_{xx}\sigma^2\right]ds + \int_k^t \sigma f_x dB(s) \qquad (7-71a)$$

或

$$Y(t) = Y(k) + \int_k^t \left[f_s + af_x + \frac{1}{2}f_{xx}\sigma^2\right]ds + \int_k^t \sigma f_x dB(s) \qquad (7-71b)$$

下面简要说明伊藤公式的推导过程。推导中使用了如下乘法规则:

(1) $dt \cdot dt = 0$

(2) $dt \cdot dB = 0$

(3) $dB \cdot dB = dt$ \hfill (7-72)

也就是说（7-70）中的 dt 和 dB 符合上述乘法法则。

设一般函数为 $y = f(t, x)$，根据微分定义，得

$$dy = f(t + dt, x + dx) - f(t, x)$$

$f(t + dt, x + dx)$ 在点 (t, x) 附近进行二元函数泰勒展开，并取到二阶项，得

$$f(t + dt, x + dx) \cong f(t, x) + f_t dt + f_x dx$$
$$+ \frac{1}{2!}[f_{tt}(dt)^2 + 2f_{tx}dtdx + f_{xx}(dx)^2]$$

$$dy = f_t dt + f_x dx + \frac{1}{2}[f_{tt}(dt)^2 + 2f_{tx}dtdx + f_{xx}(dx)^2]$$

根据上式可得 $Y(t)$ 的随机微分

$$dY(t) = f_t dt + f_x dX(t) + \frac{1}{2}[f_{tt}(dt)^2 + 2f_{tx}dtdX(t) + f_{xx}(dX(t))^2]$$
\hfill (7-73)

将（7-69）代入（7-73）并运用乘法规则（7-72）得伊藤公式（7-70）

$$dY(t) = \left[f_t + a \cdot f_x + \frac{1}{2}f_{xx} \cdot \sigma^2\right]dt + \sigma \cdot f_x dB(t)$$

将（7-73）运用乘法规则（7-72）得

$$dY(t) = f_t dt + f_x dX(t) + \frac{1}{2}f_{xx}(dX(t))^2 \quad (7-74)$$

该式也被称为伊藤公式。其实，（7-70）与（7-74）是等价的。

（三）伊藤随机微分方程的一般形式

随机微分方程（包括前面的随机积分）有多种，但伊藤随机微分方程是最流行的，也是经济学主要使用的随机微分方程，因此，我们介绍的主要是伊藤随机微分方程。

前面得到的

$$dX(t) = a[t, X(t)]dt + \sigma[t, X(t)]dB(t) \quad (7-75)$$

就是**伊藤随机微分方程的一般形式**。

（7-75）的右端包含两项，第一项中的 $a[t, X(t)]$ 被称为**漂移系数**，第二项中的 $\sigma[t, X(t)]$ 被称为**扩散系数**，反映了 $B(t)$ 变化对 $X(t)$ 变化的影响程度，可以看成是系统的方差（标准差），所以用流行的方差符号"σ"表示。

（四）几种具体的伊藤随机微分方程

1. 常系数线性随机微分方程（Orenstein – Uhenbeck 方程）

$$dX(t) = \mu X(t)dt + \sigma dB(t) \qquad (7-76)$$

其中，$\mu, \sigma > 0$ 为常数，$X_0 \sim N(0, \sigma^2)$，且与 $\{B(t), t \geq 0\}$ 独立。常系数是指方程右端 $X(t)$ 的系数。

2. 一般线性随机微分方程

$$dX(t) = [\mu_1(t)X(t) + \mu_2(t)]dt + [\sigma_1(t)X(t) + \sigma_2(t)]dB(t)$$
$$(7-77a)$$

因 $dt, dB(t)$ 前面的"系数"$[\mu_1(t)X(t) + \mu_2(t)]$、$[\sigma_1(t)X(t) + \sigma_2(t)]$ 都是 $X(t)$ 的线性函数，所以称其为线性随机微分方程。

若 $\mu_1, \mu_2, \sigma_1, \sigma_2$ 为常数，则上式为

$$dX(t) = [\mu_1 X(t) + \mu_2]dt + [\sigma_1 X(t) + \sigma_2]dB(t) \qquad (7-77b)$$

3. 齐次线性随机微分方程

$$dX(t) = [\mu(t)X(t)]dt + [\sigma(t)X(t)]dB(t) \qquad (7-78)$$

4. 狭义的线性随机微分方程

$$dX(t) = [\mu_1(t)X(t) + \mu_2(t)]dt + \sigma(t)dB(t) \qquad (7-79)$$

5. 几何布朗运动的随机微分方程。 设 $\{X(t)\}$ 为几何布朗运动（随机过程），$\mu, \sigma > 0$ 为常数，则

$$dX(t) = \mu X(t)dt + \sigma X(t)dB(t) \qquad (7-80)$$

几何布朗运动： 设 $\{Y(t), t \geq 0\}$ 为带漂移的布朗运动，则由下式

$$Z(t) = e^{\sigma X(t) + \mu \cdot t}, \quad t \geq 0$$

定义的随机过程 $\{Z(t), t \geq 0\}$ 称为几何布朗运动，其中 $\{X(t), t \geq 0\}$ 是标准布朗运动，且有 $Y(t) = \sigma X(t) + \mu t$。几何布朗运动是带漂移的布朗运动的指数形式，但它不是一个正态过程。

6. 含控制变量的随机微分方程。 在宏观经济学的动态最优化随机模型中，随机微分方程作为约束条件其中含有控制变量，即

$$dX(t) = \mu[t, u(t), X(t)]dt + \sigma[t, u(t), X(t)]dB(t) \qquad (7-81a)$$

其对应的**自治随机微分方程**简写为

$$dX(t) = \mu(u, X)dt + \sigma(u, X)dB(t) \qquad (7-81b)$$

六、连续系统有限期界的随机动态规划

先考虑连续系统不确定下有限期界的动态规划，系统状态是不确定性的，系统状态的变化用一个刚刚讲过的随机微分方程来描述，这与确定性情形形成

鲜明对照。该问题为

$$\max E_0 \left[\int_0^T f(t,x,u) dt \right] \tag{7-82}$$

$$s.t \quad dx = \mu(t,x,u) dt + \sigma(t,x,u) dz \tag{7-83}$$

$$x(0) = x_0$$

其中 (7-83) 就是随机系统的状态方程，它用含控制变量的随机微分方程来表示，实际上就是 (7-81a)，$z(t)$ 为布朗运动；$x(t), u(t)$ 分别为状态变量和控制变量，x_0 是给定的初始状态；E_0 表示条件期望，主要通过下标体现，是以第 0 期信息为条件所作的期望。

建立从时间 t 开始的值函数

$$J(t,x_t) = \max E_t \left[\int_t^T f(s,x,u) ds \right] \tag{7-84}$$

约束条件为

$$dx = \mu(s,x,u) ds + \sigma(s,x,u) dz$$

$$x(t) = x_t \text{ 给定}$$

其中 $E_t \left[\int_t^T f(s,x,u) ds \right] = E \left[\int_t^T f[s,x(s),u(s)] ds \big| x(t), u(t) \right]$。

(7-84) 可以改写为

$$J(t,x_t) = \max_u E_t \left[\int_t^T f(s,x,u) ds \right]$$

$$= \max_u E_t \left[\int_t^{t+\Delta t} f(s,x,u) ds \right] + \max_u E_{t+\Delta t} \left[\int_{t+\Delta t}^T f(s,x,u) ds \right]$$

$$= \max_u E_t \left[\int_t^{t+\Delta t} f(s,x,u) ds + J(x+\Delta x, t+\Delta t) \right] \tag{7-85}$$

其中使用了条件期望公式 $E[E[f(X) | Y, Z] | Z] = E[f(X) | Z]$，据此有

$$E_t \left[E_{t+\Delta t} \int_{t+\Delta t}^T f(s,x,u) ds \right] = E_t \left[\int_t^T f(s,x,u) ds \right]$$

(7-85) 等式右端可以分别分析，右端第一项同第一节的确定性情形一样可以使用定积分中值定理

$$\int_t^{t+\Delta t} f(x,u,s) ds = f[x(\bar{t}), u(\bar{t}), \bar{t}] \cdot \Delta t \tag{7-86}$$

其中 $t \leq \bar{t} \leq t + \Delta t$。

$J(x+\Delta x, t+\Delta t)$ 在 (x,t) 附近进行泰勒二阶展开（其中 $x = x(t)$）

$$J(x+\Delta x, t+\Delta t) = J(x,t) + J_t(x,t)\Delta t + J_x(x,t)\Delta x$$

$$+ \frac{1}{2!}[J_{xx}(x,t)(\Delta x)^2 + 2J_{xt}(x,t)\Delta x\Delta t + J_{tt}(x,t)(\Delta t)^2] + o(\Delta t)$$

(7-87)

与 (7-83) 等价（或近似）的是

$$\Delta x = \mu(t,x,u)\Delta t + \sigma(t,x,u)\Delta z \qquad (7-83a)$$

且与 (7-72) 类似的有 (7-83a) 满足

$$\Delta t \cdot \Delta t = 0, \Delta t \cdot \Delta z = 0, \Delta z \cdot \Delta z = \Delta t \qquad (7-72a)$$

将 (7-83a) 代入 (7-87)，并运用 (7-72a)

$$J(x+\Delta x, t+\Delta t) = J(x,t) + J_t(x,t)\Delta t$$
$$+ J_x(x,t)[\mu(t,x,u)\Delta t + \sigma(t,x,u)\Delta z]$$
$$+ \frac{1}{2}J_{xx}(x,t)[\mu(t,x,u)\Delta t + \sigma(t,x,u)\Delta z]^2 + o(\Delta t)$$
$$= J(x,t) + J_t(x,t)\Delta t + J_x(x,t)[\mu(t,x,u)\Delta t + \sigma(t,x,u)\Delta z]$$
$$+ \frac{1}{2}J_{xx}(x,t)[\sigma(t,x,u)]^2\Delta t + o(\Delta t) \qquad (7-87a)$$

将 (7-86)、(7-87a) 代入 (7-85)

$$J(x,t) = \max_u E_t\{f[x(\bar{t}),u(\bar{t}),\bar{t}]\cdot\Delta t + J(x,t) + J_t(x,t)\Delta t$$
$$+ J_x(x,t)[\mu(t,x,u)\Delta t + \sigma(t,x,u)\Delta z]$$
$$+ \frac{1}{2}J_{xx}(x,t)[\sigma(t,x,u)]^2\Delta t + o(\Delta t)\} \qquad (7-88)$$

(7-88) 两边减去 $J(x,t)$、除以 Δt，并令 $\Delta t \to 0$，得到 $\bar{t}\to t$，则有

$$\Delta x \to dx$$
$$E_t\{f[x(\bar{t}),u(\bar{t}),\bar{t}]\} = E_t\{f[t,x(t),u(t)]\}$$
$$= f[t,x(t),u(t)] = f(x,u,t)$$
$$0 = \max_u\left\{f(x,u,t) + E_t\left[J_t(x,t) + J_x(x,t)\mu(t,x,u) + \frac{1}{2}J_{xx}(x,t)\sigma^2(x,u,t)\right]\right\}$$
$$0 = \max_u\left\{f(x,u,t) + J_t(x,t) + J_x(x,t)\mu(t,x,u) + \frac{1}{2}J_{xx}(x,t)\sigma^2(x,u,t)\right\}$$

(7-89)

其中条件期望符号 E_t 去掉都是因为在时间 t 关于 t 时刻的函数是已知的；此外

$$E[J_x(x,t)\sigma(t,x,u)\Delta z|x(t),u(t)] = 0$$

其推导如下：

$$E[J_x(x,t)\sigma(t,x,u)\Delta z|x(t),u(t)] = J_x(x,t)\sigma(t,x,u)E[\Delta z|x(t),u(t)]$$

因为 $J_x(x,t)$ 是赋值导数（是常数），且有

$$E\{\sigma[t,x(t),u(t)]\Delta z | x(t),u(t)\} = \sigma[t,x(t),u(t)]E[\Delta z | x(t),u(t)]$$

这是运用本章附录三之公式 (7) 而得。

z 是布朗运动，对 $\forall t$，都有 $E[\Delta z(t)] = E[z(t+\Delta t) - z(t)] = 0$，且有

$$E[\Delta z(t) | x(t),u(t)] = E[\Delta z(t)]$$

这是由布朗运动增量 $\Delta z(t)$ 与 $x(t),u(t)$ 相互独立决定的。**随机变量相互独立的含义**是：如果知道其中一个随机变量的值不会改变另一个随机变量的分布，这导致相互独立的随机变量的**条件分布等于无条件分布**。$u(t)$ 是确定性变量，它与任何随机变量相互独立，$x(t)$ 是随机变量，但在 t 时刻 $x(t)$，$u(t)$ 都是已知的，$x(t)$ 有一个实现或具体值，$x(t)$ 仅取决于 t 以前的布朗运动 $z(s), s \leq t$，而与 t 以后的布朗运动 $z(k), k > t$ 无关（这是伊藤积分中定义的），因此与布朗运动 $z(t)$ 的增量 $\Delta z(t)$ 无关。至于状态转移方程 (7-83) 也只说明 t 以后的状态变量 $x(k)$ 或状态变量的增量 $dx(t)$ 与 t 时刻的布朗运动 $z(t)$ 有关。

注意：宏观经济学经常使用条件期望 $E(x|y)$，条件期望并非一定等于期望，只有 x 与 y 相互独立，x 关于 y 的条件期望才等于其数学期望，即

$$E(x|y) = E(x)$$

(7-89) 就是**汉密尔顿-雅可比-贝尔曼方程**，也叫**随机贝尔曼方程**。

该动态规划是有限期界问题，且没有对终点状态提出限制，因此，需要使用横截条件

$$\frac{\partial J[x(T),T]}{\partial x} = 0 \tag{7-90}$$

(7-90) 可以作为偏微分方程 (7-89) 的边界条件使用。

(7-89) 对 u 求导，得到**连续系统有限期界随机动态规划的最优化条件**

$$0 = f_u(t,x,u) + J_x(t,x) \cdot \mu_u(t,x,u) + J_{xx}(t,x) \cdot \sigma\sigma_u(t,x,u) \tag{7-91}$$

用随机贝尔曼方程求解动态最优化的过程：

(1) 利用最优性条件把控制变量 u 表示为状态变量 x 的函数 $u = u(x)$；

(2) 把 $u = u(x)$ 代入随机性贝尔曼方程，求出值函数；

(3) 通过约束条件（也叫可行性条件），求出最优解 x。

七、连续系统随机动态规划的经济学情形

经济学使用的连续系统随机动态规划是无限期界、贴现的、自控的，该问

题为

$$\max E_0\left[\int_0^\infty e^{-\rho t}f(x,u)\,dt\right] \quad (7-92)$$

$$s.t. \quad dx = \mu(x,u)\,dt + \sigma(x,u)\,dz \quad (7-93)$$

$$x(0) = x_0$$

定义从时刻 t 开始但按第 0 期价值计算（将各期收益贴现到 0 期）的值函数

$$J(x_t,t) = \max E_t\left[\int_t^\infty e^{-\rho s}f(x,u)\,ds\right] \quad (7-94)$$

约束条件为

$$dx = \mu(x,u)\,ds + \sigma(x,u)\,dz$$

$$x(t) = x_t$$

其中 $E_t\left[\int_t^\infty e^{-\rho s}f(x,u)\,ds\right] = E\left[\int_t^\infty e^{-\rho s}f[x(s),u(s)]\,ds\,|\,x(t),u(t)\right]$。

将按第 0 期价值计算的值函数 $J(x_t,t)$ 折算到第 t 期，变成从第 t 期开始且按第 t 期价值计算的值函数

$$V(x_t,t) = e^{\rho t}J(x_t,t) = \max E_t\left[\int_t^\infty e^{-\rho(s-t)}f(x,u)\,ds\right]$$

$$= \max E_0\left[\int_0^\infty e^{-\rho k}f(x,u)\,dk\right] \quad (7-95a)$$

$$J(x_t,t) = V(x_t,t)e^{-\rho t} \quad (7-95b)$$

则

$$J_t(x_t,t) = -\rho V(x_t,t)e^{-\rho t} \quad (7-96)$$

$$J_x(x_t,t) = V_x(x_t,t)e^{-\rho t},\ J_{xx}(x_t,t) = V_{xx}(x_t,t)e^{-\rho t} \quad (7-97)$$

其中，(7-96) 式的右端只是 $e^{-\rho t}$ 对 t 求导，$V(x_t,t)$ 被看成不变的，因为，$J(x_t,t)$ 是 $V(x_t,t)$ 的贴现值，即第 0 期拥有 $J(x_t,t)$ 与第 t 期拥有 $V(x_t,t)$ 是等价的，而 $J(x_t,t)$ 随时间 t 的变化不能用它自身随时间的变化（即它的等价 $V(x_t,t)$ 随时间的变化）来解释，这样将产生循环解释，因此，$V(x_t,t)$ 必须被看成不变的；同确定性情形一样，(7-95a) 式的最后一个等式说明，**由于规划的最后期限是无限大的，无限期界的动态规划从任意时点开始的子动态规划都是相同的。**

令 $e^{-\rho t}f(x,u) = h(x,u,t)$，将其代入 (7-94) 式，得到值函数

$$J(x_t,t) = \max E_t\left[\int_t^\infty h(x,u,s)\,ds\right] \quad (7-98)$$

类似有界期限情形，对 (7-98) 进行推导可以得到

$$0 = \max_u \left\{ h(x,u,t) + E_t \left[J_t(x,t) + J_x(x,t)\mu(x,u) + \frac{1}{2}J_{xx}(x,t)\sigma^2(x,u) \right] \right\}$$

$$0 = \max_u \left\{ h(x,u,t) + J_t(x,t) + J_x(x,t)\mu(x,u) + \frac{1}{2}J_{xx}(x,t)\sigma^2(x,u) \right\}$$

$$(7-99)$$

将 $e^{-\rho t}f(x,u) = h(x,u,t)$、(7-96)、(7-97) 都代入 (7-99) 式, 得

$$0 = \max_u \left\{ e^{-\rho t}f(x,u) - \rho e^{-\rho t}V(x,t) + e^{-\rho t}V_x(x,t)\mu(x,u) \right.$$
$$\left. + \frac{1}{2}e^{-\rho t}V_{xx}(x,t)\sigma^2(x,u) \right\}$$

将其整理成**连续系统无限期界的汉密尔顿–雅可比–贝尔曼方程或随机贝尔曼方程**

$$\rho V(x,t) = \max_u \left\{ f(x,u) + V_x(x,t)\mu(x,u) + \frac{1}{2}V_{xx}(x,t)\sigma^2(x,u) \right\}$$

$$(7-100)$$

注意, 上式右端的 $\rho V(x,t)$ 项能从右端的最大化符号 "max" 中移出是因为 $V(x,t)$ 是值函数, 本身就表示最大化, ρ 假定是常数。若 $V(x,t)$ 不是值函数, 则不能从最大化符号 "max" 中移出。

这是无限期界随机动态规划, 因此需要一个横截条件, 该条件为

$$\lim_{t \to \infty} E_0[e^{-\rho t}V(x,t)] = 0$$

或

$$\lim_{t \to \infty} E_0[J(x,t)] = 0 \qquad (7-101)$$

其中 $V(x,t)$ 是用 t 期价值计算的值函数, 需要折算成第 0 期价值才能求条件期望, 而 $J(x,t)$ 本身就是按第 0 期价值计算的值函数。

有时, 横截条件也可以用关于状态变量的条件来表示

$$\lim_{t \to \infty} E_0[e^{-\rho t}x(t)] = 0 \qquad (7-102)$$

虽然 (7-100) 名称叫随机贝尔曼方程, 但是, 该方程实际上已经成为一个静态的确定性的非线性规划问题, 即随机性动态规划转化为确定性规划问题。

随机贝尔曼方程对 u 求导, 得**连续系统无限期界随机动态规划的最优化条件**:

$$f_u(x,u) + V_x(x,t) \cdot \mu_u(x,u) + V_{xx}(x,t) \cdot \sigma\sigma_u(x,u) = 0 \quad (7-103)$$

附录一：斯蒂尔切斯积分简介

斯蒂尔切斯（Stieltjes）积分：设 $F(x)$ 和 $g(x)$ 是定义在 $[a,b] \in \mathbb{R}$ 上的实值函数，且和式的极限

$$\lim_{n \to \infty} \sum_{i=1}^{n} g(\xi_i) [F(x_i) - F(x_{i-1})] \tag{1}$$

存在，其中极限满足当 $n \to \infty$，$\max\limits_{i=1,2,\cdots,n}(x_i - x_{i-1}) \to 0$ 时 x_i 在闭区间 $[a,b] \in \mathbb{R}$ 中的所有分法 $a = x_0 < x_1 < x_2 < \cdots < x_n = b$ 和 $\xi_i \in [x_{i-1}, x_i]$ 的所有取法，则称该极限为 $g(x)$ 关于 $F(x)$ 在 $[a,b] \in \mathbb{R}$ 上的斯蒂尔切斯积分。记为 $\int_a^b g(x) dF(x)$，由此可得

$$\int_a^b g(x) dF(x) = \lim_{n \to \infty} \sum_{i=1}^{n} g(x_i)[F(x_i) - F(x_{i-1})] \tag{2}$$

在整个实数轴上定义斯蒂尔切斯积分为

$$\int_{-\infty}^{+\infty} g(x) dF(x) = \lim_{\substack{b \to \pm \infty \\ a \to \pm \infty}} \int_a^b g(x) dF(x) \tag{3}$$

可以将斯蒂尔切斯积分扩展到多元函数 $g(x_1, x_2, \cdots, x_n)$，它可以表示为

$$\int_{-\infty}^{+\infty} \cdots \int_{-\infty}^{+\infty} g(x_1, x_2, \cdots, x_n) dF(x_1, x_2, \cdots, x_n) \tag{4}$$

应用在概率论上，斯蒂尔切斯积分有两个方便之处：

1. 用斯蒂尔切斯积分表示的概率论概念（如分布函数、期望）可以涵盖离散型随机变量和连续型随机变量两种情形，从而对这两种情形给出一个统一的积分表示。

如果 $F(x)$ 存在导数 $F'(x) = f(x)$，则斯蒂尔切斯积分变为黎曼积分

$$\int_{-\infty}^{+\infty} g(x) dF(x) = \int_{-\infty}^{+\infty} g(x) f(x) dx \tag{5}$$

2. 在一定条件下，积分可以变为易于计算的黎曼积分。刚刚谈到了一种情况。另一种情况是 $F(x) \equiv x$，则有

$$\int_{-\infty}^{+\infty} g(x) dF(x) = \int_{-\infty}^{+\infty} g(x) dx \tag{6}$$

附录二：随机变量的数学期望及性质

随机变量的数学期望：X 是随机变量，F 是它的分布函数，则随机变量 X

的数学期望为

$$E(X) = \int_{-\infty}^{\infty} x dF(x)$$

或

$$E(X) = \int_R x dF(x) \quad (1)$$

数学期望也叫**期望**、**期望值**、**均值**等。其中积分就是斯蒂尔切斯积分。此时附录一公式（3）中的 $g(x) = x$。这样定义数学期望的方便之处在于，只要知道 X 的分布便可以计算数学期望。

随机变量的数学期望的含义：X 的数学期望就是 X 的所有可能取值的加权平均，其权数就是 X 取这个值的概率。尽管这是针对离散型随机变量说的，但它也代表了一般随机变量数学期望的含义。

如果随机变量为离散型的，则其数学期望为

$$E(X) = \int_{-\infty}^{\infty} x dF(x) = \sum_i x_i p_i$$

其中，$p_i, i = 1,2,3,\cdots$ 为分布列。

如果随机变量为连续型的，则其数学期望为

$$E(X) = \int_{-\infty}^{\infty} x dF(x) = \int_{-\infty}^{\infty} x f(x) dx$$

其中 $f(x)$ 为概率密度。最后一个积分可以看成是普通积分（即黎曼积分）。

随机变量的数学期望的性质：

1. $E(c) = c, c$ 为常数。
2. 若 $P\{X \geqslant a\} = 1$，则

$$E(X) \geqslant a$$

3. 对任意常数 a,b 和随机变量 X,Y，有

$$E(aX \pm bY) = aE(X) \pm bE(Y)$$

4. 若 $X \geqslant 0$，则 $E(X) \geqslant 0$
5. 若 X,Y 相互独立，则

$$E(XY) = E(X)E(Y)$$

6. 任意常数 a,b 满足 $a \leqslant b$，且 $P\{a \leqslant X \leqslant b\} = 1$，则

$$a \leqslant E(X) \leqslant b$$

7. 随机变量的数学期望是一个常数，这可以得到如下结果：X,Y 为概率空间上的随机变量，则

$$E[E(X)] = E(X)$$
$$E[E(X) \cdot Y] = E(X) \cdot E(Y)$$
$$E[X \cdot E(Y)] = E(X) \cdot E(Y)$$
$$E[E(X) \cdot E(Y)] = E(X) \cdot E(Y)$$

该性质在数学和经济学推导中经常遇到。

附录三：随机变量的条件期望及其性质

随机变量 X 关于随机变量 $Y=y$ 的条件期望：X,Y 为随机变量，在 $Y=y$ 下 X 的条件分布函数为 $F(x|y)$，如果 $\int_{-\infty}^{\infty} x dF(x|y)$ 存在，则

$$E(X|Y=y) = \int_{-\infty}^{\infty} x dF(x|y) \tag{1}$$

称为随机变量 X 关于 $Y=y$ 的条件期望。随机变量 X 的条件期望就是随机变量 X 考虑了 $Y=y$ 对它的影响条件下的数学期望。

如果 X,Y 为离散型随机变量，且有条件分布列 $P\{X=x_i|Y=y\}$，$i=1,2,3,\cdots$，则在 $P\{Y=y\}>0$ 条件下，(1) 变为

$$E(X|Y=y) = \sum_i x_i P\{X=x_i|Y=y\}$$
$$= \frac{1}{P\{Y=y\}} \sum_i x_i P\{X=x_i, Y=y\} \tag{2}$$

如果 X,Y 为连续型随机变量，则当 Y 的边缘概率密度 $f_Y(y)>0$ 时，(1) 变为

$$E(X|Y=y) = \int_{-\infty}^{\infty} x f(x|y) dx = \int_{-\infty}^{\infty} x \frac{f(x,y)}{f_Y(y)} dx \tag{3}$$

其中，$f(x|y)$ 为条件概率密度，$f(x,y)$ 为联合概率密度。

随机变量（函数）的条件期望的性质：

设 X,Y,Z 为随机变量；a,b 为常数；$g(X),h(X),g_1(X),g_2(X)$ 为随机变量函数，则有

1. 如果 Y 取固定的值 y，则 $E(X|y)$ 是一个常数；如果 Y 的取值 y 是变化的，则 $E(X|Y)$ 是 Y 的函数（或把 $E(X|Y)$ 说成是 y 的函数），根据随机变量函数的性质，随机变量的函数也是随机变量。

2. 如果 $E(X|Y)$ 是随机变量，则

$$E[E(X|Y)] = E(X) \tag{4}$$

3. $E[(aX+bY)|Z] = aE(X|Z) + bE(Y|Z)$ (5)

4. 如果 X,Y 相互独立，则

$$E(X|Y) = E(X), \quad E[g(X)|Y] = E[g(X)] \quad (6)$$

5. $E(c|Y) = c, c$ 为常数

6. $E[Xg(Y)|Y] = g(Y)E(X|Y)$ (7)

7. $E[g(Y)|Y] = g(Y)$ (8)

8. $E[g(Y) \cdot E(X|Y)] = E[g(Y) \cdot X]$

$$E[g(Y) \cdot E(h(X)|Y)] = E[g(Y) \cdot h(X)] \quad (9)$$

9. $E\{E[g(X)|Z]|Y,Z\} = E[g(X)|Z]$ (10)

10. $E\{E[g(X)|Y,Z]|Z\} = E[g(X)|Z]$ (11)

11. $g_1 \geq g_2$，则 $E[g_1(X)|Y] \geq E[g_2(X)|Y]$ (12)

12. $|E[g(X)|Y]| \leq E[|g(X)||Y]$ (13)

附录四：随机变量函数的期望和条件期望

（一）随机变量 X 的函数 $Y = g(X)$ 的数学期望

随机变量 X 的函数 $Y = g(X)$ 的期望有两种算法

1. 直接使用随机变量函数 $Y = g(X)$ 的分布函数

$$F_Y(y) = P\{Y \leq y\} = P\{g(X) \leq y\}$$

因此 $Y = g(X)$ 的数学期望为

$$E[g(X)] = \int_{-\infty}^{\infty} g(x) dF_Y(y) \quad (1)$$

其中的积分是斯蒂尔切斯积分。

2. 使用随机变量 X 的分布函数。 设随机变量 X 的分布函数为 $F(x) = P\{X \leq x\}$，则 $Y = g(X)$ 的数学期望为

$$E[g(X)] = \int_{-\infty}^{\infty} g(x) dF(x) \quad (2)$$

如果 X 是连续型随机变量，则

$$E[g(X)] = \int_{-\infty}^{\infty} g(x) dF(x) = \int_{-\infty}^{\infty} g(x) f(x) dx \quad (3)$$

其中最后一个积分是普通积分（即黎曼积分）。

如果 X 是离散型随机变量，则

$$E[g(X)] = \int_R g(x) dF(x) = \sum_i g(x_i) p_i \quad (4)$$

其中
$$p_i = P\{X = x_i\}, \quad i = 1,2,3,\cdots$$

$\int_{-\infty}^{\infty} g(x)\,dF(x)$，$\int_{R} g(x)\,dF(x)$ 是斯蒂尔切斯积分的两种表示方法。

(二) 随机变量 X 的函数 $Y = g(X)$ 的条件期望

X, Y, Z 为随机变量，在 $Z = z$ 下 X 的条件分布函数为 $F(x|z)$，如果 $\int_{-\infty}^{\infty} g(x)\,dF(x|z)$ 存在，则

$$E[g(X)|Z = z] = \int_{-\infty}^{\infty} g(x)\,dF(x|z) \tag{5}$$

称为随机变量 X 的函数 $Y = g(X)$ 关于 $Z = z$ 的条件期望。

当然，也可以使用 $Y = g(X)$ 的条件分布定义 $Y = g(X)$ 的条件期望。

第八章

线性二次型动态最优化

第五、六、七章分别探讨了变分法、最优控制论、动态规划，这是动态最优化的三种基本方法，其中，最优控制论与动态规划被认为是现代的求解最优控制问题的有效方法，但是，由于问题设定为具有一般意义的非线性模型，常常无法得到最优控制的解析解，只有将问题设定为特殊情形，才能得到解析解，线性二次型问题就是这些特殊情形之一。

由此看来，线性二次型问题是一类特殊的最优控制问题，而不是一种求解最优控制的方法。本章的上角标"T"都表示矩阵转置，如 A^T 为 A 的转置。

第一节
线性二次型问题

本节的目的是介绍线性二次型问题的基本含义以及相关的一些概念，这些内容对初学者尤为重要。如果不把基本问题交代清楚，然后就在书中出现诸如"线性状态调节器"、"闭环系统"、"时变系统"等概念会增加理解上的困难。

一、线性二次型问题及其优势

(一) 线性二次型问题的含义

线性二次型问题是指所研究的系统是线性的、目标函数积分中被积函数是二次型的动态最优化问题。如

线性系统为

$$\dot{x}(t) = A(t)x(t) + B(t)u(t), \ x(t_0) = x_0$$
$$y(t) = C(t)x(t) \quad (8-1)$$

二次型目标函数为

$$J = \frac{1}{2}\int_{t_0}^{t_k}[e^T(t)Q(t)e(t) + u^T(t)R(t)u(t)]dt$$

系统是线性的,用线性的状态转移方程加上线性输出方程来表示,即系统的状态变化 $\dot{x}(t)$ 是状态变量 $x(t)$ 和控制变量 $u(t)$ 的线性函数。$x(t)$ 表示系统的状态,称为状态变量,它随时间的变化而变化;$u(t)$ 表示对系统施加的控制,称为控制变量。$e^T(t)Q(t)e(t), u^T(t)R(t)u(t)$ 都是标准二次型。

该系统可以这样理解:$x(t)$ 是表示系统状态的变量,但这个状态并不能直接看到,能够看到或测量到的是系统的输出变量 $y(t)$,而输出变量 $y(t)$ 与状态的变量 $x(t)$ 存在 $y(t) = C(t)x(t)$ 的线性关系。当然,在某些假定下(如后面介绍的状态调节器问题),线性输出方程可以划没了,即 $C(t) = I, y(t) = x(t)$,系统状态可以直接表现出来,从而,线性输出方程就是不必要的了。

在时间连续变化的情形下,线性系统的状态方程为 (8-1)

$$\dot{x}(t) = A(t)x(t) + B(t)u(t), \ x(t_0) = x_0$$
$$y(t) = C(t)x(t)$$

在时间离散变化情形下,状态转移方程为

$$x_{t+1} = Ax_t + Bu_t$$
$$y_t = Cx_t$$

其中,如果线性系统方程中的 $A(t), B(t)$ 和目标函数中的 $R(t), Q(t)$ 分别都是适当维数的时变矩阵(随时间变化的矩阵),系统就称为**时变系统**;如果线性系统方程中的 A, B 也包括目标函数中的 R, Q 分别为适当维数的常数矩阵(不随时间变化的矩阵),系统就称为**定常系统**。系统是时变的还是定常的主要由系数矩阵决定,而与时间连续变化或离散变化无关。

目标函数实际上是瞬时目标函数在时间区间上的累加,在连续时间上表现为积分,即

$$J = \frac{1}{2}\int_{t_0}^{t_k}[e^T(t)Q(t)e(t) + u^T(t)R(t)u(t)]dt \qquad (8-2)$$

其中,$e(t) = y_l(t) - y(t)$ 为输出误差,$y(t)$ 为输出向量,$y_l(t)$ 为希望达到的系统输出,即理想输出,t_0 为起始时间,t_k 为终端时间。$Q(t)$ 为适当维数的半正定对称矩阵,$R(t)$ 为适当维数的正定对称矩阵。

目标函数也叫**性能指标、性能泛函、代价函数、目标泛函**。

如果控制过程结束时也允许存在输出误差,则上述目标函数变为

$$J = \frac{1}{2}e^T(t_k)Fe(t_k) + \frac{1}{2}\int_{t_0}^{t_k}[e^T(t)Q(t)e(t) + u^T(t)R(t)u(t)]dt$$

$$(8-3)$$

其中,F 为适当维数的正定常数矩阵。如果控制过程被假定为完全能控的,即终端时刻不存在输出误差,$e(t_k) = y_l(t_k) - y(t_k) = 0$,则上式又回到了原来的形态。

总体来看,线性二次型问题是寻找一个控制变量 $u(t)$ 使系统输出误差 $e(t) = y_l(t) - y(t)$ 最小。因此,这是一个求最小化问题。可以证明,当上述目标函数最小时,系统输出误差 $e(t) = y_l(t) - y(t)$ 最小。这样问题就变为选择控制变量 $u(t)$ 使上述目标函数最小。**该问题更完整的表述为:寻找在时间区间 $[t_0, t_k]$ 上的连续或分段连续控制函数 $u(t)$,它与系统输出误差 $e(t)$ 一起使目标函数达到极小。**

(二) 目标函数的含义

下面分析具有终端项的目标函数 (8-3)

$$J = \frac{1}{2}e^T(t_k)Fe(t_k) + \frac{1}{2}\int_{t_0}^{t_k}[e^T(t)Q(t)e(t) + u^T(t)R(t)u(t)]dt$$

该目标函数可以进一步推导为

$$J = \frac{1}{2}e^T(t_k)Fe(t_k) + \frac{1}{2}\int_{t_0}^{t_k}[e^T(t)Q(t)e(t)]dt + \frac{1}{2}\int_{t_0}^{t_k}[u^T(t)R(t)u(t)]dt$$

该指标中的每一项都有确切的含义。

$\frac{1}{2}\int_{t_0}^{t_k}[e^T(t)Q(t)e(t)]dt$ 项表示系统在控制过程中动态跟踪误差加权平方的累积和,反映了系统在动态过程中的总体跟踪效果。$e^T(t)Q(t)e(t)$ 为 t 时刻的动态跟踪误差;$Q(t)$ 是权重矩阵,它是时间的函数,它对不同时刻的

误差赋予不同的权重。该项（包括其余各项）中的 $\frac{1}{2}$ 都是目标函数推导中泰勒展开式二阶项的系数 $\frac{1}{2!}$，二阶项中的混合项推导中被处理掉了。该系数有与无并没有实质性影响，所以，有些文献如吴沧浦（2000）与方洋旺（2005）就直接将目标函数各项中的 $\frac{1}{2}$ 去掉了。

$\frac{1}{2}\int_{t_0}^{t_k}[u^T(t)R(t)u(t)]dt$ 项表示整个控制过程中所消耗的控制能量，它也是所有时刻所消耗的控制能量的累积和，$R(t)$ 是权重矩阵，它是时间的函数，它对不同时刻的控制能量赋予不同的权重。一般而言，控制力 $u(t)$ 越大，系统输出误差 $e(t)$ 越小，因此，为了 $e(t)$ 极小，可能导致 $u(t)$ 极大，而过大的控制能量可能导致无法实现，所以，对控制能量必须加以约束，这就是把控制能量项加入目标函数中的原因。

$\frac{1}{2}e^T(t_k)Fe(t_k)$ 项表示在控制过程结束后，对终端跟踪误差的要求，也是对系统的控制要求。如果要求系统是完全能控的，则该项为零。F 是适当维数的半正定常数矩阵，即使是时变系统，它也是常数矩阵，因为它是终端误差的权数，而终端只有一刻，不存在时间变化问题。它表示对终端误差的各元有不同的要求。当终端误差限制为 $e(t_k)=0$，整个 $\frac{1}{2}e^T(t_k)Fe(t_k)$ 都不存在了。

目标函数将上述三项加在一起求极小值表示：选择控制变量 $u(t)$ 使系统在整个控制过程中跟踪误差、控制能量消耗和控制过程终端的跟踪误差实现综合最优。

（三）线性二次型问题的优势

与其他动态最优化问题相比，线性二次型动态最优化具有较多优点：

1. 线性二次型动态最优化是动态最优化理论与应用中最成熟的部分，它的最优解具有统一的解析表达式，这主要源于它的状态方程和目标函数具有统一的解析表达式。经济学就需要这样能得到解析解的最优化模型。

2. 求解线性二次型动态最优化可以得到一个性能良好的闭环控制系统，便于计算和实现闭环反馈控制。

3. 线性二次型动态最优化得到的最优性条件不仅是必要的，而且是充分的。

此外，线性二次型动态最优化在纯粹的工程控制方面还有其他一些优点。

二、线性二次型问题的三种情形

数学上的线性二次型问题主要是工程控制方面的问题,它分三种具体情形。

第一种情形:线性状态调节器问题。线性状态调节器问题是指由于某种原因使系统的状态偏离零平衡状态(即 $x=0$)时对系统进行控制使系统状态 $x(t)$ 回到原来的平衡状态附近。如果 $x=0$ 是平衡状态,则理想输出也应该是 $y_l(t)=0$。如果是线性定常系统,任何不在 $x=0$ 点的平衡状态,可以通过线性变换转化为零平衡状态。

在(8-1)中取 $C(t)=I$,取误差 $e(t)=y_l(t)-y(t)$ 中的 $y_l(t)=0$,则
$$e(t) = -y(t) = -x(t) \tag{8-4}$$

将(8-4)代入(8-3)中,得

$$J = \frac{1}{2} x^T(t_k) F x(t_k) + \frac{1}{2} \int_{t_0}^{t_k} [x^T(t) Q(t) x(t) + u^T(t) R(t) u(t)] dt \tag{8-5}$$

其中 $[-x^T(t)] \cdot Q(t) \cdot [-x(t)] = x^T(t) \cdot Q(t) \cdot x(t)$,所以,目标函数的符号没有任何改变。(8-5)就是大多数线性调节器问题中常用的目标函数,而且,还是求目标函数最小。

线性状态调节器问题又有多种分类,如连续的与离散的、时变的与定常的、有限时间与无限时间,实际问题常常是这些情况的不同组合。经济学上使用的是离散定常系统无限时间的线性状态调节器问题。

第二种情形:线性输出调节器问题。线性输出调节器问题是指由于某种原因使系统的输出状态偏离其平衡状态时对系统进行控制使其回到原来的输出平衡状态附近。

取误差 $e(t) = y_l(t) - y(t)$ 中的 $y_l(t) = 0$(即平衡状态取零状态),则
$$e(t) = -y(t) \tag{8-6}$$

将(8-6)代入(8-3)中,得

$$J = \frac{1}{2} y^T(t_k) F y(t_k) + \frac{1}{2} \int_{t_0}^{t_k} [y^T(t) Q(t) y(t) + u^T(t) R(t) u(t)] dt \tag{8-7}$$

(8-7)就是大多数线性调节器问题中常用的目标函数。

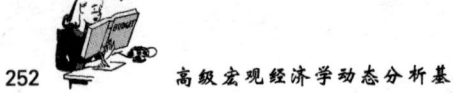

第三种情形：线性输出跟踪问题。线性输出跟踪问题是指当 $y_l(t) \neq 0$ 即理想输出 $y_l(t)$ 作用于系统时对系统进行控制使系统的实际输出 $y(t)$ 始终跟踪 $y_l(t)$ 的变化。就是以极小的控制能量使误差保持在零值附近。

线性输出跟踪问题的目标函数就是

$$J = \frac{1}{2} e^T(t_k) F e(t_k) + \frac{1}{2} \int_{t_0}^{t_k} [e^T(t) Q(t) e(t) + u^T(t) R(t) u(t)] dt$$

开环控制系统与闭环控制系统：在线性状态调节器问题中，(8-4) 意味着 $y(t) = x(t)$，即系统的状态变量 $x(t)$ 等于输出变量 $y(t)$，因此，(8-1) 可以写成

$$\dot{x}(t) = A(t)x(t) + B(t)u(t), x(t_0) = x_0 \qquad (8-8)$$

闭环控制系统：如果所求出的控制变量 $u(t)$ 是 t 时刻的状态变量 $x(t)$ 的函数 $u(t) = g[x(t), t]$，即最优控制 $u^*(t)$ 是系统的**反馈控制**，则此控制为闭环控制，该系统则是闭环控制系统。

如 $u^*(t) = -R^{-1}(t)B^T(t)P(t)x(t), u_t^* = -(R + B^T PB)^{-1} B^T P x_t$ 都是闭环控制，与这两者对应的系统

$$\dot{x}(t) = [A(t) - B(t)R^{-1}(t)B^T(t)P(t)] x(t)$$

$$x_{t+1} = [A - B(R + B^T PB)^{-1} B^T P] x_t$$

就是闭环控制系统。前者是将 $u^*(t) = -R^{-1}(t)B^T(t)P(t)x(t)$ 代入 (8-8) 得到的，后者是将 $u_t^* = -(R + B^T PB)^{-1} B^T P x_t$ 代入 $x_{t+1} = Ax_t + Bu_t$ 得到的。

反馈指的是，控制 $u(t)$ 影响系统变量 $x(t)$（这从状态方程可以看出）或其输出值，反过来，受控制 $u(t)$ 影响的系统变量 $x(t)$ 又作为决定进一步实施控制的依据（如 $u_t^* = -(R + B^T PB)^{-1} B^T P x_t$），即控制变量 $u(t)$ 是状态变量 $x(t)$ 的函数，这样，系统状态通过最优控制又反馈到系统中，所以，称为反馈控制。

开环控制系统：如果系统的输出量对系统的控制作用没有影响，即所求出的控制变量 $u(t)$ 仅是 t 的函数而与 t 时刻的状态变量 $x(t)$ 无关，则求出 $u(t)$ 之后，每一时刻的控制参数也就给定，不管系统当时处于什么状态，控制规律都按 $u(t)$ 执行，这种控制为开环控制，该系统则是开环控制系统。

三、经济学对线性二次型问题的应用

在数学上，线性二次型问题被称为"线性二次最优控制"。如前所述，它

包括三种情形,即线性状态调节器问题、线性输出调节器问题、线性输出跟踪问题,经济学只使用其中的线性状态调节器问题。这大概是因为线性状态调节器问题是线性二次型问题中的基本情形,其他两种情形都可以转化为线性状态调节器问题。另外,对于确定性问题,使用线性状态调节器问题可能更为简单,因为它可以化掉其中的输出方程 $y_t = Cx_t$。简化掉输出方程是线性状态调节器问题的一个特色。

与数学上的线性状态调节器问题相比,经济学的线性状态调节器问题的特点是:

1. 数学上的线性状态调节器问题是一个极小化问题。它的目标函数中二次型的矩阵 Q, R 为适当维数的正定或半正定对称常数矩阵。如果 Q, R 为负定或半负定矩阵,具有大误差和控制能量消耗很大的系统仍会得到一个很小的目标函数值,这便违背了最优控制的原意。

经济学的线性状态调节器问题是一个极大化问题,它是在状态转移方程的约束下求目标函数实现最大值的最优控制。它的目标函数中二次型的矩阵 Q, R 为适当维数的负定或半负定对称常数矩阵。最优控制目标从最小化变成最大化、目标函数中矩阵从正定半正定变成负定半负定后,问题仍然称为线性状态调节器。萨金特(1997)和杨奎斯特、萨金特(2005)都直接使用"线性状态调节器"的概念。

2. 经济学的线性状态调节器问题没有终值项。经济学涉及的都是无限期界问题,假定主体长生不老,然后做一生的最优规划。对于无限期界线性状态调节器问题,一般要求终端的稳态误差为零,即 $t_k \to \infty$ 时, $x(t_k) = 0$,这样,即使不取终端矩阵 $F = 0$,终值项也变成了零。对于无限时间系统,线性状态调节器目标函数没有终值项的一个更重要的理由是它要求**系统是完全能控**的,系统完全能控可以保证 $t_k \to \infty$ 时目标函数不会趋于无穷大,系统完全能控则一定 $x(t_k) = 0$。对于有限时间系统,线性状态调节器不要求系统是完全能控的,因为时间区间有限,即使存在不可控的状态变量,目标函数也不会趋于无穷大。

3. 经济学的线性状态调节器是一个贴现问题。在工程控制中,不存在贴现问题,但经济学中的利益计算都有贴现问题,未来的利益必须折成现值才能加在一起。所以,在目标函数中都有贴现因子。

第二节
线性二次型动态最优化

迄今为止,经济学对线性二次型问题的应用只限于线性状态调节器问题,所以本节只介绍线性状态调节器问题。**线性状态调节器问题可以用变分法、最优控制论来解,也可以用动态规划求解,而且,各种方法得到的结果都是一样的。**这一点对于离散系统和连续系统都成立。每一种求解方法都可以在现有的各种文献中找到例证。

在国内可以见到的萨金特(1997)和杨奎斯特、萨金特(2005)中都将线性二次型问题称为**"线性二次动态规划"**,那是因为,他们使用动态规划的方法来解线性二次型问题。这实际上限定了线性二次型问题的求解方法。实际情况是,他们首先使用动态规划解决离散系统的最优化,然后将动态规划转化成线性状态调节器,这样做是因为线性状态调节器易于计算(见杨奎斯特、萨金特(2005))。本书将使用最优控制与动态规划两种方法。

一、连续定常系统的线性状态调节器问题

(一)问题

设线性定常系统的状态方程为

$$\dot{x}(t) = Ax(t) + Bu(t), \quad x(0) = x_0 \qquad (8-9)$$

该系统具有二次型目标函数

$$J = \frac{1}{2}\int_0^\infty [x^T(t)Qx(t) + u^T(t)Ru(t)]dt \qquad (8-10)$$

其中 A, B 分别为 $n \times n$ 与 $n \times m$ 维常数矩阵,目标函数中的 Q 为 $n \times n$ 维半正定对称常数矩阵,R 为 $m \times m$ 维正定对称常数矩阵;$x(t)$ 为 n 维状态向量,$u(t)$ 为 m 维控制向量,控制向量 $u(t)$ 不受约束。本书的第六章已经指出,**控制向量不受约束,最优化条件为函数对控制向量 u 的一阶偏导数等于零。**如果控制向量受约束,则最优化条件不能用一阶偏导数来表示。

第八章 线性二次型动态最优化

该问题为选择最优控制 $u^*(t)$ 使目标函数极小化,即

$$\min_{u(t)} \frac{1}{2} \int_0^\infty [x^T(t)Qx(t) + u^T(t)Ru(t)] dt$$
$$s.t \quad \dot{x}(t) = Ax(t) + Bu(t), x(0) = x_0$$

(二) 用最优控制论解线性状态调节器问题

该问题可以理解成控制向量不受约束的最优控制问题,它与前面所述的最优控制问题的差别只在于这里给出了瞬时目标函数的具体形式(二次型)与状态转移方程的具体形式(线性函数),所以,该问题可以用最优控制论来解。

1. 用最优控制论求解。该最优控制的汉密尔顿函数为

$$H = \frac{1}{2}x^T(t)Qx(t) + \frac{1}{2}u^T(t)Ru(t) + \lambda^T(t)[Ax(t) + Bu(t)]$$

该最优控制的极值条件为

(1) $\frac{\partial H}{\partial u} = Ru^*(t) + B^T\lambda(t) = 0$,由此可得

$$u^*(t) = -R^{-1}B^T\lambda(t) \tag{8-11}$$

$$\frac{\partial^2 H}{\partial u^2} = R > 0$$

(2) $\dot{x}(t) = \frac{\partial H}{\partial \lambda} = Ax(t) - BR^{-1}B^T\lambda(t)$ \hfill (8-12)

$$\dot{\lambda}(t) = -\frac{\partial H}{\partial x} = -Qx(t) - A^T\lambda(t) \tag{8-13}$$

(3) $x(0) = x_0$

$\lambda(\infty) = 0$

注:① 求导中所用的公式为

$\frac{\partial(u^T Ru)}{\partial u} = (R + R^T)u = 2Ru$,其中 R 是对称矩阵,所以,$R = R^T$,

$\frac{\partial(\lambda^T(t)Bu^*)}{\partial u} = B^T\lambda(t), \frac{\partial(\lambda^T(t)Au^*)}{\partial u} = A^T\lambda(t), \frac{\partial(Ru^*)}{\partial u} = R$

$\frac{\partial\{\lambda^T(t)[Ax(t) + Bu^*(t)]\}}{\partial \lambda} = Ax(t) + Bu^*(t)$,将 (8-11) 代入得 (8-12)。

② $\frac{\partial^2 H}{\partial u^2} = R > 0$,所以,$u^*(t) = -R^{-1}B^T\lambda(t)$ 是使汉密尔顿函数取极小值的最优控制。

设 $\lambda(t) = P(t)x(t)$ \hfill (8-14)

式中对称矩阵 $P(t)$ 待定。对上式求导,得

$$\dot{\lambda}(t) = \dot{P}(t)x(t) + P(t)\dot{x}(t) \tag{8-15}$$

将（8-14）代入（8-12），得

$$\dot{x}(t) = [A - BR^{-1}B^TP(t)]x(t), x(0) = x_0 \tag{8-16}$$

（8-16）就是**最优闭环控制系统方程**。该微分方程初值问题的解就是系统状态最优曲线 $x^*(t)$。

将（8-16）代入（8-15），得

$$\dot{\lambda}(t) = [\dot{P}(t) + P(t)A - P(t)BR^{-1}B^TP(t)]x(t) \tag{8-17}$$

将（8-14）代入（8-13），得

$$\dot{\lambda}(t) = -[Q + A^TP(t)]x(t) \tag{8-18}$$

（8-17）与（8-18）右端相等

$$-\dot{P}(t) = P(t)A + A^TP(t) - P(t)BR^{-1}B^TP(t) + Q \tag{8-19}$$

（8-19）就是**黎卡提**（Riccati）**微分方程**的形式，如果是有限时间（时间为从 t_0 到 t_k）模型，黎卡提方程就是该微分方程，$P(t)$ 就是下列黎卡提微分方程的终值问题的解

$$-\dot{P}(t) = P(t)A + A^TP(t) - P(t)BR^{-1}B^TP(t) + Q$$

$$P(t_k) = F$$

它对应的目标函数为

$$J = \frac{1}{2}x^T(t_k)Fx(t_k) + \frac{1}{2}\int_{t_0}^{t_k}[x^T(t)Qx(t) + u^T(t)Ru(t)]dt$$

但这里的问题是**定常系统无限时间**（时间从 0 到 ∞）**模型**。

（8-19）的解 $P(t)$ 依赖于终端时刻，即是有限时间还是无限时间或终端时刻是 t_k 还是 ∞。为了明确表示黎卡提微分方程的解依赖于终端时刻，兹将黎卡提微分方程（8-19）的解 $P(t)$ 定义为 $P(t,t_k)$。可以证明，对于**定常系统无限时间模型**，随着 $t_k \to \infty$，$P(t,t_k)$ 就变成了常数矩阵 P，即 $\lim_{t_k \to \infty} P(t, t_k) = P$（这一结论的证明比较复杂，故此处略去，有兴趣的读者可以参考有关文献，如王翼《现代控制理论》146 页），因此，（8-19）的 $\dot{P}(t) = 0$，则**黎卡提微分方程**（8-19）就变成了**黎卡提代数方程**：

$$PA + A^TP - PBR^{-1}B^TP + Q = 0 \tag{8-20}$$

常数矩阵 P 是对称正定矩阵，满足黎卡提代数方程（8-20），或者说是黎卡提代数方程的解。而且，是黎卡提代数方程的惟一解。

将（8-14）代入（8-11），得最优控制

$$u^*(t) = -R^{-1}B^TPx(t) \tag{8-21}$$

目标函数的极小值为

$$J^* = \frac{1}{2} x^T(0) P x(0)$$

2. 推导目标函数极小值。 由于目标函数是二次型，$t_k \to \infty$，$\lim\limits_{t_k \to \infty} P(t, t_k) = P$，所以，可以假设（或猜测）其解具有如下形式

$$J^*(x, t) = \frac{1}{2} x^T(t) P x(t)$$

$x^T(t) P x(t)$ 对 t 求导

$$\begin{aligned}
\frac{d x^T(t) P x(t)}{dt} &= \dot{x}^T(t) P x(t) + x^T(t) \frac{d P x(t)}{dt} \\
&= \dot{x}^T(t) P x(t) + x^T(t) [\dot{P} x(t) + P \dot{x}(t)] \\
&= \dot{x}^T(t) P x(t) + x^T(t) \dot{P} x(t) + x^T(t) P \dot{x}(t) \\
&= \dot{x}^T(t) P x(t) + x^T(t) P \dot{x}(t)
\end{aligned}$$

将（8-9）代入，并将其中的自变量 t 暂时省略，得

$$\begin{aligned}
\frac{d x^T P x}{dt} &= [Ax + Bu]^T P x + x^T P [Ax + Bu] \\
&= x^T A^T P x + u^T B^T P x + x^T P A x + x^T P B u \\
&= x^T (A^T P + PA) x + u^T B^T P x + x^T P B u
\end{aligned}$$

将（8-20）整理为 $A^T P + PA = PBR^{-1} B^T P - Q$，代入上式

$$\begin{aligned}
\frac{d x^T P x}{dt} &= -x^T Q x + x^T P B R^{-1} B^T P x + u^T B^T P x + x^T P B u \\
&= -x^T Q x - u^T R u + u^T R u + x^T P B I_m R^{-1} B^T P x \\
&\quad + u^T I_m B^T P x + x^T P B I_m u \\
&= -x^T Q x - u^T R u + u^T R u - x^T P B R^{-1} R u \\
&\quad + u^T R R^{-1} B^T P x - x^T P B R^{-1} R R^{-1} B^T P x \\
&= -x^T Q x - u^T R u + u^T R u - (R^{-1} B^T P x)^T R u \\
&\quad + u^T R R^{-1} B^T P x - (R^{-1} B^T P x)^T R R^{-1} B^T P x \\
&= -x^T Q x - u^T R u + [u^T - (R^{-1} B^T P x)^T] R u \\
&\quad + [u^T - (R^{-1} B^T P x)^T] R R^{-1} B^T P x \\
&= -x^T Q x - u^T R u \quad (8-22)
\end{aligned}$$

注：

（1）第二个等式加入 I_m 是因为 I_m 为单位矩阵，且有 $BI_m = B$，$I_m B^T = B^T$（B 为 $n \times m$ 维常数矩阵，B^T 则为 $m \times n$ 矩阵），其依据的公式为 $A_{m \times n} I_n = $

$A_{m \times n}, I_m A_{m \times n} = A_{m \times n}$。

(2) 第三个等式运用公式 $RR^{-1} = R^{-1}R = I_m$。

(3) 第四个等式运用转置矩阵公式 $(AB)^T = B^T A^T$，先推导两个 $x^T P = (Px)^T$，然后每次增加一个，直到将 $x^T PBR^{-1}$ 变成 $(R^{-1}B^T Px)^T$。(8-22) 本有简洁的推导，为了训练学生的矩阵运算，这里采用了繁琐方法。

将最优控制 (8-21) 代入 (8-22)，得

$$\frac{dx^T(t)Px(t)}{dt} = -x^{*T}(t)Qx^*(t) - u^{*T}(t)Ru^*(t)$$

该式两边从 0 到 ∞ 积分，并乘以 $\frac{1}{2}$，得

$$\frac{1}{2}x^T(t)Px(t)\Big|_0^\infty = -\frac{1}{2}\int_0^\infty [x^{*T}(t)Qx^*(t) + u^{*T}(t)Ru^*(t)]dt$$

$$\frac{1}{2}x^T(\infty)Px(\infty) - \frac{1}{2}x^T(0)Px(0)$$

$$= -\frac{1}{2}\int_0^\infty [x^{*T}(t)Qx^*(t) + u^{*T}(t)Ru^*(t)]dt$$

前面强调过，由于是无限时间情形，可以要求终端的稳态误差为零，即 $t_k \to \infty$ 时，$x(t_k) = 0$ 或 $x(\infty) = 0$，将其代入上式，得

$$\frac{1}{2}x^T(0)Px(0) = \frac{1}{2}\int_0^\infty [x^{*T}(t)Qx^*(t) + u^{*T}(t)Ru^*(t)]dt$$

该式右边为 $x(t), u(t)$ 都取最优值时的目标函数值，所以

$$J^*(x_0, 0) = \frac{1}{2}x^T(0)Px(0) = \frac{1}{2}x_0^T Px_0 \qquad (8-23)$$

(三) 用最优化条件求最优解

1. 用黎卡提代数方程 (8-20) $PA + A^T P - PBR^{-1}B^T P + Q = 0$ 求对称矩阵 P。

2. 用 (8-21) $u^*(t) = -R^{-1}B^T Px(t)$ 求最优控制 $u^*(t)$。

3. 用 (8-16) $\dot{x}(t) = [A - BR^{-1}B^T P(t)]x(t), x(0) = x_0$ 求最优轨线，该微分方程初值问题的解就是系统状态的最优轨线 $x^*(t)$。

4. 用 (8-23) $J^*(x_0, 0) = \frac{1}{2}x^T(0)Px(0) = \frac{1}{2}x_0^T Px_0$ 求目标函数的最优值。不过，对经济学来说，往往并不关心目标函数的最优值，而是关心可使目标函数实现最优值的最优控制 $u^*(t)$。

(四) 对最优化条件的说明

上面的最优化条件主要是从线性状态调节器最优解作为必要条件的推导中

得到的,上述最优条件不仅是必要条件而且也是充分条件,即是充分必要条件。限于篇幅,本书只介绍了必要条件的证明,没有涉及上述最优条件作为充分条件的证明过程,但这种过程在专业的最优控制理论教科书中有介绍。

如下重要结论也不加证明地给出:

1. 黎卡提代数方程的解 P 是对称矩阵。

2. 如果 Q 正定、R 正定,则黎卡提代数方程的解 P 是正定的;如果 Q 半正定、R 正定,则 P 也是半正定的;如果 Q 半正定、R 正定,系统可观测,则 P 是正定的,系统可观测是 P 正定的充分必要条件。**上面讨论的系统就是完全能控、可观测的**,因为根据有关定理,只有能控、可观测的线性定常无限时间系统,系统才是渐进稳定的。稳定是系统正常运行的首要条件。

完全能控和可观测在定理的某个问题的证明中使用,由于它在本章中出现的频率较高,所以做一个简单介绍。

完全能控是指输入因素(如控制 u)能够使系统状态 x 达到预定目标。严格定义如下:x_0 是系统在 t_0 时刻的状态,如果存在一个有限时刻 $t_1 > t_0$ 和输入因素 $u(t)$,在 $u(t)$ 作用下将系统状态在 t_1 时刻移动到原点,则称 x_0 是能控的。如果定常线性系统的任一非零状态都是能控的,则该系统是完全能控的。如果线性系统为 $\dot{x} = Ax + Bu$,则简称为 (A,B) 能控。

与完全能控相近的还有一个概念是能达性,其定义如下:对于给定的线性系统 $\dot{x} = Ax + Bu$,如果存在一个有限时刻 $t_1 > t_0$ 和输入因素 $u(t)$,在 $u(t)$ 作用下将系统状态从原点移动到指定的 x_1,则称 x_1 是能达的。简称为 (A,B) 能达。如果定常线性系统的任一状态都是能达的,则该系统是**完全能达**的。注意,对于连续时间定常线性系统,能控性与能达性是等价的,所以,在有些定理中,两者可以互相替代。

完全可观测:如果系统内的每一个状态变量都能由输出完全反映,则称系统的状态完全能观测。如果系统为 $\dot{x} = Ax + Bu, y = Cx$,则可观测简称为 (C,A) 可观测。输出 $y(t)$ 能惟一地确定初始状态 x_0。注意,系统有无输入 u 对可观测性没有影响。

如果是时变系统有限时间情形,结论如下:如果 Q 正定、R 正定,则黎卡提方程的解 P 是正定的;如果 Q 半正定、R 正定,则 P 是半正定的。

3. 黎卡提代数方程的解 P 是惟一的。

4. 最优控制解 $u^*(t)$ 是存在的和惟一的。

5. 解线性状态调节器问题得到的闭环控制系统

$$\dot{x}(t) = [A - BR^{-1}B^T P]x(t), x(0) = x_0$$
具有渐进稳定性。

6. 诸如前面"设定"的 $\lambda(t) = P(t)x(t), J^*(x,t) = \frac{1}{2}x^T(t)Px(t)$ 也可以推导出来。$P(t_k) = F$。

这些结论有的是以"引理"的形式出现的，有的则是直接证明，它们也可以作为定理的内容来使用。为了更准确地把握这些内容，这里给出对这些内容具有概括性的定理。

定理：对于由 (8-9)、(8-10) 构成的完全能控、可观测的连续定常系统无限时间的线性状态调节器问题，使目标函数极小化的最优控制 $u^*(t)$ 存在，且惟一的由下式决定

$$u^*(t) = -R^{-1}B^T Px(t)$$

目标函数的最优值为

$$J^*(x_0, 0) = \frac{1}{2}x^T(0)Px(0) = \frac{1}{2}x_0^T Px_0 \qquad \forall x_0 \neq 0$$

其中，对称正定矩阵 $P = \lim_{t \to \infty} P(t)$ 是下述黎卡提代数方程的惟一解

$$PA + A^T P - PBR^{-1}B^T P + Q = 0$$

系统的最优轨线 $x^*(t)$ 是下列闭环控制系统的解

$$\dot{x}(t) = [A - BR^{-1}B^T P]x(t), x(0) = x_0$$

（五）将极小化问题转化为极大化问题

线性状态调节器问题可以将极小化问题转变为极大化问题，经济学遇到的问题往往都是求极大值问题。只要把 (8-9)、(8-10) 稍作改动就变成极大化问题了。

设线性定常系统的状态方程为

$$\dot{x}(t) = Ax(t) + Bu(t), x(0) = x_0 \qquad (8-24)$$

该系统具有二次型目标函数

$$J = \frac{1}{2}\int_0^\infty [x^T(t)Qx(t) + u^T(t)Ru(t)] dt \qquad (8-25)$$

将 Q 从原来的 $n \times n$ 维半正定对称常数矩阵变为相同维数的半负定对称常数矩阵，R 从原来的 $m \times m$ 维正定对称常数矩阵变为相同维数的负定对称常数矩阵，把目标函数从极小变成极大，其余的条件都不变，这样，问题就从极小化变成极大化了。

该线性调节器的极大化问题为：在 (8-24) 约束下，选择最优控制

$u^*(t)$ 使目标函数（8-25）极大化，即

$$\max_{u(t)} \frac{1}{2}\int_0^\infty [x^T(t)Qx(t) + u^T(t)Ru(t)]\,dt$$
$$s.t \quad \dot{x}(t) = Ax(t) + Bu(t), x(0) = x_0$$

求解后得到的最优化条件只是将极小化问题的黎卡提代数方程的惟一解 P 从正定对称常数矩阵变成负定对称常数矩阵、目标函数的最优值从极小值变成极大值，其余的条件都不变。

二、离散定常系统的线性状态调节器问题

（一）问题：线性状态调节器的极大化问题

线性状态调节器问题的离散情形实际上是经济学已经使用过的，所以，本书的论述尽量接近该问题的"经济学情形"。

首先，问题由极小化转变为极大化，因此，目标函数中的正定和半正定矩阵变为负定和半负定矩阵；其次系统为无限时间定常系统；再次，没有终值项，其理由与连续时间系统相同；最后，一个无关紧要的问题是去掉目标函数中的 1/2。至于求解的方法也可以尝试动态规划法，它与最优控制论等其他方法得到的结果是一样的。

设线性定常系统的状态方程为

$$x_{t+1} = Ax_t + Bu_t, x_0 \text{ 给定} \tag{8-26}$$

该系统具有二次型目标函数

$$J = \sum_{t=0}^\infty [x_t^T Q x_t + u_t^T R u_t] \tag{8-27}$$

其中 A, B 分别为 $n \times n$ 与 $n \times m$ 维常数矩阵，目标函数中的 Q 为 $n \times n$ 维半负定对称常数矩阵，R 为 $m \times m$ 维负定对称常数矩阵；x_t 为 n 维状态向量，u_t 为 m 维控制向量，控制向量 u_t 不受约束。本书的第六章最优控制论已经指出，**控制向量不受约束，最优化条件为函数对控制向量 u 的一阶偏导数等于零。**

该问题为：在状态方程（8-26）的约束下，选择最优控制序列 $\{u_t\}_{t=0}^\infty$ 使目标函数（8-27）极大化，即

$$\max \sum_{t=0}^\infty [x_t^T Q x_t + u_t^T R u_t]$$
$$s.t \quad x_{t+1} = Ax_t + Bu_t, x_0 \text{ 给定}$$

(二) 用动态规划解线性状态调节器问题

设目标函数的最优解为

$$J^*(x_t, t) = x_t^T P x_t \qquad (8-28)$$

则

$$J^*(x_{t+1}, t+1) = x_{t+1}^T P x_{t+1}$$

其中 P 是对称半负定常数矩阵，$P = \lim_{N \to \infty} P_{t,N}$，$P_{t,N}$ 为有限时间下的黎卡提差分方程的解，该解 $P_{t,N}$ 依赖于离散时间的阶段数或终端时刻 N，所以，将原来的 P_t 表示成 $P_{t,N}$。现在的问题是无限时间，即 $N \to \infty$，$\lim_{N \to \infty} P_{t,N} = P$，王翼 (1987) 对此进行了证明。

用动态规划解该问题的贝尔曼方程为

$$J^*(x_t, t) = \max_u \{ x_t^T Q x_t + u_t^T R u_t + J^*(x_{t+1}, t+1) \}$$

$$J^*(x_t, t) = \max_u \{ x_t^T Q x_t + u_t^T R u_t + x_{t+1}^T P x_{t+1} \}$$

将 (8-26)、(8-28) 代入上式，得

$$x_t^T P x_t = \max_u \{ x_t^T Q x_t + u_t^T R u_t + (A x_t + B u_t)^T P (A x_t + B u_t) \} \qquad (8-29)$$

$$= \max_u \{ x_t^T Q x_t + u_t^T R u_t + [(A x_t)^T + (B u_t)^T] P (A x_t + B u_t) \}$$

$$= \max_u \{ x_t^T Q x_t + u_t^T R u_t + (A x_t)^T P A x_t + (B u_t)^T P A x_t$$

$$+ (A x_t)^T P B u_t + (B u_t)^T P B u_t \}$$

$$= \max_u \{ x_t^T Q x_t + u_t^T R u_t + x_t^T A^T P A x_t$$

$$+ u_t^T B^T P A x_t + x_t^T A^T P B u_t + u_t^T B^T P B u_t \}$$

上式右端极大化的一阶条件为：

$$\frac{\partial \{ x_t^T Q x_t + u_t^{*T} R u_t^* + x_t^T A^T P A x_t + u_t^{*T} B^T P A x_t \}}{\partial u_t} + \frac{\partial \{ x_t^T A^T P B u_t^* + u_t^{*T} B^T P B u_t^* \}}{\partial u_t} = 0$$

$$\frac{\partial u_t^{*T} R u_t^*}{\partial u_t} + \frac{\partial u_t^{*T} B^T P A x_t}{\partial u_t} + \frac{\partial x_t^T A^T P B u_t^*}{\partial u_t} + \frac{\partial u_t^{*T} B^T P B u_t^*}{\partial u_t} = 0$$

$$(R + R^T) u_t^* + B^T P A x_t + B^T P A x_t + [B^T P B + (B^T P B)^T] u_t^* = 0$$

$$2 R u_t^* + 2 B^T P A x_t + 2 B^T P B u_t^* = 0$$

$$(R + B^T P B) u_t^* = - B^T P A x_t$$

$$u_t^* = - (R + B^T P B)^{-1} B^T P A x_t \qquad (8-30)$$

即 $u_t^* = - K x_t$，其中

$$K = (R + B^T P B)^{-1} B^T P A \qquad (8-31)$$

第八章 线性二次型动态最优化

(8-31) 就是所谓的**反馈增益矩阵**,其含义为反馈控制中的增益矩阵,增益是指 $K = (R + B^TPB)^{-1}B^TPA$ 通过最优控制使主体的利益增加,表现为目标函数的极大化或极小化。

注: 在极大化一阶条件的推导中

(1) 第三个等式使用的公式与第四个等式的推导为

$$\frac{\partial u_t^{*T}Ru_t^*}{\partial u_t} = (R + R^T)u_t = 2Ru_t \ (R \text{ 为对称矩阵},\text{所以},R = R^T)$$

$$\frac{\partial u_t^{*T}B^TPAx_t}{\partial u_t} = B^TPAx_t$$

$$\frac{\partial x_t^TA^TPBu_t^*}{\partial u_t} = (A^TPB)^T(x_t^T)^T = (PB)^T(A^T)^Tx_t = B^TPAx_t$$

$$\frac{\partial u_t^{*T}B^TPBu_t^*}{\partial u_t} = [B^TPB + (B^TPB)^T] = 2B^TPB$$

这几个求导采用了本章附录二中的矩阵和向量的求导公式。

(2) 对第五个等式使用逆矩阵左乘

$$(R + B^TPB)^{-1}(R + B^TPB)u_t^* = -(R + B^TPB)^{-1}B^TPAx_t$$

$$I_m u_t^* = -(R + B^TPB)^{-1}B^TPAx_t$$

$$u_t^* = -(R + B^TPB)^{-1}B^TPAx_t$$

将 (8-30) 代入 (8-29),因 (8-30) 是最优解,代入 (8-29) 后该式就得到极大值,所以,式子前面的 "max" 可以去掉,得

$$x_t^TPx_t = x_t^TQx_t + [(R + B^TPB)^{-1}B^TPAx_t]^TR(R + B^TPB)^{-1}B^TPAx_t$$
$$+ [Ax_t - B(R + B^TPB)^{-1}B^TPAx_t]^TP[Ax_t - B(R + B^TPB)^{-1}B^TPAx_t]$$
$$= x_t^TQx_t + x_t^TA^TPB[(R + B^TPB)^{-1}]^TR(R + B^TPB)^{-1}B^TPAx_t$$
$$+ (Ax_t)^TPAx_t - [B(R + B^TPB)^{-1}B^TPAx_t]^TPAx_t$$
$$- (Ax_t)^TPB(-R + B^TPB)^{-1}B^TPAx_t$$
$$+ [B(R + B^TPB)^{-1}B^TPAx_t]^TP[B(R + B^TPB)^{-1}B^TPAx_t]$$
$$= x_t^TQx_t + x_t^TA^TPB(R + B^TPB)^{-1}R(R + B^TPB)^{-1}B^TPAx_t$$
$$+ x_t^TA^TPB(R + B^TPB)^{-1}B^TPB(R + B^TPB)^{-1}B^TPAx_t$$
$$+ x_t^TA^TPAx_t - x_t^TA^TPB(R + B^TPB)^{-1}B^TPAx_t$$
$$- x_t^TA^TPB(R + B^TPB)^{-1}B^TPAx_t$$
$$= x_t^TQx_t + x_t^TA^TPB(R + B^TPB)^{-1}(R + B^TPB)(R + B^TPB)^{-1}$$

$$\times B^TPAx_t + x_t^TA^TPAx_t - x_t^TA^TPB(R+B^TPB)^{-1}B^TPAx_t$$
$$- x_t^TA^TPB(R+B^TPB)^{-1}B^TPAx_t$$
$$= x_t^TQx_t + x_t^TA^TPB(R+B^TPB)^{-1}B^TPAx_t - x_t^TA^TPB(R+B^TPB)^{-1}$$
$$\times B^TPAx_t + x_t^TA^TPAx_t - x_t^TA^TPB(R+B^TPB)^{-1}B^TPAx_t$$
$$= x_t^T[Q + A^TPA - A^TPB(R+B^TPB)^{-1}B^TPA]x_t$$

对照上式等号两端,得

$$P = Q + A^TPA - A^TPB(R+B^TPB)^{-1}B^TPA \tag{8-32}$$

(8-32) 就是黎卡提代数方程。

将 (8-30) 代入 (8-26),得闭环系统

$$x_{t+1} = [A - B(R+B^TPB)^{-1}B^TPA]x_t \tag{8-33}$$

同连续时间情形一样,也可以推导出目标函数的最优值

$$J^*(x_0) = x_0^TPx_0 \tag{8-34}$$

(三) 用最优化条件求最优解

用最优化条件求最优解的方法与连续时间情形基本相同。

1. 用黎卡提代数方程 (8-32) 求对称矩阵 P。在一定条件下,方程 (8-32) 有惟一半负定解,该解可以通过迭代下面的差分方程而得到

$$P_{t+1} = Q + A^TP_tA - A^TP_tB(R+B^TP_tB)^{-1}B^TP_tA$$

这是正向迭代,是从逆向迭代公式

$$P_t = Q + A^TP_{t+1}A - A^TP_{t+1}B(R+B^TP_{t+1}B)^{-1}B^TP_{t+1}A$$

转化而来。详细说明和具体迭代方法在下一节"黎卡提方程的求解方法"中。

2. 用 (8-30) $u_t^* = -(R+B^TPB)^{-1}B^TPAx_t$ 求最优控制 u_t^*。

3. 用 (8-33) $x_{t+1} = [A - B(R+B^TPB)^{-1}B^TPA]x_t$ 及给定的 x_0 求最优状态序列。

4. 用 (8-34) $J^* = x_0^TPx_0$ 求目标函数的最优值。

其中求解黎卡提代数方程 (8-32) 是问题的关键。

三、离散系统贴现的线性状态调节器问题

(一) 问题:贴现的线性状态调节器的极大化问题

设线性定常系统的状态方程为

$$x_{t+1} = Ax_t + Bu_t, x_0 \text{ 给定} \tag{8-35}$$

该系统具有二次型目标函数

$$J = \sum_{t=0}^{\infty} \beta^t [x_t^T Q x_t + u_t^T R u_t], \quad 0 < \beta < 1 \qquad (8-36)$$

其中 A, B 分别为 $n \times n$ 与 $n \times m$ 维常数矩阵，目标函数中的 Q 为 $n \times n$ 维半负定对称常数矩阵，R 为 $m \times m$ 维负定对称常数矩阵；x_t 为 n 维状态向量，u_t 为 m 维控制向量，控制向量 u_t 不受约束，因此，最优化条件为函数对控制向量 u 的一阶偏导数等于零。β 为期限一年的贴现因子，若 ρ 为贴现率，则 t 年的贴现因子 $\beta^t = [1/(1+\rho)]^t$，β 是常数。

该问题为：在状态方程（8-35）的约束下，选择最优控制序列 $\{u_t\}_{t=0}^{\infty}$ 使目标函数（8-36）极大化，即

$$\max \sum_{t=0}^{\infty} \beta^t [x_t^T Q x_t + u_t^T R u_t], \quad 0 < \beta < 1$$
$$s.t \quad x_{t+1} = A x_t + B u_t, x_0 \text{ 给定}$$

（二）用动态规划解贴现的线性状态调节器问题

设目标函数的最优解为

$$J^*(x_t, t) = x_t^T P x_t \qquad (8-37a)$$

则

$$J^*(x_{t+1}, t+1) = x_{t+1}^T P x_{t+1} \qquad (8-37b)$$

其中 P 是对称半负定常数矩阵，$P = \lim_{N \to \infty} P_{t,N}$，$P_{t,N}$ 为有限时间下的黎卡提差分方程的解，该解 $P_{t,N}$ 依赖于终端时间 N，所以，将原来的 P_t 表示成 $P_{t,N}$。现在的问题是无限时间，即 $N \to \infty$，$\lim_{N \to \infty} P_{t,N} = P$。

用动态规划解该问题的贝尔曼方程为

$$J^*(x_t, t) = \max_u \{x_t^T Q x_t + u_t^T R u_t + \beta J^*(x_{t+1}, t+1)\} \qquad (8-37c)$$
$$J^*(x_t, t) = \max_u \{x_t^T Q x_t + u_t^T R u_t + \beta x_{t+1}^T P x_{t+1}\}$$

将（8-35）、（8-37a）、（8-37b）代入上式，得

$$x_t^T P x_t = \max_u \{x_t^T Q x_t + u_t^T R u_t + \beta (A x_t + B u_t)^T P (A x_t + B u_t)\} \qquad (8-38)$$
$$= \max_u \{x_t^T Q x_t + u_t^T R u_t + \beta [(A x_t)^T + (B u_t)^T] P (A x_t + B u_t)\}$$
$$= \max_u \{x_t^T Q x_t + u_t^T R u_t + \beta (A x_t)^T P A x_t$$
$$\quad + \beta (B u_t)^T P A x_t + \beta (A x_t)^T P B u_t + \beta (B u_t)^T P B u_t\}$$
$$= \max_u \{x_t^T Q x_t + u_t^T R u_t + \beta x_t^T A^T P A x_t$$
$$\quad + \beta u_t^T B^T P A x_t + \beta x_t^T A^T P B u_t + \beta u_t^T B^T P B u_t\}$$

上式极大化的一阶条件为：

$$\frac{\partial\{x_t^T Q x_t + u_t^{*T} R u_t^* + \beta x_t^T A^T P A x_t + \beta u_t^{*T} B^T P A x_t\}}{\partial u_t} + \frac{\partial\{\beta x_t^T A^T P B u_t^* + \beta u_t^{*T} B^T P B u_t^*\}}{\partial u_t} = 0$$

$$\frac{\partial u_t^{*T} R u_t^*}{\partial u_t} + \frac{\partial \beta u_t^{*T} B^T P A x_t}{\partial u_t} + \frac{\partial \beta x_t^T A^T P B u_t^*}{\partial u_t} + \frac{\partial \beta u_t^{*T} B^T P B u_t^*}{\partial u_t} = 0$$

$$(R + R^T) u_t^* + \beta B^T P A x_t + \beta B^T P A x_t + \beta [B^T P B + (B^T P B)^T] u_t^* = 0$$

$$2 R u_t^* + 2\beta B^T P A x_t + 2\beta B^T P B u_t^* = 0$$

$$(R + \beta B^T P B) u_t^* = -\beta B^T P A x_t$$

$$u_t^* = -\beta (R + \beta B^T P B)^{-1} B^T P A x_t \tag{8-39}$$

即 $u_t^* = -K x_t$，其中

$$K = \beta (R + \beta B^T P B)^{-1} B^T P A \tag{8-40}$$

将(8-39)代入(8-38)，因(8-39)是最优解，代入(8-38)后该式就得到极大值，所以，式子前面的"max"可以去掉，得

$$x_t^T P x_t = x_t^T Q x_t + [\beta (R + \beta B^T P B)^{-1} B^T P A x_t]^T R \beta (R + \beta B^T P B)^{-1}$$

$$\times B^T P A x_t + \beta [A x_t - B \beta (R + \beta B^T P B)^{-1} B^T P A x_t]^T$$

$$\times P [A x_t - B \beta (R + \beta B^T P B)^{-1} B^T P A x_t]$$

$$= x_t^T Q x_t + \beta^2 x_t^T A^T P B [(R + \beta B^T P B)^{-1}]^T R (R + \beta B^T P B)^{-1}$$

$$\times B^T P A x_t + \beta (A x_t)^T P A x_t - \beta [B \beta (R + \beta B^T P B)^{-1} B^T P A x_t]^T$$

$$\times P A x_t - \beta (A x_t)^T P B \beta [(R + \beta B^T P B)^{-1} B^T P A x_t]$$

$$+ \beta [B \beta (R + \beta B^T P B)^{-1} B^T P A x_t]^T P [B \beta (R + \beta B^T P B)^{-1} B^T P A x_t]$$

$$= x_t^T Q x_t + \beta^2 x_t^T A^T P B (R + \beta B^T P B)^{-1} R (R + \beta B^T P B)^{-1} B^T P A x_t$$

$$+ \beta^3 x_t^T A^T P B (R + \beta B^T P B)^{-1} B^T P B (R + \beta B^T P B)^{-1} B^T P A x_t$$

$$+ \beta x_t^T A^T P A x_t - \beta^2 x_t^T A^T P B (R + \beta B^T P B)^{-1} B^T P A x_t$$

$$- \beta^2 x_t^T A^T P B (R + \beta B^T P B)^{-1} B^T P A x_t$$

$$= x_t^T Q x_t + \beta^2 x_t^T A^T P B (R + B^T P B)^{-1} (R + \beta B^T P B)(R + B^T P B)^{-1}$$

$$\times B^T P A x_t + \beta x_t^T A^T P A x_t - \beta^2 x_t^T A^T P B (R + \beta B^T P B)^{-1} B^T P A x_t$$

$$- \beta^2 x_t^T A^T P B (R + \beta B^T P B)^{-1} B^T P A x_t$$

$$= x_t^T Q x_t + \beta^2 x_t^T A^T P B (R + \beta B^T P B)^{-1} B^T P A x_t$$

$$- \beta^2 x_t^T A^T P B (R + \beta B^T P B)^{-1} B^T P A x_t$$

$$+ \beta x_t^T A^T P A x_t - \beta^2 x_t^T A^T P B (R + \beta B^T P B)^{-1} B^T P A x_t$$

$$= x_t^T [Q + \beta A^T PA - \beta^2 A^T PB(R + \beta B^T PB)^{-1} B^T PA] x_t$$

对照上式等号两端，得

$$P = Q + \beta A^T PA - \beta^2 A^T PB(R + \beta B^T PB)^{-1} B^T PA \tag{8-41}$$

方程（8-41）就是黎卡提代数方程。在一定条件下，方程（8-41）有惟一半负定解，该解可以通过迭代下面的差分方程而得到

$$P_{t+1} = Q + \beta A^T P_t A - \beta^2 A^T P_t B(R + \beta B^T P_t B)^{-1} B^T P_t A \tag{8-42}$$

这是正向迭代，是从逆向迭代公式

$$P_t = Q + \beta A^T P_{t+1} A - \beta^2 A^T P_{t+1} B(R + \beta B^T P_{t+1} B)^{-1} B^T P_{t+1} A$$

转化而来。详细说明和具体迭代方法在后面本节第四个问题"黎卡提方程的求解方法"中。

与（8-42）相对应的**反馈增益矩阵**为

$$K_{t+1} = \beta(R + \beta B^T P_t B)^{-1} B^T P_t A \tag{8-43}$$

反馈增益矩阵 $K_{t+1} = \beta(R + \beta B^T P_t B)^{-1} B^T P_t A$ 被经济学称为**策略函数**，它实际上是最优控制 $u_t^* = -Kx_t$ 中的系数矩阵，代表了最优控制，所以被称为策略函数。

将（8-39）代入（8-35），得闭环系统

$$x_{t+1} = [A - \beta B(R + \beta B^T PB)^{-1} B^T PA] x_t \tag{8-44}$$

可以推导出目标函数的最优值

$$J^*(x_0) = x_0^T P x_0$$

四、闭环系统的稳定性

将 $u_t^* = -Kx_t$ 代入状态转移方程 $x_{t+1} = Ax_t + Bu_t$，得到最优闭环系统

$$x_{t+1} = (A - BK) x_t \tag{8-45}$$

这事实上就是一个差分方程组（$x_t \in \mathbb{R}^n$）表示的动态系统，x_{t+1} 是 x_t 的线性函数。

（8-45）是一阶线性差分方程组，对一阶线性差分方程组的动态稳定性的概念和动态稳定性的条件，本书前面第四章都作了介绍。按第四章，当 $x_{t+1} = x_t$ 时，系统处于均衡状态，但这里讨论的是线性状态调节器。线性状态调节器问题要求系统回到原来的零平衡状态（即系统平衡状态设定为 $x = 0$），此时 x_t 即表示系统状态，又表示对系统状态的偏离，因此，系统的稳定性必须定义

为：

对系统的任意初始值 x_0，(8-45) 的解 x_t 有界，且
$$\lim_{t \to \infty} x_t = 0$$
则闭环系统是稳定的。

为了看清系统动态稳定性的条件，首先将 (8-45) 的系数矩阵 $A-BK$ 对角化。假定 n 阶矩阵 P 的列向量是矩阵 $A-BK$ 的 n 个线性无关的特征向量，且 P 非奇异，则
$$A - BK = P\Lambda P^{-1}$$
其中 Λ 是 $A-BK$ 的特征值组成的对角矩阵，即
$$\Lambda = \begin{bmatrix} \lambda_1 & 0 & \cdots & 0 \\ 0 & \lambda_2 & \cdots & 0 \\ \vdots & \vdots & \vdots & \vdots \\ 0 & 0 & \cdots & \lambda_n \end{bmatrix}$$

将 $A - BK = P\Lambda P^{-1}$ 代入 (8-45)，得
$$x_{t+1} = P\Lambda P^{-1} x_t$$

利用上式进行迭代，得到差分方程的解
$$x_t = P\Lambda^t P^{-1} x_0$$
其中
$$\Lambda^t = \begin{bmatrix} \lambda_1^t & 0 & \cdots & 0 \\ 0 & \lambda_2^t & \cdots & 0 \\ \vdots & \vdots & \vdots & \vdots \\ 0 & 0 & \cdots & \lambda_n^t \end{bmatrix}$$

若 $\lim_{t \to \infty} \Lambda^t = 0$，则 $\lim_{t \to \infty} x_t = \lim_{t \to \infty} P\Lambda^t P^{-1} x_0 = 0$，这要求
$$|\lambda_1| < 1, |\lambda_2| < 1, \cdots, |\lambda_n| < 1$$

由此得到闭环系统动态稳定性的条件：当且仅当 $A-BK$ 的特征值的绝对值都严格小于 1，闭环系统对所有的 $x_0 \in \mathbb{R}^n$ 是稳定的。

第三节
黎卡提方程的部分解法

解线性状态调节器问题的关键是求黎卡提代数方程的解，因为从求出的最优控制的公式 $u_t^* = -(R + B^T PB)^{-1} B^T PAx_t$ 看，最优控制也是 P 的函数。离散定常系统的黎卡提代数方程（8-32）是一个非线性方程组，计算起来比较麻烦，下面介绍几种求解方法。由于经济学迄今为止只使用离散系统模型，所以，黎卡提代数方程的求解方法主要针对离散系统。其中有些求解方法取自杨奎斯特、萨金特（2005）。

一、迭代法：逆向迭代

迭代法是求解黎卡提差分方程最常用的一种方法。在允许 P_{t+1} 与 P_t 之间一定的差额情况下，迭代法经过若干步迭代就可以得到稳态解。

迭代分为**逆向迭代和正向迭代**，下面首先介绍逆向迭代。

给出离散定常系统线性状态调节器的非稳态的黎卡提方程，即黎卡提差分方程

$$P_t = Q + A^T P_{t+1} A - A^T P_{t+1} B (R + B^T P_{t+1} B)^{-1} B^T P_{t+1} A \qquad (8-46)$$

其推导方法与（8-32）的推导类似。该方程是逆向迭代使用的公式。

逆向迭代法是使用黎卡提差分方程（8-46）在时间上从后向前迭代，如假定 N 步迭代可以得到黎卡提差分方程的解，那就从 N 开始向 $N-1$，$N-2$, …, 2, 1, 0 迭代。而事实上使用（8-46）也只能进行逆向迭代。（8-46）是 P_{t+1} 的非线性函数，不易从中得到 P_{t+1} 的解析式。

设 $P_{t+1} = P_N$（这里 $P_N = I$ 或 $P_N = 0$ 或其他半正定矩阵都可以），将其代入（8-46）右端，得到 $P_t = P_{N-1}$，因为已知 P_{t+1}，通过（8-46）得到的只能是 P_t，这就是逆向迭代，同样，已知 P_N，逆向迭代得到的只能是 P_{N-1}。

下一步，将已经得到的 P_{N-1} 设为 P_{t+1}，即令 $P_{t+1} = P_{N-1}$，将其代入（8-46）右端，得到 $P_t = P_{N-2}$。下一步再设 $P_{t+1} = P_{N-2}$，将其代入（8-46）

右端，得到 $P_t = P_{N-3}$。这样一直重复进行下去，直到 $P_{t+1} = P_t$，就得到黎卡提差分方程的解。

其实，第一步将 P_{t+1} 设为 P_N，然后得到 $P_t = P_{N-1}$，这是为了便于理解什么是逆向迭代，在实际运算时，完全可以直接设 $P_{t+1} = I$ 或 $P_{t+1} = 0$，只要使用（8-46）就是逆向迭代。

与公式（8-46）对应的逆向迭代的**反馈增益矩阵**为

$$K_t = (R + B^T P_{t+1} B)^{-1} B^T P_{t+1} A \tag{8-47}$$

二、迭代法：正向迭代

正向迭代与逆向迭代正好相反，是从 0, 1, 2 开始向 $N-2, N-1, N$ 迭代（假定 N 步迭代可以得到黎卡提差分方程的解），正向迭代使用的迭代公式是将逆向迭代公式（8-46）的 P_t, P_{t+1} 颠倒过来，即

$$P_{t+1} = Q + A^T P_t A - A^T P_t B (R + B^T P_t B)^{-1} B^T P_t A \tag{8-48}$$

正向迭代使用公式（8-48）保证了**正向迭代的"从一步推到下一步"与逆向迭代的"从一步推到下一步"是一致的**，这实际上是"正向"与"逆向"这两个方向上的动态变化一致，但是，它的不完美之处在于："正向迭代"与"逆向迭代"中 P_{t+1} 与 P_t 的对应关系不一样了，这从公式（8-46）和（8-48）可以直接看出，两者所表示的 P_{t+1} 与 P_t 的对应关系完全不同。而且，正向迭代与逆向迭代得到的 P_t 不能保证相同。

将（8-47）等式两端的时间下标颠倒，得到与（8-48）相对应的**反馈增益矩阵**为

$$K_{t+1} = (R + B^T P_t B)^{-1} B^T P_t A \tag{8-49}$$

在正向迭代中，已知 P_t，代入（8-49），就可以得到 K_{t+1}。这与（8-48）是一致的。

对于正向迭代，如果将 P_t 设为 P_0 代入（8-47），得到的 P_{t+1} 的值为 P_1。需要指出，$P_0 = I$ 或 $P_0 = 0$ 或其他半正定矩阵都可以，选择的 P_0 必须满足负定（正定）或半负定等条件，如，如果前面推导或证明黎卡提差分方程的解 P_t 是对称负定的，则设定的 P_t 的初始值即 P_0 的值就必须是对称负定的；如果黎卡提差分方程的解 P_t 是对称半负定的，则设定的 P_t 的初始值即 P_0 的值就必须是对称半负定的。满足了这个条件后，对 P_0 的选择可以是任意的。

第二步，令 P_1 为 P_t 的值代入 (8-47)，得到相应的 P_{t+1} 的值为 P_2。

这样继续迭代，直到得到 $P_N = P_{N-1}$ 或 $P_{t+1} = P_t$，此时的 P_t 就可以作为黎卡提矩阵代数方程 (8-32) 的解。或者在 P_{t+1} 与 P_t 之间允许的差额范围内，令 $P_{t+1} = P_t = P$（常数矩阵），P 就是该线性状态调节器的稳态解，即对于给定的 $\varepsilon > 0$，若对某个 t 有

$$\|P_N - P_{N-1}\| < \varepsilon \text{ 或 } \|P_{t+1} - P_t\| < \varepsilon \tag{8-50}$$

则取 $P_t = P$ 为要求的稳态解。其中 $\|\cdot\|$ 为矩阵范数，如可取

$$\|P\| = \max_{1 \leq i, j \leq n} \{|p_{ij}|\} \tag{8-51}$$

对于逆向迭代公式 (8-46)，$t \to -\infty$，P_t 才趋近于稳态解。对于正向迭代公式 (8-48)，$t \to \infty$，P_t 才趋近于稳态解。

贴现的线性状态调节器问题也存在类似的转换关系。**逆向迭代的黎卡提差分方程**为

$$P_t = Q + \beta A^T P_{t+1} A - \beta^2 A^T P_{t+1} B (R + \beta B^T P_{t+1} B)^{-1} B^T P_{t+1} A \tag{8-52}$$

相应的**反馈增益矩阵**为

$$K_t = \beta (R + \beta B^T P_{t+1} B)^{-1} B^T P_{t+1} A \tag{8-53}$$

正向迭代的黎卡提差分方程为

$$P_{t+1} = Q + \beta A^T P_t A - \beta^2 A^T P_t B (R + \beta B^T P_t B)^{-1} B^T P_t A \tag{8-54}$$

相应的**反馈增益矩阵**为

$$K_{t+1} = \beta (R + \beta B^T P_t B)^{-1} B^T P_t A \tag{8-55}$$

也可以通过迭代得到，这在前面已经作了介绍。

三、用拉格朗日函数求解矩阵 P

构造最优化问题的拉格朗日函数

$$J = \sum_{t=0}^{\infty} \{x_t^T Q x_t + u_t^T R u_t + \mu_{t+1}^T [Ax_t + Bu_t - x_{t+1}] \\ + [Ax_t + Bu_t - x_{t+1}]^T \mu_{t+1}\} \tag{8-56}$$

(8-56) 可以整理为

$$J = \sum_{t=0}^{\infty} \{x_t^T Q x_t + u_t^T R u_t + 2\mu_{t+1}^T [Ax_t + Bu_t - x_{t+1}]\} \tag{8-56a}$$

为了看得清楚，将 (8-56a) 右端展开，得

$$J = x_0^T Q x_0 + u_0^T R u_0 + 2\mu_1^T [Ax_0 + Bu_0 - x_1] + \cdots$$
$$+ x_t^T Q x_t + u_t^T R u_t + 2\mu_{t+1}^T [Ax_t + Bu_t - x_{t+1}]$$
$$+ x_{t+1}^T Q x_{t+1} + u_{t+1}^T R u_{t+1} + 2\mu_{t+2}^T [Ax_{t+1} + Bu_{t+1} - x_{t+2}] + \cdots \quad (8-56b)$$

(8-56b) 分别对 u_t, x_{t+1} 求导,得最优化的一阶条件

$$\frac{\partial J}{\partial u_t} = \frac{\partial u_t^T R u_t}{\partial u_t} + \frac{\partial (2\mu_{t+1}^T B u_t)}{\partial u_t}$$
$$= 2R u_t + 2B^T \mu_{t+1} = 0$$

$$\frac{\partial J}{\partial x_{t+1}} = -\frac{\partial \mu_{t+1}^T x_{t+1}}{\partial x_{t+1}} + \frac{\partial x_{t+1}^T Q x_{t+1}}{\partial x_{t+1}} + \frac{\partial (2\mu_{t+2}^T A x_{t+1})}{\partial x_{t+1}}$$
$$= -2\mu_{t+1} + 2Q x_{t+1} + 2A^T \mu_{t+2} = 0$$

上两式整理为

$$2R u_t + 2B^T \mu_{t+1} = 0 \quad (8-57)$$

$$\mu_t = Q x_t + A^T \mu_{t+1}, \ t \geq 0 \quad (8-58)$$

其中 (8-58) 由 $\mu_{t+1} = Q x_{t+1} + A^T \mu_{t+2}$ 而得。

由 (8-57) 解得

$$u_t = -R^{-1} B^T \mu_{t+1}$$

将其代入系统状态转移方程 $x_{t+1} = A x_t + B u_t$,并整理 (8-58) 得

$$x_{t+1} + BR^{-1} B^T \mu_{t+1} = A x_t$$
$$A^T \mu_{t+1} = -Q x_t + \mu_t$$

上述两式整理为矩阵

$$\begin{bmatrix} I & BR^{-1} B^T \\ 0 & A^T \end{bmatrix} \begin{bmatrix} x_{t+1} \\ \mu_{t+1} \end{bmatrix} = \begin{bmatrix} A & 0 \\ -Q & I \end{bmatrix} \begin{bmatrix} x_t \\ u_t \end{bmatrix}$$

$$\begin{bmatrix} x_{t+1} \\ \mu_{t+1} \end{bmatrix} = \begin{bmatrix} I & BR^{-1} B^T \\ 0 & A^T \end{bmatrix}^{-1} \begin{bmatrix} A & 0 \\ -Q & I \end{bmatrix} \begin{bmatrix} x_t \\ u_t \end{bmatrix} \quad (8-59)$$

$$\begin{bmatrix} I & BR^{-1} B^T \\ 0 & A^T \end{bmatrix}^{-1} = \begin{bmatrix} I^{-1} & -I^{-1} BR^{-1} B^T (A^T)^{-1} \\ 0 & (A^T)^{-1} \end{bmatrix}$$

$$= \begin{bmatrix} I & -BR^{-1} B^T (A^T)^{-1} \\ 0 & (A^T)^{-1} \end{bmatrix}$$

这一步使用的求逆矩阵的公式为本章附录一之公式 (1) 或 (2),此外,还使用了如下公式

$$I^{-1} = I, \ I_n B_{n \times m} = B_{n \times m}$$

令 (8-59) 中的系数矩阵为

$$S \equiv \begin{bmatrix} I & BR^{-1}B^T \\ 0 & A^T \end{bmatrix}^{-1} \begin{bmatrix} A & 0 \\ -Q & I \end{bmatrix}$$

$$= \begin{bmatrix} A + BR^{-1}B^T(A^T)^{-1}Q & -BR^{-1}B^T(A^T)^{-1} \\ -(A^T)^{-1}Q & (A^T)^{-1} \end{bmatrix} \quad (8-60)$$

接下来证明 S 是辛矩阵，要完全理解辛矩阵的含义比较复杂，需要在了解了诸如反对称双线性函数、反对称矩阵、线性变换的核、非退化的反对称线性函数、反对称纯量积、辛空间、辛基、辛变换、度量矩阵等一系列基础性概念之后，才能真正理解辛矩阵的含义，而了解上述概念恐怕要对《矩阵理论》的内容有一个大致的掌握，有兴趣的读者可以阅读方保镕等 (2004)。鉴于辛矩阵在本书中使用不多，因此采用杨奎斯特、萨金特 (2005) 的做法，用辛矩阵的性质定义辛矩阵。

首先给出一个可以与 S 相乘的 $2n \times 2n$ 矩阵（S 本身就是 $2n \times 2n$ 矩阵）

$$J = \begin{bmatrix} 0 & I_n \\ -I_n & 0 \end{bmatrix}, \text{或} J = \begin{bmatrix} 0 & -I_n \\ I_n & 0 \end{bmatrix}$$

如果 S 满足

$$S^T J S = J \quad (8-61)$$

则 S 是**辛矩阵**。这是辛矩阵的一个性质。

将 (8-60) 代入 (8-61)，可以验证 S 是辛矩阵。关于辛矩阵有一个重要结论：**如果 λ 是辛矩阵 S 的特征值，则 $1/\lambda$ 也是辛矩阵 S 的特征值**。也就是说，辛矩阵 S 的特征值是以互为倒数的数对出现的。这样特征值可以分为两组，一组是大于 1 的，另一组是小于 1 的。

将 (8-59) 写成

$$y_{t+1} = S y_t \quad (8-62)$$

其中，$y_t = \begin{bmatrix} x_t \\ \mu_t \end{bmatrix}, y_{t+1} = \begin{bmatrix} x_{t+1} \\ \mu_{t+1} \end{bmatrix}$。

下面将矩阵 S 化为上三角矩阵。设 U 是复数的方阵，若 $U^* U = UU^* = I$，则 U 为酉矩阵；如果 U 是实方阵，满足 $U^* U = UU^* = I$，则 U 为正交矩阵，此时，有 $U^* = U^T = U^{-1}$，因此，正交矩阵也可以由满足 $U^T U = UU^T = I$ 来确定。其中 U^* 为 U 的共轭转置或伴随矩阵。

根据**舒尔（Schur）定理**，若 A 是复方阵，则存在一个酉矩阵 U 使

$$U^* A U = B \quad (8-63)$$

其中，B 为上三角矩阵，它的主对角线元素是 A 的特征值，这些特征值可以按所要求的顺序排列。若 A 是实方阵，则存在一个正交矩阵 U 使

$$U^T A U = B \tag{8-64}$$

其中，B 为上三角矩阵，它的主对角线元素是 A 的特征值，这些特征值可以按任意的顺序排列。

(8-63)、(8-64) 都可以写成

$$U^{-1} A U = B \tag{8-65}$$

因为，根据 $U^* U = U U^* = I$，$U^{-1} U = I$ 可得，对于酉矩阵 U，有 $U^* = U^{-1}$；根据 $U^T U = U U^T = I$，$U^{-1} U = I$ 可得，对于正交矩阵 U，有 $U^T = U^{-1}$。

(8-65) 意味着 A, B 是相似的同阶矩阵，相似矩阵有相同的特征值。B 为上三角矩阵，则 B 的主对角线元素就是其特征值的集合。运用特征方程 $|\lambda I - B| = 0$ 可以证明这一结论。

令 U 为 $2n$ 阶方阵，利用 (8-65) 将 S 化为上三角矩阵，即

$$U^{-1} S U = W = \begin{bmatrix} W_{11} & W_{12} \\ 0 & W_{22} \end{bmatrix} \tag{8-66}$$

其中 S 或 W 的 $2n$ 个特征值都在 W 的主对角线上，而 W 又是分块矩阵，则 $2n$ 个特征值被包含在 W_{11}, W_{22} 中，W_{11}, W_{22} 都是 n 阶上三角矩阵，它们分别包含的 W 的 n 个特征值也处在 W_{11}, W_{22} 的主对角线上，且分别是 W_{11}, W_{22} 的特征值。这也可以使用特征方程来证明。

既然 W 的 $2n$ 个特征值可以按任意的顺序排列，且根据辛矩阵的性质特征值 λ 与 $1/\lambda$ 成对出现，则可以将 W 的 n 个大于 1 的特征值放在 W_{22} 中成为 W_{22} 的特征值，其余 n 个小于 1 的特征值放在 W_{11} 中成为 W_{11} 的特征值。

将 (8-66) 等式两端左乘 U、右乘 U^{-1}，变为

$$S = U W U^{-1} = U \begin{bmatrix} W_{11} & W_{12} \\ 0 & W_{22} \end{bmatrix} U^{-1}$$

将上式代入 (8-62)，得

$$y_{t+1} = U W U^{-1} y_t = U \begin{bmatrix} W_{11} & W_{12} \\ 0 & W_{22} \end{bmatrix} U^{-1} y_t \tag{8-67}$$

给定任意的初始条件 y_0，对 (8-67) 进行迭代，得

$$y_1 = U \begin{bmatrix} W_{11} & W_{12} \\ 0 & W_{22} \end{bmatrix} U^{-1} y_0$$

$$y_2 = U \begin{bmatrix} W_{11} & W_{12} \\ 0 & W_{22} \end{bmatrix} U^{-1} y_1$$

$$= U \begin{bmatrix} W_{11} & W_{12} \\ 0 & W_{22} \end{bmatrix} U^{-1} U \begin{bmatrix} W_{11} & W_{12} \\ 0 & W_{22} \end{bmatrix} U^{-1} y_0$$

$$= U \begin{bmatrix} W_{11} & W_{12} \\ 0 & W_{22} \end{bmatrix} \begin{bmatrix} W_{11} & W_{12} \\ 0 & W_{22} \end{bmatrix} \cdot U^{-1} y_0$$

$$= U \begin{bmatrix} W_{11}^2 & W_{11}W_{12} + W_{12}W_{22} \\ 0 & W_{22}^2 \end{bmatrix} U^{-1} y_0$$

$$y_3 = U \begin{bmatrix} W_{11} & W_{12} \\ 0 & W_{22} \end{bmatrix} U^{-1} y_2$$

$$= U \begin{bmatrix} W_{11} & W_{12} \\ 0 & W_{22} \end{bmatrix} U^{-1} U \begin{bmatrix} W_{11} & W_{12} \\ 0 & W_{22} \end{bmatrix} U^{-1} y_1$$

$$= U \begin{bmatrix} W_{11} & W_{12} \\ 0 & W_{22} \end{bmatrix} \begin{bmatrix} W_{11}^2 & W_{11}W_{12} + W_{12}W_{22} \\ 0 & W_{22}^2 \end{bmatrix} U^{-1} y_0$$

$$= U \begin{bmatrix} W_{11}^3 & W_{11}^2 W_{12,2} + W_{12} W_{22}^2 \\ 0 & W_{22}^3 \end{bmatrix} U^{-1} y_0$$

(其中 $W_{12,2} = W_{11}W_{12} + W_{12}W_{22}$)

$\vdots$

$$y_{t+1} = U \begin{bmatrix} W_{11} & W_{12} \\ 0 & W_{22} \end{bmatrix} U^{-1} y_t$$

$$= U \begin{bmatrix} W_{11} & W_{12} \\ 0 & W_{22} \end{bmatrix} U^{-1} U \begin{bmatrix} W_{11} & W_{12} \\ 0 & W_{22} \end{bmatrix}^t U^{-1} y_0$$

$$= U \begin{bmatrix} W_{11}^{t+1} & W_{12,t+1} \\ 0 & W_{22}^{t+1} \end{bmatrix} U^{-1} y_0 \tag{8-68}$$

其中 $W_{12,t+1} = W_{11}^t W_{12,t} + W_{12} W_{22}^t$

令 $y_t^* = U^{-1} y_t$，进一步展开为

$$\begin{bmatrix} x_t^* \\ \mu_t^* \end{bmatrix} = \begin{bmatrix} U^{11} & U^{12} \\ U^{21} & U^{22} \end{bmatrix} \begin{bmatrix} x_t \\ \mu_t \end{bmatrix} \tag{8-69}$$

其中，$U^{-1} = \begin{bmatrix} U^{11} & U^{12} \\ U^{21} & U^{22} \end{bmatrix}$。

由 (8-69) 可得

$$\mu_t^* = U^{21}x_t + U^{22}\mu_t \tag{8-70}$$

(8-67) 两端都左乘 U^{-1},利用 $y_t^* = U^{-1}y_t$,(8-67) 可以写成

$$y_{t+1}^* = \begin{bmatrix} W_{11}^{t+1} & W_{12,t+1} \\ 0 & W_{22}^{t+1} \end{bmatrix} y_0^*$$

$$\begin{bmatrix} x_{t+1}^* \\ \mu_{t+1}^* \end{bmatrix} = \begin{bmatrix} W_{11}^{t+1} & W_{12,t+1} \\ 0 & W_{22}^{t+1} \end{bmatrix} \begin{bmatrix} x_0^* \\ \mu_0^* \end{bmatrix}$$

$$x_t^* = W_{11}^t x_0^* + W_{12,t}\mu_0^*$$

$$\mu_t^* = W_{22}^t \mu_0^*$$

由于 W_{22} 的特征值都大于 1,W_{22} 是不稳定的,除了 μ_0^* 的情况外,μ_t^* 是发散的。为了得到稳定性,必须令 $\mu_0^* = 0$,将 $\mu_0^* = 0$ 代入 (8-70),得

$$0 = U^{21}x_0 + U^{22}\mu_0$$

$$\mu_0 = -(U^{22})^{-1}U^{21}x_0$$

$$U^{-1}U = \begin{bmatrix} U^{11} & U^{12} \\ U^{21} & U^{22} \end{bmatrix} \begin{bmatrix} U_{11} & U_{12} \\ U_{21} & U_{22} \end{bmatrix} = I = \begin{bmatrix} I_n & 0 \\ 0 & I_n \end{bmatrix} \tag{8-71}$$

从 (8-71) 中可以看到

$$\begin{bmatrix} U^{21} & U^{22} \end{bmatrix} \begin{bmatrix} U_{11} \\ U_{21} \end{bmatrix} = 0$$

$$U^{21}U_{11} + U^{22}U_{21} = 0$$

$$-U^{21}U_{11} = U^{22}U_{21}$$

上式两端都左乘 $(U^{22})^{-1}$、右乘 $(U_{11})^{-1}$,得

$$-(U^{22})^{-1}U^{21} = U_{21}U_{11}^{-1}$$

将其代入 $\mu_0 = -(U^{22})^{-1}U^{21}x_0$,得

$$\mu_0 = U_{21}U_{11}^{-1}x_0$$

$$\mu_t = U_{21}U_{11}^{-1}x_t \tag{8-72}$$

构造一个以贝尔曼方程为基础的拉格朗日函数:

$$x_t^T P x_t = \max\{x_t^T Q x_t + u_t^T R u_t + x_{t+1}^T P x_{t+1} + 2\mu_{t+1}^T [Ax_t + Bu_t - x_{t+1}]\}$$

上式右端对 u_t, x_{t+1} 求导,得

$$2Ru_t + 2B^T\mu_{t+1} = 0$$

$$2Px_{t+1} - 2\mu_{t+1} = 0$$

整理得

$$Ru_t = -B^T\mu_{t+1}$$

$$Px_{t+1} = \mu_{t+1}$$

利用状态转移方程 $x_{t+1} = Ax_t + Bu_t$，解上式，得

$$u_t^* = -(R + B^TPB)^{-1}B^TPAx_t \tag{8-73}$$

$$\mu_t = Px_t \tag{8-74}$$

综合 (8-72)、(8-74)，可得

$$P = U_{21}U_{11}^{-1} \tag{8-75}$$

(8-75) 就是用拉格朗日函数求解矩阵 P 的公式。(8-73) 则是通过拉格朗日函数得到的最优控制，它与其他方法得到的最优控制是一样的。

附录一：分块矩阵的逆矩阵

分块矩阵是矩阵研究中的一种分析方法，能够将较为复杂的高阶矩阵简化为阶数较少的矩阵，以方便进行矩阵的运算。

分块矩阵：将一个矩阵用若干条横线和若干条竖线分成几个小块矩阵，每一个小块成为一个**子块**，以子块为元素所构成的矩阵称为分块矩阵。

例如：

$$A = \begin{bmatrix} a_{11} & a_{12} & a_{13} & a_{14} \\ a_{21} & a_{22} & a_{23} & a_{24} \\ a_{31} & a_{32} & a_{33} & a_{34} \\ a_{41} & a_{42} & a_{43} & a_{44} \end{bmatrix} = \begin{bmatrix} a_{11} & a_{12} & a_{13} & a_{14} \\ a_{21} & a_{22} & a_{23} & a_{24} \\ \hdashline a_{31} & a_{32} & a_{33} & a_{34} \\ a_{41} & a_{42} & a_{43} & a_{44} \end{bmatrix} = \begin{bmatrix} A_1 & A_2 \\ A_3 & A_4 \end{bmatrix}$$

或者将其分为

$$A = \begin{bmatrix} a_{11} & a_{12} & a_{13} & a_{14} \\ a_{21} & a_{22} & a_{23} & a_{24} \\ a_{31} & a_{32} & a_{33} & a_{34} \\ a_{41} & a_{42} & a_{43} & a_{44} \end{bmatrix} = \begin{bmatrix} a_{11} & a_{12} & a_{13} & a_{14} \\ a_{21} & a_{22} & a_{23} & a_{24} \\ \hdashline a_{31} & a_{32} & a_{33} & a_{34} \\ a_{41} & a_{42} & a_{43} & a_{44} \end{bmatrix} = \begin{bmatrix} A_{11} & A_{12} \\ A_{21} & A_{22} \end{bmatrix}$$

分块之后，并不是每个子块都是可逆的，必须满足矩阵可逆的充要条件，子块才是可逆的。

对于一些形式比较特殊的矩阵，如果直接采用矩阵求逆的方法会比较繁琐，如果采用分块矩阵的形式求逆，则会大大简化矩阵求逆的过程。

求分块矩阵的逆矩阵有几个公式：

1. 设 $\begin{bmatrix} A & B \\ 0 & C \end{bmatrix}$ 为可逆矩阵，A 是 m 阶可逆矩阵，C 为 n 阶可逆矩阵，B 是 $m \times n$ 矩阵，则 $\begin{bmatrix} A & B \\ 0 & C \end{bmatrix}$ 的逆矩阵为

$$\begin{bmatrix} A & B \\ 0 & C \end{bmatrix}^{-1} = \begin{bmatrix} A^{-1} & -A^{-1}BC^{-1} \\ 0 & C^{-1} \end{bmatrix} \tag{1}$$

2. **求逆矩阵的一般公式：**

设 $A = \begin{bmatrix} A_{11} & A_{12} \\ A_{21} & A_{22} \end{bmatrix}$，其中 A_{11}，A_{22} 为方阵，A_{11} 是 $n_1 \times n_1$ 矩阵，A_{12} 是 $n_1 \times n_2$ 矩阵，A_{21} 是 $n_2 \times n_1$ 矩阵，A_{22} 是 $n_2 \times n_2$ 矩阵，则

$$A^{-1} = \begin{bmatrix} A_{11} & A_{12} \\ A_{21} & A_{22} \end{bmatrix}^{-1} = \begin{bmatrix} B_{11} & B_{12} \\ B_{21} & B_{22} \end{bmatrix} \tag{2}$$

其中

$$B_{22} = (A_{22} - A_{21}A_{11}^{-1}A_{12})^{-1}$$
$$B_{12} = -A_{11}^{-1}A_{12}B_{22} = -A_{11}^{-1}A_{12}(A_{22} - A_{21}A_{11}^{-1}A_{12})^{-1}$$
$$B_{21} = -B_{22}A_{21}A_{11}^{-1} = -(A_{22} - A_{21}A_{11}^{-1}A_{12})^{-1}A_{21}A_{11}^{-1}$$
$$B_{11} = A_{11}^{-1} - B_{21}A_{21}A_{11}^{-1} = A_{11}^{-1} + A_{11}^{-1}A_{12}(A_{22} - A_{21}A_{11}^{-1}A_{12})^{-1}A_{21}A_{11}^{-1}$$

另外两个求逆矩阵的公式为

$$(A_{11} - A_{12}A_{22}^{-1}A_{21})^{-1}A_{12}A_{22}^{-1} = -A_{11}^{-1}A_{12}(A_{22} - A_{21}A_{11}^{-1}A_{12})^{-1} \tag{3}$$

$$(A_{11} - A_{12}A_{22}^{-1}A_{21})^{-1} = A_{11}^{-1} + A_{11}^{-1}A_{12}(A_{22} - A_{21}A_{11}^{-1}A_{12})^{-1}A_{21}A_{11}^{-1} \tag{4}$$

（2）是求逆矩阵的一般公式，（1）是它的特殊情形，将（1）中的原分块矩阵代入（2）可以验证这一点。

附录二：矩阵和向量的求导

矩阵与向量的求导在控制论尤其是线性二次型动态最优化以及计量经济学中都有应用。

（一）对向量的导数

1. 如果适当维数的矩阵 A 和向量 z 与向量 x 无关，则 $x^T A z$ 对 x 的导数为

$$\frac{\partial x^T A z}{\partial x} = \frac{\partial x^T}{\partial x} A z = A z \tag{1}$$

这里 A 和 z 与向量 x 无关非常重要,如果 A 和 z 是 x 的函数,则上述求导就变成乘法的求导。以下只要求导公式成立,就意味着这类关系存在,不再一一强调。而且假定向量与矩阵维数是适当的。

2. 类似的,$z^T A x$ 对 x 的导数为

$$\frac{\partial z^T A x}{\partial x} = \frac{\partial x^T A^T z}{\partial x} = A^T z \tag{2}$$

3. 二次型 $x^T A x$ 对 x 的导数为

$$\frac{\partial x^T A x}{\partial x} = A x + A^T x \tag{3}$$

如果 A 为对称矩阵,有 $A = A^T$,则

$$\frac{\partial x^T A x}{\partial x} = A x + A^T x = 2 A x \tag{4}$$

4. $x^T A x$ 对 x 的二阶导数为

$$\frac{\partial^2 (x^T A x)}{\partial x \partial x^T} = A + A^T \tag{5}$$

5. a 是常数列向量,则 $a^T x$ 对 x 的导数为

$$\frac{\partial a^T x}{\partial x} = a \tag{6}$$

同理,$x^T a$ 对 x 的导数为

$$\frac{\partial x^T a}{\partial x} = a \tag{7}$$

6. $x^T A$ 对 x 的导数为

$$\frac{\partial x^T A}{\partial x} = A \tag{8}$$

7. m 为常数列向量,B 为对称矩阵,则 $(m - A x)^T B (m - A x)$ 对 x 的导数为

$$\frac{\partial (m - A x)^T B (m - A x)}{\partial x} = -2 A^T B (m - A x) \tag{9}$$

8. m 为常数,m 对 x 的导数为

$$\frac{\partial m}{\partial x} = 0 \tag{10}$$

(二)对矩阵的导数

1. m 为常数,m 对 $k \times s$ 阶矩阵 A 的导数为

$$\frac{\partial m}{\partial A} = 0_{k \times s} \tag{11}$$

2. 二次型 $x^T A x$ 对矩阵 A 的导数为

$$\frac{\partial x^T A x}{\partial A} = xx^T \tag{12}$$

3. $x^T A z$ 对矩阵 A 的导数为

$$\frac{\partial x^T A z}{\partial A} = xz^T \tag{13}$$

4. $x^T A^T A x$ 对矩阵 A 的导数为

$$\frac{\partial x^T A^T A x}{\partial A} = 2 A x x^T \tag{14}$$

5. $x^T A^T A y$ 对矩阵 A 的导数为

$$\frac{\partial x^T A^T A y}{\partial A} = A(xy^T + yx^T) \tag{15}$$

$x^T A A^T y$ 对矩阵 A 的导数为

$$\frac{\partial x^T A A^T y}{\partial A} = (xy^T + yx^T) A \tag{16}$$

6. $(Ax - y)^T (Ax - y)$ 对矩阵 A 的导数为

$$\frac{\partial (Ax - y)^T (Ax - y)}{\partial A} = 2(Ax - y)x^T \tag{17}$$

附录三：矩阵的迹函数求导

方阵 A 的对角元素之和称为该矩阵的迹。记为 $\text{tr}(A)$。

关于矩阵的迹求导有如下公式：

1. 如果 A 是 $n \times n$ 矩阵，则它的迹对 A 的导数为

$$\frac{\partial \text{tr}(A)}{\partial A} = I_{n \times n} \tag{18}$$

2. x, y 为向量，xy^T 为一矩阵，它的迹 $\text{tr}(xy^T)$ 对 x 的导数为

$$\frac{\partial \text{tr}(xy^T)}{\partial x} = \frac{\partial \text{tr}(yx^T)}{\partial x} = y \tag{19}$$

3. A, B 是两个适当阶数的矩阵，$\text{tr}(AB)$ 对 A 的导数为

$$\frac{\partial \text{tr}(AB)}{\partial A} = \frac{\partial \text{tr}(BA)}{\partial A} = B^T \tag{20}$$

4. A, B 都是 $m \times n$ 阶的矩阵，$\text{tr}(A^T B)$ 对 A 的导数为

$$\frac{\partial \text{tr}(A^T B)}{\partial A} = \frac{\partial \text{tr}(BA^T)}{\partial A} = B \tag{21}$$

5. A 是适当阶数的矩阵，$\text{tr}(AA^T)$ 对 A 的导数为

$$\frac{\partial \text{tr}(AA^T)}{\partial A} = \frac{\partial \text{tr}(A^TA)}{\partial A} = 2A \tag{22}$$

6. A 是 $m \times n$ 阶的矩阵，B 是 $m \times m$ 阶的矩阵，tr(A^TBA) 对 A 的导数为

$$\frac{\partial \text{tr}(A^TBA)}{\partial A} = (B + B^T)A \tag{23}$$

当 B 是对称矩阵时，上式为

$$\frac{\partial \text{tr}(A^TBA)}{\partial A} = 2BA \tag{24}$$

7. A 是 $m \times n$ 阶的矩阵，B 是 $n \times n$ 阶的矩阵，tr(ABA^T) 对 A 的导数为

$$\frac{\partial \text{tr}(ABA^T)}{\partial A} = A(B + B^T) \tag{25}$$

当 B 是对称矩阵时，上式为

$$\frac{\partial \text{tr}(ABA^T)}{\partial A} = 2AB \tag{26}$$

此外，还有一个矩阵迹函数的公式：二次型函数是一个函数，因此，可以看成是 1×1 矩阵，该矩阵的迹等于这个函数自身，即

$$x^TAx = \text{tr}(x^TAx) = \text{tr}(Axx^T) \tag{27}$$

第九章

卡尔曼滤波与随机线性二次型问题

第八章介绍的是确定性的线性状态调节器问题,本章进一步介绍随机线性状态调节器问题。随机线性状态调节器问题分为两种情形,一种是系统的状态信息是完全的,即系统的状态 x_t 完全能够得到;另一种是系统的状态信息不完全,系统的状态 x_t 不能完全得到。

第一节只涉及第一种情形,所考察的系统仍然是离散系统,离散系统相对简单,更重要的是它是经济学钟爱的情形。我们会发现,如果状态信息完全,随机线性状态调节器与确定性线性状态调节器有相同的控制,即得到所谓的"确定性等价原理"。

第二、三、四节是最优估计和预测理论,它是针对系统信息不完全而选择的内容,系统信息不能直接表现出来而由其他变量表现且含有噪音时,必须使用最优估计过滤出系统的"真实信息",在此基础上,第五节求解状态信息不完全下的随机线性二次型。本章中的上角标"T"都表示矩阵的转置,如 A^T 表示 A 的转置。

第九章 卡尔曼滤波与随机线性二次型问题

第一节
状态信息完全的随机线性状态调节器

一、随机线性状态调节器的极大化问题

系统状态信息完全是指,尽管系统状态转移方程(9-1)中存在"模型噪声"ω_{t+1},系统状态x_t还是可以直接观察到,这样就不需要前面所谓的输出方程或测量方程,系统只由系统状态转移方程来描述,但更重要的是,因可以得到系统状态的全部信息,**不需要对系统状态进行估计,可以直接进行最优化分析**。

设线性定常系统的状态方程为

$$x_{t+1} = Ax_t + Bu_t + \omega_{t+1}, x_0 \text{给定} \tag{9-1}$$

该系统具有二次型目标函数

$$J = E_0 \sum_{t=0}^{\infty} \beta^t [x_t^T Q x_t + u_t^T R u_t], 0 < \beta < 1 \tag{9-2}$$

其中ω_{t+1}为"模型噪声",是高斯白噪声,是一个n维独立同分布的随机向量,其均值$E(\omega_{t+1}) = 0$,方差矩阵为$E(\omega_{t+1}\omega_{t+1}^T) = H$;$A,B$分别为$n \times n$与$n \times m$维常数矩阵,目标函数中$Q$为$n \times n$维半负定对称常数矩阵,$R$为$m \times m$维负定对称常数矩阵;$x_t$为$n$维状态向量,$u_t$为$m$维控制向量。控制向量$u_t$不受约束,因此,最优化条件为函数对控制向量$u_t$的一阶偏导数等于零。$\beta$为期限一年的贴现因子,若$\rho$为贴现率,则$t$年的贴现因子$\beta^t = [1/(1+\rho)]^t$,$\beta$是常数。$E_0$表示条件期望。

该问题为:在状态方程(9-1)的约束下,选择最优控制序列$\{u_t\}_{t=0}^{\infty}$使目标函数(9-2)极大化,即

$$\max E_0 \sum_{t=0}^{\infty} \beta^t [x_t^T Q x_t + u_t^T R u_t], 0 < \beta < 1$$

$$s.t. \quad x_{t+1} = Ax_t + Bu_t + \omega_{t+1}, x_0 \text{给定}$$

二、用动态规划解随机线性状态调节器

设目标函数的最优解为

$$J^*(x_t, t) = x_t^T P x_t + m \tag{9-3}$$

则

$$J^*(x_{t+1}, t+1) = x_{t+1}^T P x_{t+1} + m \tag{9-4}$$

其中 P 是对称半负定常数矩阵，m, P 都是待定项，在下面通过待定系数法求得。

用动态规划解该问题的贝尔曼方程为

$$J^*(x_t, t) = \max_u \{ x_t^T Q x_t + u_t^T R u_t + \beta E_t [J^*(x_{t+1}, t+1)] \}$$

$$J^*(x_t, t) = \max_u \{ x_t^T Q x_t + u_t^T R u_t + \beta E_t [x_{t+1}^T P x_{t+1}] + \beta m \}$$

将（9-1）代入上式，得

$$\begin{aligned} J^*(x_t, t) &= \max_u \{ x_t^T Q x_t + u_t^T R u_t \\ &\quad + \beta E_t [(A x_t + B u_t + \omega_{t+1})^T P (A x_t + B u_t + \omega_{t+1})] + \beta m \} \\ &= \max_u \{ x_t^T Q x_t + u_t^T R u_t + \beta E_t [x_t^T A^T P A x_t + x_t^T A^T P \omega_{t+1} \\ &\quad + u_t^T B^T P \omega_{t+1} + \omega_{t+1}^T P B u_t + u_t^T B^T P A x_t + x_t^T A^T P B u_t \\ &\quad + u_t^T B^T P B u_t + \omega_{t+1}^T P A x_t + \omega_{t+1}^T P \omega_{t+1}] + \beta m \} \\ &= \max_u \{ x_t^T Q x_t + u_t^T R u_t + \beta x_t^T A^T P A x_t + 2\beta x_t^T A^T P B u_t \\ &\quad + \beta u_t^T B^T P B u_t + \beta E_t (\omega_{t+1}^T P \omega_{t+1}) + \beta m \} \end{aligned} \tag{9-5}$$

其中第一步到第二步的展开、整理与贴现的线性状态调节器相似，可以参考那一节的推导；第二步到第三步主要是计算中括号内各项的条件期望，诸如 $u_t^T B^T P A x_t, x_t^T A^T P B x_t, u_t^T B^T P B u_t$ 等项在 t 期都是已知的，都是确定的，其条件期望就等于自身。诸如 $\omega_{t+1} P B u_t, u_t^T B^T P \omega_{t+1}$ 等项是一个随机变量与非随机变量的乘积，利用条件期望的性质，这些项的条件期望等于随机变量的条件期望与非随机变量的乘积，而 $E_t \omega_{t+1} = 0$，所以，这些项都为零；$\beta E_t(\omega_{t+1}^T P \omega_{t+1})$ 等于 $\beta \cdot \text{tr}(PH)$，使用了第八章附录三的公式 $x^T A x = \text{tr}(x^T A x) = \text{tr}(A x x^T)$。

需要特别强调的是 ω_{t+1} 的条件期望、条件方差。按模型设定需求的都是 ω_{t+1} 的条件期望、条件方差，它们的定义为

$$E_t(\omega_{t+1}) = E(\omega_{t+1} | x_t, u_t)$$

第九章 卡尔曼滤波与随机线性二次型问题

$$E_t(\omega_{t+1}\omega_{t+1}^T) = E(\omega_{t+1}\omega_{t+1}^T \mid x_t, u_t)$$

但是，ω_{t+1} 与 x_t, u_t 是相互独立的，这导致 ω_{t+1} 的条件期望等于期望、条件方差等于方差，即

$$E_t(\omega_{t+1}) = E(\omega_{t+1} \mid x_t, u_t) = E(\omega_{t+1}) = 0$$

$$E_t(\omega_{t+1}\omega_{t+1}^T) = E(\omega_{t+1}\omega_{t+1}^T \mid x_t, u_t) = E(\omega_{t+1}\omega_{t+1}^T) = H$$

如果有影响，那也是 ω_{t+1} 通过状态转移方程对 x_{t+1} 有影响，反过来，x_t, u_t 序列对 ω_{t+1} 序列根本没有影响。

(9-5) 右端极大化的一阶条件为：

$$\frac{\partial \{x_t^T Q x_t + u_t^{*T} R u_t^* + \beta x_t^T A^T P A x_t + 2\beta x_t^T A^T P B u_t^*\}}{\partial u_t}$$

$$+ \frac{\partial [\beta u_t^{*T} B^T P B u_t^* + \beta E_t(\omega_{t+1}^T P \omega_{t+1}) + \beta m]}{\partial u_t} = 0$$

$$\frac{\partial u_t^{*T} R u_t^*}{\partial u_t} + \frac{\partial 2\beta u_t^{*T} B^T P A x_t}{\partial u_t} + \frac{\partial \beta u_t^{*T} B^T P B u_t^*}{\partial u_t} = 0$$

$$(R + R^T) u_t^* + 2\beta B^T P A x_t + \beta [B^T P B + (B^T P B)^T] u_t^* = 0$$

$$2 R u_t^* + 2\beta B^T P A x_t + 2\beta B^T P B u_t^* = 0$$

$$(R + \beta B^T P B) u_t^* = -\beta B^T P A x_t$$

$$u_t^* = -\beta (R + \beta B^T P B)^{-1} B^T P A x_t \tag{9-6}$$

即 $u_t^* = -K x_t$，其中反馈增益矩阵为

$$K = \beta (R + \beta B^T P B)^{-1} B^T P A \tag{9-7}$$

将 (9-6)、(9-3) 代入 (9-5)，因 (9-6) 是最优解，代入 (9-5) 后该式就得到极大值，所以，式子前面的 "max" 可以去掉，得

$$x_t^T P x_t + m = x_t^T Q x_t + [\beta (R + \beta B^T P B)^{-1} B^T P A x_t]^T R \beta (R + \beta B^T P B)^{-1}$$

$$\times B^T P A x_t + \beta x_t^T A^T P A x_t - 2\beta^2 x_t^T A^T P B (R + \beta B^T P B)^{-1} B^T P A x_t$$

$$+ \beta \cdot \beta [(R + \beta B^T P B)^{-1} B^T P A x_t]^T B^T P B \beta [(R$$

$$+ \beta B^T P B)^{-1} B^T P A x_t] + \beta E(\omega_{t+1}^T P \omega_{t+1}) + \beta m$$

$$= x_t^T Q x_t + \beta^2 x_t^T A^T P B (R + \beta B^T P B)^{-1} (R + \beta B^T P B) (R$$

$$+ \beta B^T P B)^{-1} B^T P A x_t + \beta x_t^T A^T P A x_t - 2\beta^2 x_t^T A^T P B (R$$

$$+ \beta B^T P B)^{-1} B^T P A x_t + \beta E(\omega_{t+1}^T P \omega_{t+1}) + \beta m$$

$$= x_t^T Q x_t - \beta^2 x_t^T A^T P B (R + \beta B^T P B)^{-1} B^T P A x_t$$

$$+ \beta x_t^T A^T P A x_t + \beta E(\omega_{t+1}^T P \omega_{t+1}) + \beta m$$

$$= x_t^T[Q + \beta A^T PA - \beta^2 A^T PB(R + \beta B^T PB)^{-1} B^T PA]x_t$$
$$+ \beta E(\omega_{t+1}^T P\omega_{t+1}) + \beta m \tag{9-8}$$

方程 (9-8) 两端对应的项相等, 得

$$P = Q + \beta A^T PA - \beta^2 A^T PB(R + \beta B^T PB)^{-1} B^T PA \tag{9-9}$$
$$m = \beta E(\omega_{t+1}^T P\omega_{t+1}) + \beta m$$
$$m = \frac{\beta}{1-\beta} E(\omega_{t+1}^T P\omega_{t+1})$$
$$= \frac{\beta}{1-\beta} \text{tr}(PH) \tag{9-10}$$

其中 tr(PH) 表示矩阵 PH 的迹。这一步推导使用的是二次型的期望值的计算公式

$$E(\omega^T P\omega) = \mu^T P\mu + \text{tr}[PE(\omega - \mu)(\omega - \mu)^T]$$

其中 $E(\omega) = \mu$。当 $\mu = 0$ 时,上式变为

$$E(\omega^T P\omega) = \text{tr}[PE(\omega\omega^T)]$$

如果是**有限时间系统**,黎卡提差分方程为

$$P_t = Q + \beta A^T P_{t+1}A - \beta^2 A^T P_{t+1}B(R + \beta B^T P_{t+1}B)^{-1} B^T P_{t+1}A$$

(9-10) 变为

$$m_t = \beta m_{t+1} + \beta \text{tr}(P_{t+1}H)$$

三、确定性等价原理

1. 从上面的分析可以看到,随机线性状态调节器的最优控制 (9-6) 与非随机线性状态调节器的最优控制 (8-39) 是完全一样的。相应的反馈增益矩阵、黎卡提代数方程也完全相同。随机系统的最优决策规则 (9-6) 是独立于模型噪声的。这就是**确定性等价原理**。

2. 确定性等价原理并不是随机动态最优化的一般特征,而是**最优线性状态调节器的特殊性质**。这种特殊性来自于二次目标函数、线性状态转移方程和高斯白噪声的均值等于零的性质。

3. 噪声不利于目标函数最优值的实现。噪声使最优控制实现的目标函数最优值与确定性情形相比最优程度更差了: 在求极小值时,使目标函数最优值变大了; 在求极大值时,使目标函数最优值变小了。总之,噪声对目标函数最优值实现的影响是负面的。读者可以自己验证这一结论,或参考相关的文献,如胡寿松等 (2005) 第 302~304 页、319~321 页。

第二节
线性最小方差估计与投影理论

从本节开始考察随机线性状态调节器的第二种情形：系统状态信息不完全的随机线性状态调节器。这种情况下首先要做系统状态估计，从含有噪声的系统中估计出系统的"真实"状态，在此基础上再求最优控制。本节介绍线性最小方差估计与投影理论，这是进行状态估计的基础，为下一节的卡尔曼滤波和卡尔曼预测做准备。

一、随机向量的正交、不相关和相互独立

（一）相关矩阵与协方差矩阵

设有两个随机向量
$x = (x_1, x_2, \cdots, x_n)^T$，$y = (y_1, y_2, \cdots, y_n)^T$，可以有如下几个定义：

1. 随机向量的自相关矩阵

$$E(xx^T) = E\left\{\begin{bmatrix} x_1 \\ x_2 \\ \vdots \\ x_n \end{bmatrix} \begin{bmatrix} x_1 & x_2 & \cdots & x_n \end{bmatrix}\right\}$$

$$= \begin{bmatrix} E(x_1x_1) & E(x_1x_2) & \cdots & E(x_1x_n) \\ E(x_2x_1) & E(x_2x_2) & \cdots & E(x_2x_n) \\ \vdots & \vdots & \vdots & \vdots \\ E(x_nx_1) & E(x_nx_2) & \cdots & E(x_nx_n) \end{bmatrix}$$

$$= \begin{bmatrix} r_{11} & r_{12} & \cdots & r_{1n} \\ r_{21} & r_{22} & \cdots & r_{2n} \\ \vdots & \vdots & \vdots & \vdots \\ r_{n1} & r_{n2} & \cdots & r_{nn} \end{bmatrix}$$

其中

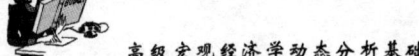

$$E(x_i x_j) = \int_{-\infty}^{\infty}\int_{-\infty}^{\infty} x_i x_j p(x_i, x_j)\, dx_i dx_j$$

2. 随机向量的自协方差矩阵

$$E[(x-\mu)(x-\mu)^T]$$

$$= E\left\{\begin{bmatrix} x_1 - \mu_1 \\ x_2 - \mu_2 \\ \vdots \\ x_n - \mu_n \end{bmatrix}[x_1 - \mu_1 \quad x_2 - \mu_2 \quad \cdots \quad x_n - \mu_n]\right\}$$

$$= \begin{bmatrix} c_{11} & c_{12} & \cdots & c_{1n} \\ c_{21} & c_{22} & \cdots & c_{2n} \\ \vdots & \vdots & \vdots & \vdots \\ c_{n1} & c_{n2} & \cdots & c_{nn} \end{bmatrix}$$

其中

$$E[(x_i - \mu_i)(x_j - \mu_j)] = \int_{-\infty}^{\infty}\int_{-\infty}^{\infty}(x_i - \mu_i)(x_j - \mu_j) f_{x_i, x_j}(x_i, x_j)\, dx_i, dx_j$$

3. 随机向量的互相关矩阵

$$E(xy^T) = E\left\{\begin{bmatrix} x_1 \\ x_2 \\ \vdots \\ x_n \end{bmatrix}[y_1 \quad y_2 \quad \cdots \quad y_n]\right\}$$

$$= \begin{bmatrix} E(x_1 y_1) & E(x_1 y_2) & \cdots & E(x_1 y_n) \\ E(x_2 y_1) & E(x_2 y_2) & \cdots & E(x_2 y_n) \\ \vdots & \vdots & \vdots & \vdots \\ E(x_n y_1) & E(x_n y_2) & \cdots & E(x_n y_n) \end{bmatrix}$$

其中

$$E(x_i y_j) = \int_{-\infty}^{\infty}\int_{-\infty}^{\infty} x_i y_j p(x_i, y_j)\, dx_i dy_j$$

4. 随机向量的互协方差矩阵

$$E[(x-\mu)(y-\eta)^T] = E\left\{\begin{bmatrix} x_1 - \mu_1 \\ x_2 - \mu_2 \\ \vdots \\ x_n - \mu_n \end{bmatrix}[y_1 - \eta_1 \quad y_2 - \eta_2 \quad \cdots \quad y_n - \eta_n]\right\}$$

$$= \begin{bmatrix} c_{x_1 y_1} & c_{x_1 y_2} & \cdots & c_{x_1 y_n} \\ c_{x_2 y_1} & c_{x_2 y_2} & \cdots & c_{x_2 y_n} \\ \vdots & \vdots & \vdots & \vdots \\ c_{x_n y_1} & c_{x_n y_2} & \cdots & c_{x_n y_n} \end{bmatrix}$$

其中

$$c_{x_i y_j} = E[(x_i - \mu_i)(y_j - \eta_j)]$$
$$= \int_{-\infty}^{\infty} \int_{-\infty}^{\infty} (x_i - \mu_i)(y_j - \eta_j) f_{x_i, y_j}(x_i, y_j) \, dx_i dy_j$$

μ 为 x 的均值，η 为 y 的均值。

(二) 随机向量的正交、不相关和相互独立

1. 随机向量正交：如果两个随机向量的互相关矩阵为零，即

$$E(xy^T) = 0$$

则称 x 与 y 正交。

注意：两个非随机向量正交只是两者内积为零（$x^T y = 0$），而两个随机向量正交则是两者的互相关矩阵为零，即 $E(xy^T) = 0$。

2. 随机向量不相关：如果两个随机向量的互协方差矩阵为零，即

$$\text{cov}(x, y) = 0$$

则称两个随机向量不相关。随机向量不相关有几个等价的条件

$$\text{cov}(x, y) = 0$$
$$\rho_{xy} = 0 \,（相关系数）$$
$$E(xy^T) = Ex \cdot Ey^T$$

3. 随机向量相互独立：如果两个随机向量 x 与 y 的联合分布函数满足

$$P\{x_1 \leq a_1, x_2 \leq a_2, \cdots, x_n \leq a_n; y_1 \leq b_1, y_2 \leq b_2, \cdots, y_m \leq b_m\}$$
$$= P_x\{x_1 \leq a_1, x_2 \leq a_2, \cdots, x_n \leq a_n\} \cdot P_y\{y_1 \leq b_1, y_2 \leq b_2, \cdots, y_m \leq b_m\}$$

则称随机向量 x 与 y 相互独立。

随机向量的正交、不相关、相互独立之间存在如下关系：

（1）如果随机向量 x 与 y 的均值至少有一个为零，则随机向量的不相关与随机向量的正交等价。

（2）如果随机向量 x 与 y 相互独立，则 x 与 y 一定不相关，而其逆命题一般不成立，但当随机向量 x 与 y 服从联合正态分布时，x 与 y 不相关就意味着两者相互独立。

（3）如果随机向量 x 与 y 服从联合正态分布，且至少有一个均值为零，则

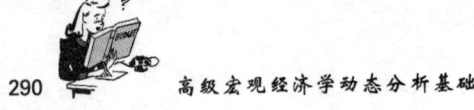

x 与 y 不相关、相互独立、正交等价。

二、最优估计与最小方差估计

（一）状态信息不完全需要对状态作最优估计

前面研究的是系统状态信息完全的情形，在那里可以得到系统状态的真实信息，不需要对系统状态信息进行任何形式的估计，就可以直接进行动态最优规划。现在考虑系统状态信息不完全的情形。

这种情形下系统本身就存在着随机干扰即前面所谓的模型噪声 ω_{t+1}，并且系统状态 x_t 不能直接表现出来，需要进行测量并以测量变量 y_t 表现出来，这就需要一个类似（9-1）那样的输出方程，不仅如此，在测量时还存在测量噪声，这样就存在两种噪声——模型噪声和测量噪声。

面对这种系统，如果直接进行最优控制，效果不会太好，因为所施行的控制是在得不到系统状态的准确信息条件下选择的，或者说是在错误的信息基础上选择的控制。对状态信息不完全的系统，要进行最优控制，首先就要从含有两种噪声的系统中分离出真正的系统状态（信息），这就要对系统状态进行估计，然后根据估计出来的较为接近真实的系统状态信息，选择最优控制。状态估计是状态信息不完全下随机系统动态最优化的必不可少的内容。

（二）最优估计的一些概念

下面是有关最优估计的几个基础性概念：

1. **估计**：在系统状态 x 不能直接表现出来且有噪音的情况下，根据测量结果 y 来估计系统状态，表现为系统状态估计 $\hat{x}$ 是测量结果 y 的函数，就是对系统状态 x 的估计，记为 $\hat{x}$。

2. **线性估计**：在上述估计中，如果 $\hat{x}$ 是 y 的线性函数，则 $\hat{x}$ 称作 x 的线性估计。显然，如果 $\hat{x}$ 是 y 的非线性函数，则 $\hat{x}$ 称作 x 的**非线性估计**。

3. **最小方差估计**：令系统状态估计 $\hat{x}$ 是测量结果 y 的函数 $\hat{x} = \hat{x}(y)$，如果对系统状态的估计 $\hat{x} = \hat{x}(y)$ 满足

$$J = \min E[(x - \hat{x})^T (x - \hat{x})]$$

则 $\hat{x} = \hat{x}(y)$ 为最小方差估计。注意：$\hat{x}$ 与 y 的函数关系没有限定，只要估计时使用的函数 $\hat{x} = \hat{x}(y)$ 使估计的均方误差最小就可以。

4. **线性最小二乘估计**：上述线性估计若以测量估计 $\hat{y}$ 的误差的平方和达到最小为最优估计的指标，即

第九章 卡尔曼滤波与随机线性二次型问题

$$J = \min[(y - \hat{y})^T(y - \hat{y})]$$

则 $\hat{x}$ 称作 x 的线性最小二乘估计。线性最小二乘估计只能估计确定性常量,无法估计随机变量。估计随机变量就要用线性最小方差估计。

5. 线性最小方差估计:上述线性估计若以状态估计 $\hat{x}$ 的估计误差方差达到最小为最优估计的指标,即

$$J = \min E[(x - \hat{x})^T(x - \hat{x})]$$

则 $\hat{x}$ 称作 x 的线性最小方差估计。其中 $\hat{x}$ 是 y 的线性函数。

6. 估计的另一种分类:状态估计根据在时间区间 (t_0, t) 内的测量值来估计系统在 t_1 时刻状态,具体分三种情况,它取决于 t_1 与 t 的关系。如果 $t_1 = t$,即对当前状态进行估计,称为**滤波**;如果 $t_1 > t$,即对系统未来状态进行估计,称为**预测**;如果 $t_1 < t$,即对系统过去的状态进行估计,称为**平滑**。这里要涉及滤波和预测,主要介绍卡尔曼滤波和卡尔曼预测,类型也是离散系统。

(三)最小方差估计的性质

1. 最小方差估计等于测量变量为某一具体实现值时的条件期望,即

$$\hat{x}(y) = E(x|y)$$

这一性质的证明较为复杂,故略去,有兴趣的读者可以参阅秦永元等(1998,第 12 页)。

与此相关的是,当状态变量 x 和输出变量 y 是具有联合正态分布的随机变量时,x 关于 y 的条件期望 $E(x|y)$ 是 y 的线性函数,因此,对 x 的最优估计就是 y 的线性函数。

2. 最小方差估计是无偏估计,即

$$E\hat{x} = Ex$$

3. 最小方差估计的均方误差最小。

三、线性最小方差估计

假定状态估计 $\hat{x}$ 是 y 的线性函数

$$\hat{x} = a + By \qquad (9-11)$$

其中 $x \in \mathbb{R}^n$ 为系统状态向量,$y \in \mathbb{R}^m$ 为输出(或测量)向量,$a \in \mathbb{R}^n$ 为非随机向量,$B \in \mathbb{R}^{n \times m}$ 为非随机矩阵。

令 $\tilde{x} = x - \hat{x}$,选择 a,B 使下列平均二次最优估计指标

$$J(\tilde{x}) = E[(x - \hat{x})^T(x - \hat{x})] \quad (9-12)$$

达到最小，则此时得到的线性最优估计 $\hat{x}$ 就是随机变量 x 的线性最小方差估计。其中 E 表示数学期望，"二次"指方差 $E[(x - \hat{x})^T(x - \hat{x})]$；"平均"的含义是随机向量 x 的各分量 x^i，$i = 1, 2, \cdots, n$ 离差平方和的期望（即各分量方差之和）。

下面推导使平均二次最优估计指标 (9-12) 最小的 a，B。

将 (9-11) 代入 (9-12)，得

$$J(\tilde{x}) = E[(x - a - By)^T(x - a - By)] \quad (9-13)$$

上式对 a 求导，a 使 (9-13) 最优化的一阶条件为

$$\frac{\partial J(\tilde{x})}{\partial a} = \frac{\partial E[(x - a - By)^T(x - a - By)]}{\partial a} = 0$$

$$\frac{E\partial[(x - a - By)^T(x - a - By)]}{\partial a} = 0$$

$$E\left\{\frac{\partial(x - a - By)^T}{\partial(x - a - By)}\frac{\partial(x - a - By)}{\partial a}(x - a - By)\right.$$

$$\left. + \frac{\partial(x - a - By)^T}{\partial(x - a - By)}\frac{\partial(x - a - By)}{\partial a}[(x - a - By)^T]^T\right\} = 0$$

$$E\{-(x - a - By) - (x - a - By)\} = 0$$

$$-2E(x - a - By) = 0$$

注：(1) 第二行使用的是"期望的导数等于导数的期望"原理；

(2) 第三行使用的是

$$\frac{db^T c}{dx} = \frac{db^T}{dx}c + \frac{dc^T}{dx}b$$

其中，$b(x)$，$c(x)$ 为 n 维列向量函数，并且应用时是复合函数的求导；

(3) 第四行使用的是

$$\frac{dz^T}{dz} = I，得到\frac{\partial(x - a - By)^T}{\partial(x - a - By)} = I;$$

$$[(x - a - By)^T]^T = (x - a - By);$$

(4) 第五行 $-E2(x - a - By) = -2E(x - a - By)$

由 $-2E(x - a - By) = 0$ 得

$$a = Ex - BEy \quad (9-14)$$

定义方差矩阵和协方差矩阵为

$$P_{xx} = E[(x - Ex)(x - Ex)^T] \quad (9-15)$$

$$P_{xy} = E[(x - Ex)(y - Ey)^T] \quad (9-16)$$

第九章 卡尔曼滤波与随机线性二次型问题

注意： 方差矩阵必须写成 $E[(x-Ex)(x-Ex)^T]$，如果写成 $E[(x-Ex)^T(x-Ex)]$，则变成了前面的 x 的各分量 x^i，$i=1,2,\cdots,n$ 方差之和。因为

$$x = (x^1, x^2, \cdots, x^n)^T = \begin{pmatrix} x^1 \\ x^2 \\ \vdots \\ x^n \end{pmatrix}, \quad y = (y^1, y^2, \cdots, y^m)^T = \begin{pmatrix} y^1 \\ y^2 \\ \vdots \\ y^m \end{pmatrix}$$

协方差矩阵 (9-16) 的定义为

$$E[(x-Ex)(y-Ey)^T]$$

$$= \begin{bmatrix} \text{cov}(x^1, y^1) & \text{cov}(x^1, y^2) & \cdots & \text{cov}(x^1, y^m) \\ \text{cov}(x^2, y^1) & \text{cov}(x^2, y^2) & \cdots & \text{cov}(x^2, y^m) \\ \vdots & \vdots & \vdots & \vdots \\ \text{cov}(x^n, y^1) & \text{cov}(x^n, y^2) & \cdots & \text{cov}(x^n, y^m) \end{bmatrix}$$

$$P_{yx}^T = \begin{bmatrix} \text{cov}(y^1, x^1) & \text{cov}(y^1, x^2) & \cdots & \text{cov}(y^1, x^n) \\ \text{cov}(y^2, x^1) & \text{cov}(y^2, x^2) & \cdots & \text{cov}(y^2, x^n) \\ \vdots & \vdots & \vdots & \vdots \\ \text{cov}(y^m, x^1) & \text{cov}(y^m, x^2) & \cdots & \text{cov}(y^m, x^n) \end{bmatrix}^T$$

$$= \begin{bmatrix} \text{cov}(y^1, x^1) & \text{cov}(y^2, x^1) & \cdots & \text{cov}(y^m, x^1) \\ \text{cov}(y^1, x^2) & \text{cov}(y^2, x^2) & \cdots & \text{cov}(y^m, x^2) \\ \vdots & \vdots & \vdots & \vdots \\ \text{cov}(y^1, x^n) & \text{cov}(y^2, x^n) & \cdots & \text{cov}(y^m, x^n) \end{bmatrix}$$

$$= \begin{bmatrix} \text{cov}(x^1, y^1) & \text{cov}(x^1, y^2) & \cdots & \text{cov}(x^1, y^m) \\ \text{cov}(x^2, y^1) & \text{cov}(x^2, y^2) & \cdots & \text{cov}(x^2, y^m) \\ \vdots & \vdots & \vdots & \vdots \\ \text{cov}(x^n, y^1) & \text{cov}(x^n, y^2) & \cdots & \text{cov}(x^n, y^m) \end{bmatrix}$$

$$= P_{xy} \tag{9-17}$$

第二步到第三步使用了公式 $\text{cov}(x^i, y^j) = \text{cov}(y^j, x^i)$。

(9-14) 代入 (9-13)，并整理得

$$J(\tilde{x}) = E\{[(x-Ex) - B(y-Ey)]^T [(x-Ex) - B(y-Ey)]\}$$

$$= \text{tr} E\{[(x-Ex) - B(y-Ey)][(x-Ex) - B(y-Ey)]^T\}$$

$$= \text{tr} E\{(x-Ex)(x-Ex)^T - B(y-Ey)(x-Ex)^T$$

$$-(x-Ex)(y-Ey)^T B^T + B(y-Ey)(y-Ey)^T B^T\}$$
$$= \text{tr}\{P_{xx} - BP_{yx} - P_{xy}B^T + BP_{yy}B^T\}$$
$$= \text{tr}(P_{xx}) - \text{tr}(BP_{yx}) - \text{tr}(P_{xy}B^T) + \text{tr}(BP_{yy}B^T) \tag{9-18}$$

其中第一个等式是行向量 $[(x-Ex) - B(y-Ey)]^T$ 的分量与列向量 $[(x-Ex) - B(y-Ey)]$ 的对应分量的乘积之和等于第二个等式的矩阵的迹。它是**方差矩阵的迹**。

(9-18) 对 B 求导，B 使 (9-13) 最优化的一阶条件为

$$\frac{\partial J}{\partial B} = \frac{\partial [\text{tr}(P_{xx}) - \text{tr}(BP_{yx}) - \text{tr}(P_{xy}B^T) + \text{tr}(BP_{yy}B^T)]}{\partial B}$$
$$= -\frac{\partial \text{tr}(BP_{yx})}{\partial B} - \frac{\partial \text{tr}(P_{xy}B^T)}{\partial B} + \frac{\partial \text{tr}(BP_{yy}B^T)}{\partial B}$$
$$= -P_{yx}^T - P_{xy} + (P_{yy} + P_{yy}^T)B$$
$$= -2P_{xy} + 2BP_{yy} = 0 \tag{9-19}$$

其中，第三行使用了本书第八章附录三：矩阵的迹函数的求导公式 (18)、(19)、(23)。

由 (9-19) 可得

$$B = P_{xy}P_{yy}^{-1} \tag{9-20}$$

将 (9-14)、(9-20) 代入 (9-11)，得

$$\hat{x} = Ex + P_{xy}P_{yy}^{-1}(y - Ey) \tag{9-21a}$$

该式为用输出（或测量）随机变量 y 对随机变量 x 的**线性最小方差估计公式**。

四、线性最小方差估计的性质

1. **线性最小方差估计是无偏估计**，即

$$E\hat{x} = Ex$$
$$E(x - \hat{x}) = 0$$

将 (9-21a) 两端取期望即可得到此结果。

2. **线性最小方差估计具有最小的均方误差**，其均方误差为

$$\text{var}\tilde{x} = P_{xx} - P_{xy}P_{yy}^{-1}P_{yx}$$

其推导过程如下：

$$\text{var}\tilde{x} = E[(x-\hat{x})(x-\hat{x})^T]$$
$$= E\{[x - Ex - P_{xy}P_{yy}^{-1}(y-Ey)][x - Ex - P_{xy}P_{yy}^{-1}(y-Ey)]^T\}$$

第九章 卡尔曼滤波与随机线性二次型问题

$$= E\{[x - Ex][x - Ex]^T - P_{xy}P_{yy}^{-1}(y - Ey)(x - Ex)^T$$
$$- [x - Ex][P_{xy}P_{yy}^{-1}(y - Ey)]^T + [P_{xy}P_{yy}^{-1}(y - Ey)][P_{xy}P_{yy}^{-1}(y - Ey)]^T\}$$
$$= P_{xx} - P_{xy}P_{yy}^{-1}P_{yx} - E[(x - Ex)(y - Ey)^T(P_{xy}P_{yy}^{-1})^T]$$
$$+ E[P_{xy}P_{yy}^{-1}(y - Ey)(y - Ey)^T(P_{xy}P_{yy}^{-1})^T]$$
$$= P_{xx} - P_{xy}P_{yy}^{-1}P_{yx} - P_{xy}P_{yy}^{-1}P_{yx}^T + P_{xy}P_{yy}^{-1}P_{yy}P_{yy}^{-1}P_{xy}^T$$
$$= P_{xx} - P_{xy}P_{yy}^{-1}P_{yx} - P_{xy}P_{yy}^{-1}P_{yx}^T + P_{xy}P_{yy}^{-1}P_{xy}^T$$
$$= P_{xx} - P_{xy}P_{yy}^{-1}P_{yx}$$

3. 线性最小方差估计具有正交性。 这种正交性反映在随机向量 $x - \hat{x}$ 与 y 正交，即

$$E[(x - \hat{x})y^T] = 0 \qquad (9-22)$$

证明：$E[(x - \hat{x})y^T] = 0$

由于线性最小方差估计是无偏的，即

$$E[(x - \hat{x})] = 0$$

则

$$E[(x - \hat{x})(Ey)^T] = E(x - \hat{x})(Ey)^T = 0 \times (Ey)^T = 0$$
$$E[Ex] = Ex \qquad E[y \cdot Ex] = Ey \cdot Ex$$
$$E[(Ex) \cdot y] = Ex \cdot Ey \qquad E[(Ex) \cdot (Ey)] = Ex \cdot Ey$$

因此，将上式及 (9-21a) 代入 (9-22)，得

$$E[(x - \hat{x})y^T] = E[(x - \hat{x})y^T] - E[(x - \hat{x})(Ey)^T]$$
$$= E[(x - \hat{x})(y - Ey)^T]$$
$$= E\{[x - Ex - P_{xy}P_{yy}^{-1}(y - Ey)][y - Ey]^T\}$$
$$= E[(x - Ex)(y - Ey)^T] - E[P_{xy}P_{yy}^{-1}(y - Ey)(y - Ey)^T]$$
$$= P_{xy} - P_{xy}P_{yy}^{-1}P_{yy}$$
$$= 0$$

五、线性最小方差估计的经济学应用

线性最小方差估计本来是为后面的投影理论服务的，它是投影理论的基础，但经济学也有对线性最小方差估计的直接应用。把线性最小方差估计引入宏观经济学用来对含有噪声的信号进行筛选。它的被估计随机变量只有一个（不是向量），这更有助于看清推导过程，所以，将其介绍如下，尽管其本质上

与前面的内容基本相同。

已知随机变量 $x, y_1, y_2 \cdots, y_n$，它们的均值和二阶矩都存在，即

$$Ex < \infty, Ey_1 < \infty, Ey_2 < \infty, \cdots, Ey_n < \infty$$

$$Ex^2 < \infty, Ey_1^2 < \infty, Ey_2^2 < \infty, \cdots, Ey_n^2 < \infty$$

用 $y_1, y_2, \cdots, y_n$ 对 x 进行线性估计的方程为

$$\hat{x} = a_0 + a_1 y_1 + a_2 y_2 + \cdots + a_n y_n$$

最优线性估计是最小方差估计

$$\min E(x - \hat{x})^2$$

$$\min E[x - (a_1 + a_1 y_1 + a_2 y_2 + \cdots + a_n y_n)]^2$$

最优（最小方差）估计的一阶条件为

$$\frac{\partial E[x - (a_0 + a_1 y_1 + a_2 y_2 + \cdots + a_n y_n)]^2}{\partial a_1} = 0$$

即

$$E\left[\frac{\partial [x - (a_0 + a_1 y_1 + a_2 y_2 + \cdots + a_n y_n)]^2}{\partial a_1}\right]$$

$$= E[2[x - (a_0 + a_1 y_1 + a_2 y_2 + \cdots + a_n y_n)](-y_1)] = 0$$

$$E[[x - (a_0 + a_1 y_1 + a_2 y_2 + \cdots + a_n y_n)]y_1] = 0$$

$$E(xy_1) - a_0 E(y_1) - a_1 E(y_1^2) - a_2 E(y_1 y_2) - \cdots - a_n E(y_1 y_n) = 0$$

$$E(xy_1) = a_0 E(y_1) + a_1 E(y_1^2) + a_2 E(y_1 y_2) + \cdots + a_n E(y_1 y_n)$$

同理可得

$$E(xy_2) = a_0 E(y_2) + a_1 E(y_1 y_2) + a_2 E(y_2^2) + \cdots + a_n E(y_2 y_n)$$

$$\cdots\cdots\cdots\cdots$$

$$E(xy_n) = a_0 E(y_n) + a_1 E(y_1 y_n) + a_2 E(y_2 y_n) + \cdots + a_n E(y_n^2)$$

这些公式都可以看成是随机变量 $[x - (a_0 + a_1 y_1 + a_2 y_2 + \cdots + a_n y_n)]$ 与 y_k 乘积的期望等于零（$k = 1, 2, \cdots, n$），类似前面的随机向量正交的定义，这是随机变量正交的定义，因此，这些方程被称为**最优线性估计的正交条件**。

上述方程可以写成矩阵的形式，它们是以待估参数 $a_0, a_1, a_2, \cdots, a_n$ 为变量的方程组

$$\begin{bmatrix} E(x) \\ E(xy_1) \\ E(xy_2) \\ \vdots \\ E(xy_n) \end{bmatrix} = \begin{bmatrix} 1 & E(y_1) & E(y_2) & \cdots & E(y_n) \\ E(y_1) & E(y_1^2) & E(y_1 y_2) & \cdots & E(y_1 y_n) \\ E(y_2) & E(y_1 y_2) & E(y_2^2) & \cdots & E(y_2 y_n) \\ \vdots & \vdots & \vdots & & \vdots \\ E(y_n) & E(y_1 y_n) & E(y_2 y_n) & \cdots & E(y_n^2) \end{bmatrix} \begin{bmatrix} a_0 \\ a_1 \\ a_2 \\ \vdots \\ a_n \end{bmatrix}$$

由该式可得参数

$$\begin{bmatrix} a_0 \\ a_1 \\ a_2 \\ \vdots \\ a_n \end{bmatrix} = \begin{bmatrix} 1 & E(y_1) & E(y_2) & \cdots & E(y_n) \\ E(y_1) & E(y_1^2) & E(y_1 y_2) & \cdots & E(y_1 y_n) \\ E(y_2) & E(y_1 y_2) & E(y_2^2) & \cdots & E(y_2 y_n) \\ \vdots & \vdots & \vdots & & \vdots \\ E(y_n) & E(y_1 y_n) & E(y_2 y_n) & \cdots & E(y_n^2) \end{bmatrix}^{-1} \begin{bmatrix} E(x) \\ E(xy_1) \\ E(xy_2) \\ \vdots \\ E(xy_n) \end{bmatrix}$$

考虑上式的简化情形：x 只根据一个随机变量 y 进行估计，则线性估计方程为

$$\hat{x} = a_0 + a_1 y$$

相应的参数估计方程为

$$\begin{bmatrix} E(x) \\ E(xy) \end{bmatrix} = \begin{bmatrix} 1 & E(y) \\ E(y) & E(y^2) \end{bmatrix} \begin{bmatrix} a_0 \\ a_1 \end{bmatrix}$$

下面解出参数 a_0, a_1，由第一个方程直接解出

$$a_0 = E(x) - a_1 E(y)$$

$$\begin{aligned} a_1 &= \frac{E(xy) - E(x)E(y)}{E(y^2) - [E(y)]^2} \\ &= \frac{E(xy) - E(x)E(y) + E(x)E(y) - E(x)E(y)}{E(y^2) - [E(y)]^2 + [E(y)]^2 - [E(y)]^2} \\ &= \frac{E[xy - xE(y) - E(x)y + E(x)E(y)]}{E[y^2 - yE(y) + [E(y)]^2 - yE(y)]} \\ &= \frac{E[x(y - E(y)) - E(x)(y - E(y))]}{E[y^2 - yE(y) + [E(y)]^2 - yE(y)]} \\ &= \frac{E[(x - E(x))(y - E(y))]}{E[y(y - E(y)) - E(y)(y - E(y))]} \\ &= \frac{E[(x - E(x))(y - E(y))]}{E[(y - E(y))^2]} \\ &= \frac{\operatorname{cov}(x, y)}{\operatorname{var}(y)} \end{aligned}$$

将 a_0, a_1 的估计值代入 $\hat{x} = a_0 + a_1 y$，得

$$\hat{x} = Ex + \frac{\text{cov}(x,y)}{\text{var}(y)}[y - E(y)] \qquad (9-21b)$$

不难看出，(9-21a) 与 (9-21b) 本质上是一样的，差别只在于前者是用随机向量对随机向量的线性最小方差估计，后者是用单个随机变量对单个随机变量的线性最小方差估计。

六、投影理论

(一) 正交投影

1. **正交投影**：x，y 均为有二阶矩的随机向量，如果向量 $\hat{x}$ 满足

(1) $\hat{x}$ 是 y 的线性函数；

(2) 无偏性：$E(\hat{x}) = E(x)$；

(3) 正交性：$(x - \hat{x})$ 与 y 正交，即

$$E[(x - \hat{x})y^T] = 0$$

则称 $\hat{x}$ 为 x 在 y 上的正交投影，也可以简称投影，记为 $\hat{x} = \text{proj}(x|y)$，简记为 $\hat{x} = \hat{E}(x|y)$。

2. **正交投影的几何意义**。直观地理解，正交投影 $\hat{E}(x|y)$ 是向量 x 在线性空间的子空间 y 上投下的影子，这个影子 $\hat{E}(x|y)$ 是 y 上"最像"向量 x 的。因此，**正交投影 $\hat{E}(x|y)$ 是向量 x 在子空间 y 上的最优估计**。见图 9-1。

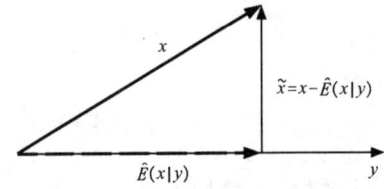

图 9-1　正交投影的几何意义

向量 x 可以分解为 $x = \hat{E}(x|y) + \tilde{x}$，$\tilde{x} = x - \hat{E}(x|y)$ 是投影误差，从几何上可以看出，投影误差 $\tilde{x} = x - \hat{E}(x|y)$ 越小，则正交投影 $\hat{E}(x|y)$ 越接近向量 x；投影误差 $\tilde{x} = x - \hat{E}(x|y)$ 最小，则正交投影 $\hat{E}(x|y)$ 最接近向量 x，这就达到了最优估计。

(二) 正交投影的性质与新息过程

下面不加证明地给出正交投影的性质：

1. 正交投影本质上就是线性最小方差估计，进一步地讲，如果 x，y 是存在二阶矩、适当维数的随机向量，则 x 在 y 上的正交投影唯一地等于基于 y 对 x 的线性最小方差估计，即

$$\hat{x} = \hat{E}(x|y)$$

正是由于这个缘故，有些文献在推导卡尔曼滤波时并不使用正交投影理论，直接使用线性最小方差估计，但多数文献仍热衷于投影理论。这一性质的证明很多文献上都可以找到。

2. 正交投影是一种线性变换，即

$$\hat{E}(Ax + Bz|y) = A\hat{E}(x|y) + B\hat{E}(z|y) \qquad (9-23)$$

其中，x，z 为随机向量，$x \in \mathbb{R}^l$，$z \in \mathbb{R}^k$；随机向量 $Ax + Bz \in \mathbb{R}^n$，$A \in \mathbb{R}^{n \times l}$，$B \in \mathbb{R}^{n \times k}$，随机向量 $y \in \mathbb{R}^m$。

3. 正交投影具有可递推性。递推性涉及动态变化，所以将变量加上时间下标，如 x_t，y_t，而且，x_t 是根据输出变量的多个历史数值 y_1，y_2，$\cdots$，y_t 估计出来的，这涉及后面的投影空间的扩展。下面是正交投影的递推公式：

$$\hat{E}(x_t|y_1, y_2, \cdots, y_t) = \hat{E}(x_t|y_1, y_2, \cdots, y_{t-1}) + \hat{E}(\tilde{x}_{t|t-1}|\tilde{y}_{t|t-1}|) \qquad (9-24a)$$

$$= \hat{E}(x_t|y_1, y_2, \cdots, y_{t-1}) + E(\tilde{x}_{t|t-1}\tilde{y}_{t|t-1}^T)[E(\tilde{y}_{t|t-1}\tilde{y}_{t|t-1}^T)]^{-1}\tilde{y}_{t|t-1}$$

$$(9-24b)$$

其中

$$\tilde{x}_{t|t-1} = x_t - \hat{E}(x_t|y_1, y_2, \cdots, y_{t-1}) \qquad (9-25)$$

$$\tilde{y}_{t|t-1} = y_t - \hat{E}(y_t|y_1, y_2, \cdots, y_{t-1}) \qquad (9-26)$$

利用公式（9-21a）及"投影的无偏性"就可以把（9-24a）转换成（9-24b）。

由于估计依据的始终是输出量 y 的历史数值，用 $\hat{E}_{t+1}$ 表示依据 y_1，y_2，$\cdots$，y_{t+1} 进行估计，用 $\hat{E}_t$ 表示依据 y_1，y_2，$\cdots$，y_t 进行估计，则（9-24b）可以写成

$$\hat{E}_t x_t = \hat{E}_{t-1} x_t + E(\tilde{x}_{t|t-1}\tilde{y}_{t|t-1}^T)[E(\tilde{y}_{t|t-1}\tilde{y}_{t|t-1}^T)]^{-1}\tilde{y}_{t|t-1} \qquad (9-24c)$$

对于递推投影公式，其它文献有另一种表述，如邓自立（2005）给出了下面的表述

$$\hat{E}(x_t|y_1, y_2, \cdots, y_t) = \hat{E}(x_t|y_1, y_2, \cdots, y_{t-1})$$
$$+ E(x\tilde{y}_{t|t-1}^T)[E(\tilde{y}_{t|t-1}\tilde{y}_{t|t-1}^T)]^{-1}\tilde{y}_{t|t-1}$$

这个方程进一步推导就是本书的递推投影公式，两者是等价的。将 $x_t = \hat{E}_{t-1} x_t$

$+ \tilde{x}_{t|t-1}$ 代入 $E(x_t\tilde{y}_{t|t-1}^T)$,得

$$E(x_t\tilde{y}_{t|t-1}^T) = E[(\hat{E}_{t-1}x_t + \tilde{x}_{t|t-1})\tilde{y}_{t|t-1}^T]$$
$$= E[(\hat{E}_{t-1}x_t)\tilde{y}_{t|t-1}^T] + E(\tilde{x}_{t|t-1}\tilde{y}_{t|t-1}^T)$$
$$= \hat{E}_{t-1}x_t \cdot E(\tilde{y}_{t|t-1}^T) + E(\tilde{x}_{t|t-1}\tilde{y}_{t|t-1}^T)$$
$$= E(\tilde{x}_{t|t-1}\tilde{y}_{t|t-1}^T)$$

其中 $E(\tilde{y}_{t|t-1}^T) = 0$,因为新息序列 $\tilde{y}_{t|t-1}^T$ 是零均值的白噪声。

(9-26) 中的 $\tilde{y}_{t|t-1}$ 被称为**新息**,$\tilde{y}_{t|t-1}$ 表示根据 y_1,y_2,…,y_{t-1} 对 y_t 作出的最优估计 $\hat{E}_{t-1}y_t$ 的误差,如果这个误差 $\tilde{y}_{t|t-1}$ 很大,则说明根据 y_1,y_2,…,y_{t-1} 对 x_t 作出的最优估计 $\hat{E}_{t-1}x_t$ 也不够准确,需要修正,因此,可以认为这是 $\tilde{y}_{t|t-1}$ 提供的新信息,这就是新息的含义。**递推投影公式**(9-24b)表明,用新息 $\tilde{y}_{t|t-1}$ 对 $\hat{E}_{t-1}x_t$ 作修正就可以获得 $\hat{E}_tx_t$。**递推投影公式**是推导卡尔曼滤波的工具。

新息过程 $\{\tilde{y}_{t|t-1}\}$ 有一个重要性质:**新息序列是不相关的**,即对于 $i \neq j$,$E(\tilde{y}_i\tilde{y}_j) = 0$,$\tilde{y}_{i|i-1}$ 与 $\tilde{y}_{j|j-1}$ 是正交的。由于正交投影是无偏估计,$E(\tilde{y}_{t|t-1}) = 0$,进而证明,**新息过程是零均值的白噪声过程**。

新息过程的另一重要性质是:新息过程 $\{\tilde{y}_t\}$ 与原过程 $\{y_t\}$ 具有相同的统计特性,都是具有零均值的白噪声,它们张成相同的线性流形。因此可得

$$\hat{E}(x_t|y_1,y_2,\cdots,y_t) = \hat{E}(x_t|\tilde{y}_1,\tilde{y}_2,\cdots,\tilde{y}_t)$$

该式表示成

$$\hat{E}_tx_t = \hat{E}_{\tilde{t}}x_t \tag{9-27}$$

即 $\hat{E}_{\tilde{t}}x_t \equiv \hat{E}(x_t|\tilde{y}_1,\tilde{y}_2,\cdots,\tilde{y}_t)$

该式表明 x_t 在新息过程 $\{\tilde{y}_t\}$ 与原始过程 $\{y_t\}$ 张成的线性流形上的投影相等,或者说,根据 y_1,y_2,…,y_t 与 $\tilde{y}_1$,$\tilde{y}_2$,…,$\tilde{y}_t$ 对 x_t 所作的线性最小方差估计相等。

(三)张成空间及其相关结论

线性流形:令 Y 是空间 V 的子空间,Y 的有限个元素的所有线性组合的全体构成集合 $L = \{k: k = a_1y_1 + a_2y_2 + \cdots + a_ty_t, y_i \in Y\}$,则称 L 是由 Y 张成(或生成)的线性流形,其中的 a_i,$i = 1, 2, \cdots, t$ 可以看成是常数(标量或向量)。流形是指局部的欧几里得拓扑空间,这个概念较晦涩,但有些文献直接用线性空间的概念替换了线性流形。

原来 x 投影在 y 上,其中 $y \in \mathbb{R}^m$。令 $y_i \in \mathbb{R}^m$,$i = 1, 2, \cdots, t$,x_t 投影在

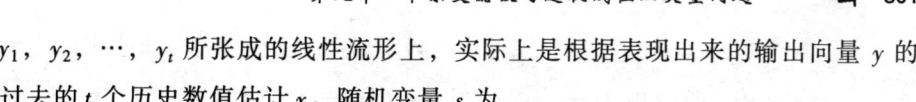

$y_1, y_2, \cdots, y_t$ 所张成的线性流形上,实际上是根据表现出来的输出向量 y 的过去的 t 个历史数值估计 x。随机变量 s 为

$$s = [y_1^T y_2^T \cdots y_t^T]^T \in \mathbb{R}^{tm}$$

或整理为

$$s_{tm \times 1} = \begin{bmatrix} y_1 \\ y_2 \\ \vdots \\ y_t \end{bmatrix}$$

这个向量是 tm 维的。

$y_1, y_2, \cdots, y_t$ 所张成的线性流形为

$$L = \{y : y = a + Bs, a \in \mathbb{R}^n, B \in \mathbb{R}^{n \times tm}\}$$

其中,分块矩阵为

$$B = [B_1 \quad B_2 \quad \cdots \quad B_t], B_i \in \mathbb{R}^{n \times m}$$

上述线性流形可以进一步表述为

$$L = \left\{y : y = a + \sum_{i=1}^{t} B_i y_i, a \in \mathbb{R}^n, B_i \in \mathbb{R}^{n \times m}\right\}$$

这样,用 $y_1, y_2, \cdots, y_t$ 对 $x_t \in \mathbb{R}^n$ 的线性最小方差估计

$$\hat{x}_{t|t} = \hat{E}(x_t | y_1, y_2, \cdots, y_t)$$

就可以说成是 x_t 在线性流形 L 上的正交投影。

在此基础上,可以得到**正交投影的另一个性质**

$$\hat{E}(x_t | y_1, y_2, \cdots, y_t) = \hat{E}(x_t | y_1) + \hat{E}(x_t | y_2) + \cdots + \hat{E}(x_t | y_t) - (t-1) E x_t$$

(9-28)

其中,$y_1, y_2, \cdots, y_t$ 互不相关,(9-28) 可以看成是正交基上的投影。

(9-28) 的证明如下:

令 $Y_t = [y_1^T y_2^T \cdots y_t^T]^T = \begin{bmatrix} y_1 \\ y_2 \\ \vdots \\ y_t \end{bmatrix}$,则

$$\hat{E}_t x_t = \hat{E}(x_t | Y_t) = E x_t + P_{x_t Y_t} P_{Y_t Y_t}^{-1} (Y_t - E Y_t) \qquad (9-29)$$

其中

$$P_{x_t Y_t} = E[(x_t - E x_t)(Y_t - E Y_t)^T]$$

$$= E\{(x_t - Ex_t)[(y_1^T - Ey_1^T) \quad (y_2^T - Ey_2^T) \quad \cdots \quad (y_t^T - Ey_t^T)]\}$$

$$= \{E[(x_t - Ex_t)(y_1 - Ey_1)^T] \quad \cdots \quad E[(x_t - Ex_t)(y_t - Ey_t)^T]\}$$

$$= [P_{x_ty_1} \quad P_{x_ty_2} \quad \cdots \quad P_{x_ty_t}] \tag{9-30}$$

注：第三步使用了

$$(y_1^T - Ey_1^T) = [y_1^T - (Ey_1)^T] = (y - Ey_1)^T$$

$$P_{Y_tY_t} = E[(Y_t - EY_t)(Y_t - EY_t)^T]$$

$$= E\left\{\begin{bmatrix} y_1 - Ey_1 \\ y_2 - Ey_2 \\ \vdots \\ y_t - Ey_t \end{bmatrix}[(y_1 - Ey_1)^T \quad (y_2 - Ey_2)^T \quad \cdots \quad (y_t - Ey_t)^T]\right\}$$

$$= E\begin{bmatrix} (y_1 - Ey_1)(y_1 - Ey_1)^T & \cdots & (y_1 - Ey_1)(y_t - Ey_t)^T \\ \vdots & \vdots & \vdots \\ (y_t - Ey_t)(y_1 - Ey_1)^T & \cdots & (y_t - Ey_t)(y_t - Ey_t)^T \end{bmatrix}$$

$$= \begin{bmatrix} E[(y_1 - Ey_1)(y_1 - Ey_1)^T] & \cdots & E[(y_1 - Ey_1)(y_t - Ey_t)^T] \\ \vdots & \vdots & \vdots \\ E[(y_t - Ey_t)(y_1 - Ey_1)^T] & \cdots & E[(y_t - Ey_t)(y_t - Ey_t)^T] \end{bmatrix}$$

$$= \begin{bmatrix} E[(y_1 - Ey_1)(y_1 - Ey_1)^T] & \cdots & 0 \\ \vdots & \vdots & \vdots \\ 0 & \cdots & E[(y_t - Ey_t)(y_t - Ey_t)^T] \end{bmatrix}$$

$$= \begin{bmatrix} P_{y_1y_1} & 0 & \cdots & 0 \\ 0 & P_{y_2y_2} & \cdots & 0 \\ \vdots & \vdots & \vdots & \vdots \\ 0 & 0 & \cdots & P_{y_ty_t} \end{bmatrix} \tag{9-31}$$

注：第五步使用了由于 y 序列不相关，则 $E[(y_i - Ey_i)(y_j - Ey_j)^T] = 0, i \neq j$。

$$P_{Y_tY_t}^{-1} = \begin{bmatrix} P_{y_1y_1} & 0 & \cdots & 0 \\ 0 & P_{y_2y_2} & \cdots & 0 \\ \vdots & \vdots & \vdots & \vdots \\ 0 & 0 & \cdots & P_{y_ty_t} \end{bmatrix}^{-1} = \begin{bmatrix} P_{y_1y_1}^{-1} & 0 & \cdots & 0 \\ 0 & P_{y_2y_2}^{-1} & \cdots & 0 \\ \vdots & \vdots & \vdots & \vdots \\ 0 & 0 & \cdots & P_{y_ty_t}^{-1} \end{bmatrix}$$

$$(Y_t - EY_t) = \begin{bmatrix} y_1 - Ey_1 \\ y_2 - Ey_2 \\ \vdots \\ y_t - Ey_t \end{bmatrix} \tag{9-32}$$

将 (9-30)、(9-31)、(9-32) 代入 (9-29)，得

$$\hat{E}(x_t|y_1, y_2, \cdots, y_t) = Ex_t + \begin{bmatrix} P_{xy_1} & P_{xy_2} & \cdots & P_{xy_t} \end{bmatrix}$$

$$\times \begin{bmatrix} P_{y_1y_1}^{-1} & 0 & \cdots & 0 \\ 0 & P_{y_2y_2}^{-1} & \cdots & 0 \\ \vdots & \vdots & \vdots & \vdots \\ 0 & 0 & \cdots & P_{y_ty_t}^{-1} \end{bmatrix} \begin{bmatrix} y_1 - Ey_1 \\ y_2 - Ey_2 \\ \vdots \\ y_t - Ey_t \end{bmatrix}$$

$$= Ex_t + \begin{bmatrix} P_{xy_1}P_{y_1y_1}^{-1} & P_{xy_2}P_{y_2y_2}^{-1} & \cdots & P_{xy_t}P_{y_ty_t}^{-1} \end{bmatrix} \begin{bmatrix} y_1 - Ey_1 \\ y_2 - Ey_2 \\ \vdots \\ y_t - Ey_t \end{bmatrix}$$

$$= Ex_t + P_{xy_1}P_{y_1y_1}^{-1}(y_1 - Ey_1) + P_{xy_2}P_{y_2y_2}^{-1}(y_2 - Ey_2) + \cdots + P_{xy_t}P_{y_ty_t}^{-1}(y_t - Ey_t)$$

$$= Ex_t + \{[Ex_t + P_{xy_1}P_{y_1y_1}^{-1}(y_1 - Ey_1)] - Ex_t\}$$
$$+ \{[Ex_t + P_{xy_2}P_{y_2y_2}^{-1}(y_2 - Ey_2)] - Ex_t\} +$$
$$\cdots\cdots\cdots + \{[Ex_t + P_{xy_t}P_{y_ty_t}^{-1}(y_t - Ey_t)] - Ex_t\}$$

$$= Ex_t + \{\hat{E}(x_t|y_1) - Ex_t\} + \{\hat{E}(x_t|y_2) - Ex_t\} + \cdots + \{\hat{E}(x_t|y_t) - Ex_t\}$$
$$= \hat{E}(x_t|y_1) + \hat{E}(x_t|y_2) + \cdots + \hat{E}(x_t|y_t) - (t-1)Ex_t$$

(9-28) 也可以有其他形式的表达，如

$$\hat{E}(x_t|\tilde{y}_1, \tilde{y}_2, \cdots, \tilde{y}_t) = \hat{E}(x_t|\tilde{y}_t) + \hat{E}(x_t|\tilde{y}_1, \tilde{y}_2, \cdots, \tilde{y}_{t-1}) - Ex_t$$

(四) 迭代投影公式

迭代投影的公式为

$$\hat{E}[\hat{E}(x_t|Y_{t-1}, y_t)|Y_{t-1}] = \hat{E}(x_t|Y_{t-1}) \tag{9-33}$$

运用 (9-24a) 可以推导出迭代投影公式，具体推导如下：

将 (9-25)、(9-26) 代入 (9-24a)，并令 $Y_{t-1} = \{y_1, y_2, \cdots, y_{t-1}\}$，得

$$\hat{E}(x_t|Y_{t-1}, y_t) = \hat{E}(x_t|Y_{t-1}) + \hat{E}\{[x_t - \hat{E}(x_t|Y_{t-1})] | [y_t - \hat{E}(y_t|Y_{t-1})]\}$$
$$= \hat{E}(x_t|Y_{t-1}) + E[x_t - \hat{E}(x_t|Y_{t-1})]$$

$$+ E\{[x_t - \hat{E}(x_t|Y_{t-1})][y_t - \hat{E}(y_t|Y_{t-1})]^T\}$$
$$\times [E\{[y_t - \hat{E}(y_t|Y_{t-1})][y_t - \hat{E}(y_t|Y_{t-1})]^T\}]^{-1}$$
$$\times \{[y_t - \hat{E}(y_t|Y_{t-1})] - E[y_t - \hat{E}(y_t|Y_{t-1})]\}$$
$$= \hat{E}(x_t|Y_{t-1}) + E\{[x_t - \hat{E}(x_t|Y_{t-1})][y_t - \hat{E}(y_t|Y_{t-1})]^T\}$$
$$\times [E\{[y_t - \hat{E}(y_t|Y_{t-1})][y_t - \hat{E}(y_t|Y_{t-1})]^T\}]^{-1}[y_t - \hat{E}(y_t|Y_{t-1})]$$
$$= \hat{E}(x_t|Y_{t-1}) + P_{\tilde{x}\tilde{y}}P_{\tilde{y}\tilde{y}}^{-1}[y_t - \hat{E}(y_t|Y_{t-1})] \tag{9-34}$$

注：1) 第二步使用了公式 (9-21a)；

2) 第三步使用了正交投影的无偏性，得到 $E[y_t - \hat{E}(y_t|Y_{t-1})] = 0$；

(9-34) 两端在 Y_{t-1} 上投影，得

$$\hat{E}[\hat{E}(x_t|Y_{t-1}, y_t)|Y_{t-1}]$$
$$= \hat{E}[\hat{E}(x_t|Y_{t-1})|Y_{t-1}] + P_{\tilde{x}\tilde{y}}P_{\tilde{y}\tilde{y}}^{-1}\hat{E}\{[y_t - \hat{E}(y_t|Y_{t-1})]|Y_{t-1}\}$$
$$= \hat{E}(x_t|Y_{t-1}) + P_{\tilde{x}\tilde{y}}P_{\tilde{y}\tilde{y}}^{-1}\{\hat{E}[y_t|Y_{t-1}] - \hat{E}[\hat{E}(y_t|Y_{t-1})|Y_{t-1}]\}$$
$$= \hat{E}(x_t|Y_{t-1}) + P_{\tilde{x}\tilde{y}}P_{\tilde{y}\tilde{y}}^{-1}\{\hat{E}(y_t|Y_{t-1}) - \hat{E}(y_t|Y_{t-1})\}$$
$$= \hat{E}(x_t|Y_{t-1})$$

注：第二步使用了正交投影的线性变换 (9-23)。

七、在变量自身的滞后值上的正交投影

现在考虑根据 y_t 的各滞后值 $\{y_{t-1}, y_{t-2}, y_{t-3}, \cdots\}$ 对 y_t 所作的估计或预测。$\{y_t\}$ 为协方差平稳随机过程，$\hat{E}_{t-1}y_t$ 是线性最小方差估计，或称为 y_t 在 $\{y_{t-1}, y_{t-2}, y_{t-3}, \cdots\}$ 所张成（即生成）的空间上的正交投影。设估计误差 ε_t 为零均值白噪声，根据正交投影的性质 ε_t 与 y_t 的滞后值正交，且有 $\hat{E}\varepsilon_s = 0$ ($s > t$)，因为根据 (9-29) 有

$$\hat{E}\varepsilon_s = E\varepsilon_s + P_{\varepsilon_s Y}P_{YY}^{-1}(Y_t - EY_t) = 0$$

其中 $E\varepsilon_s = 0$，$P_{\varepsilon_s Y_t} = 0$。注意，这里的 Y_t 是含 y 各期值的向量，不是 (9-34) 中的集合，这是使用公式 (9-21a) 需要注意的地方。

设 y_t 在 $\{y_{t-1}, y_{t-2}, y_{t-3}, \cdots\}$ 所张成（即生成）的空间上的正交投影为

$$\hat{E}_{t-1}y_t = \hat{E}(y_t|y_{t-1}, y_{t-2}, y_{t-3}, \cdots) = a_1 y_{t-1} + a_2 y_{t-2} + a_3 y_{t-3} + \cdots$$
$$y_t - \hat{E}(y_t|y_{t-1}, y_{t-2}, y_{t-3}, \cdots) = \varepsilon_t$$
$$y_t - a_1 y_{t-1} - a_2 y_{t-2} - a_3 y_{t-3} - \cdots = \varepsilon_t$$

与前面不同的是这种情形可以使用滞后算子，则上式为

$$(1 - a_1 L - a_2 L^2 - a_3 L^3 - \cdots) y_t = A(L) y_t = \varepsilon_t$$

$$y_t = A(L)^{-1} \varepsilon_t = B(L) \varepsilon_t = (1 - b_1 L - b_2 L^2 - b_3 L^3 - \cdots) \varepsilon_t$$

$$y_{t+k} = B(L) \varepsilon_{t+k} = (1 - b_1 L - b_2 L^2 - b_3 L^3 - \cdots) \varepsilon_{t+k}$$

上式在 $\{y_t, y_{t-1}, y_{t-2}, \cdots\}$ 上投影

$$\begin{aligned}\hat{E}_t y_{t+k} &= \hat{E}_t \sum_{i=0}^{\infty} b_i \varepsilon_{t+k-i} = \sum_{i=0}^{\infty} b_i \hat{E}_t \varepsilon_{t+k-i} = \sum_{i=k}^{\infty} b_i \varepsilon_{t+k-i} \\ &= \sum_{i=k}^{\infty} b_i L^{i-k} \varepsilon_t = \left[\frac{B(L)}{L^k} \right]_+ \varepsilon_t = \left[\frac{B(L)}{L^k} \right]_+ \frac{1}{B(L)} y_t \end{aligned} \quad (9-35)$$

其中使用了正交投影的线性性质（9-23）、$\hat{E}_t \varepsilon_{t+k-i} = \varepsilon_{t+k-i}$（$i \geq k$），$\hat{E}_t \varepsilon_{t+k-i} = 0$（$i < k$）；$\left[\dfrac{B(L)}{L^k} \right]_+$ 表示忽略 L 负次幂。

（9-35）被称为**维纳 – 柯尔莫哥洛夫（Wiener – Kolmogorov）预测公式**，或 **k 步最小方差预测**。

下面给出一个定理，该定理表明任何协方差平稳随机过程都可以用移动平均模型表示。

沃尔德（Wold）定理： $\{y_t\}$ 为任意的协方差平稳随机过程，则它可以表示为

$$y_t = \sum_{i=0}^{\infty} a_i \varepsilon_{t-i} + \mu_t$$

其中 $\{\varepsilon_t\}$ 为零均值白噪声过程，即 $E(\varepsilon_t) = 0$，对于 $i \neq j, E(\varepsilon_i \varepsilon_j) = 0$，$\varepsilon_t$ 为用 y_t 的滞后项估计 y_t 的误差，即

$$y_t - \hat{E}(y_t | y_{t-1}, y_{t-2}, y_{t-3}, \cdots) = \varepsilon_t$$

$a_0 = 1, \sum_{i=0}^{\infty} a_i^2 < \infty$；对一切 k，t，$E(\mu_k \varepsilon_t) = 0$，$\mu_t$ 可以用 y_t 的滞后值任意好地线性估计出来，即估计值就是实际值

$$\mu_t = \hat{E}(\mu_t | y_{t-1}, y_{t-2}, y_{t-3}, \cdots) = b_1 y_{t-1} + b_2 y_{t-2} + b_3 y_{t-3} + \cdots$$

既然是由 y_t 的过去值确定，而 y_t 的过去值 $y_{t-1}, y_{t-2}, y_{t-3}, \cdots$ 对第 t 期来说都是已知的或确定的，所以，μ_t 为 y_t 的**线性确定性部分**（即 μ_t 与 y_t 的其它部分之间是线性关系），$\sum_{i=0}^{\infty} a_i \varepsilon_{t-i}$ 是 y_t 的**线性不确定性部分**。若 $\mu_t = 0$，则 $\{y_t\}$ 是**纯不确定的过程**。

这个定理说明任何协方差平稳随机过程都可以用由白噪声构造的移动平

模型表示，白噪声则是该协方差平稳随机过程的构成元素。

第三节
卡尔曼滤波与卡尔曼预测

本节介绍卡尔曼（Kalman）的估计理论，它是一种比较现代的估计理论。较早期的最小二乘法、Wiener 滤波有很大的优越性。如前所述，根据估计时间关系，估计可以分为滤波、预测、平滑，这里主要介绍卡尔曼估计的两种方法：卡尔曼滤波与卡尔曼预测。

一、卡尔曼滤波的基本方程

（一）含有两种噪声的离散线性系统及其假定

考虑含有两种噪声的线性系统的动态最优化

$$x_{t+1} = Ax_t + Cw_t \tag{9-36a}$$

$$y_t = Hx_t + v_t \tag{9-36b}$$

其中 x_t 为 $n \times 1$ 维随机状态向量，y_t 为 $m \times 1$ 维系统输出向量；A 为 $n \times n$ 维状态转移矩阵，C 为 $n \times s$ 维模型噪声驱动矩阵，它使模型噪声对系统状态变化产生影响，H 为 $m \times n$ 维输出或测量矩阵；w_t 为 $s \times 1$ 维模型噪声，v_t 为 $m \times 1$ 维测量噪声。（9-36a）为状态转移方程，（9-36b）为输出或测量方程。注意，这是一个定常系统，A, C, H 不随时间变化。

系统状态并不能直接表现出来，且存在两种噪声，因此，系统状态信息是不完全的，需要进行最优估计得到系统状态的真实信息，较好的选择就是卡尔曼滤波。

为了能够使用卡尔曼滤波，需要作进一步假定：

1. 模型噪声 w_t 与测量噪声 v_t 都是均值为零的白噪声，具体假定如下

$$E(w_k) = 0, \forall k$$

$$\text{cov}(w_i, w_j) = E(w_i w_j^T) = Q\delta_{ij}$$

$$E(v_k) = 0, \forall k$$

第九章 卡尔曼滤波与随机线性二次型问题

$$\text{cov}(v_i, v_j) = E(v_i v_j^T) = R\delta_{ij}$$
$$\text{cov}(w_i, v_j) = E(w_i v_j^T) = 0, \forall i,j$$

其中，δ_{ij} 为克罗尼克（Kronecker）δ 函数

若 $i = j, \delta_{ij} = 1$

若 $i \ne j, \delta_{ij} = 0$

$E(w_k)$ 与 Ew_k 是相同的，都表示 w_k 的期望，只是书写习惯不同。

注意：有时模型噪声向量还被附之以 $E(w_t w_t^T) = I$ 的假定，这是将模型噪声限定在一个具体类型上，这种类型的噪声普遍存在于各种波动中。

2. 初始状态 x_0 是已知的正态（高斯）分布

$$E(x_0) = \bar{x}_0, \text{var}(x_0) = E[(x_0 - \mu_0)(x_0 - \mu_0)^T] = P_0$$

且初始状态与两种噪声序列都不相关

$$\begin{aligned}
\text{cov}(x_0, w_i) &= E[(x_0 - \mu_{x_0})(w_i - 0)^T] = 0, \forall i \\
&= E[x_0 w_i^T - \mu_{x_0} w_i^T] \\
&= E(x_0 w_i^T) - E(\mu_{x_0} w_i^T) \\
&= E(x_0 w_i^T) - \mu_{x_0} E w_i^T \\
&= E(x_0 w_i^T) = 0 \\
E(x_0 w_i^T) &= 0
\end{aligned}$$

同理，由 $\text{cov}(x_0, v_j) = E[(x_0 - \mu_{x_0})(v_j - 0)^T] = 0$，可得

$$E(x_0 v_j^T) = 0, \forall j$$

在上述假定下，通过观察到的 y 的历史数值 $y_1, y_2, \cdots, y_t, y_{t+1}$ 来估计 x_{t+1}，使用卡尔曼滤波可以实现均方误差最小。

（二）卡尔曼滤波的基本方程

首先给出卡尔曼滤波的基本方程，然后再进行推导。卡尔曼滤波的基本方程为：

1. **状态估计方程**为

$$\hat{E}_{t+1} x_{t+1} = \hat{E}_t x_{t+1} + K_{t+1}(y_{t+1} - H\hat{E}_t x_{t+1}) \qquad (9-37\text{a})$$

或可简写为

$$\hat{x}_{t+1|t+1} = \hat{x}_{t+1|t} + K_{t+1}(y_{t+1} - H\hat{x}_{t+1|t}) \qquad (9-37\text{b})$$

$$\hat{E}_{t+1} x_{t+1} = (I - K_{t+1} H) A \hat{E}_t x_t + K_{t+1} y_{t+1} \qquad (9-37\text{c})$$

2. **状态一步预测方程**

$$\hat{E}_t x_{t+1} = A \hat{E}_t x_t \qquad (9-38)$$

3. 滤波增益矩阵方程

$$K_{t+1} = P_{t+1|t}H^T(HP_{t+1|t}H^T + R)^{-1} \quad (9-39)$$

4. 一步预测误差方差矩阵

$$P_{t+1|t} = AP_{t|t}A^T + CQC^T \quad (9-40)$$

5. 状态估计误差方差矩阵

$$P_{t+1|t+1} = (I - K_{t+1}H)P_{t+1|t} \quad (9-41)$$

6. 滤波初值

$$\hat{x}_{0|0} = E(x_0) = \bar{x}_0, \quad P_{0|0} = \mathrm{var}(x_0) = P_0$$

二、卡尔曼滤波基本方程的推导

从随机线性系统 (9-36a)、(9-36b) 看,需要估计 x_{t+1}。估计 x_{t+1} 主要是用递推投影公式 (9-24a) 或 (9-24b)、依据 $y_1, y_2, \cdots, y_{t+1}$ 进行滤波估计。

(一) 随机向量间正交关系的推导

由 (9-36a) 迭代,得

$$x_1 = Ax_0 + Cw_0$$
$$x_2 = Ax_1 + Cw_1 = A^2x_0 + ACw_0 + Cw_1$$
$$x_3 = Ax_2 + Cw_2 = A^3x_0 + A^2Cw_0 + ACw_1 + Cw_2$$
$$\cdots\cdots\cdots\cdots$$
$$x_t = A^tx_0 + A^{t-1}Cw_0 + A^{t-2}Cw_1 + \cdots + ACw_{t-2} + Cw_{t-1}$$

上面的 x_i, $i = 1, 2, \cdots, t$ 等式两端分别右乘 w_t^T,并取期望,由于 $\{w_t\}$ 是序列不相关的白噪声过程 ($E(w_i w_j^T) = 0$),以及 $E(x_0 w_i^T) = 0$, $E(x_0 v_j^T) = 0$,下列互相关矩阵都为零

$$E(x_1 w_t^T) = AE(x_0 w_t^T) + CE(w_0 w_t^T) = 0_{n \times s}$$
$$E(x_2 w_t^T) = A^2 E(x_0 w_t^T) + ACE(w_0 w_t^T) + CE(w_1 w_t^T) = 0_{n \times s}$$
$$\cdots\cdots\cdots\cdots$$
$$E(x_t w_t^T) = A^t E(x_0 w_t^T) + A^{t-1}CE(w_0 w_t^T) + A^{t-2}CE(w_1 w_t^T) + \cdots +$$
$$ACE(w_{t-2} w_t^T) + CE(w_{t-1} w_t^T) = 0_{n \times s}$$

其中 $0_{n \times s}$ 为 $n \times s$ 阶零矩阵。上述方程意味着 w_t 与系统状态序列 $x_1, x_2, \cdots,$

x_t 正交。

由 (9-36b) 迭代，得

$$y_0 = Hx_0 + v_0$$
$$y_1 = Hx_1 + v_1$$
$$\cdots\cdots\cdots\cdots$$
$$y_t = Hx_t + v_t$$

上面的 y_i，$i = 0, 1, 2, \cdots, t$ 等式两端分别右乘 w_t^T，并取期望，由于 $E(w_i v_j^T) = 0, E(x_i w_t^T) = 0 (i = 1,2,\cdots,t)$，下列**互相关矩阵**都为零

$$E(y_1 w_t^T) = HE(x_1 w_t^T) + E(v_1 w_t^T) = 0_{m \times s}$$
$$E(y_2 w_t^T) = HE(x_2 w_t^T) + E(v_2 w_t^T) = 0_{m \times s}$$
$$\cdots\cdots\cdots\cdots$$
$$E(y_t w_t^T) = HE(x_t w_t^T) + E(v_t w_t^T) = 0_{m \times s}$$

这 t 个方程又意味着 w_t **与输出序列** $y_1, y_2, \cdots, y_t$ **正交**。

用上述方法还可以得到结论：

(1) v_t 与系统状态序列 $x_1, x_2, \cdots, x_t$ 正交；v_{t+1} 与系统状态序列 $x_1, x_2, \cdots, x_{t+1}$ 正交。

(2) v_t 与系统输出序列 $y_1, y_2, \cdots, y_{t-1}$ 正交，v_{t+1} 与系统输出序列 $y_1, y_2, \cdots, y_t$ 正交。

这些正交关系将在卡尔曼滤波方程的推导中使用。

(二) 卡尔曼滤波基本方程的推导

(9-36a) 两端在 $y_1, y_2, \cdots, y_t$ 上取投影，并运用 (9-23)，得

$$\hat{E}_t x_{t+1} = A\hat{E}_t x_t + C\hat{E}_t w_t \tag{9-42}$$

因投影在本质上就是线性最小方差估计，所以，其中 $\hat{E}_t w_{t+1}$ 用 (9-21a)，得

$$\hat{E}_t w_t = Ew_t + P_{w_t Y_t} P_{YY}^{-1} (Y_t - EY_t) = 0$$

其中

$$E(w_t) = 0$$
$$P_{w_t Y_t} = E[(w_t - Ew_t)(Y_t - EY_t)^T]$$
$$= E[w_t(Y_t^T - EY_t^T)]$$
$$= E[w_t(y_1^T \quad y_2^T \quad \cdots \quad y_t^T)] - E(w_t \cdot EY_t^T)$$
$$= [E(w_t y_1^T) \quad \cdots \quad E(w_t y_t^T)] - Ew_t[Ey_1^T \quad \cdots \quad Ey_t^T]$$

$$= \begin{bmatrix} 0^1_{s\times m} & 0^2_{s\times m} & \cdots & 0^t_{s\times m} \end{bmatrix}$$

$$= 0_{s\times tm}$$

其中 $0^i_{s\times m}$, $i = 1,2,\cdots,t$ 是 $s\times m$ 阶零矩阵；Y_t 是向量，不是集合；推导中使用了分块矩阵的转置、w_t 与 $y_1, y_2, \cdots, y_t$ 正交、$E(w_t) = 0$ 等公式。

(9-42) 变为

$$\hat{E}_t x_{t+1} = A\hat{E}_t x_t \tag{9-43}$$

这便是状态一步预测方程 (9-38)。

(9-36b) 迭代到 $t+1$ 期

$$y_{t+1} = Hx_{t+1} + v_{t+1}$$

该式两端在 $y_1, y_2, \cdots, y_t$ 上取投影，并运用 (9-23)，得

$$\hat{E}_t y_{t+1} = H\hat{E}_t x_{t+1} + \hat{E}_t v_{t+1} = H\hat{E}_t x_{t+1} \tag{9-44}$$

其中 $\hat{E}_t v_{t+1} = 0$，其推导如下

对 $\hat{E}_t v_{t+1}$ 使用 (9-21a)，得

$$\hat{E}_t v_{t+1} = Ev_{t+1} + P_{v_{t+1}Y_t} \cdot P^{-1}_{Y_tY_t}(Y_t - EY_t)$$

其中

$$E(v_{t+1}) = 0$$

$$P_{v_{t+1}Y_t} = E[(v_{t+1} - Ev_{t+1})(Y_t - EY_t)^T]$$

$$= E[v_{t+1}(Y_t^T - EY_t^T)]$$

$$= E[v_{t+1}(y_1^T \quad y_2^T \quad \cdots \quad y_t^T)] - E(v_{t+1} \cdot EY_t^T)$$

$$= [E(v_{t+1}y_1^T) \quad \cdots \quad E(v_{t+1}y_t^T)] - Ev_{t+1}[Ey_1^T \quad \cdots \quad Ey_t^T]$$

$$= [0^1_{m\times m} \quad 0^2_{m\times m} \quad \cdots \quad 0^t_{m\times m}]$$

$$= 0_{m\times tm}$$

则 $P_{v_{t+1}Y_t} \cdot P^{-1}_{Y_tY_t}(Y_t - EY_t) = 0$。注：后面的零矩阵略去阶数下标。

用投影公式 (9-24c) 估计 x_{t+1}，可得

$$\hat{E}_{t+1} x_{t+1} = \hat{E}_t x_{t+1} + K_{t+1} \tilde{y}_{t+1|t} \tag{9-45a}$$

$$K_t = E(\tilde{x}_{t+1|t} \tilde{y}^T_{t+1|t})[E(\tilde{y}_{t+1|t} \tilde{y}^T_{t+1|t})]^{-1} \tag{9-45b}$$

其中

$$\tilde{x}_{t+1|t} = x_{t+1} - \hat{E}_t x_{t+1}$$

$$\tilde{y}_{t+1|t} = y_{t+1} - \hat{E}_t y_{t+1}$$

将 (9-43)、(9-44)、$y_{t+1} = Hx_{t+1} + v_{t+1}$、(9-36a) 代入上述两式

第九章　卡尔曼滤波与随机线性二次型问题

$$\tilde{x}_{t+1|t} = x_{t+1} - \hat{E}_t x_{t+1} = Ax_t - A\hat{E}_t x_t + Cw_t = A\tilde{x}_{t|t} + Cw_t$$

$$\tilde{y}_{t+1|t} = y_{t+1} - \hat{E}_t y_{t+1} = Hx_{t+1} - H\hat{E}_t x_{t+1} + v_{t+1} = H\tilde{x}_{t+1|t} + v_{t+1} \quad (9-46)$$

下面求 (9-45b) 右端的第二项中的 $E(\tilde{x}_{t+1|t}\tilde{y}_{t+1|t}^T)$。

$$\begin{aligned}
E(\tilde{x}_{t+1|t}\tilde{y}_{t+1|t}^T) &= E[\tilde{x}_{t+1|t}(H\tilde{x}_{t+1|t} + v_{t+1})^T] \\
&= E[\tilde{x}_{t+1|t}(H\tilde{x}_{t+1|t})^T] + E(\tilde{x}_{t+1|t}v_{t+1}^T) \\
&= E[\tilde{x}_{t+1|t}\tilde{x}_{t+1|t}^T]H^T + E[x_{t+1}v_{t+1}^T] + E[\hat{E}_t x_{t+1} \cdot v_{t+1}^T] \\
&= P_{t+1|t}H^T \quad (9-47)
\end{aligned}$$

注：(1) 第三行中 $E[\tilde{x}_{t+1}v_{t+1}^T] = 0$ 利用的是上面的正交结果。

(2) 第三行中 $E[\hat{E}_t x_{t+1} \cdot v_{t+1}^T] = 0$。因为

$$E[\hat{E}_t x_{t+1} \cdot v_{t+1}^T] = \hat{E}_t x_{t+1} \cdot E(v_{t+1}^T) = 0$$

其中 $\hat{E}_t x_{t+1}$ 是投影，如前所述，投影本质上是线性最小方差估计，而线性最小方差估计又是给定输出变量条件下得到的，因而是一个常数。所以，投影 $\hat{E}_t x_{t+1}$ 是常数，且 $Ev_{t+1} = 0$。

(3) $p_{t+1|t} \equiv E[\tilde{x}_{t+1|t}\tilde{x}_{t+1|t}^T]$ 表示一步预测误差矩阵。

将 (9-46) 代入 $E[\tilde{y}_{t+1|t}\tilde{y}_{t+1|t}^T]$，得

$$\begin{aligned}
E[\tilde{y}_{t+1|t}\tilde{y}_{t+1|t}^T] &= E[(H\tilde{x}_{t+1|t} + v_{t+1})(H\tilde{x}_{t+1|t} + v_{t+1})^T] \\
&= E[H\tilde{x}_{t+1|t}\tilde{x}_{t+1|t}^T H^T + v_{t+1}\tilde{x}_{t+1|t}^T H^T + H\tilde{x}_{t+1|t}v_{t+1}^T + v_{t+1}v_{t+1}^T] \\
&= HE(\tilde{x}_{t+1|t}\tilde{x}_{t+1|t}^T)H^T + E(v_{t+1}\tilde{x}_{t+1|t}^T)H^T \\
&\quad + HE(\tilde{x}_{t+1|t}v_{t+1}^T) + E(v_{t+1}v_{t+1}^T) \\
&= HP_{t+1|t}H^T + R \quad (9-48)
\end{aligned}$$

其中，R 没有下标，因为它是常数矩阵，系统也是定常系统；第二、三项使用 $\tilde{x}_{t+1|t} = x_{t+1} - \hat{E}_t x_{t+1}, x_{t+1}, v_{t+1}$ 正交及投影 $\hat{E}_t x_{t+1}$ 是常数等结果，因此有

$$E(v_{t+1}\tilde{x}_{t+1|t}^T)H^T = 0$$

$$HE(\tilde{x}_{t+1|t}v_{t+1}^T) = 0$$

将 (9-47)、(9-48) 代入 (9-45b)，得到卡尔曼滤波增益矩阵(9-39)

$$K_{t+1} = P_{t+1|t}H^T[HP_{t+1|t}H^T + R]^{-1}$$

(9-45a) 就变成

$$\hat{E}_{t+1}x_{t+1} = \hat{E}_t x_{t+1} + P_{t+1|t}H^T[HP_{t+1|t}H^T + R]^{-1}(y_{t+1} - H\hat{E}_t x_{t+1}) \quad (9-45c)$$

其中使用了 $\tilde{y}_{t+1|t} = y_{t+1} - \hat{E}_t y_{t+1} = y_{t+1} - H\hat{E}_t x_{t+1}$，后者推导中又使用了 (9-44)。

状态估计误差为

$$\begin{aligned}
\tilde{x}_{t+1|t+1} &= x_{t+1} - \hat{E}_{t+1} x_{t+1} \\
&= x_{t+1} - \hat{E}_t x_{t+1} - K_{t+1}(y_{t+1} - H\hat{E}_t x_{t+1}) \\
&= x_{t+1} - \hat{E}_t x_{t+1} - K_{t+1}(H x_{t+1} + v_{t+1} - H\hat{E}_t x_{t+1}) \\
&= \tilde{x}_{t+1|t} - K_{t+1}(H\tilde{x}_{t+1|t} + v_{t+1}) \\
&= (I - K_{t+1} H)\tilde{x}_{t+1|t} - K_{t+1} v_{t+1}
\end{aligned}$$

$$\begin{aligned}
\tilde{x}_{t+1|t+1}\tilde{x}_{t+1|t+1}^T &= [(I - K_{t+1}H)\tilde{x}_{t+1|t} - K_{t+1} v_{t+1}][(I - K_{t+1}H)\tilde{x}_{t+1|t} \\
&\quad - K_{t+1} v_{t+1}]^T \\
&= (I - K_{t+1}H)\tilde{x}_{t+1|t}\tilde{x}_{t+1|t}^T(I - K_{t+1}H)^T - K_{t+1} v_{t+1}\tilde{x}_{t+1|t}^T(I - K_{t+1}H)^T \\
&\quad - (I - K_{t+1}H)\tilde{x}_{t+1|t} v_{t+1}^T K_{t+1}^T + K_{t+1} v_{t+1} v_{t+1}^T K_{t+1}^T
\end{aligned}$$

其中，第二、三项类似（9-48）推导中的第二、三项，v_{t+1} 与 $\tilde{x}_{t+1|t}$ 分别与其它矩阵相乘后符合相乘的行列条件再相乘，取期望为零，所以

$$\begin{aligned}
P_{t+1|t+1} &\equiv E[\tilde{x}_{t+1|t+1}\tilde{x}_{t+1|t+1}^T] \\
&= (I - K_{t+1}H) P_{t+1|t} (I - K_{t+1}H)^T + K_{t+1} R K_{t+1}^T \\
&= (I - K_{t+1}H) P_{t+1|t} - P_{t+1|t} H^T K_{t+1}^T \\
&\quad + K_{t+1} H P_{t+1|t} H^T K_{t+1}^T + K_{t+1} R K_{t+1}^T \\
&= (I - K_{t+1}H) P_{t+1|t} - P_{t+1|t} H^T K_{t+1}^T \\
&\quad + K_{t+1}(H P_{t+1|t} H^T + R) K_{t+1}^T \\
&= (I - K_{t+1}H) P_{t+1|t} - P_{t+1|t} H^T K_{t+1}^T + P_{t+1|t} H^T (H P_{t+1|t} H^T \\
&\quad + R)^{-1}(H P_{t+1|t} + H^T + R) K_{t+1}^T \\
&= (I - K_{t+1}H) P_{t+1|t} - P_{t+1|t} H^T K_{t+1}^T + P_{t+1|t} H^T K_{t+1}^T \\
&= (I - K_{t+1}H) P_{t+1|t}
\end{aligned}$$

此式为状态估计误差方差递推方程。其中，第四个等式使用了前面已推导出来的滤波增益矩阵（9-39），此外还有转置矩阵的推导 $(K_{t+1}H)^T = H^T K_{t+1}^T$。

$$\begin{aligned}
P_{t+1|t} &\equiv E(\tilde{x}_{t+1|t}\tilde{x}_{t+1|t}^T) \\
&= E[(A\tilde{x}_{t|t} + C w_t)(A\tilde{x}_{t|t} + C w_t)^T] \\
&= E[A\tilde{x}_{t|t}\tilde{x}_{t|t}^T A^T + C w_t \tilde{x}_{t|t}^T A^T + A\tilde{x}_{t|t} w_t^T C^T + C w_t w_t^T C^T] \\
&= A E(\tilde{x}_{t|t}\tilde{x}_{t|t}^T) A^T + C E(w_t \tilde{x}_{t|t}^T) A^T \\
&\quad + A E(\tilde{x}_{t|t} w_t^T) C^T + C E(w_t w_t^T) C^T \\
&= A P_{t|t} A^T + C Q C^T
\end{aligned}$$

此式为一步预测误差方差矩阵。其中第三个等式的第二、三项取期望后为零，

即
$$CE(w_t \tilde{x}_{t|t}^T) A^T = 0$$
$$AE(\tilde{x}_{t|t} w_t^T) C^T = 0$$

其中使用了 $\tilde{x}_{t|t} = x_t - \hat{E}_t x_t$、$x_t$、$w_t$ 正交及投影 $\hat{E}_t x_t$ 是常数等结果。

(三) 滤波初值的选择是为了保证估计的无偏性

在前面的滤波基本公式中给出了滤波初值
$$\hat{x}_{0|0} = E(x_0) = \bar{x}_0, P_{0|0} = \text{var}(x_0) = P_0$$

式子的含义很明显,$\bar{x}_0$ 为 x_0 的均值,P_0 为 x_0 的方差。对于差分方程的实际运算来说,确定初值是必须的,这是迭代运算的起点。

这样选择的滤波初值可以保证卡尔曼滤波是一种无偏估计。

将 (9-38) 代入 (9-37a),并用 (9-35) 减去该式,得
$$\tilde{x}_{t+1|t+1} = A\tilde{x}_{t|t} + Cw_t - K_{t+1}\tilde{y}_{t|t-1}$$

该式两边取均值,因 $E(w_t) = 0$,$E(\tilde{y}_{t|t-1}) = 0$(新息序列是零均值白噪声),得到下式
$$E(\tilde{x}_{t+1|t+1}) = AE(\tilde{x}_{t|t})$$

迭代该式,得
$$E(\tilde{x}_{t+1|t+1}) = A^{t+1} E(\tilde{x}_{0|0})$$

如果滤波初值取 $\hat{x}_{0|0} = E(x_0) = \bar{x}$,则
$$E(\tilde{x}_{0|0}) = E(x_0 - x_{0|0}) = E(x_0) - E(\hat{x}_{0|0}) = \bar{x}_0 - \bar{x}_0 = 0$$

将这一结果代入 $E(\tilde{x}_{t+1|t+1}) = A^{t+1} E(\tilde{x}_{0|0})$
$$E(\tilde{x}_{t+1|t+1}) = A^{t+1} E(\tilde{x}_{0|0}) = 0$$
$$E(\tilde{x}_{t+1|t+1}) = E(x_{t+1}) - E(\hat{x}_{t+1|t+1}) = 0$$
$$E(x_{t+1}) = E(\hat{x}_{t+1|t+1})$$

这表明,只要取 $\hat{x}_{0|0} = E(x_0) = \bar{x}_0$,卡尔曼滤波估计就是无偏估计。

至于 $P_{0|0}$,如果不选择 $\text{cov}(x_0)$,滤波估值不一定是均方误差最小的,也不能保证无偏。它所造成的影响只有靠滤波步数增加使其逐渐减少。

强调滤波无偏估计的原因在于,**只有滤波是无偏估计,才能在后面的最优控制中将系统状态的均值替换成滤波均值,这才能得到较好的控制效果。**

三、卡尔曼预测:最优估计的经济学应用

以上推导的是卡尔曼滤波,是用输出变量 y 的 $t+1$ 时刻及其以前的历史

数值 $y_1, y_2, \cdots, y_{t+1}$ 估计 $t+1$ 时刻的系统状态 x_{t+1}, 得到的最优估计 $\hat{E}_{t+1} x_{t+1}$ 就是滤波。

现在用 t 及以前的 y 值 $y_1, y_2, \cdots, y_t$ 估计 $t+1$ 时刻的系统状态 x_{t+1}, 得到的就是卡尔曼最优预测, 而且是一步最优预测。如果用 t 及以前的 y 值 $y_1, y_2, \cdots, y_t$ 估计 $t+m$ 时刻的系统状态 x_{t+m}, 得到的 $\hat{E}_t x_{t+m}$ 就是超前 m 步卡尔曼最优预测。

在数学和工程应用中, 受重视的是卡尔曼滤波, 但经济学常用的是卡尔曼预测。如此重视预测是因为经济学中存在预期的概念, 并且有所谓的"理性预期革命", 这令"卡尔曼预测"比"卡尔曼滤波"在经济学中更有用。杨奎斯特、萨金特 (2005) 第 4 章和第 21 章所说的"卡尔曼滤波"就是这里的一步卡尔曼预测。还有文献如王翼 (2005) 也将卡尔曼预测说成是卡尔曼滤波, 或者将"滤波估计"与"预测估计"笼统地说成卡尔曼滤波, 这样做容易造成混淆。然而, 如果只用到"卡尔曼预测", 不用"卡尔曼滤波", 将其说成是卡尔曼滤波也无妨。两者所依据的数学原理是一样的。

(一) 超前一步卡尔曼预测

系统状态方程和输出方程仍是 (9-36a)、(9-36b)

$$x_{t+1} = Ax_t + Cw_t$$

$$y_t = Hx_t + v_t$$

变量的设定及有关噪声的假定也同前面一样。

1. 一步卡尔曼预测的基本方程。

(1) 递推卡尔曼预测方程为

$$\hat{E}_t x_{t+1} = (A - K_t H)\hat{E}_{t-1} x_t + K_t y_t \tag{9-49a}$$

或可简写为

$$\hat{x}_{t+1|t} = A\hat{x}_{t|t-1} + K_t(y_t - H\hat{x}_{t|t-1}) \tag{9-49b}$$

(2) 卡尔曼预测增益矩阵

$$K_t = AP_{t|t-1}H^T(HP_{t|t-1}H^T + R)^{-1} \tag{9-50}$$

(3) 卡尔曼预测误差方差矩阵

$$P_{t+1|t} = AP_{t|t-1}A^T + CQC^T - AP_{t|t-1}H^T(HP_{t|t-1}H^T + R)^{-1}HP_{t|t-1}A^T$$

$$\tag{9-51}$$

(4) 卡尔曼预测初值

$$\hat{x}_{0|-1} = Ex_0 = \bar{x}_0, \quad P_{0|-1} = \mathrm{var}\, x_0 = P_0$$

2. 一步卡尔曼预测的基本方程的简单推导。

将（9-37a）改写为

$$\hat{E}_t x_t = \hat{E}_{t-1} x_t + \bar{K}_t (y_t - H\hat{E}_{t-1} x_t)$$

然后代入（9-43），得

$$\hat{E}_t x_{t+1} = A\hat{E}_t x_t = A\hat{E}_{t-1} x_t + (A\bar{K}_t)(y_t - H\hat{E}_{t-1} x_t)$$
$$= A\hat{E}_{t-1} x_t + K_t (y_t - H\hat{E}_{t-1} x_t)$$
$$= (A - K_t H)\hat{E}_{t-1} x_t + K_t y_t$$

代入（9-43）的原因是，（9-43）是预测方程。这就推导出了递推卡尔曼预测方程。推导中将 $\bar{K}_t$ 定义为用 t 期及以前的 y 值估计 t 期系统状态 x_t 时的卡尔曼滤波增益矩阵，其实就是将（9-39）从 $t+1$ 期改成 t 期的，然后再用 $\bar{K}_t$ 表示出来，即

$$\bar{K}_t = P_{t|t-1} H^T (H P_{t|t-1} H^T + R)^{-1}$$

卡尔曼预测增益矩阵为卡尔曼滤波增益矩阵乘以 A，因为预测方程 (9-43) 表明，第 t 期对 $t+1$ 期的预测 $\hat{E}_t x_{t+1}$ 是第 t 期的滤波 $\hat{E}_t x_t$ 的 A 倍，而第 t 期对 $t+1$ 期的卡尔曼预测增益矩阵在 $\hat{E}_t x_{t+1}$ 中，第 t 期的卡尔曼滤波增益矩阵在 $\hat{E}_t x_t$ 中。这样得到的卡尔曼预测增益矩阵为

$$K_t = A\bar{K}_t = A P_{t|t-1} H^T [H P_{t|t-1} H^T + R]^{-1}$$

将（9-41）改写为

$$P_{t|t} = (I - \bar{K}_t H) P_{t|t-1}$$

然后代入（9-40）

$$P_{t+1|t} = A(I - \bar{K}_t H) P_{t|t-1} A^T + C Q C^T$$

将 $\bar{K}_t = P_{t|t-1} H^T [H P_{t|t-1} H^T + R]^{-1}$ 代入上式，并整理，得

$$P_{t+1|t} = A(I - \bar{K}_t H) P_{t|t-1} A^T + C Q C^T$$
$$= A P_{t|t-1} A^T + C Q C^T - A P_{t|t-1} H^T (H P_{t|t-1} H^T + R)^{-1} H P_{t|t-1} A^T$$

这是对卡尔曼预测基本方程的简单推导，主要是利用卡尔曼滤波的结果。更为复杂的推导就是从随机变量间的不相关或正交假定开始，用线性最小方差原理推导出预测用的递推投影公式，得到卡尔曼预测基本方程，其原理与卡尔曼滤波方程的推导是一样的。当然也可以使用完全不同的方法，如王翼《现代控制理论》第 10 章 201~203 页提供了另一种方式的推导。

最后要强调的是，卡尔曼预测初值的选择也是为了保证预测是无偏估计。初值是人为确定的，不是计算出来的或根据 -1 期估计出来的，而且现实中也

不存在 -1 期，采用 $\hat{x}_{0|-1}$，$P_{0|-1}$ 这种记法，是为了保持与前面的表述的一致性，是一种形式化的表述。

(二) 超前 m 步卡尔曼预测

系统状态方程和输出方程仍是（9-36a）、（9-36b），变量的设定及有关噪声的假定也同前面一样。

m 步卡尔曼预测的基本方程

1. 递推卡尔曼预测方程为

$$\hat{E}_t x_{t+m} = A^{m-1} \hat{E}_t x_{t+1} \quad m > 1 \tag{9-52}$$

2. 卡尔曼预测误差方差矩阵

$$P_{t+m|t} = A^{m-1} P_{t+1|t} (A^{m-1})^T + \sum_{i=2}^{m} [A^{m-i} C Q C^T (A^{m-i})^T] \tag{9-53}$$

这两个公式的证明略去。

第四节
含确定性控制的卡尔曼估计

一、含确定性控制的卡尔曼滤波

前面的卡尔曼滤波是基于线性系统不施加控制得到的，即系统状态方程中不含有控制变量 u_t，但在实际应用中经常要施加控制以达到某种目的。施加的控制是确定性的，因为这是主体自己做的事情。对于滤波估计来说，明确这一点是非常重要的，这涉及到在滤波估计中如何处理控制变量 u_t。

(一) 含确定性控制噪声相关的离散线性系统

随机线性离散系统为

$$x_{t+1} = A_t x_t + B_t u_t + C_t w_t \tag{9-54}$$

$$y_t = H_t x_t + D_t u_t + v_t \tag{9-55}$$

其中 x_t 为 $n \times 1$ 维随机状态向量，y_t 为 $m \times 1$ 维系统输出向量，u_t 为 $l \times 1$ 维随机状态向量；A_t 为 $n \times n$ 维状态转移矩阵，B_t 为 $n \times l$ 维控制权数矩阵，C_t 为 $n \times r$ 维模型噪声驱动矩阵，它使模型噪声对系统状态变化产生影响，H_t 为 m

$\times n$ 维输出或测量矩阵，D_t 为 $m \times l$ 维控制权数矩阵；A_t，B_t，C_t，D_t，H_t 是时变的，但是已知的；w_t 为 $r \times 1$ 维模型噪声，v_t 为 $m \times 1$ 维测量噪声。(9 - 54) 为状态转移方程，(9 - 55) 为输出或测量方程。

系统状态并不能直接表现出来，且存在两种噪声，因此，系统状态信息是不完全的，需要进行最优估计以得到系统状态的真实信息，较好的选择就是卡尔曼滤波。

为了能够使用卡尔曼滤波，需要作进一步假定：

1. 模型噪声 w_t 与测量噪声 v_t 是均值为零的相关白噪声

$$Ew_k = 0, \forall k; Ev_k = 0, \forall k$$

$$\mathrm{cov}(w_i, w_j) = E(w_i w_j^T) = 0, i \neq j$$

$$\mathrm{cov}(w_i, w_j) = E(w_i w_j^T) \neq 0, i = j$$

$$\mathrm{cov}(v_i, v_j) = E(v_i v_j^T) = 0, i \neq j$$

$$\mathrm{cov}(v_i, v_j) = E(v_i v_j^T) \neq 0, i = j$$

相关仅是指两种噪声在同一时期是相关的，而在不同时期是不相关的，即

$$\mathrm{cov}(v_i, w_j) = E(v_i w_j^T) = 0, i \neq j$$

$$\mathrm{cov}(v_i, w_j) = E(v_i w_j^T) \neq 0, i = j$$

上述假定可以概括为一个协方差矩阵

$$E\left\{ \begin{bmatrix} w_i \\ v_i \end{bmatrix} \begin{bmatrix} w_j^T & v_j^T \end{bmatrix} \right\} = \begin{bmatrix} E(w_i w_j^T) & E(w_i v_j^T) \\ E(v_i w_j^T) & E(v_i v_j^T) \end{bmatrix} = \begin{bmatrix} G_{W_{ij}} & S_{ij} \\ S_{ij}^T & G_{V_{ij}} \end{bmatrix} \delta_{ij}$$

其中，δ_{ij} 为克罗尼克（Kronecker）δ 函数

若 $i = j, \delta_{ij} = 1$

若 $i \neq j, \delta_{ij} = 0$

2. 初始状态 x_0 是已知的正态（高斯）分布

$$E(x_0) = \bar{x}_0, \mathrm{var}(x_0) = E[(x_0 - \mu_0)(x_0 - \mu_0)^T] = P_0$$

且初始状态与两种噪声序列都不相关

$$\mathrm{cov}(x_0, w_i) = E[(x_0 - \mu_{x_0})(w_i - 0)^T] = 0, \forall i$$

由此得到

$$E(x_0 w_i^T) = 0$$

同理，由 $\mathrm{cov}(x_0, v_j) = E[(x_0 - \mu_{x_0})(v_j - 0)^T] = 0$，可得

$$E(x_0 v_j^T) = 0, \forall j$$

在上述假定下，通过观察到的 y 的历史数值 $y_1, y_2, \cdots, y_{t+1}$ 来估计 x_{t+1}，使用卡尔曼滤波可以实现均方误差最小。

(二) 含确定性控制的卡尔曼滤波基本方程

1. 状态估计方程

$$\hat{E}_{t+1} x_{t+1} = \hat{E}_t x_{t+1} + K_{t+1} \tilde{y}_{t+1|t} \tag{9-56}$$

$$\hat{E}_{t+1} x_{t+1} = (I - K_{t+1} H_{t+1}) \hat{E}_t x_{t+1} + K_{t+1} y_{t+1} - K_{t+1} D_{t+1} u_{t+1}$$

2. 状态一步预测方程

$$\hat{E}_t x_{t+1} = A_t \hat{E}_t x_t + B_t u_t + C_t \hat{E}_t w_t \tag{9-57a}$$

或

$$\hat{E}_t x_{t+1} = A_t \hat{E}_{t-1} x_t + B_t u_t + (A_t P_{t|t-1} H_t^T + C_t S_t)(H_t P_{t|t-1} H_t^T + G_{V_t})^{-1} \tilde{y}_{t|t-1} \tag{9-57b}$$

$$\hat{E}_t w_t = S_t (H_t P_{t|t-1} H_t^T + G_{V_t})^{-1} \tilde{y}_{t|t-1}$$

3. 滤波增益矩阵方程

$$K_{t+1} = P_{t+1|t} H_{t+1}^T (H_{t+1} P_{t+1|t} H_{t+1}^T + G_{v_{t+1}})^{-1} \tag{9-58}$$

4. 一步预测误差方差矩阵

$$P_{t+1|t} = A_t P_{t|t-1} A_t^T + C_t G_{W_t} C_t^T - [A_t P_{t|t-1} H_t^T + C_t S_t]$$
$$\times [H_t P_{t|t-1} H_t^T + G_{V_t}]^{-1} [A_t P_{t|t-1} H_t^T + C_t S_t]^T \tag{9-59}$$

5. 状态估计误差方差矩阵

$$P_{t+1|t+1} = (I - K_{t+1} H_{t+1}) P_{t+1|t} \tag{9-60}$$

6. 卡尔曼滤波初值

$$\hat{x}_{0|0} = E(x_0) = \bar{x}_0, \quad P_{0|0} = \text{cov}(x_0) = P_0$$

(三) 确定性控制的卡尔曼滤波基本方程的推导

根据投影递推公式 (9-24b)，得

$$\hat{E}_{t+1} x_{t+1} = \hat{E}_t x_{t+1} + E(\tilde{x}_{t+1|t} \tilde{y}_{t+1|t}^T)[E(\tilde{y}_{t+1|t} \tilde{y}_{t+1|t}^T)]^{-1} \tilde{y}_{t+1|t} \tag{9-61}$$

其中

$$\tilde{x}_{t+1|t} = x_{t+1} - \hat{E}_t x_{t+1}$$
$$= A_t x_t + B_t u_t + C_t w_t - (A_t \hat{E}_t x_t + B_t u_t + C_t \hat{E}_t w_t)$$
$$= A_t \tilde{x}_{t|t} + C_t \tilde{w}_{t|t} \tag{9-62a}$$

$$\tilde{y}_{t+1|t} = y_{t+1} - \hat{E}_t y_{t+1}$$
$$= H_{t+1} x_{t+1} + D_{t+1} u_{t+1} + v_{t+1} - (H_{t+1} \hat{E}_t x_{t+1} + D_{t+1} u_{t+1})$$
$$= H_{t+1} \tilde{x}_{t+1|t} + v_{t+1} \tag{9-62b}$$

因此有 (9-58)、(9-56)

第九章 卡尔曼滤波与随机线性二次型问题

$$K_{t+1} = E(\tilde{x}_{t+1|t}\tilde{y}_{t+1|t}^T)[E(\tilde{y}_{t+1|t}\tilde{y}_{t+1|t}^T)]^{-1}$$
$$= P_{t+1|t}H_{t+1}^T(H_{t+1}P_{t+1|t}H_{t+1}^T + G_{V_{t+1}})^{-1} \qquad (9-58a)$$

$$\hat{E}_{t+1}x_{t+1} = \hat{E}_t x_{t+1} + K_{t+1}\tilde{y}_{t+1|t}$$

$$\begin{aligned}
\tilde{x}_{t+1|t+1} &= x_{t+1} - \hat{E}_{t+1}x_{t+1} \\
&= x_{t+1} - \hat{E}_t x_{t+1} - K_{t+1}[y_{t+1} - (H_{t+1}\hat{E}_t x_{t+1} + D_{t+1}u_{t+1})] \\
&= x_{t+1} - \hat{E}_t x_{t+1} - K_{t+1}(H_{t+1}x_{t+1} + v_{t+1} - H_{t+1}\hat{E}_t x_{t+1}) \\
&= \tilde{x}_{t+1|t} - K_{t+1}(H\tilde{x}_{t+1|t} + v_{t+1}) \\
&= (I - K_{t+1}H_{t+1})\tilde{x}_{t+1|t} - K_{t+1}v_{t+1} \qquad (9-62c)
\end{aligned}$$

根据第三节问题二使用 (9-62c) 推导, 有

$$P_{t+1|t+1} \equiv E[\tilde{x}_{t+1|t+1}\tilde{x}_{t+1|t+1}^T] = (I - K_{t+1}H_{t+1})P_{t+1|t}$$

下面推导状态一步预测方程。对 (9-54) 两端取投影

$$\hat{E}_t x_{t+1} = A_t \hat{E}_t x_t + B_t u_t + C_t \hat{E}_t w_t \qquad (9-63)$$

其中,由 (9-56) 可得

$$\hat{E}_t x_t = \hat{E}_{t-1}x_t + K_t \tilde{y}_{t|t-1} \qquad (9-56a)$$

$$\begin{aligned}
\hat{E}_t w_t &= \hat{E}_{t-1}w_t + E(\tilde{w}_{t|t-1}\tilde{y}_{t|t-1}^T)[E(\tilde{y}_{t|t-1}\tilde{y}_{t|t-1}^T)]^{-1}\tilde{y}_{t|t-1} \\
&= S_t(H_t P_{t|t-1}H_t^T + G_{V_t})^{-1}\tilde{y}_{t|t-1} \qquad (9-64)
\end{aligned}$$

其中由 (9-62b)、(9-58a) 可知

$$\tilde{y}_{t|t-1} = H_t \tilde{x}_{t|t-1} + v_t$$

$$[E(\tilde{y}_{t|t-1}\tilde{y}_{t|t-1}^T)]^{-1} = (H_t P_{t|t-1}H_t^T + G_{V_t})^{-1}$$

$$\begin{aligned}
E(\tilde{w}_{t|t-1}\tilde{y}_{t|t-1}^T) &= E[w_t(H_t\tilde{x}_{t|t-1} + v_t)^T] \\
&= E[w_t(H_t(x_t - \hat{E}_{t-1}x_t) + v_t)^T] \\
&= E[w_t v_t^T] \\
&= S_t
\end{aligned}$$

其中 $E[w_t v_t^T] = S_t \neq 0$ 表示噪声相关; w_t, x_t^T 正交、$\hat{E}_{t-1}x_t$ 是常数。

注意在 (9-42) 的推导中已经证明 $\hat{E}_t w_t = 0$, 但这里 $\hat{E}_t w_t \neq 0$, 不过用与 (9-42) 类似的方法可以证明

$$\hat{E}_{t-1}w_t = 0, \tilde{w}_{t|t-1} = w_t - \hat{E}_{t-1}w_t = w_t。$$

将 (9-56a)、(9-64) 代入 (9-63), 并整理得 (9-57b)

$$\hat{E}_t x_{t+1} = A_t \hat{E}_{t-1}x_t + B_t u_t + [(A_t P_{t|t-1}H_t^T + C_t S_t)(H_t P_{t|t-1}H_t^T + G_{V_t})^{-1}]\tilde{y}_{t|t-1}$$

(9-55) 两边在 $y_1, y_2, \cdots, y_{t-1}$ 上取投影

$$\hat{E}_{t-1}y_t = A_t \hat{E}_{t-1}x_t + B_t u_t + \hat{E}_{t-1}v_t \qquad (9-65)$$

其中，根据假定可以推导出 $\hat{E}_{t-1}v_t = 0$，则

$$\begin{aligned}
\tilde{y}_{t|t-1} &= y_t - \hat{E}_{t-1}y_t \\
&= H_t x_t + D_t u_t + v_t - H_t \hat{E}_{t-1}x_t - D_t u_t \\
&= H_t \tilde{x}_{t|t-1} + v_t
\end{aligned} \quad (9-66)$$

(9 – 66) 代入 (9 – 57b)，令

$$K_w = (A_t P_{t|t-1} H_t^T + C_t S_t)(H_t P_{t|t-1} H_t^T + G_{Vt})^{-1} \quad (9-67)$$

则

$$\begin{aligned}
x_{t+1} - \hat{E}_t x_{t+1} &= A_t x_t + B_t u_t + C_t w_t - [A_t \hat{E}_{t-1}x_t + B_t u_t + K_w(H_t \tilde{x}_{t|t-1} + v_t)] \\
\tilde{x}_{t+1|t} &= (A_t - K_w H_t)\tilde{x}_{t|t-1} + C_t w_t - K_w v_t
\end{aligned} \quad (9-68)$$

$$\begin{aligned}
P_{t+1|t} &\equiv E(\tilde{x}_{t+1|t}\tilde{x}_{t+1|t}^T) \\
&= E\{[(A_t - K_w H_t)\tilde{x}_{t|t-1} + C_t w_t - K_w v_t][(A_t - K_w H_t)\tilde{x}_{t|t-1} + C_t w_t - K_w v_t]^T\} \\
&= E[(A_t - K_w H_t)\tilde{x}_{t|t-1}\tilde{x}_{t|t-1}^T(A_t - K_w H_t)^T + (A_t - K_w H_t)\tilde{x}_{t|t-1}w_t^T C_t^T \\
&\quad - (A_t - K_w H_t)\tilde{x}_{t|t-1}v_t^T K_w^T + C_t w_t \tilde{x}_{t|t-1}^T(A_t - K_w H_t)^T + C_t w_t w_t^T C_t^T \\
&\quad - C_t w_t v_t^T K_w^T - K_w v_t \tilde{x}_{t|t-1}^T(A_t - K_w H_t)^T - K_w v_t w_t^T C_t^T + K_w v_t v_t^T K_w^T] \\
&= (A_t - K_w H_t)P_{t|t-1}(A_t - K_w H_t)^T + C_t G_{Wt} C_t^T \\
&\quad - C_t S_t K_w^T - K_w S_t^T C_t^T + K_w G_{Vt} K_w^T \\
&= A_t P_{t|t-1}A_t^T - A_t P_{t|t-1}H_t^T K_w^T - K_w H_t P_{t|t-1}A_t^T + K_w H_t P_{t|t-1}H_t^T K_w^T \\
&\quad - C_t S_t K_w^T - K_w S_t^T C_t^T + K_w G_{Vt} K_w^T + C_t G_{wt} C_t^T \\
&= A_t P_{t|t-1}A_t^T - 2A_t P_{t|t-1}H_t^T K_w^T + K_w H_t P_{t|t-1}H_t^T K_w^T \\
&\quad - 2C_t S_t K_w^T + K_w G_{Vt} K_w^T + C_t G_{wt} C_t^T \\
&= A_t P_{t|t-1}A_t^T - 2(A_t P_{t|t-1}H_t^T + C_t S_t)K_w^T \\
&\quad + K_w(H_t P_{t|t-1}H_t^T + G_{Vt})K_w^T + C_t G_{Vt} C_t^T \\
&= A_t P_{t|t-1}A_t^T + C_t G_{wt} C_t^T \\
&\quad - [2(A_t P_{t|t-1}H_t^T + C_t S_t) - K_w(H_t P_{t|t-1}H_t^T + G_{Vt})]K_w^T \\
&= A_t P_{t|t-1}A_t^T + C_t G_{wt} C_t^T \\
&\quad - [2(A_t P_{t|t-1}H_t^T + C_t S_t) - (A_t P_{t|t-1}H_t^T + C_t S_t)]K_w^T \\
&= A_t P_{t|t-1}A_t^T + C_t G_{wt} C_t^T \\
&\quad - (A_t P_{t|t-1}H_t^T + C_t S_t)(H_t P_{t|t-1}H_t^T + G_{Vt})^{-1}(A_t P_{t|t-1}H_t^T + C_t S_t)^T
\end{aligned}$$

注：(1) 第三个等式取期望时使用了 "$\tilde{x}_{t|t-1}$ 与 w_t 正交、$\tilde{x}_{t|t-1}$ 与 v_t 正交"，则中间相关的四项都为零，因为

$$E(\tilde{x}_{t|t-1} w_t^T) = E[(x_t - \hat{E}_{t-1} x_t) w_t^T]$$
$$= E(x_t w_t^T) - E[(\hat{E}_{t-1} x_t) w_t^T] = 0 \quad (9-69)$$

$\tilde{x}_{t|t-1}$ 与 v_t 正交与此类似。

(2) 整理第五个等式时，使用了 $A_t P_{t|t-1} H_t^T K_w^T = K_w H_t P_{t|t-1} A_t^T$ 公式。

(3) 整理第七行时使用了（9-67）。

(4) 第十个等式中 K_w 是对称矩阵，它的逆矩阵转置使用了公式 $(A^{-1})^T = (A^T)^{-1} = A^{-1}$。

二、含确定性控制的卡尔曼预测

沿用有确定性控制的卡尔曼滤波的所有假定，对系统状态作预测估计，可以得到如下结果，这些结果在上一个问题中已经推导出来了。

1. 递推卡尔曼预测方程为

$$\hat{E}_t x_{t+1} = A_t \hat{E}_{t-1} x_t + B_t u_t + K_w \tilde{y}_{t|t-1} \quad (9-70)$$

或

$$\hat{E}_t x_{t+1} = (A_t - K_w H_t) \hat{E}_{t-1} x_t + (B_t - K_w D_t) u_t + K_w y_t \quad (9-71)$$
$$\hat{E}_t w_t = S_t (H_t P_{t|t-1} H_t^T + G_{V_t})^{-1} \tilde{y}_{t|t-1}$$

2. 卡尔曼预测增益矩阵

$$K_w = (A_t P_{t|t-1} H_t^T + C_t S_t)(H_t P_{t|t-1} H_t^T + G_{V_t})^{-1}$$

3. 预测误差方差矩阵

$$P_{t+1|t} = A_t P_{t|t-1} A_t^T + C_t G_{W_t} C_t^T$$
$$- [A_t P_{t|t-1} H_t^T + C_t S_t][H_t P_{t|t-1} H_t^T + G_{V_t}]^{-1} [A_t P_{t|t-1} H_t^T + C_t S_t]^T$$

4. 卡尔曼预测初值

$$\hat{x}_{0|-1} = E(x_0) = \bar{x}_0, P_{0|-1} = \text{cov}(x_0) = P_0$$

注意：这里的（9-70）、（9-71）与卡尔曼滤波中的（9-57a）、（9-57b）是一样的。

三、含确定性控制噪声无关的卡尔曼估计

（一）含确定性控制噪声无关的离散线性系统

随机线性离散系统与（9-54）、（9-55）在形式上基本相同

$$x_{t+1} = A_t x_t + B_t u_t + C_t w_t \qquad (9-72)$$
$$y_t = H_t x_t + D_t u_t + v_t \qquad (9-73)$$

其中 x_t 为 $n \times 1$ 维随机状态向量，y_t 为 $m \times 1$ 维系统的输出向量，u_t 为 $l \times 1$ 维随机状态向量；A_t 为 $n \times n$ 维状态转移矩阵，B_t 为 $n \times l$ 维控制权数矩阵，C_t 为 $n \times r$ 维模型噪声驱动矩阵，它使模型噪声对系统状态变化产生影响，H_t 为 $m \times n$ 维输出或测量矩阵，D_t 为 $m \times l$ 维控制权数矩阵；A_t，B_t，C_t，D_t，H_t 是时变的，但是已知的；w_t 为 $r \times 1$ 维模型噪声，v_t 为 $m \times 1$ 维测量噪声。(9-72)为状态转移方程，(9-73)为输出或测量方程。

为了能够使用卡尔曼滤波，需要作进一步假定：

1. 模型噪声 w_t 与测量噪声 v_t 是均值为零的不相关白噪声

$$Ew_k = 0, \forall k; Ev_k = 0, \forall k$$
$$\mathrm{cov}(w_i, w_j) = E(w_i w_j^T) = 0, i \neq j$$
$$\mathrm{cov}(w_i, w_j) = E(w_i w_j^T) = G_W, i = j$$
$$\mathrm{cov}(v_i, v_j) = E(v_i v_j^T) = 0, i \neq j$$
$$\mathrm{cov}(v_i, v_j) = E(v_i v_j^T) = G_V, i = j$$
$$\mathrm{cov}(v_i, w_j) = E(v_i w_j^T) = 0, \forall i, j$$

2. 初始状态 x_0 是已知的正态（高斯）分布

$$E(x_0) = \bar{x}_0, \mathrm{var}(x_0) = E[(x_0 - \mu_0)(x_0 - \mu_0)^T] = P_0$$

且初始状态与两种噪声序列都不相关

$$\mathrm{cov}(x_0, w_i) = E[(x_0 - \mu_{x_0})(w_i - 0)^T] = 0, \forall i$$

由此得到

$$E(x_0 w_i^T) = 0$$

同理，由 $\mathrm{cov}(x_0, v_j) = E[(x_0 - \mu_{x_0})(v_j - 0)^T] = 0$，可得

$$E(x_0 v_j^T) = 0, \forall j$$

在上述假定下，通过观察到的 y 的历史数值来求卡尔曼滤波和卡尔曼预测，并实现均方误差最小。

(二) 含确定性控制的卡尔曼滤波基本方程

1. 状态估计方程

$$\hat{E}_{t+1} x_{t+1} = \hat{E}_t x_{t+1} + K_{t+1} \tilde{y}_{t+1|t} \qquad (9-74)$$
$$\hat{E}_{t+1} x_{t+1} = (I - K_{t+1} H_{t+1}) \hat{E}_t x_{t+1} + K_{t+1} y_{t+1} - K_{t+1} D_{t+1} u_{t+1}$$
$$\hat{E}_{t+1} x_{t+1} = (I - K_{t+1} H_{t+1}) A_t \hat{E}_t x_t + K_{t+1} y_{t+1}$$

第九章 卡尔曼滤波与随机线性二次型问题

$$- K_{t+1}D_{t+1}u_{t+1} + (I - K_{t+1}H_{t+1})B_t u_t$$

2. 状态一步预测方程

$$\hat{E}_t x_{t+1} = A_t \hat{E}_t x_t + B_t u_t \quad (9-75a)$$

或

$$\hat{E}_t x_{t+1} = A_t(I - K_t H_t)\hat{E}_{t-1} x_t + (B_t - A_t K_t D_t)u_t + A_t K_t y_t \quad (9-75b)$$

3. 滤波增益矩阵方程

$$K_{t+1} = P_{t+1|t}H_{t+1}^T(H_{t+1}P_{t+1|t}H_{t+1}^T + G_{V_{t+1}})^{-1} \quad (9-76)$$

4. 一步预测误差方差矩阵

$$P_{t+1|t} = A_t P_{t|t} A_t^T + C_t G_{W_t} C_t^T \quad (9-77)$$

5. 状态估计误差方差矩阵

$$P_{t+1|t+1} = (I - K_{t+1}H_{t+1})P_{t+1|t} \quad (9-78)$$

6. 卡尔曼滤波初值

$$\hat{x}_{0|0} = E(x_0) = \bar{x}_0, \quad P_{0|0} = \text{cov}(x_0) = P_0$$

(三) 确定性控制的卡尔曼滤波基本方程的推导

$$\hat{E}_{t+1} x_{t+1} = \hat{E}_t x_{t+1} + E(\tilde{x}_{t+1|t}\tilde{y}_{t+1|t}^T)[E(\tilde{y}_{t+1|t}\tilde{y}_{t+1|t}^T)]^{-1}\tilde{y}_{t+1|t}$$

其中

$$\hat{E}_t x_{t+1} = A_t \hat{E}_t x_t + B_t u_t + C_t \hat{E}_t w_t = A_t \hat{E}_t x_t + B_t u_t$$

(9-42) 中已经证明 $\hat{E}_t w_t = 0$。

$$\tilde{x}_{t+1|t} = x_{t+1} - \hat{E}_t x_{t+1} = A_t \tilde{x}_{t|t} + C_t w_t$$

$$\tilde{y}_{t+1|t} = y_{t+1} - \hat{E}_t y_{t+1} = H_{t+1}\tilde{x}_{t+1|t} + v_{t+1}$$

因此有 (9-76)、(9-74)

$$\begin{aligned}
K_{t+1} &= E(\tilde{x}_{t+1|t}\tilde{y}_{t+1|t}^T)[E(\tilde{y}_{t+1|t}\tilde{y}_{t+1|t}^T)]^{-1} \\
&= P_{t+1|t}H_{t+1}^T(H_{t+1}P_{t+1|t}H_{t+1}^T + G_{V_{t+1}})^{-1} \quad (9-76a)
\end{aligned}$$

$$\hat{E}_{t+1}x_{t+1} = \hat{E}_t x_{t+1} + K_{t+1}\tilde{y}_{t+1|t}$$

$$\begin{aligned}
\tilde{x}_{t+1|t+1} &= x_{t+1} - \hat{E}_{t+1} x_{t+1} \\
&= x_{t+1} - \hat{E}_t x_{t+1} - K_{t+1}[y_{t+1} - (H_{t+1}\hat{E}_t x_{t+1} + D_{t+1}u_{t+1})] \\
&= x_{t+1} - \hat{E}_t x_{t+1} - K_{t+1}(H_{t+1}x_{t+1} + v_{t+1} - H_{t+1}\hat{E}_t x_{t+1}) \\
&= \tilde{x}_{t+1|t} - K_{t+1}(H\tilde{x}_{t+1|t} + v_{t+1}) \\
&= (I - K_{t+1}H_{t+1})\tilde{x}_{t+1|t} - K_{t+1}v_{t+1}
\end{aligned}$$

$$P_{t+1|t+1} \equiv E[\tilde{x}_{t+1|t+1}\tilde{x}_{t+1|t+1}^T] = (I - K_{t+1}H_{t+1})P_{t+1|t}$$

对 (9-72) 两端取投影, 得 (9-75)

$$\hat{E}_t x_{t+1} = A_t \hat{E}_t x_t + B_t u_t$$

利用 $\tilde{x}_{t+1|t} = A_t \tilde{x}_{t|t} + C_t w_t$ 可得

$$P_{t+1|t} = A_t P_{t|t} A_t^T + C_t G_{Wt} C_t^T$$

(四) 含确定性控制的卡尔曼预测基本方程

上面的推导中已经得到了含确定性控制的卡尔曼预测的基本方程,这里再次陈述如下:

1. 卡尔曼预测方程为

$$\hat{E}_t x_{t+1} = (A_t - K_{pt} H_t) \hat{E}_{t-1} x_t + (B_t - K_{pt} D_t) u_t + K_{pt} y_t$$

2. 卡尔曼预测增益矩阵

$$K_{pt} = A_t K_t = A_t P_{t|t-1} H_t^T (H_t P_{t|t-1} H_t^T + G_{Vt})^{-1}$$

3. 预测误差方差矩阵

$$P_{t+1|t} = A_t P_{t|t} A_t^T + C_t G_{Wt} C_t^T$$

4. 卡尔曼预测初值

$$\hat{x}_{0|-1} = E(x_0) = \bar{x}_0, \quad P_{0|-1} = \mathrm{cov}(x_0) = P_0$$

四、稳态卡尔曼估计

与随机线性系统 (9-72)、(9-73) 对应的定常系统为

$$x_{t+1} = A x_t + B u_t + C w_t \tag{9-79}$$

$$y_t = H x_t + D u_t + v_t \tag{9-80}$$

对此系统进行滤波估计得到一个以状态估计为变量的新的**滤波线性系统**

$$\begin{aligned}\hat{E}_{t+1} x_{t+1} &= (I - K_{t+1} H) A \hat{E}_t x_t + K_{t+1} y_{t+1} \\ &\quad - K_{t+1} D u_{t+1} + (I - K_{t+1} H) B u_t\end{aligned} \tag{9-81}$$

对此系统进行预测估计得到一个以状态估计为变量的新的**预测线性系统**

$$\hat{E}_t x_{t+1} = (A - K_{pt} H) \hat{E}_{t-1} x_t + (B - K_{pt} D) u_t + K_{pt} y_t \tag{9-82}$$

$$K_{pt} = A K_t$$

注意:只有定常系统存在稳态卡尔曼估计。

虽然随机线性系统 (9-79)、(9-80) 是定常的,但得到的滤波线性系统和预测线性系统仍然是时变的,(9-81)、(9-82) 就是两个线性差分方程组,它们都是时变系统,因为,其中含有的增益矩阵和误差方差矩阵都是时变的。

如果 (9-81)、(9-82) 中的增益矩阵 K_t 及其中含有的误差方差矩阵 $P_{t+1|t}$ 都取其作为稳态值的常数矩阵,即当 $t \to \infty$ 时,$K_t \to K$,$K_{t+1} \to K$;$P_{t+1|t+1} \to P$,$P_{t|t} \to P$;$P_{t+1|t} \to \Phi$,$P_{t|t-1} \to \Phi$,且 G_{Wt},G_{Vt} 都变成常数矩阵

G_W, G_V,它们就变成了**稳态卡尔曼滤波和稳态卡尔曼预测**。

如果对于稳态卡尔曼滤波,$|\lambda_i|<1$,λ_i 为矩阵 $(I-KH)A$ 的第 i 个特征值;对于稳态卡尔曼预测,$|\lambda_i|<1$,λ_i 为矩阵 $A(I-KH)$ 或矩阵 $(A-K_{pt}H)$ 的第 i 个特征值,则稳态卡尔曼滤波和稳态卡尔曼预测就是渐进稳定的。注意,$(I-KH)A$ 与 $A(I-KH)$ 有相同的特征值。所谓稳定性是指滤波线性系统和预测线性系统的稳定性,而不是原系统的稳定,因为滤波线性系统是从含有噪声的原系统中估计出来的"真实系统",尽管噪声对它的形成产生了实质性的影响。

定常系统 (9-79)、(9-80) 的几个卡尔曼滤波增益和方差矩阵如下:

卡尔曼滤波增益矩阵

$$K_{t+1} = P_{t+1|t}H^T(HP_{t+1|t}H^T+G_V)^{-1} \qquad (9-83)$$

一步预测误差方差矩阵

$$P_{t+1|t} = AP_{t|t}A^T + CG_WC^T \qquad (9-84)$$

状态估计误差方差矩阵

$$P_{t+1|t+1} = (I-K_{t+1}H)P_{t+1|t} \qquad (9-85)$$

卡尔曼预测增益矩阵

$$K_{pt} = AK_t = AP_{t|t-1}H^T(HP_{t|t-1}H^T+G_V)^{-1}$$

将 (9-83) 代入 (9-85),再将结果变成第 t 期状态估计误差方差矩阵

$$P_{t|t} = P_{t|t-1} - P_{t|t-1}H^T(HP_{t|t-1}H^T+G_V)^{-1}HP_{t|t-1}$$

将其代入 (9-84)

$$P_{t+1|t} = A[P_{t|t-1} - P_{t|t-1}H^T(HP_{t|t-1}H^T+G_V)^{-1}HP_{t|t-1}]A^T + CG_WC^T$$
$$(9-86)$$

将上面的几个极限代入 (9-86),得

$$\Phi = A[\Phi - \Phi H^T(H\Phi H^T+G_V)^{-1}H\Phi]A^T + CG_WC^T$$

在这些结果基础上,得到稳态卡尔曼滤波方程如下:

1. 稳态卡尔曼滤波状态估计矩阵

$$\hat{E}_{t+1}x_{t+1} = (I-KH)A\hat{E}_tx_t + (I-KH)Bu_t - KDu_{t+1} + Ky_{t+1} \qquad (9-87)$$

2. 稳态卡尔曼滤波一步预测误差方差矩阵

$$\Phi = APA^T + CG_WC^T \qquad (9-88)$$

3. 稳态卡尔曼滤波增益矩阵

$$K = \Phi H^T(H\Phi H^T+G_V)^{-1} \qquad (9-89)$$

4. 稳态卡尔曼滤波状态估计误差方差矩阵

可以看成是给定 x_t 时未来状态变量 x_{t+1} 的条件均值,它是常数或确定性的,也可以把 x_t 看成在第 t 期的 x 的值,因而是已知的(尽管它不能直接表现出来),因此,$x_{t+1} = Ax_t + Cw_t$ 可以看成是正态随机变量 w_t 的线性函数,根据正态随机变量的一个重要性质,**正态随机变量 w_t 的线性函数也是正态随机变量**,这表明未来状态变量 x_{t+1} 是正态分布的。即使不将第 t 期的 x_t 看成已知的,由于系统状态的初值 x_0 设定为正态随机变量,且与正态随机变量 w_0 相互独立,则独立正态随机变量 x_0, w_0 的线性组合 $x_1 = Ax_0 + Cw_0$ 也是正态随机变量,由此可以递推地得到 x_t, w_t 也是相互独立的,则它们的线性组合 $x_{t+1} = Ax_t + Cw_t$ 也是正态随机变量。在 $Ax_t + Cw_t$ 中再加上一个确定性控制项 Bu_t,上面的结论依然成立。

将 x_t 看成已知的或看成独立(于正态随机变量 v_t)的正态随机变量,则同样可以证明输出变量 $y_t = Hx_t + Du_t + v_t$ 也是正态随机变量。

(三) 系统状态的最优估计

1. 状态估计方程(采用简写 $\hat{E}_t x_t = \hat{x}_{t|t}$)

$$\hat{x}_{t|t} = (I - K_t H)A\hat{x}_{t-1|t-1} + (I - K_t H)Bu_{t-1} - K_t Du_t + K_t y_t \tag{9-94}$$

2. 状态一步预测方程

$$\hat{x}_{t+1|t} = A\hat{x}_{t|t} + Bu_t \tag{9-95}$$

3. 滤波增益矩阵方程

$$K_t = S_{t|t-1}H^T(HS_{t|t-1}H^T + G_{V_t})^{-1} \tag{9-96}$$

4. 状态估计误差方差矩阵

$$S_{t|t} = (I - K_t H)AS_{t-1|t-1}A_t^T + (I - K_t H)CG_{W(t-1)}C_t^T \tag{9-97}$$

5. 一步预测误差方差矩阵

$$S_{t+1|t} = AS_{t|t}A^T + CG_{W_t}C^T \tag{9-98}$$

6. 卡尔曼滤波初值

$$\hat{x}_{0|0} = E(x_0) = \bar{x}_0, \quad P_{0|0} = \text{cov}(x_0) = P_0$$

(四) 目标函数

系统状态不能直接观察且存在两种噪声,这导致系统状态信息不完全,我们只能依赖系统输出变量,因此,模型的目标函数就不是一般的期望,而是对输出变量的条件期望,即

$$J = E\left\{\sum_{i=0}^{\infty} \beta^i [x_i^T Q x_i + u_i^T R u_i] \,\Big|\, Y_0\right\}$$

$$0 < \beta < 1, Y_t = \{y_1, y_2, \cdots, y_t\} \tag{9-99}$$

其中目标函数中的 Q 为 $n \times n$ 维半负定对称常数矩阵，R 为 $m \times m$ 维负定对称常数矩阵；x_t 为 n 维状态向量，u_t 为 m 维控制向量，控制向量 u_t 不受约束，因此，最优化条件为函数对控制向量 u_t 的一阶偏导数等于零。目标函数中含有贴现因子 β，期限为无穷大，模型的目标是求该函数的最大化。这里 Y_t 是集合，可视为条件期望所依赖的信息集。

二、用动态规划解随机线性状态调节器

(一) 二次型的一般期望公式与条件期望公式

1. 二次型的期望公式。

二次型的一般期望公式为

$$E(x^T P x) = m^T P m + \text{tr}\{PE[(x-m)(x-m)^T]\} \tag{9-100}$$

其中 $Ex = m$，即 m 为一般的期望，其推导如下

$$\begin{aligned}
E[(x-m)^T P(x-m)] &= E(x^T P x) - E(x^T P m) - E(m^T P x) + E(m^T P m) \\
&= E(x^T P x) - E(x^T) P m - m^T P E(x) + m^T P m \\
&= E(x^T P x) - m^T P m
\end{aligned}$$

$$\begin{aligned}
E[(x-m)^T P(x-m)] &= E\{\text{tr}[(x-m)^T P(x-m)]\} \\
&= E\{\text{tr}[P(x-m)(x-m)^T]\} \\
&= \text{tr}\{PE[(x-m)(x-m)^T]\} \\
&= \text{tr}(PR)
\end{aligned}$$

所以有

$$E(x^T P x) = E(x)^T P E(x) + \text{tr}(PR) \tag{9-101}$$

其中，$R = E[(x-m)(x-m)^T]$。

2. 二次型的条件期望公式。

二次型 $x^T P x$ 对 $Y_t = \{y_t, y_{t-1}, \cdots, y_1\}$ 取条件期望为

$$\begin{aligned}
E(x^T P x | Y_t) = &\, E(x | Y_t)^T P E(x | Y_t) \\
&+ \text{tr}\{PE[(x - E(x|Y_t))(x - E(x|Y_t))^T | Y_t]\}
\end{aligned} \tag{9-102a}$$

根据概率论理论，如果 x, Y_t 的边缘分布与条件分布都是正态的，则 x, Y_t 存在联合正态分布（徐宁寿 2001，第 41 页）。可以证明：

(1) x, Y_t 存在联合正态分布；进而条件期望 $E(x|Y_t)$ 等于线性最小方差

估计，可用 (9-21a) 计算条件期望。

(2) $x - E(x|Y_t)$ 与 Y_t 相互独立。

其中结论 (2) 依赖于结论 (1)，其证明如下：

使用 (9-21a) 或 (9-29)，有

$$E(x|Y_t) = Ex + P_{xY_t}P_{Y_tY_t}^{-1}(Y_t - EY_t)$$

则

$$x - E(x|Y_t) = x - Ex - P_{xY_t}P_{Y_tY_t}^{-1}(Y_t - EY_t)$$

$$E[x - E(x|Y_t)] = Ex - Ex - E[P_{xY_t}P_{Y_tY_t}^{-1}(Y_t - EY_t)] = 0$$

$$\text{cov}[(x - E(x|Y_t)), Y_t^T] = E[(x - E(x|Y_t))(Y_t - EY_t)^T]$$

$$= E[(x - Ex)(Y_t - EY_t)^T] - P_{xY_t}P_{Y_tY_t}^{-1}E[(Y_t - EY_t)(Y_t - EY_t)^T]$$

$$= P_{xY_t} - P_{xY_t}P_{Y_tY_t}^{-1}P_{Y_tY_t}$$

$$= 0$$

这表明 $x - E(x|Y_t)$ 与 Y_t^T 不相关。因 $x - E(x|Y_t)$ 与 Y_t^T 服从联合正态分布，$x - E(x|Y_t)$ 与 Y_t^T 不相关等价于 $x - E(x|Y_t)$ 与 Y_t^T 相互独立。**前面给出的集合 Y_t 这里必须转换成含有相同因素的向量，否则无法运算。**

利用这个结论与 $E[g(X)|Y] = E[g(X)]$（随机变量 X，Y 相互独立），可以得到

$$E[(x - E(x|Y_t))(x - E(x|Y_t))^T | Y_t]$$
$$= E[(x - E(x|Y_t))(x - E(x|Y_t))^T]$$

这样 (9-102a) 变为

$$E(x^T P x | Y_t) = E(x|Y_t)^T P E(x|Y_t)$$
$$+ \text{tr}\{PE[(x - E(x|Y_t))(x - E(x|Y_t))^T]\}$$

$$(9-102b)$$

（二）用线性估计替代条件期望

一般随机变量的最小方差估计等于它的条件期望，而当状态变量 x 和输出变量 Y_t 是联合正态分布时，x 关于 Y_t 的条件期望 $E(x|Y_t)$ 是 Y_t 的线性函数，也就是说，条件期望 $E(x|Y_t)$ 就是线性最小方差估计，这令我们可以将条件期望 $E(x|Y_t)$ 等同于用 Y_t 对 x 的线性估计，具体的就是用卡尔曼滤波或卡尔曼预测直接代替条件期望 $E(x|Y_t)$。这样，(9-102b) 得到了如下形式

$$E(x_t^T P x_t | Y_t) = \hat{x}_{t|t}^T P \hat{x}_{t|t} + \text{tr}\{PE[(x_t - \hat{x}_{t|t})(x_t - \hat{x}_{t|t})^T]\}$$
$$= \hat{x}_{t|t}^T P \hat{x}_{t|t} + \text{tr}\{PE(\tilde{x}_{t|t}\tilde{x}_{t|t}^T)\}$$

第九章 卡尔曼滤波与随机线性二次型问题

$$= \hat{x}_{t|t}^T P \hat{x}_{t|t} + \text{tr}(PS_{t|t}) \tag{9-103}$$

类似的可以得到

$$E(x_{t+1}^T P x_{t+1} | Y_t) = \hat{x}_{t+1|t}^T P \hat{x}_{t+1|t} + \text{tr}\{PE(x_{t+1} - \hat{x}_{t+1|t})(x_{t+1} - \hat{x}_{t+1|t})^T]\}$$
$$= \hat{x}_{t+1|t}^T P \hat{x}_{t+1|t} + \text{tr}\{PE(\tilde{x}_{t+1|t} \tilde{x}_{t+1|t}^T)\}$$
$$= \hat{x}_{t+1|t}^T P \hat{x}_{t+1|t} + \text{tr}(PS_{t+1|t}) \tag{9-104}$$

其中 $S_{t|t} = E(\tilde{x}_{t|t} \tilde{x}_{t|t}^T)$, $S_{t+1|t} = E(\tilde{x}_{t+1|t} \tilde{x}_{t+1|t}^T)$。

(三) 建立随机贝尔曼方程

设目标函数的最优解为

$$J^*(x_t) = \hat{x}_{t|t}^T P \hat{x}_{t|t} + b_t \tag{9-105}$$

则

$$J^*(x_{t+1}) = \hat{x}_{t+1|t+1}^T P \hat{x}_{t+1|t+1} + b_{t+1} \tag{9-106}$$

其中 P 是对称半负定常数矩阵，b，P 都是待定项。目标函数最优值设定为关于状态变量的卡尔曼滤波的二次型，是因为系统状态信息不完全的情况下一般都要进行最优估计，所以，得到的目标函数值应该是最优估计的函数，至于函数的具体形式则是一个经验问题。

从目标函数看，是站在起点第 0 期计算无限期界的期望利益之和最大化，这样对每一期的利益都是预测，但是，动态规划的原理表明，站在每个时点计算的未来利益之和都是最大的，这就是所谓的贝尔曼方程。

$$J^*(x_t) = \max_u E[x_t^T Q x_t + u_t^T R u_t + \beta J^*(x_{t+1}) | Y_t] \tag{9-107}$$

其中，$Y_t = \{y_1, y_2, \cdots, y_t\}$。这是站在第 t 期关于 Y_t 的条件期望。

将 (9-105)、(9-106) 代入 (9-107)，得

$$\hat{x}_{t|t}^T P \hat{x}_{t|t} + b_t = \max_u E_t[x_t^T Q x_t + u_t^T R u_t + \beta[\hat{x}_{t+1|t+1}^T P \hat{x}_{t+1|t+1} + b_{t+1}] | Y_t]$$
$$= \max_u \{E_t[x_t^T Q x_t | Y_t] + u_t^T R u_t + \beta E_t[\hat{x}_{t+1|t+1}^T P \hat{x}_{t+1|t+1} | Y_t] + \beta b_{t+1}\}$$
$$= \max_u \{\hat{x}_{t|t}^T Q \hat{x}_{t|t} + \text{tr}[QS_{t|t}] + u_t^T R u_t$$
$$\quad + \beta \hat{x}_{t+1|t+1}^T P \hat{x}_{t+1|t+1} + \beta \text{tr}[P \hat{S}_{t+1|t+1}] + \beta b_{t+1}\}$$
$$= \max_u \{\hat{x}_{t|t}^T Q \hat{x}_{t|t} + \text{tr}[QS_{t|t}] + u_t^T R u_t + \beta[A\hat{x}_{t|t} + Bu_t]^T P$$
$$\quad \times [A\hat{x}_{t|t} + Bu_t] + \beta \text{tr}[PK_{t+1}(HS_{t+1|t}H^T + G_{V(t+1)})K_{t+1}^T] + \beta b_{t+1}\}$$
$$= \max_u \{\hat{x}_{t|t}^T Q \hat{x}_{t|t} + \text{tr}[QS_{t|t}] + u_t^T R u_t + \beta[\hat{x}_{t|t}^T A^T P A \hat{x}_{t|t} + u_t^T B^T P A \hat{x}_{t|t}$$
$$\quad + \hat{x}_{t|t}^T A^T P B u_t + u_t^T B^T P B u_t] + \beta \text{tr}[PK_{t+1}(HS_{t+1|t}H^T + G_{V(t+1)})K_{t+1}^T] + \beta b_{t+1}\}$$
$$\tag{9-108}$$

其中

$$E(x_t^T Q x_t | Y_t) = \hat{x}_{t|t}^T Q \hat{x}_{t|t} + \mathrm{tr}[Q S_{t|t}] \tag{9-109}$$

在第 t 期，$\hat{x}_{t+1|t+1}$ 是随机变量，因为 $\hat{x}_{t+1|t+1} = E(x_{t+1} | Y_{t+1})$，而 y_{t+1} 在第 t 期是未知的，这导致 $E(x_{t+1} | Y_{t+1})$ 是随机变量，因此有

$$\begin{aligned}E(\hat{x}_{t+1|t+1}^T P \hat{x}_{t+1|t+1} | Y_t) &= E(\hat{x}_{t+1|t+1}^T | Y_t) P E(\hat{x}_{t+1|t+1} | Y_t) \\&\quad + \mathrm{tr}\{PE[(\hat{x}_{t+1|t+1} - E(\hat{x}_{t+1|t+1} | Y_t))(\hat{x}_{t+1|t+1} \\&\quad - E(\hat{x}_{t+1|t+1} | Y_t))^T | Y_t]\} \\&= \hat{x}_{t+1|t}^T P \hat{x}_{t+1|t} + \mathrm{tr}[P \hat{S}_{t+1|t+1}]\end{aligned} \tag{9-110}$$

$$\begin{aligned}\hat{S}_{t+1|t+1} &= E[(\hat{x}_{t+1|t+1} - \hat{x}_{t+1|t})(\hat{x}_{t+1|t+1} - \hat{x}_{t+1|t})^T] \\&= E[(K_{t+1} \tilde{y}_{t+1|t})(K_{t+1} \tilde{y}_{t+1|t})^T] \\&= K_{t+1}(H S_{t+1|t} H^T + G_{V(t+1)}) K_{t+1}^T\end{aligned}$$

由 $\hat{E}_{t+1} x_{t+1} = \hat{E}_t x_{t+1} + K_{t+1} \tilde{y}_{t+1|t}$ 可知

$$\hat{x}_{t+1|t+1} - \hat{x}_{t+1|t} = K_{t+1} \tilde{y}_{t+1|t}$$

$$\begin{aligned}\tilde{y}_{t+1|t} &= y_{t+1} - \hat{y}_{t+1|t} \\&= H x_{t+1|t} + D u_{t+1} + v_{t+1} - (H \hat{x}_{t+1|t} + D u_{t+1} + \hat{v}_{t+1|t}) \\&= H \tilde{x}_{t+1|t} + v_{t+1}\end{aligned}$$

$$E[\tilde{y}_{t+1|t}(\tilde{y}_{t+1|t})^T] = H S_{t+1|t} H^T + G_{V(t+1)} \tag{9-111}$$

（四）通过最大化的一阶条件求最优控制

（9-108）右端最大化的一阶条件为（9-108）右端对 u_t 的一阶偏导数为零，即

$$\frac{\partial \beta u_t^{*T} B^T P A \hat{x}_{t|t}}{\partial u_t} + \frac{\partial \beta \hat{x}_{t|t}^T A^T P B u_t^*}{\partial u_t} + \frac{\partial \beta u_t^{*T} B^T P B u_t^*}{\partial u_t} + \frac{\partial u_t^{*T} R u_t^*}{\partial u_t} = 0$$

$$2\beta B^T P A \hat{x}_{t|t} + 2\beta B^T P B u_t^* + 2 R u_t^* = 0$$

$$u_t^* = -\beta(R + \beta B^T P B)^{-1} B^T P A \hat{x}_{t|t} \tag{9-112}$$

其中随机线性状态调节器的反馈增益矩阵为

$$F = \beta(R + \beta B^T P B)^{-1} B^T P A \tag{9-113}$$

则（9-112）变为

$$u_t^* = -F \hat{x}_{t|t} \tag{9-114}$$

将（9-114）代入（9-108），得

$$\hat{x}_{t|t}^T P \hat{x}_{t|t} + b_t = \hat{x}_{t|t}^T Q \hat{x}_{t|t} + \hat{x}_{t|t}^T F^T R F \hat{x}_{t|t} + \mathrm{tr}(Q S_{t|t}) + \beta \hat{x}_{t|t}^T A^T P A \hat{x}_{t|t}$$

$$\begin{aligned}
&\quad - 2\beta \hat{x}_{t|t}^T F^T B^T PA\hat{x}_{t|t} + \beta \hat{x}_{t|t}^T F^T B^T PBF\hat{x}_{t|t} + \beta b_{t+1} \\
&\quad + \beta \mathrm{tr}[PK_{t+1}(HS_{t+1|t}H^T + G_{V(t+1)})K_{t+1}^T] \\
&= \hat{x}_{t|t}^T Q\hat{x}_{t|t} + \hat{x}_{t|t}^T F^T(R + \beta B^T PB)F\hat{x}_{t|t} \\
&\quad - 2\beta \hat{x}_{t|t}^T F^T(R + \beta B^T PB)(R + \beta B^T PB)^{-1} B^T PA\hat{x}_{t|t} \\
&\quad + \mathrm{tr}(QS_{t|t}) + \beta \hat{x}_{t|t}^T A^T PA\hat{x}_{t|t} + \beta b_{t+1} \\
&\quad + \beta \mathrm{tr}[PK_{t+1}(HS_{t+1|t}H^T + G_{V(t+1)})K_{t+1}^T] \\
&= \hat{x}_{t|t}^T Q\hat{x}_{t|t} + \hat{x}_{t|t}^T F^T(R + \beta B^T PB)F\hat{x}_{t|t} \\
&\quad - 2\hat{x}_{t|t}^T F^T(R + \beta B^T PB)F\hat{x}_{t|t} \\
&\quad + \mathrm{tr}(QS_{t|t}) + \beta \hat{x}_{t|t}^T A^T PA\hat{x}_{t|t} + \beta b_{t+1} \\
&\quad + \beta \mathrm{tr}[PK_{t+1}(HS_{t+1|t}H^T + G_{V(t+1)})K_{t+1}^T]
\end{aligned}$$

其中，第三个等式使用了 $I = (R + \beta B^T PB)(R + \beta B^T PB)^{-1}$ 及 (9-113)，而 $(R + \beta B^T PB)$ 是对称矩阵，有关推导可以参考状态信息完全的随机线性状态调节器。

上式整理为

$$\hat{x}_{t|t}^T P\hat{x}_{t|t} + b_t = \hat{x}_{t|t}^T[Q + \beta A^T PA - F^T(R + \beta B^T PB)F]\hat{x}_{t|t} + \mathrm{tr}(QS_{t|t}) \\ + \beta b_{t+1} + \beta \mathrm{tr}[PK_{t+1}(HS_{t+1|t}H^T + G_{V(t+1)})K_{t+1}^T]$$

该式两端的对应项相等，得

$$P = Q + \beta A^T PA - F^T(R + \beta B^T PB)F \tag{9-115}$$

$$b_t = \beta b_{t+1} + \mathrm{tr}(QS_{t|t}) + \beta \mathrm{tr}[PK_{t+1}(HS_{t+1|t}H^T + G_{V(t+1)})K_{t+1}^T] \tag{9-116}$$

可以解这个差分方程求出 b_t，也可以直接在 (9-105) 中将其设为不随时间变化的 b。

(9-115) 就是状态信息不完全的随机线性状态调节器的黎卡提代数方程。将 (9-113) 代入得到

$$P = Q + \beta A^T PA - \beta^2 A^T PB(R + \beta B^T PB)^{-1} B^T PA$$

这与状态信息完全的随机线性状态调节器及贴现的线性状态调节器完全相同。

三、随机线性状态调节器的分离定理

从状态信息不完全的随机线性状态调节器求解过程看，求解被分成两个部分，一部分是使用卡尔曼滤波或卡尔曼预测对系统状态进行最优估计，另一部分是利用最优估计的结果，以状态估计作为状态变量，求最优控制。这两个部

分可以独立地进行，一个是最优估计，一个是最优控制。这就是随机线性状态调节器的分离原理。

后一部分相当于一个确定性的线性状态调节器，其增益矩阵和黎卡提代数方程与（贴现的）确定性线性状态调节器完全一样，输出变量及其包含的随机因素只通过状态估计 $\hat{x}_{t|t}$ 影响最优控制。

分离定理还意味着这两个问题都可以单独出现，一个线性系统可以只求最优估计，不涉及最优控制，如

$$x_{t+1} = Ax_t + Cw_t$$
$$y_t = Hx_t + v_t$$

该系统方程中不含有控制变量，不可能实行控制。这只是一个卡尔曼滤波或卡尔曼预测问题。

一个线性系统也可以只求最优控制，不进行最优估计，如

$$x_{t+1} = Ax_t + Bu_t$$

其中含有控制因素不含随机因素。不过，这样的系统要进行最优控制，一般要辅之以一个目标函数。这样的模型前面已介绍很多。

四、线性状态调节器的经济学应用：线性二次逼近

在结束本章的时候，介绍一个线性状态调节器的应用：用一个线性二次动态规划来逼近一个非线性二次型问题。按杨奎斯特、萨金特（2005）的说法，线性二次逼近是迄今为止经济学对线性状态调节器的两大应用之一，另一大应用是理性预期模型。

其实，线性二次逼近是一种数学解题方法，它被用于非线性模型，而且是随机模型。该方法的含义大致如下。

给定离散非线性随机模型

$$\max E_0 \sum_{t=0}^{\infty} \beta^t f(x_t, u_t, t) \tag{9-117}$$

$$\text{s.t} \quad x_{t+1} = g(x_t, u_t, w_t) \tag{9-118}$$

这是一个非线性模型，从状态转移方程到目标函数都是非线性的，使用线性二次逼近求解就是先将其变成线性状态调节器的标准形式，然后再解一个随机线性状态调节器问题。

将原模型变成线性状态调节器的标准形式会遇到几个问题：

第一,对经济学来说,原模型中一般不会直接给出状态变量和控制变量,需要你从中分析确定,这不仅涉及模型求解问题,而且涉及能否将原模型变成线性状态调节器的标准形式。

第二,将一个乍看起来根本没有二次型模样的非线性模型整理成线性状态调节器中的二次型。这一步较难,但要使用线性状态调节器方法,这是必须做到的。

第三,将状态转移方程变成线性方程。一般说来有两种做法,一是通过简单的变量变换,就可以将原来的非线性方程变成线性方程;二是将原方程的泰勒展开式只取到一阶展开式。关于第一种方法,杨奎斯特、萨金特(2005,中文版58页)提供一个具体例子(线性二次逼近主要来自杨奎斯特、萨金特的这个文献):

$$\max_{c,a} E_0 \sum_{t=0}^{\infty} \beta^t \log c_t$$
$$\text{s.t} \quad c_t + i_t = A a_t^\alpha \theta_t$$
$$a_{t+1} = (1-\delta) a_t + i_t$$
$$\log \theta_{t+1} = \log \theta + w_{t+1} \quad (9-119)$$

其中,c_t,i_t,a_t,θ_t 为第 t 期家庭消费、投资、家庭持有资产、技术冲击;$\{w_{t+1}\}$ 是有零均值和有限方差的独立同分布随机过程,是一个随机扰动。

令 $\tilde{\theta}_t \equiv \log \theta_t$,$x_t = \begin{bmatrix} a_t \\ \tilde{\theta}_t \end{bmatrix}$,$u_t = i_t$,并推导出 $\log c_t = \log(A a_t^\alpha e^{\tilde{\theta}_t} - i_t)$,这样,状态转移方程可以写成

$$\begin{bmatrix} 1 \\ a_{t+1} \\ \tilde{\theta}_{t+1} \end{bmatrix} = \begin{bmatrix} 1 & 0 & 0 \\ 0 & (1-\delta) & 0 \\ 0 & 0 & \rho \end{bmatrix} \begin{bmatrix} 1 \\ a_t \\ \tilde{\theta}_t \end{bmatrix} + \begin{bmatrix} 0 \\ 1 \\ 0 \end{bmatrix} i_t + \begin{bmatrix} 0 \\ 0 \\ 1 \end{bmatrix} w_{t+1} \quad (9-120)$$

从而完成了状态转移方程的标准形式。没使用泰勒展开式,只通过简单的变换就实现了状态转移方程的标准化。

下面将目标函数变成标准的线性状态调节器的形式。设有系统

$$\max_{c,a} E_0 \sum_{t=0}^{\infty} \beta^t r(z_t)$$
$$\text{s.t} \quad x_{t+1} = A x_t + B u_t + w_t^T \quad (9-121)$$

其中

$$z_t \equiv \begin{bmatrix} x_t \\ u_t \end{bmatrix}$$

w_t 是适当维数、均值为零、协方差矩阵为 $E(w_t w_t^T) = H$、独立同分布的白噪声，并且是不随时间变化的正态分布。状态转移方程假定是泰勒展开或简单的变换得到的线性系统。

在 z^* 附近对 $r(z_t)$ 进行泰勒展开，并取二阶项

$$r(z_t) \approx r(z^*) + (z_t - z^*)^T \frac{\partial r(z^*)}{\partial z} + \frac{1}{2}(z_t - z^*)^T \frac{\partial^2 r(z^*)}{\partial z \partial z^T}(z_t - z^*) \tag{9-122}$$

如果 x_t 是 $n \times 1$ 维向量，u_t 为 $k \times 1$ 维向量，z_t 是 $(n+k) \times 1$ 维向量，则可以设 e 为 $(n+k) \times 1$ 维向量，且满足 $z_t^T e = e^T z_t = 1$。这样，(9-122) 可以表示成

$$r(z_t) = z_t^T M z_t$$

其中

$$M = e\left[r(z^*) - \left(\frac{\partial r}{\partial z}\right)^T z^* + \frac{1}{2} z^{*T} \frac{\partial^2 r}{\partial z \partial z^T} z^* \right] e^T$$

$$+ \frac{1}{2}\left[\left(\frac{\partial r}{\partial z}\right) e^T - e z^{*T} \frac{\partial^2 r}{\partial z \partial z^T} - \frac{\partial^2 r}{\partial z \partial z^T} z^* e^T + e\left(\frac{\partial r}{\partial z}\right)^T \right] + \frac{1}{2} \frac{\partial^2 r}{\partial z \partial z^T} \tag{9-123}$$

必须把 (9-123) 理解为一个 $(n+k) \times (n+k)$ 矩阵，这从 (9-123) 的最后一项就可以看出来，$\frac{\partial^2 r}{\partial z \partial z^T}$ 是 $(n+k) \times (n+k)$ 矩阵，(9-123) 是三个矩阵之和，M 的每一个元素都是 (9-123) 的三个矩阵各取一个相应元素加在一起的结果。

现在将 M 分块

$$M \equiv \begin{bmatrix} M_{11} & M_{12} \\ M_{21} & M_{22} \end{bmatrix} \tag{9-124}$$

其中，M_{11} 为 $n \times n$ 矩阵，M_{12} 为 $n \times k$ 矩阵，M_{21} 为 $k \times n$ 矩阵，M_{22} 为 $k \times k$ 矩阵。

将 (9-124) 定义为如下矩阵

$$M \equiv \begin{bmatrix} M_{11} & M_{12} \\ M_{21} & M_{22} \end{bmatrix} = \begin{bmatrix} R & W \\ W^T & Q \end{bmatrix} \tag{9-125}$$

将 (9-125) 代入 $r(z_t) = z_t^T M z_t$，得

$$r(z_t) = z_t^T M z_t = \begin{bmatrix} x_t^T & u_t^T \end{bmatrix} \begin{bmatrix} R & W \\ W^T & Q \end{bmatrix} \begin{bmatrix} x_t \\ u_t \end{bmatrix}$$

$$= x_t^T R x_t + u_t^T W^T x_t + x_t^T W u_t + u_t^T Q u_t$$

$$= x_t^T R x_t + 2 u_t^T W^T x_t + u_t^T Q u_t \tag{9-126}$$

(9-126) 代回到最初 (9-121) 的目标函数,得

$$E_0 \sum_{t=0}^{\infty} \beta^t r(z_t) = E_0 \sum_{t=0}^{\infty} \beta^t (x_t^T R x_t + 2 x_t^T W u_t + u_t^T Q u_t)$$

则上面的模型 (9-121) 变为

$$\max_u E_0 \sum_{t=0}^{\infty} \beta^t (x_t^T R x_t + 2 x_t^T W u_t + u_t^T Q u_t)$$

$$\text{s.t} \quad x_{t+1} = A x_t + B u_t + w_t \tag{9-121a}$$

解该随机线性状态调节器,得如下结果:

最优控制为

$$u_t^* = -(Q + \beta B^T P B)^{-1} (\beta B^T P A + W^T) x_t$$

反馈增益矩阵

$$F = (Q + \beta B^T P B)^{-1} (\beta B^T P A + W^T)$$

黎卡提代数方程

$$P = R + \beta A^T P A - (\beta A P B + W)(Q + \beta B^T P B)^{-1} (\beta B^T P A + W^T)$$

值函数 $x_t^T P x + d$ 中

$$d = \frac{\beta}{1-\beta} \text{tr}(PH)$$

闭环系统

$$x_{t+1} = (A - BF) x_t$$

此外还有上述泰勒展开式中 z_t^* 需要确定,它一般应选择在原始的非线性、非随机系统的均衡状态,该系统为

$$\max_{c,a} E_0 \sum_{t=0}^{\infty} \beta^t r(z)_t$$

$$\text{s.t} \quad x_{t+1} = A x_t + B u_t$$

通过最优化条件得到欧拉方程,将 $z_{t+1} = z_t \equiv z^*$ 代入欧拉方程和状态转移方程,得到关于 z^* 的非线性系统方程,用数值方法可以得到此解。

目标函数转换成线性状态调节器的标准形式,还可以使用"对数线性逼近":让原变量的自然对数等于一个新变量,将目标函数和状态转移方程表示成关于新变量的函数,再对新目标函数进行泰勒展开,用上面同样的方法将其变成标准的二次型目标函数，把状态转移方程也线性化，然后，求解线性状态调节器问题。

附录：正态分布的随机向量（多元正态分布）

正态分布的随机向量作为附录放在本章的最后。多元正态分布非常重要，在概率论、数理统计、随机过程及其他应用中都占有重要的地位。多元正态分布的随机向量衍生出许多结论，其中（包括它的定义）涉及数学期望（向量）、方差矩阵、条件期望等内容。

正态分布是数学家高斯（Gauss）在研究测量误差时得到的，所以正态分布又叫高斯分布。现实世界中的许多现象如测量与机械制造中产生的误差、人体的身高等随机变量都服从正态分布，还有些现象近似地服从正态分布，还有些分布如对数正态分布可以通过变量代换转化为正态分布。这就是我们重视正态分布的原因，也是经济学将很多随机变量假定为正态随机变量的原因。

(一) 正态分布的随机向量的定义

正态分布的随机向量属于连续型随机向量，因此，可以用概率密度来定义。

正态分布的随机向量：如果 n 维随机向量 $X = (X_1, X_2, \cdots, X_n)$ 具有概率密度

$$f(x) = f(x_1, x_2, \cdots, x_n) = \frac{1}{(2\pi)^{\frac{n}{2}} \sqrt{|\Phi|}} \exp\left\{-\frac{1}{2}(x-\mu)\Phi^{-1}(x-\mu)^T\right\} \tag{1}$$

则称 $X = (X_1, X_2, \cdots, X_n)$ 为 n 维正态分布的随机向量，或 n 维正态随机向量，或 n 维高斯随机向量，记为

$$X \sim N(\mu, \Phi)$$

其中 Φ 为 $X = (X_1, X_2, \cdots, X_n)$ 的方差矩阵，是实对称矩阵，$|\Phi|$ 为方差矩阵的行列式（也可以表示为 $\det\Phi$），Φ^{-1} 为方差矩阵 Φ 的逆矩阵，μ 为随机向量的均值行向量，因为随机向量 X 就是行向量，$(x-\mu)^T$ 是行向量 $(x-\mu)$ 的转置。如果随机向量 X 是列向量，则 (1) 中的 $(x-\mu)\Phi^{-1}(x-\mu)^T$ 就变为

$$(x-\mu)^T \Phi^{-1} (x-\mu)$$

公式 (1) 可以写成

第九章 卡尔曼滤波与随机线性二次型问题

$$f(x) = f(x_1, x_2, \cdots, x_n)$$
$$= \frac{1}{(2\pi)^{\frac{n}{2}}\sqrt{|\Phi|}} \exp\left\{-\frac{1}{2}\sum_{\substack{i=1\\j=1}}^{n}\phi_{ij}(x_i - \mu_i)(x_j - \mu_j)\right\} \tag{1a}$$

其中 $\Phi^{-1} = (\phi_{ij})$，即 ϕ_{ij}，$i, j = 1, 2, \cdots, n$ 是 Φ^{-1} 中的元素。

公式（1）的二维形式为

$$f(x) = f(x_1, x_2)$$
$$= \frac{1}{2\pi\sqrt{|\Phi|}} \exp\left\{-\frac{1}{2}(x-\mu)\Phi^{-1}(x-\mu)^T\right\}$$
$$= \frac{1}{2\pi\sigma_1\sigma_2\sqrt{1-r^2}} \exp\left\{-\frac{1}{2(1-r^2)}\left[\frac{(x_1-\mu_1)^2}{\sigma_1^2}\right.\right.$$
$$\left.\left. - \frac{2r(x_1-\mu_1)(x_2-\mu_2)}{\sigma_1\sigma_2} + \frac{(x_2-\mu_2)^2}{\sigma_2^2}\right]\right\} \tag{2}$$

其中

$$\det\Phi = |\Phi| = \begin{vmatrix} \text{var}(X_1) & \text{cov}(X_1, X_2) \\ \text{cov}(X_2, X_1) & \text{var}(X_2) \end{vmatrix} = \begin{vmatrix} \sigma_1^2 & r\sigma_1\sigma_2 \\ r\sigma_1\sigma_2 & \sigma_2^2 \end{vmatrix}$$
$$= \sigma_1^2\sigma_2^2 - r^2\sigma_1^2\sigma_2^2 = \sigma_1^2\sigma_2^2(1-r^2) \tag{3}$$

$\text{cov}(X_1, X_2) = r\sigma_1\sigma_2$，因根据定义 $r = \dfrac{\text{cov}(X_1, X_2)}{\sigma_1\sigma_2}$

公式（1）的一维形式为

$$f(x) = \frac{1}{\sqrt{2\pi\sigma^2}}e^{-\frac{(x-\mu)^2}{2\sigma^2}} = \frac{1}{\sqrt{2\pi}\sigma}\exp\left\{-\frac{1}{2}\cdot\frac{(x-\mu)^2}{\sigma^2}\right\} \tag{4}$$

服从正态分布的随机变量 X 的分布函数是一个变上限积分

$$F(x) = \frac{1}{\sqrt{2\pi\sigma^2}}\int_{-\infty}^{x} e^{-\frac{(y-\mu)^2}{2\sigma^2}}dy = \frac{1}{\sqrt{2\pi}\sigma}\int_{-\infty}^{x}\exp\left(-\frac{(y-\mu)^2}{2\sigma^2}\right)dy$$

其中，$x \in \mathbb{R}$ 或 $-\infty < x < \infty$，μ、σ 为常数，且 $\sigma > 0$。

（二）随机向量的方差或自协方差矩阵

随机向量的方差矩阵：设 $X = \begin{bmatrix} X_1 \\ X_2 \\ \cdots \\ X_n \end{bmatrix}$ 为一个随机向量，则它的方差或自协方差矩阵为

$$\text{var}(X) = E[(X - E(X))(X - E(X))^T]$$

$$= E\left[\begin{pmatrix} X_1 - E(X_1) \\ \cdots \\ X_n - E(X_n) \end{pmatrix} [X_1 - E(X_1) \quad \cdots \quad X_n - E(X_n)]\right]$$

$$= \begin{bmatrix} \operatorname{var}(X_1) & \operatorname{cov}(X_1, X_2) & \cdots & \operatorname{cov}(X_1, X_n) \\ \operatorname{cov}(X_2, X_1) & \operatorname{var}(X_2) & \cdots & \operatorname{cov}(X_2, X_n) \\ \vdots & \vdots & \vdots & \vdots \\ \operatorname{cov}(X_n, X_1) & \operatorname{cov}(X_n, X_2) & \cdots & \operatorname{var}(X_n) \end{bmatrix} \tag{5}$$

其中的基本元素 $\operatorname{var}(X_i)$，$i = 1, 2, \cdots, n$ 由类似一般随机变量方差的公式定义

$$\operatorname{var}(X_i) = \int_{-\infty}^{\infty} \cdots \int_{-\infty}^{\infty} (x_i - E(X_i))^2 dF(x_1, x_2, \cdots, x_n) \tag{6}$$

$$= \int_{-\infty}^{\infty} (x_i - E(X_i))^2 dF_i(x_i) \tag{7}$$

其中 $F_i(x_i)$ 为 x_i 的边缘分布函数。

另一部分元素 $\operatorname{cov}(X_k, X_s)$，$k, s = 1, 2, \cdots, n$，$k \neq s$ 由下式定义

$$\operatorname{cov}(X_k, X_s) = \int_{-\infty}^{\infty} \cdots \int_{-\infty}^{\infty} (x_k - E(X_k))(x_s - E(X_s)) dF(x_1, x_2, \cdots, x_n) \tag{8}$$

$$= \int_{-\infty}^{\infty} \int_{-\infty}^{\infty} (x_k - E(X_k))(x_s - E(X_s)) dF_{x_k x_s}(x_k, x_s) \tag{9}$$

其中 $F_{x_k x_s}(x_k, x_s)$ 为 x_k，x_s 的边缘分布函数。

(三) 正态随机向量的性质及有关结论

1. 随机向量的正态分布的所有边缘分布都是正态分布，或随机向量的正态密度的所有边缘密度都是正态密度。

设 $X = (X_1, X_2, \cdots, X_n)$ 是正态分布的随机向量，则所有

$$\check{X} = (X_1, X_2, \cdots, X_k), \quad 1 \leqslant k < n,$$

都是正态分布的随机向量，但反过来，仅由边缘分布都是正态分布不能确定联合分布是正态分布。

2. $X = (X_1, X_2, \cdots, X_n)$ 是正态随机向量，则它的所有非零线性组合 $c_1 X_1 + c_2 X_2 + \cdots + c_n X_n$ 是正态随机变量。

3. 正态随机变量 X 的线性函数 $Y = aX + b$ 也是正态随机变量，即

$$Y \sim N[a\mu_X + b, (a\sigma_X)^2].$$

4. 正态随机向量 $X = (X_1, X_2, \cdots, X_n)$ 部分分量关于另一部分分量的

条件分布也是正态分布。

5. $X = (X_1, X_2, \cdots, X_n)$ 是正态随机向量，令

$$Y_1 = (X_1, X_2, \cdots, X_k), Y_2 = (X_{k+1}, X_{k+2}, \cdots, X_n), X = (Y_1, Y_2)$$

$$\mu = E(X) = [E(Y_1), E(Y_2)] = [\mu_1, \mu_2]$$

$$\Phi = \mathrm{var}(X) = E\left[\begin{bmatrix} Y_1 - E(Y_1) \\ Y_2 - E(Y_2) \end{bmatrix} [Y_1 - E(Y_1) \quad Y_2 - E(Y_2)]\right]$$

$$= \begin{bmatrix} \mathrm{var}(Y_1) & \mathrm{cov}(Y_1, Y_2) \\ \mathrm{cov}(Y_2, Y_1) & \mathrm{var}(Y_1) \end{bmatrix} = \begin{bmatrix} \Phi_{11} & \Phi_{12} \\ \Phi_{21} & \Phi_{22} \end{bmatrix} \tag{10}$$

则

(1) Y_1，Y_2 都是正态分布的随机向量；

(2) Y_1，Y_2 相互独立的充要条件是 $\Phi_{12} = \Phi_{21} = 0$。

注意：

(1) 结论"(2)"也可以表述为：如果 $X = (X_1, X_2, \cdots, X_n)$ 是正态随机向量，则 $Y_1 = (X_1, X_2, \cdots, X_k)$ 与 $Y_2 = (X_{k+1}, X_{k+2}, \cdots, X_n)$ 相互独立等价于 $\mathrm{cov}(X_i, X_j) = 0$，其中 $1 \leq i \leq k$，$k < j \leq n$。其实 Φ_{12}，Φ_{21} 这两个分块协方差矩阵涵盖了所有的 $\mathrm{cov}(X_i, X_j) = 0$，$1 \leq i \leq k$，$k < j \leq n$。

此外，这涉及**两个随机向量相互独立的一个定理**：如果两个随机向量 $X = (X_1, X_2, \cdots, X_n)$、$Y = (Y_1, Y_2, \cdots, Y_m)$ 相互独立，则 $X_1, X_2, \cdots, X_n$ 中任意 k（$1 \leq k \leq n$）个随机变量组成的随机向量与 $Y_1, Y_2, \cdots, Y_m$ 中任意 s（$1 \leq s \leq m$）个随机变量组成的随机向量相互独立。作为它的特例，令 $k = s = 1$，则有：$X_1, X_2, \cdots, X_n$ 中任意 1 个随机变量与 $Y_1, Y_2, \cdots, Y_m$ 中任意 1 个随机变量相互独立。将这个定理用在两个**正态随机向量**上，"相互独立"可以改为两者不相关，即 $\mathrm{cov}(X_i, X_j) = 0$。

(2) 公式（4-252）中的 Φ_{11}，Φ_{12}，Φ_{21}，Φ_{22} 都是分块矩阵。

6. 如果 $X = (X_1, X_2, \cdots, X_n)$ 是正态随机向量，则条件期望

$$E(X_n \mid X_1, X_2, \cdots, X_{n-1})$$

是 $X_1, X_2, \cdots, X_{n-1}$ 的线性函数，即

$$E(X_n \mid X_1, X_2, \cdots, X_{n-1}) = a_1 X_1 + a_2 X_2 + \cdots + a_{n-1} X_{n-1}$$

7. 设 X，Y 都是随机向量，且 (X, Y) 具有联合正态分布，则由 Y 对 X 的最优估计 $\hat{E}(X \mid Y)$ 等于已知 Y 下 X 的条件期望 $E(X \mid Y)$，且有

(1) $\hat{E}(X \mid Y) = E(X \mid Y) = \mu_X + \mathrm{cov}(X, Y)[\mathrm{var}(Y)]^{-1}[Y - \mu_Y]$ \quad (11)

(2) 最优估计误差的均值和协方差矩阵分别为

$$E(\tilde{X}) = E[X - E(X \mid Y)] = 0$$

$$\Theta = \mathrm{var}(X) - \mathrm{cov}(X,Y)[\mathrm{var}(Y)]^{-1}[\mathrm{cov}(X,Y)]^T \tag{12}$$

(3) Y 与最优估计误差 $\tilde{X} = X - E(X \mid Y)$ 相互独立。

注意，(11) 右端就是 Y 的线性函数。

如果 X, Y 都是随机变量，上述结论也成立。

（四）对数正态分布和条件正态分布

对数正态分布：如果正值随机变量 X 的自然对数 $\log X = Y$ 服从正态分布，即有概率密度

$$f(x) = \begin{cases} \dfrac{1}{\sqrt{2\pi}\sigma x} \exp\left\{-\dfrac{1}{2} \cdot \dfrac{(\log x - \mu)^2}{\sigma^2}\right\} & x > 0 \\ 0 & x \le 0 \end{cases} \tag{13}$$

则称 X 服从对数正态分布，记为 $\log X \sim N(\mu, \sigma^2)$ 或 $X \sim LN(\mu, \sigma^2)$。它的分布函数为

$$F(x) = P(X \le x) = P(\log X \le \log x)$$

$$= \frac{1}{\sqrt{2\pi}\sigma} \int_{-\infty}^{\log x} \exp\left(-\frac{(y-\mu)^2}{2\sigma^2}\right) dy \tag{14}$$

$$f(x) = \frac{dF(x)}{dx}$$

条件正态分布：如果 (X, Y) 服从二元正态分布（或 X, Y 服从联合正态分布），即 $(X, Y) \sim N(\mu_X, \mu_Y; \sigma_X^2, \sigma_Y^2; r)$，其概率密度如同公式 (2)

$$f(x,y) = \frac{1}{2\pi\sigma_X\sigma_Y\sqrt{1-r^2}} \exp\left\{-\frac{1}{2(1-r^2)}\left[\frac{(x-\mu_X)^2}{\sigma_X^2}\right.\right.$$

$$\left.\left. - \frac{2r(x-\mu_X)(y-\mu_Y)}{\sigma_X\sigma_Y} + \frac{(y-\mu_Y)^2}{\sigma_Y^2}\right]\right\} \tag{15}$$

其条件概率密度为

$$f(x \mid y) = \frac{1}{\sqrt{2\pi}\sigma_X\sqrt{1-r^2}} \exp\left\{-\frac{1}{2(1-r^2)}\left[\frac{x-\mu_X}{\sigma_X} - r\frac{y-\mu_Y}{\sigma_Y}\right]^2\right\}$$

$$= \frac{1}{\sqrt{2\pi}\sigma_X\sqrt{1-r^2}} \exp\left\{-\frac{1}{2\sigma_X^2(1-r^2)}\left[x - \mu_X - r\frac{\sigma_X}{\sigma_Y}(y-\mu_Y)\right]^2\right\}$$

$$\tag{16}$$

$$f(y \mid x) = \frac{1}{\sqrt{2\pi}\sigma_Y\sqrt{1-r^2}} \exp\left\{-\frac{1}{2(1-r^2)}\left[\frac{y-\mu_Y}{\sigma_Y} - r\frac{x-\mu_X}{\sigma_X}\right]^2\right\}$$

$$= \frac{1}{\sqrt{2\pi}\sigma_Y\sqrt{1-r^2}} \exp\left\{-\frac{1}{2\sigma_Y^2(1-r^2)}\left[y - \mu_Y - r\frac{\sigma_Y}{\sigma_X}(x - \mu_X)\right]^2\right\}$$
(17)

二元正态分布的随机向量 (X, Y) 的条件分布也是正态分布。X, Y 的边缘分布为

$$f_X(x) = \frac{1}{\sqrt{2\pi}\sigma_X} \exp\left\{-\frac{1}{2}\left[\frac{x - \mu_X}{\sigma_X}\right]^2\right\}$$

$$f_Y(y) = \frac{1}{\sqrt{2\pi}\sigma_Y} \exp\left\{-\frac{1}{2}\left[\frac{y - \mu_Y}{\sigma_Y}\right]^2\right\}$$
(18)

参 考 文 献

1. Dennis G. Zill and Michael R. Cullen：《微分方程及其边界值问题》（第五版），中文版，机械工业出版社 2005 年版。

2. 丁同仁、李承治：《常微分方程教程》，高等教育出版社 1991 年版。

3. R. 布朗森：《微分方程》（第二版）中文版，科学出版社 2002 年版。

4. 周义仓、靳祯、秦军林：《常微分方程及其应用》，科学出版社 2003 年版。

5. 东北师范大学微分方程教研室：《常微分方程》，科学出版社 2005 年版。

6. 阮炯：《差分方程和常微分方程》，复旦大学出版社 2002 年版。

7. Л. C. 庞特里亚金：《常微分方程》，中文版，高等教育出版社 2006 年版。

8. 楼红卫、林伟：《常微分方程》，复旦大学出版社 2007 年版。

9. 张锦炎、钱敏：《微分动力系统导引》，北京大学出版社 1991 年版。

10. R. Clark Robinson：《动力系统导论》，中文版，机械工业出版社 2007 年版。

11. 张筑生：《微分动力系统原理》，科学出版社 1987 年版。

12. 韩茂安、顾圣士：《非线性系统的理论和方法》，科学出版社 2001 年版。

13. 胡寿松、王执铨、胡维礼：《最优控制理论与系统》（第二版），科学出版社 2005 年版。

14. 范玉妹、徐尔、周汉良：《数学规划及其应用》（第二版），冶金工业出版社 2003 年版。

15. 李国勇等：《最优控制理论与参数最优化》，国防工业出版社 2006 年版。

16. 王晓陵、陆军：《最优化方法与最优控制》，哈尔滨工程大学出版社 2006 年版。

17. 张洪钺、王青：《最优控制理论与应用》，高等教育出版社 2006 年版。
18. K.J. 奥斯特隆姆：《随机控制理论导论》，科学出版社 1983 年版。
19. 吴沧浦：《最优控制的理论与方法》（第二版），国防工业出版社 2006 年版。
20. 王朝珠、秦化淑：《最优控制理论》，科学出版社 2003 年版。
21. 老大中：《变分法基础》（第二版），国防工业出版社 2007 年版。
22. 邢继祥、张春蕊、徐洪泽：《最优控制应用基础》，科学出版社 2003 年版。
23. 方洋旺：《随机系统最优控制》，清华大学出版社 2005 年版。
24. 郭尚来：《随机控制》，清华大学出版社 1999 年版。
25. 蔡尚峰《随机控制理论》，上海交通大学出版社 1987 年版。
26. 郑大钟：《线性系统理论》（第二版），清华大学出版社 2002 年版。
27. 王翼：《现代控制理论》，机械工业出版社 2005 年版。
28. 王积伟主编：《现代控制理论与工程》，高等教育出版社 2003 年版。
29. 王翼：《离散控制系统》，科学出版社 1987 年版。
30. 巨永峰、李登峰：《最优控制》，重庆大学出版社 2005 年版。
31. 徐宁寿：《随机信号估计与系统控制》，北京工业大学出版社 2001 年版。
32. 秦永元、张洪钺、汪叔华：《卡尔曼滤波与组合导航原理》，西北工业大学出版社 2004 年版。
33. 付梦印、邓志红、张继伟：《Kalman 滤波及其在导航系统中的应用》，科学出版社 2003 年版。
34. 赵树杰、赵建勋：《信号检测与估计理论》，清华大学出版社 2005 年版。
35. 邓自立：《最优估计理论与应用》，哈尔滨工业大学出版社 2005 年版。
36. 邓自立：《卡尔曼滤波与维纳滤波》，哈尔滨工业大学出版社 2003 年版。
37. 王志贤：《最优状态估计与系统辨识》，西北工业大学出版社 2004 年版。
38. 同济大学应用数学系：《高等数学》（第五版），高等教育出版社 2002 年版。
39. Roger A. Horn and Charles R. Johnson：《矩阵分析》，中文版，机械工业

出版社 2005 年版。

40. 数学手册编写组：《数学手册》，高等教育出版社 1979 年版。

41. 张贤达：《矩阵分析与应用》，清华大学出版社 2004 年版。

42. 王国俊、施光燕主编：《现代数学手册：经济数学卷》，华中科技大学出版社 2001 年版。

43. 廖晓昕：《现代数学手册：经典数学卷》，华中科技大学出版社 2000 年版。

44. 叶尔骅、张德平：《概率论与随机过程》，科学出版社 2005 年版。

45. 张卓奎、陈慧婵：《随机过程》，西安电子科技大学出版社 2003 年版。

46. 王玉孝：《概率论与随机过程》，北京邮电大学出版社 2003 年版。

47. 柳金甫、孙洪祥、王军：《应用随机过程》，清华大学出版社、北京交通大学出版社 2006 年版。

48. 张波、张景肖：《应用随机过程》，清华大学出版社 2004 年版。

49. 袁荫棠：《概率论与数理统计》（第二版），中国人民大学出版社 1990 年版。

50. 王军、王娟：《随机过程及其在金融领域的应用》，清华大学出版社、北京交通大学出版社 2007 年版。

51. 邓永录：《应用概率及其理论基础》，清华大学出版社 2005 年版。

52. 威廉·费勒：《概率论及其应用》，中文版，人民邮电出版社 2008 年版。

53. A. 帕普里斯、S.U. 佩莱：《概率、随机变量与随机过程》，中文版，西安交通大学出版社 2004 年版。

54. Sheldon Ross：《概率论基础教程》，中文版，机械工业出版社 2006 年版。

55. 龚光鲁、钱敏平：《应用随机过程教程》，清华大学出版社 2004 年版。

56. 林元烈：《应用随机过程》，清华大学出版社 2002 年版。

57. 刘嘉焜：《应用随机过程》（第二版），科学出版社 2004 年版。

58. 孙荣桓：《应用概率论》（第二版），科学出版社 2006 年版。

59. Sheldon M. Ross：《应用随机过程：概率模型导论》（原书第九版），中文版，人民邮电出版社 2007 年版。

60. 赵荣侠、崔群劳：《测度与积分》，西安电子科技大学出版社 2002 年版。

61. 龚光鲁：《随机微分方程引论》，北京大学出版社 1995 年版。

62. 詹姆斯·D.汉密尔顿:《时间序列分析》,中文版,中国社会科学出版社1999年版。

63. George E.P.Box、Gwilym M.Jwnkins、Gregory C.Reinsel:《时间序列分析:预测与控制》,中文版,中国统计出版社1997年版。

64. 方保镕、周继东、李医民:《矩阵论》,清华大学出版社2004年版。

65. 沈永欢、梁在中、许履瑚、蔡蒨蒨:《实用数学手册》,科学出版社1992年版。

66. Г.И.阿黑波夫、B.A.萨多夫尼奇、B.H.丘巴里阔夫:《数学分析讲义》,中文版,高等教育出版社2006年版。

67. A.H.柯尔莫戈罗夫、C.B.佛明:《函数论与泛函分析初步》中文第二版,高等教育出版社2006年版。

68. 胡适耕:《宏观经济的数理分析》,科学出版社2004年版。

69. 蒋中一:《动态最优化基础》,中文版,商务印书馆1999。

70. 胡适耕:《宏观经济的随机模型》,华中科技大学出版社2006年版。

71. 白万平:《经济时间序列模型——方法与应用》,中国商务出版社2005年版。

72. 童恒庆:《理论计量经济学》,科学出版社2005年版。

73. 托马斯·J.萨金特:《宏观经济理论》,中文版,中国经济出版社1998年版。

74. 奥利维尔·琼·布兰查德、斯坦利·费希尔:《宏观经济学(高级教程)》,中文版,经济科学出版社1998年版。

75. 童光荣:《动态经济模型分析》,武汉大学出版社1999年版。

76. A.G.马利亚里斯、W.A.布罗克:《经济学与金融学中的随机方法》,中文版,上海人民出版社2004年版。

77. 庄子银:《高级宏观经济学》,武汉大学出版社2004年版。

78. 罗素·戴维森、詹姆斯·G.麦金农:《计量经济理论与方法》,中文版,上海财经大学出版社2006年版。

79. 林文夫:《计量经济学》,中文版,上海财经大学出版社2005年版。

80. 谢识予、朱弘鑫:《高等计量经济学》,复旦大学出版社2005年版。

81. G.甘道尔夫:《经济动态学》,中文版,中国经济出版社2003年版。

82. 蒋中一:《数理经济学的基本方法》,中文版,商务印书馆1999。

83. 蒋中一、凯尔文·温赖特:《数理经济学的基本方法》(原书第四版),

北京大学出版社 2006 年版。

84. 莫瑞斯·奥博斯特弗尔德、肯尼斯·若戈夫：《高级国际金融学教程》，中文版，中国金融出版社 2002 年版。

85. 沃尔特·恩德斯：《应用计量经济学：时间序列分析》，中文版，高等教育出版社 2006 年版。

86. R.G.D. 艾伦：《数理经济学》，中文版，商务印书馆 2000 年版。

87. E.T. 道林：《数理金融引论》，中文版，科学出版社 2002 年版。

88. 安吉尔·德·拉·弗恩特：《经济数学方法与模型》，中文版，上海财经大学出版社 2003 年版。

89. 罗纳德·肖恩：《动态经济学》，中国人民大学出版社 2003 年版。

90. 霍伊、利弗诺、麦克纳、里斯、斯坦格林：《经济数学》，中文版，中国人民大学出版社 2006 年版。

91. 罗伯特·J. 巴罗、哈维尔·萨拉伊马丁：《经济增长》，中文版，中国社会科学出版社 2000 年版。

92. 托马斯·J. 萨金特：《动态宏观经济理论》，中文版，中国社会科学出版社 1997 年版。

93. 阿维纳什·K. 迪克西特：《经济理论中的最优化方法》，中文版，上海三联书店、上海人民出版社 2006 年版。

94. 杨奎斯特、萨金特：《递归宏观经济理论》，中文版，中国人民大学出版社 2005 年版。

95. 南希·L. 斯托基、小罗伯特 E. 卢卡斯：《经济动态的递归方法》，中国社会科学出版社 1999 年版。

96. 龚六堂：《动态经济学方法》，北京大学出版社 2002 年版。

97. 高山晟：《经济学中的分析方法》，中文版，中国人民大学出版社 2001 年版。

98. 赵胜民主编：《经济数学》，科学出版社 2005 年版。

99. 罗伯特·C. 默顿：《连续时间金融》，中文版，中国人民大学出版社 2005 年版。

100. 邵宜航：《数理经济学精要》，科学出版社 2007 年版。

101. 阿维纳什·迪克西特、罗伯特·平迪克：《不确定条件下的投资》，中文版，中国人民大学出版社 2002 年版。

102. 邵宇：《微观金融学及其数学基础》，清华大学出版社 2003 年版。

103. 斯蒂芬·J.托洛维斯基：《宏观经济动态学方法》，中文版，上海财经大学出版社 2002 年版。

104. 冷建华：《傅里叶变换》，清华大学出版社 2004 年版。

105. 宋淑尼、孙涛、张国伟：《复变函数与积分变换》，科学出版社 2006 年版。

106. E.B.Saff、A.D.Snider：《复分析基础与工程应用》，机械工业出版社 2007 年版。

107. 高宗升、藤岩梅：《复变函数与积分变换》，北京航空航天大学出版社 2006 年版。

108. 白艳萍、雷英杰、杨明：《复变函数与积分变换》，国防工业出版社 2004 年版。

109. Katsuhiko Ogata：《离散时间控制系统》（中文版），机械工业出版社 2006 年版。

110. 龚德恩：《离散控制系统理论引论》，中国铁道出版社 2004 年版。

111. 董景新、吴秋平：《现代控制理论与方法概论》，清华大学出版社 2007 年版。